Alltägliche Lebenssituation
sprachbeeinträchtigter Kinder

Saskia Schlüter

Alltägliche Lebenssituation sprachbeeinträchtigter Kinder

Ein Analyseverfahren für die pädagogische Sprachdiagnostik

 Springer VS

Saskia Schlüter
Hamburg, Deutschland

Bei dem vorliegenden Text handelt es sich um einen Abdruck einer an der Fakultät für Erziehungswissenschaft der Universität Hamburg im Jahr 2021 angenommenen Dissertation mit dem Titel „Alltägliche Lebenssituation von Schulkindern mit sprachlichen Beeinträchtigungen. Entwicklung, Erprobung und Evaluation eines Analyseverfahrens für die pädagogische Sprachdiagnostik."
Gutachter*innen:
1. Prof. Dr. Ulrich von Knebel, Universität Hamburg
2. Prof. Dr. Annette Kracht, Universität Koblenz-Landau
3. Prof. Dr. Claudia Osburg, Universität Hamburg

ISBN 978-3-658-42147-2   ISBN 978-3-658-42148-9 (eBook)
https://doi.org/10.1007/978-3-658-42148-9

Die Deutsche Nationalbibliothek verzeichnet diese Publikation in der Deutschen Nationalbibliografie; detaillierte bibliografische Daten sind im Internet über http://dnb.d-nb.de abrufbar.

Planung/Lektorat: Marija Kojic
Springer VS ist ein Imprint der eingetragenen Gesellschaft Springer Fachmedien Wiesbaden GmbH und ist ein Teil von Springer Nature.
Die Anschrift der Gesellschaft ist: Abraham-Lincoln-Str. 46, 65189 Wiesbaden, Germany

Inhaltsverzeichnis

1 Einleitung 1
    1.1 Problemaufriss 2
    1.2 Handlungsleitende Grundannahmen 5
        1.2.1 Subjektwissenschaftliche Grundannahmen 6
        1.2.2 Anthropologische Grundannahmen 9
        1.2.3 Erziehungswissenschaftliche Grundannahmen 13
            1.2.3.1 Bestimmung des Pädagogischen nach
                     Benner (2001) 13
            1.2.3.2 Grundannahmen der Kooperativen
                     Pädagogik 15
        1.2.4 Erkenntnistheoretische Grundannahmen 18
    1.3 Theoriestruktur der Arbeit 19
    1.4 Ziele und Aufbau der Arbeit 23
        1.4.1 Ziele der Arbeit 24
        1.4.2 Aufbau der Arbeit 24

2 Theoretische Diskurse, Forschungsstand und Desiderate
   zu den Konzepten von Lebenswelt, Lebensbedingungen,
   Alltäglicher Lebensführung und alltäglicher Lebenssituation 27
    2.1 Theoretische Annahmen zu Lebenswelt,
         Lebensbedingungen, Alltäglicher Lebensführung
         und alltäglicher Lebenssituation 27
        2.1.1 Theoretische Annahmen und Diskurs zum Begriff
               der Lebenswelt 28
        2.1.2 Theoretische Annahmen und Diskurs zum Begriff
               der Lebensbedingungen 30

                                                                V

2.1.3 Theoretische Annahmen und Diskurs zum Begriff
       der Alltäglichen Lebensführung 32
2.1.4 Theoretische Annahmen und Diskurs zum Begriff
       der Lebenssituation 33
2.1.5 Schlussfolgerungen zu den theoretischen Annahmen
       zu Lebenswelt, Lebensbedingungen, Alltäglicher
       Lebensführung und Lebenssituation 33
2.2 Forschungsstand und Forschungsdesiderate zur Verwendung
     des Begriffs ‚alltägliche Lebenssituation' sowie zu
     alltäglicher Lebenssituation als sprachdiagnostischem
     Gegenstand 35
2.3 Ableitung der Forschungsfragen 38

3 **Sprachliches Handeln und sprachliche Handlungsfähigkeit als
   konzeptionelle Grundlage der Arbeit** 41
3.1 Aspekte sprachlichen Handelns und sprachlicher
     Handlungsfähigkeit: Sprachbegriff, Spracherwerb und
     Sprachgebrauch 42
3.1.1 Sprachbegriff als Aspekt sprachlichen Handelns und
       sprachlicher Handlungsfähigkeit 42
3.1.2 Spracherwerb als Aspekt sprachlichen Handelns
       und sprachlicher Handlungsfähigkeit 44
3.1.3 Sprachgebrauch als Aspekt sprachlichen Handelns
       und sprachlicher Handlungsfähigkeit 46
3.1.4 Bedeutung der alltäglichen Lebenssituation für den
       sprachlich handelnden Menschen 52
3.2 Erweiterung sprachlicher Handlungsfähigkeit:
     Sprachförderung als pädagogisches Aufgabenfeld 54
3.2.1 Erziehungswissenschaftliche Bestimmung
       pädagogischer Sprachförderung 55
3.2.2 Ziel pädagogischer Sprachförderung 56
3.3 Erfassung sprachlicher Handlungsfähigkeit: Pädagogische
     Sprachdiagnostik als Voraussetzung pädagogischer
     Sprachförderung 58
3.3.1 Pädagogische Diagnostik als bildungszielorientierte
       Förderdiagnostik 59

3.3.1.1   Einordnung und Abgrenzung
          bildungszielorientierter Förderdiagnostik   59
3.3.1.2   Anspruch und Ziel bildungszielorientierter
          Förderdiagnostik   65
3.3.1.3   Gütekriterien bildungszielorientierter
          Förderdiagnostik   70
3.3.2   Pädagogische Sprachdiagnostik als
        bildungszielorientierte Förderdiagnostik   71
3.3.3   Gegenstandsbereiche pädagogischer
        Sprachdiagnostik   77
3.4   Resümee zum sprachlichen Handeln und zur sprachlichen
      Handlungsfähigkeit als konzeptionelle Grundlagen der
      Arbeit   79

4 **Das Konstrukt der alltäglichen Lebenssituation**   85
4.1   Einführung zum Konstrukt der alltäglichen Lebenssituation   86
4.2   Alltägliche Lebenssituation als Resultat eigenaktiver
      Konstruktion des Subjekts   89
      4.2.1   Genetische Erkenntnistheorie als Grundlage der
              Bestimmung von alltäglicher Lebenssituation als
              eigenaktives Konstrukt   89
      4.2.2   Bedeutung der Annahmen der genetischen
              Erkenntnistheorie für die eigenaktive Konstruktion
              alltäglicher Lebenssituation   93
4.3   Alltägliche Lebenssituation als Resultat kulturgebundener
      und gesellschaftsbezogener Konstruktion des Subjekts   95
      4.3.1   Alltägliche Lebenssituation als Resultat
              kulturgebundener Konstruktion des Subjekts   96
      4.3.2   Alltägliche Lebenssituation als Resultat
              gesellschaftsbezogener Konstruktion des Subjekts 100
4.4   Alltägliche Lebenssituation als Resultat
      zwischenmenschlicher Beziehungen 104
      4.4.1   Alltägliche Lebenssituation als Resultat
              zwischenmenschlicher Kooperation 104
      4.4.2   Alltägliche Lebenssituation als Resultat
              zwischenmenschlicher Kommunikation 110
4.5   Forschungsmethodische Zugänge zum Gegenstand der
      alltäglichen Lebenssituation in handlungstheoretisch
      ausgerichteter sprachbehindertenpädagogischer Forschung 114

4.5.1   Forschungsmethodischer Zugang zum Gegenstand
        der alltäglichen Lebenssituation im Zusammenhang
        mit kindlicher Zweisprachigkeit als sprachliche
        Handlungsfähigkeit 115
4.5.2   Forschungsmethodischer Zugang zum Gegenstand
        der alltäglichen Lebenssituation im Zusammenhang
        mit der Entwicklung sprachlichen Handelns und
        kausaler Bedeutungskonstruktion 119
4.5.3   Forschungsmethodischer Zugang zum Gegenstand
        der alltäglichen Lebenssituation im Zusammenhang
        mit zeitlicher Orientierung und der Entwicklung
        sprachlichen Handelns 122
4.5.4   Resümee zu forschungsmethodischen Zugängen
        zum Gegenstand der alltäglichen Lebenssituation
        in handlungstheoretisch ausgerichteter
        sprachbehindertenpädagogischer Forschung 126

**5   Handlungstheoretisch fundierter Begriff der alltäglichen
     Lebenssituation: Zusammenfassung und Schlussfolgerungen 129**
     5.1   Zusammenfassung zur Konstruktion von alltäglicher
           Lebenssituation 129
     5.2   Schlussfolgerungen für die Entwicklung des Verfahrens
           zur Erfassung und Auswertung von Informationen
           zur alltäglichen Lebenssituation von Schulkindern mit
           sprachlichen Beeinträchtigungen 133
           5.2.1   Alltägliche Lebenssituation als diagnostischer
                   Gegenstandsbereich 133
           5.2.2   Schlussfolgerungen für die Erfassung und
                   Auswertung von Informationen zur alltäglichen
                   Lebenssituation von Schulkindern mit sprachlichen
                   Beeinträchtigungen 134

6 Alltägliche Lebenssituation von Kindern mit sprachlichen Beeinträchtigungen als handlungstheoretisch fundierter diagnostischer Gegenstand: Entwicklung, Erprobung und Evaluation eines Analyseverfahrens für die pädagogische Sprachdiagnostik 137

6.1 Erläuterungen zur vorgenommenen Entwicklung des Verfahrens zur Erfassung und Auswertung von Informationen zur alltäglichen Lebenssituation von Schulkindern mit sprachlichen Beeinträchtigungen 138

  6.1.1 Handlungsleitende subjektwissenschaftliche Grundlagen der Kritischen Psychologie 139

  6.1.2 Handlungsleitende entwicklungspsychologische Grundlagen zu Gedächtnis und Erinnerung 141

  6.1.3 Handlungsleitende Aspekte und Prinzipien der bildungszielorientierten Förderdiagnostik 143

  6.1.4 Kriterien subjektwissenschaftlicher Methodik 144

  6.1.5 Das problemzentrierte Interview (Witzel 2000) als diagnostische Erhebungsmethode 146

  6.1.6 Das subjektwissenschaftliche Forschungsverfahren als diagnostische Auswertungsmethode 149

  6.1.7 Resümee zur vorgenommenen Entwicklung des Verfahrens zur Erfassung und Auswertung von Informationen zur alltäglichen Lebenssituation von Schulkindern mit sprachlichen Beeinträchtigungen 150

6.2 Erprobung und Evaluation des Verfahrens zur Erfassung und Auswertung von Informationen zur alltäglichen Lebenssituation von Schulkindern mit sprachlichen Beeinträchtigungen 154

  6.2.1 Evaluationsziele der drei Teilevaluationen und Herleitung der vertiefenden Forschungsfragen 156

  6.2.2 Planung des Evaluationsvorhabens: Teilevaluationsübergreifende Überlegungen zu Samplebildung, Datenerhebung und Datenauswertung 160

  6.2.3 Teilevaluation 1: Gelingensbedingungen und Gütekriterien für die Erfassung von Informationen zur alltäglichen Lebenssituation 167

    6.2.3.1 Auswahl der befragten Personen 168

6.2.3.2   Datenerhebungsmethode:
            Problemzentriertes Interview nach
            Witzel (2000) 169
6.2.3.3   Datenauswertungsmethode: Inhaltlich
            strukturierende qualitative Inhaltsanalyse
            nach Kuckartz (2018) 170
6.2.3.4   Detaillierte Ergebnisdarstellung der
            inhaltlich strukturierenden qualitativen
            Inhaltsanalyse zu Gelingensbedingungen
            und Gütekriterien für die Erfassung
            von Informationen zur alltäglichen
            Lebenssituation 170
6.2.3.5   Beantwortung der Forschungsfragen der
            ersten Teilevaluation 174
            6.2.3.5.1   Gelingensbedingungen für die
                         Erfassung von Informationen
                         zur alltäglichen Lebenssituation 174
            6.2.3.5.2   Gütekriterien für die Erfassung
                         von Informationen zur
                         alltäglichen Lebenssituation 175
6.2.3.6   Schlussfolgerungen für die Modifikation
            des Verfahrens zur Erfassung und
            Auswertung von Informationen
            zur alltäglichen Lebenssituation
            von Schulkindern mit sprachlichen
            Beeinträchtigungen auf Basis der
            Erkenntnisse der ersten Teilevaluation 178
6.2.4 Teilevaluation 2: Praktikabilität des
        Auswertungsleitfadens 181
6.2.4.1   Auswahl der befragten Personen 182
6.2.4.2   Datenerhebungsmethode: Schriftlich
            vollstrukturierter Fragebogen 183
6.2.4.3   Datenauswertungsmethoden: Quantitative
            Auswertung mittels SPSS und inhaltlich
            strukturierende qualitative Inhaltsanalyse
            nach Kuckartz (2018) 184
            6.2.4.3.1   Quantitative Auswertung
                         mittels SPSS 184

6.2.4.3.2   Inhaltlich strukturierende
qualitative Inhaltsanalyse
(Kuckartz 2018)   185
6.2.4.4   Detaillierte Ergebnisdarstellung der
quantitativen Auswertung mittels SPSS
sowie der inhaltlich strukturierenden
qualitativen Inhaltsanalyse nach
Kuckartz (2018) zur Praktikabilität des
Auswertungsleitfadens   185
6.2.4.4.1   Ergebnisse der quantitativen
Auswertung mittels SPSS   185
6.2.4.4.2   Ergebnisse der inhaltlich
strukturierenden qualitativen
Inhaltsanalyse nach Kuckartz
(2018)   186
6.2.4.5   Beantwortung der Forschungsfragen der
zweiten Teilevaluation   190
6.2.4.5.1   Bewertung der Praktikabilität
des Auswertungsleitfadens   190
6.2.4.5.2   Möglichkeiten zur Optimierung
der Praktikabilität des
Auswertungsleitfadens   193
6.2.4.6   Schlussfolgerungen für die Modifikation
des Verfahrens zur Erfassung von
Informationen zur alltäglichen
Lebenssituation von Schulkindern mit
sprachlichen Beeinträchtigungen auf Basis
der Erkenntnisse der zweiten Teilevaluation   195
6.2.5   Teilevaluation 3: Erprobung der Anwendung
des gesamten Verfahrens mit Fokus auf
Verständigung über alltägliche Handlungen
und Handlungsbegründungen bei der
Informationserfassung sowie Reliabilität des
Auswertungsleitfadens   197
6.2.5.1   Auswahl der beteiligten Schulkinder   198

6.2.5.2 Datenerhebungsmethode:
         Problemzentriertes Interview nach
         Witzel (2000) im Erhebungsteil des
         Verfahrens zur Erfassung und Auswertung
         von Informationen zur alltäglichen
         Lebenssituation von Schulkindern mit
         sprachlichen Beeinträchtigungen 199
6.2.5.3 Datenauswertungsmethode: Inhaltlich
         strukturierende qualitative Inhaltsanalyse
         nach Kuckartz (2018) 199
6.2.5.4 Detaillierte Ergebnisdarstellung der
         inhaltlich strukturierenden qualitativen
         Inhaltsanalyse nach Kuckartz (2018)
         zur Erprobung und Anwendung des
         gesamten Verfahrens mit Fokus auf
         Verständigung über alltägliche Handlungen
         und Handlungsbegründungen bei der
         Informationserfassung sowie Reliabilität
         des Auswertungsleitfadens 200
6.2.5.5 Berechnung der Intercoder-Reliabilität 206
6.2.5.6 Beantwortung der Forschungsfragen zur
         dritten Teilevaluation 206
         6.2.5.6.1 Verständigung über die
                    alltäglichen Handlungen und
                    Handlungsbegründungen des
                    beteiligten Kindes 207
         6.2.5.6.2 Rekonstruktion von
                    Bedingungen der alltäglichen
                    Lebenssituation des beteiligten
                    Kindes 208
         6.2.5.6.3 Reliabilität des Verfahrens zur
                    Erfassung und Auswertung
                    von Informationen zur
                    alltäglichen Lebenssituation
                    von Kindern mit sprachlichen
                    Beeinträchtigungen 210

6.2.5.7   Schlussfolgerungen für die Modifikation
          des Analyseverfahrens auf Basis der
          Erkenntnisse der dritten Teilevaluation 211
6.3   Zusammenfassung und kritische Einschätzung der
      Ergebnisse und empirischen Vorgehensweise 212
      6.3.1   Zusammenfassung der Ergebnisse: Thesen zur
              Entwicklung, Erprobung und Evaluation eines
              Verfahrens zur Erfassung und Auswertung von
              Informationen zur alltäglichen Lebenssituation von
              Kindern mit sprachlichen Beeinträchtigungen 212
      6.3.2   Kritische Reflexion der gewählten Vorgehensweise
              in den drei Teilevaluationen 213

7   **Zusammenfassung, Diskussion und Reflexion des gesamten
    theoretischen und empirischen Prozesses** 221
    7.1   Resümee zu den theoretischen Bezugssystemen der
          vorliegenden Arbeit als Grundlage für die Beantwortung
          der Forschungsfragen 222
    7.2   Zusammenfassende, integrative Beantwortung der
          Forschungsfragen 224
          7.2.1   Konstruktionsfaktoren von alltäglicher
                  Lebenssituation 224
          7.2.2   Erfassung und Auswertung von Informationen
                  zur alltäglichen Lebenssituation von Schulkindern
                  mit sprachlichen Beeinträchtigungen im Rahmen
                  pädagogischer Sprachdiagnostik 227
                  7.2.2.1   Erhebungsphase: Erfassung von
                            Informationen zur alltäglichen
                            Lebenssituation 228
                  7.2.2.2   Auswertungsphase: Auswertung
                            von Informationen zur alltäglichen
                            Lebenssituation 231
    7.3   Diskussion und Reflexion des theoretischen Fundaments
          zur Konzeptualisierung des Konstrukts der alltäglichen
          Lebenssituation sowie zur Entwicklung und Erprobung
          des Verfahrens zur Erfassung und Auswertung von
          Informationen zur alltäglichen Lebenssituation von
          Schulkindern mit sprachlichen Beeinträchtigungen 237

7.4   Methodenorientierte Diskussion und Reflexion 242
7.5   Praxisbezogene Reflexion und Diskussion des Verfahrens
      zur Erfassung und Auswertung von Informationen
      zur alltäglichen Lebenssituation von Schulkindern mit
      sprachlichen Beeinträchtigungen 246

**8 Implikationen für die pädagogische Sprachdiagnostik
    und pädagogische Sprachförderung sowie für zukünftige
    Forschungsfelder auf Basis der Befunde der vorliegenden
    Arbeit** 253
8.1   Implikationen für pädagogische Sprachdiagnostik und
      pädagogische Sprachförderung 253
8.2   Implikationen für zukünftige Forschungsfelder 255

9 Schlusswort 259

Quellen 261

Abbildungsverzeichnis

Abbildung 3.1 Sprachhandlungstheoretisch begründete
Analyseebenen (von Knebel 2008, 128) 78
Abbildung 7.1 Analyse der alltäglichen Lebenssituation 249

Tabellenverzeichnis

Tabelle 6.1 Übersicht über Erkenntnisinteresse und
Forschungsfrage jeder Teilevaluation 158

Tabelle 6.2 Übersicht über Erkenntnisinteresse, Forschungsfragen,
Datenerhebungs- und Datenauswertungsmethoden zu
den drei Teilevaluationen 165

Tabelle 6.3 Mehrfeldertafel zur Berechnung der
Intercoder-Reliabilität (C1/C2: Kodierer 1
beziehungsweise 2, die Nummerierungen bezeichnen
die Kategorien im Kodierleitfaden) 206

Einleitung 1

Bei Betrachtung der aktuellen fachwissenschaftlichen Diskurse zu Themen der Diagnostik und Förderung sprachlich-kommunikativer Kompetenzen lässt sich eindeutig eine pädagogische Prägung (von Knebel 2013; Kracht 2010) feststellen. Von diesem pädagogischen Standpunkt aus wird die sprachliche Handlungsfähigkeit von Kindern in ihrer alltäglichen Lebenssituation (von Knebel 2013, 231) fokussiert. Dies bedeutet, dass diagnostisch nicht nur die Regelhaftigkeiten der Sprache und des Sprechens betrachtet werden. Vielmehr werden die individuellen Bedingungshintergründe des Spracherwerbs und Sprachgebrauchs von Kindern erfasst (von Knebel 2015, 373), um sie für eine individuell gestaltete Sprachförderung insbesondere in der Schule nutzbar zu machen.

Mit den Bedingungshintergründen des Spracherwerbs und Sprachgebrauchs von Schulkindern ist der Gegenstandsbereich der vorliegenden Arbeit angesprochen: Von einem pädagogischen Blickwinkel aus wird unter Berücksichtigung relevanter theoretischer Bezugssysteme Sprachdiagnostik als schulisches Handlungsfeld fokussiert.

Im Folgenden wird der Gegenstand der vorliegenden Arbeit präzisiert, indem der Ausgangspunkt sowie die Problemstellung und deren Relevanz erläutert (1.1) und die sich daraus ergebende Forschungsfrage dargestellt (zur Übersicht 1.1, detailliert 2.3) werden. Mit den Ausführungen zu den handlungsleitenden Grundannahmen (1.2) werden die Theoriestruktur (1.3), die Zielsetzung und der zu erwartende Ertrag sowie der Aufbau der vorliegenden Arbeit (1.4) begründet.

1.1 Problemaufriss

Zur Beschreibung der Praxis menschlichen Sprachgebrauchs wird im Sinne der
Sprachhandlungstheorie (Welling 1990) auf anthropologische, erkenntnistheoretische, handlungstheoretische sowie entwicklungspsychologische Grundlagen
zurückgegriffen, da diese als konstituierend (Welling 1990; von Knebel 2000)
betrachtet werden. So werden sprachliches Handeln und sprachliche Handlungsfähigkeit zu zentralen Begriffen dieser Arbeit. Nach Welling (1990; 2004; 2007)
ist menschliche Sprache als sprachliches Handeln zu verstehen, wobei Handeln
definiert ist als „Art und Weise, wie Menschen in einem bestimmten kulturell-
gesellschaftlichen Kontext ihr Leben ordnen" (Welling 2004, 131). Sprachliche
Handlungsfähigkeit sei Ziel sprachlicher Bildung von Schulkindern und meint
in diesem Zusammenhang kulturelle Teilhabe, personale Selbstbestimmung und
soziale Mitbestimmung, sodass Schülerinnen und Schüler zu ihrer sprachlichen
Identität finden (Welling 2004, 138).

Sprachliche Beeinträchtigung wird vor dem Hintergrund des Ziels sprachlicher Bildung als Einschränkung sprachlicher Handlungsfähigkeit verstanden,
womit konkrete Folgen für das sprachliche Handeln des Subjekts für kulturelle Teilhabe sowie personale Selbst- und soziale Mitbestimmung verbunden
sind. Sprachliche Beeinträchtigung wird aufgrund der Tatsache, dass sie immer
„sozial miterzeugt ist und sich personal in einem je spezifischen Sprach- und
Stimmgebrauch, einer je spezifischen Sprechtätigkeit und Redefähigkeit auswirkt"
(Welling 2000, 466), nicht verstanden als individuelles Merkmal einer Person,
so wie es die „historisch tradierte klassisch-eigenschaftsorientierte, individuums-
zentrierte Betrachtungsweise von Sprachstörungen" (Welling 2000, 466) vorgibt,
sondern als Ausdruck ihrer mitmenschlichen Lebenssituation (Welling 2006,
S. 19). So lässt sich festhalten, dass der Begriff ‚sprachliche Beeinträchtigung'
aus den Grundlagen sprachlichen Handelns abgeleitet wird und somit handlungstheoretisch (Schönberger 1987, 84 ff.) fundiert wird. Es wird im Folgenden
davon ausgegangen, dass im Rahmen pädagogischer Sprachdiagnostik mit sprachlichen Beeinträchtigungen immer „besondere Problemlagen" (von Knebel 2015,
372) fokussiert werden, „die im schulverwaltungsrechtlichen Sinne durch den
Begriff des sonderpädagogischen Förderbedarfs und im fachwissenschaftlichen
Sinne durch den Begriff der Sprachbehinderung gefasst werden" (von Knebel
2015, 372). Zwar findet eine begriffliche Unterscheidung statt, aber es liegt das
gleiche Verständnis von Behinderung zugrunde, wonach „Behinderung nicht als
individuelles Persönlichkeitsmerkmal, sondern vielmehr als Produkt eines engen
Wechselspiels von Individuum und gesellschaftlich-kulturell geprägtem Umfeld"

(von Knebel 2015, 372) betrachtet wird. Das bedeutet, nicht die sprachliche Problemlage als Abweichung einer normierten Zielsprache steht im Mittelpunkt der Diagnostik, sondern die Frage danach, welche Folgen diese besondere Problemlage für die Menschen in ihrer konkreten Lebenssituation hat. An pädagogische Sprachdiagnostik werden aus diesem Verständnis heraus besondere Anforderungen (von Knebel 2015, 371) gestellt, die sich beispielsweise auf ihren Gegenstand oder ihre Methode beziehen.

Im Hinblick auf das schulische Handlungsfeld der pädagogischen Sprachdiagnostik im Förderschwerpunkt Sprache als Gegenstand dieser Arbeit wird die Annahme Sprachdiagnostik und Sprachförderung als einheitlich und nicht getrennt voneinander zu betrachten (von Knebel 2015; 2007), zugrunde gelegt, da in Übereinstimmung mit von Knebel (2007) ein erziehungswissenschaftlich fundiertes Sprachförderkonzept als Basis der pädagogischen Sprachdiagnostik betrachtet wird.

Dabei ist die Sprachförderung sprachhandlungstheoretisch fundiert. Sie zielt nicht ausschließlich auf eine Minderung oder Beseitigung von Diskrepanzen eines individuellen Sprachgebrauchs ab und fokussiert dabei auch nicht einseitig eine sprachbezogene Norm (von Knebel 2004). Eine solche Sprachförderung wird pädagogisch gestaltet, was bedeutet, dass drei erziehungswissenschaftlich begründete Bestimmungsmerkmale kennzeichnend sind: Theorien der Bildung, Theorien der Erziehung und Theorien pädagogischer Institutionen (von Knebel 2004, 73 ff.). Dabei gilt zu beachten, dass das Ziel der pädagogischen Sprachförderung nach Welling (1990) die Erweiterung der sprachlichen Handlungsfähigkeit darstellt.

Betrachtet man den Bereich der pädagogischen Sprachdiagnostik im Förderschwerpunkt Sprache, wird Diagnostik, wie bereits ausgeführt, von einem pädagogischen Standpunkt aus bestimmt (von Knebel 2015) und nimmt neben der individuell verwendeten Sprache des Kindes auch das Kind selbst in den Blick, fragt damit ebenso nach der Bedeutung der Sprachbehinderung für das betroffene Kind. Dabei werden die Bedingungen der alltäglichen Lebenssituation betrachtet, unter denen sich das Kind bisher entwickelt hat beziehungsweise unter denen es lebt und auf die es selbst einwirkt. Bei einer solchen pädagogischen Sprachdiagnostik, die auch die alltägliche Lebenssituation des Kindes in den Blick nimmt, werden drei zusammenhängende Analysen vorgenommen: eine ‚Mikroanalyse der Sprache‘, eine ‚Sprachhandlungsanalyse‘ und eine ‚biografische Analyse‘ (von Knebel & Schuck 2007, 490 f.).

In der vorliegenden Arbeit wird mit dem Konstrukt der alltäglichen Lebenssituation ein Konzept angeboten, das zur Erklärung beobachtbarer Bedingungen der alltäglichen Lebenssituation herangezogen werden kann. Das Konzept der Lebenssituation von Menschen ist dabei keine Beschreibung, wie etwas ‚ist‘, sondern ein theoretisches Konstrukt zur Erklärung beobachtbaren ‚Seins'. Erklärt wird anhand des theoretischen Konstrukts also, wie etwas Beobachtbares zustande kommt. Es handelt sich bei dem Konzept der alltäglichen Lebenssituation um einen sprachhandlungstheoretisch fundierten Gegenstand der pädagogischen Sprachdiagnostik, der in das pädagogische Sprachförderkonzept der Kooperativen Sprachdidaktik nach Welling (2004) eingebettet ist. Damit soll die Möglichkeit gegeben werden, die sprachliche Handlungsfähigkeit von Schulkindern zu erweitern.

Eine als schulisches Handlungsfeld so verstandene Sprachdiagnostik und Sprachförderung fügt sich mit ihren Anforderungen „stimmig in das Gesamtkonzept einer Inklusiven Diagnostik" (von Knebel 2015, 373) ein. Seit das Thema Inklusion aufgrund der von der Generalversammlung der Vereinten Nationen beschlossenen UN-Behindertenrechtskonvention (2006) als zentraler Gegenstand in erziehungswissenschaftlichen und insbesondere schulpädagogischen Diskursen Bedeutung erlangt hat (Heimlich & Kiel 2020; Sturm & Wagner-Willi 2018; Hedderich, Biewer, Hollenweger & Markowetz 2016), muss nicht eigens hervorgehoben werden, dass Sprachdiagnostik und -förderung Handlungsfelder in inklusiven Settings darstellen (Grohnfeldt et al. 2015; von Knebel 2015; Glück, Reber & Spreer 2013; Spreer 2013; Mußmann 2012).

Der Beschluss der Kultusministerkonferenz (2011) ‚Inklusive Bildung von Kindern und Jugendlichen mit Behinderungen in Schulen', die darin enthaltenen Empfehlungen zum inklusiven Unterricht und der Verweis auf die weiterhin geltenden, von der Kultusministerkonferenz (1998) verabschiedeten Empfehlungen zum Förderschwerpunkt Sprache unterstreichen die Bedeutung von Sprachdiagnostik und Sprachförderung im Handlungsfeld Schule sowohl generell als auch in inklusiven Settings.

Wie bereits erläutert, ist für die pädagogische Sprachförderung die alltägliche Lebenssituation des Kindes bedeutsam. Dafür ist es relevant, die Bedingungen der alltäglichen Lebenssituation des Kindes zu erfassen. Die vorliegende Arbeit fokussiert daher die pädagogische Sprachdiagnostik, konkret die biografische Analyse und die Sprachhandlungsanalyse (Welling 1990; 2004; 2009; von Knebel & Schuck 2007; 2015) und die damit zusammenhängende Frage danach, wie die alltägliche Lebenssituation eines Kindes strukturiert ist, um anhand solcher Informationen eine individuell zugeschnittene Sprachförderung konzipieren zu können.

Vor diesem Hintergrund beschäftigt sich die vorliegende Arbeit mit zwei zentralen Fragestellungen, die in Abschnitt 2.2 bei der Darstellung des Forschungsstands und der Forschungsdesiderate aufgegriffen und hergeleitet werden:

1. Welche Konstruktionsfaktoren konstituieren das Konzept alltäglicher Lebenssituation?
2. Wie können Informationen zur alltäglichen Lebenssituation von Schulkindern mit sprachlichen Beeinträchtigungen im Rahmen pädagogischer Sprachdiagnostik erfasst und ausgewertet werden?

Die Arbeit zielt also darauf ab, sowohl zu untersuchen, welche Faktoren zur Konstruktion alltäglicher Lebenssituation beitragen, als auch ein Verfahren für die pädagogische Sprachdiagnostik zu entwickeln, womit Informationen zur alltäglichen Lebenssituation von Schulkindern erfasst und ausgewertet werden können. Das Verfahren lautet: ‚Verfahren zur Erfassung und Auswertung von Informationen zur alltäglichen Lebenssituation von Schulkindern mit sprachlichen Beeinträchtigungen' (kurz: Analyseverfahren).

Nachfolgend werden diejenigen theoretischen Annahmen dargestellt, die in der vorliegenden Arbeit zur Beantwortung der Forschungsfragen als handlungsleitend aufgefasst werden.

1.2 Handlungsleitende Grundannahmen

Dieses Kapitel dient der „Offenlegung der Ausgangslage" (von Knebel 2004, 85), um zugrunde liegende handlungsleitende Annahmen und so die gewählte Vorgehensweise zur Beantwortung der Forschungsfrage transparent werden zu lassen. Damit werden die Vorbedingungen dafür geschaffen, die Vorgehensweise und das Ergebnis der vorliegenden Arbeit intersubjektiv nachvollziehbar (von Knebel 2004, 85) werden zu lassen, denn „Prozess und Produkt müssen von Fachleuten rekonstruiert werden können" (von Knebel 2004, 85). Nur so können die Ausführungen dieser Arbeit dem „Anspruch von Wissenschaftlichkeit" (von Knebel 2004, 85) gerecht werden.

So wird zunächst auf den Subjektstandpunkt (1.2.1) eingegangen, es folgen danach Ausführungen zu den anthropologischen (1.2.2) und erziehungswissenschaftlichen (1.2.3) Grundannahmen. Im Anschluss daran werden erkenntnistheoretische Grundannahmen (1.2.4) beschrieben, die sich in wissenschaftstheoretischer Sicht für die Arbeit als handlungsweisend darstellen. Anschließend wird

erläuternd auf die Theoriestruktur der vorliegenden Arbeit (1.3) eingegangen.
Schließlich werden die Ziele und der Aufbau der Arbeit (1.4) dargestellt.

1.2.1 Subjektwissenschaftliche Grundannahmen

Das Subjekt wird im subjektwissenschaftlichen Verständnis der Kritischen Psychologie (u. a. Holzkamp 1985) als Beziehungsbegriff gefasst. Gemeint ist damit,
dass das Subjekt nicht als etwas gesehen wird, das von einem Objekt getrennt
erscheint, sondern es wird ein Verhältnis zwischen Subjekt und Objekt ausgedrückt. Übertragen auf den Zusammenhang von Mensch und Gesellschaft
bedeutet das, den Menschen nicht als der Gesellschaft gegenüberstehend zu
betrachten, sondern ihn im wechselseitigen Verhältnis zu dieser zu verstehen (von
Knebel und Schuck 2007, 494; Holzkamp 1985).

Die Grundkategorie der Kritischen Psychologie, die diesem Verständnis
vorausgesetzt ist, ist die Kategorie der Handlungsfähigkeit (Holzkamp 1985;
1987). Ausgedrückt wird damit die „Vermittlung zwischen individueller und
gesellschaftlicher Lebenstätigkeit" (Holzkamp 1987, 14), genauer meint dies in
gemeinsamem Handeln mit anderen Menschen Verfügung über die „individuell relevanten Lebensbedingungen" (Holzkamp 1987, 14) zu erreichen. Anders
ausgedrückt handelt es sich dabei um eine aktive Umgestaltung der Lebensbedingungen durch das Subjekt, wodurch die subjektive Lebensqualität individuell
gewahrt beziehungsweise weiterentwickelt wird (Holzkamp 1995, 23 f.).

Zentral aus Sicht der Kritischen Psychologie ist dabei die Annahme, dass
die gesellschaftlichen Verhältnisse Voraussetzung und Ergebnis der individuellen Verfügung über die Lebensbedingungen sind (u. a. Holzkamp 1979, 1985,
1987). Eine Trennung von Individuum und Gesellschaft, wie sie in traditioneller
Psychologie und Soziologie postuliert wird (Holzkamp 1979, 8), verhindert die
Berücksichtigung der gesellschaftlich-historischen Dimension menschlichen Handelns (Holzkamp 1979, 1985) und stellt das Individuum mit seinen Bedürfnissen
der Gesellschaft mit ihren Normen und Rollen gegenüber, als wären es durch
unvermittelte Begriffe strukturell getrennte Aspekte. Holzkamp (1979) beschreibt
dies als eine „Art von interdisziplinärem Eklektizismus" (Holzkamp 1979, 21)
und konstatiert die doppelte Beziehung des Menschen, indem er sich mit der
„gesamtgesellschaftlichen Vermitteltheit individueller Existenz" (Holzkamp 1985,
193) auf das Verhältnis zwischen Individuum und Gesellschaft bezieht. Grundlegend dabei ist, das Individuum nicht außerhalb seiner Gesellschaftlichkeit zu
denken. In diesem Sinne ist die Welt für das Individuum bedeutungsvoll, da

die gesellschaftlichen Verhältnisse dem Individuum als gegenständliche Bedeutungen gegenübertreten, jedoch „nicht im Sinne bloß sprachlicher Bedeutungen" (Holzkamp 1995, 22). Das Bedeutungskonzept Holzkamps (1985; 1995) ersetzt innerhalb der kritisch-psychologischen Kategorialbestimmungen „die gängige psychologische ‚Reiz'-Kategorie" (Holzkamp 1995, 22), sodass von den vom Menschen geschaffenen Weltgegebenheiten nicht bloß „unmittelbare Einwirkungen auf den Organismus übrigbleiben" (Holzkamp 1995, 22). Zudem geht es über ein Verständnis von rein sprachlich-symbolischen Bedeutungen hinaus, denn die Welt wird vom Menschen insofern als bedeutungsvoll erfahren, als dass die „durch gesellschaftliche Arbeit produzierten allgemeinen Gebrauchszwecke (…) und [die] dadurch konstituierten sozialen Verhältnisse" (Holzkamp 1995, 22) gemeint sind. Diese „sachlich-sozialen Bedeutungen" (Holzkamp 1995, 22) sind also nicht als ‚Reize' zu verstehen, sondern im Sinne einer „Vermittlungsebene zwischen gesellschaftlichen Lebensbedingungen und individuellem Handeln" (Holzkamp 1995, 22). Diese gesellschaftlichen Bedeutungszusammenhänge sind für das Individuum nicht allumfassend zu erkennen, sondern in jenem Ausschnitt, welcher dem Individuum aufgrund seiner individuellen Situation zugewandt ist (Holzkamp 1985, 196 f.). Das heißt, gegenständliche Bedeutungen verbinden individuelles Handeln und gesellschaftliche Verhältnisse und sind weder als Handlungsbedingungen noch als Bestimmungen zu fassen, sondern als Handlungsmöglichkeiten, zu denen sich das Individuum begründet verhält (Holzkamp 1979, 1985, 1991).

In Bedeutungs-Begründungs-Analysen sind diese individuellen Begründungen des Handelns rekonstruierbar und erfahrbar, das heißt, es kann der Subjektstandpunkt des Anderen eingenommen werden. Begründungen sind nur vom Standpunkt des Subjekts möglich, es sind immer Gründe „erster Person [, also] je meine Gründe" (Holzkamp 1991, 7). Subjektwissenschaftliche Forschung bedeutet damit nicht einfach nur das Subjekt durch beispielsweise qualitative Forschungsmethoden stärker zu berücksichtigen, sondern Erkenntnis vom Subjektstandpunkt aus zu ermöglichen (Holzkamp 1993).

Diese Ausführungen verdeutlichen die Forderung nach einer gesellschaftsorientierten Wissenschaft, in der wissenschaftliche und gesellschaftliche Praxis aufeinander bezogen sind, wodurch eine „Trennung zwischen Erkenntnis und Veränderung der praktischen Welt überwunden" (Baldauf-Bergmann 2009, 328) wird, da so eine wissenschaftliche Praxis entsteht, „mit der Erkenntnisse und Veränderungen in gesellschaftlichen Prozessen verknüpft werden können"

(Baldauf-Bergmann 2009, 329). Entsprechend sind als Annahmen für die Wissenschaftskonzeption der Kritischen Psychologie festzuhalten (Baldauf-Bergmann 2009, 328):

1. Wissenschaftlicher Standpunkt ist der Standpunkt des Subjekts.
2. Wissenschaftliche Praxis ist dialektische Praxis.
3. Das sozialwissenschaftliche Aufgaben- und Rollenverständnis wird neu bestimmt.

Als Konsequenzen für einen subjektwissenschaftlichen Forschungsprozess ergeben sich daraus folgende Punkte (Baldauf-Bergmann 2009, 278):

1. Es handelt sich nicht um einen wissenschaftlichen Außenstandpunkt, der eingenommen wird, sondern es handelt sich um Forschung vom Standpunkt des Subjekts.
2. Forschende sind dabei selbst Subjekte der Forschung.
3. Forschung findet nicht über, sondern für die an der Forschung beteiligten Personen, sogenannte Betroffene, statt.

Die Grundlagen für den Forschungsprozess zeigen: Subjektwissenschaftliche Forschung ist ein erkenntnistheoretischer Vorgang, also ein Prozess der wissenschaftlich fundierten Praxisveränderung, der eine spezifische Methodologie benötigt (Baldauf-Bergmann 2009, 331).

Eine solche subjektwissenschaftliche Forschungs- und Entwicklungspraxis findet im Modus des Begründungsdiskurses statt, zielt nicht auf Verallgemeinerungen zu Eigenschaften oder Merkmalen von Personen ab, sondern bietet immer in Bezug auf die individuellen Möglichkeiten eine Möglichkeitsverallgemeinerung (Holzkamp 1985, 358 ff.) an. Im Unterschied zur „variablenpsychologischen" Definition des Verallgemeinerbarkeits-Kriteriums" (Holzkamp 1985, 546) bezieht sich die Möglichkeitsverallgemeinerung nicht auf „die anderen als Häufigkeitsverteilung" (Holzkamp 1985, 550), sondern auf „den einzelnen Menschen mit seiner „unreduzierten Individualität und Subjekthaftigkeit" (Holzkamp 1985, 550). Das bedeutet, dass die individuelle Einmaligkeit des Menschen für jedes einzelne Subjekt verallgemeinert wird, und nicht, dass die Individuen in ihrer Unterschiedlichkeit „hinsichtlich quantifizierbarer Merkmale zu ‚zufallsvariablen' statistischen Verteilungen" (Holzkamp 1985, 546) zusammengezählt werden. Verallgemeinerbarkeit in subjektwissenschaftlicher Forschung bezieht sich damit nicht auf die verschiedenen Merkmale verschiedener Menschen, sondern auf die individuellen subjektiven Möglichkeitsräume der Menschen (Holzkamp 1985,

548), in denen sie handeln, wodurch eine „Verständigung über Verfügungsmöglichkeiten und deren Behinderung" (Holzkamp 1985, 548) erreicht wird.

Es wird mit dem hier in gebotener Kürze erläuterten Subjektstandpunkt und dem zugrunde liegenden subjektwissenschaftlichen Verständnis ein Ansatz gewählt, dessen Einführung in fachwissenschaftliche Diskurse zwar jahrzehntelang zurückliegt, aber dennoch an Aktualität nicht verloren hat: So wird zum einen auf die lerntheoretischen Annahmen Holzkamps (1995) als auch auf die Grundkonzepte und Grundlagen der Kritischen Psychologie (Holzkamp 1985) sowie auf subjektwissenschaftliche forschungsmethodologische Grundlagen in erziehungswissenschaftlichen Diskursen (u. a. Ludwig 1999; Faulstich und Ludwig 2008; Weis 2005; Baldauf-Bergmann 2009; Markard 2017; Markard et al. 2017) zurückgegriffen.

1.2.2 Anthropologische Grundannahmen

In diesem Abschnitt werden die in dieser Arbeit zugrunde liegenden Annahmen über den Menschen dargestellt. Ziel ist es, handlungsleitende Aussagen über „das Wesen [...] des Menschen als Menschen" (Holzkamp 1972, 36) zu treffen. Es wird dabei der zentralen Auffassung der Kooperativen Pädagogik (Schönberger, Jetter & Praschak 1987) gefolgt, dass der Mensch „niemals Mensch als solcher und für sich" (Jetter 1987, 16) ist, denn der Mensch ist „immer nur Mensch als Mensch unter Menschen und für andere Menschen" (Jetter 1987, 16). Diese Aussage bezieht sich unmissverständlich auf die Annahme eines Menschen als eigenaktiv handelndes Subjekt, das in Zusammenhang mit seiner Kultur- und Geschichtsgebundenheit auf Mitmenschen angewiesen ist (Jetter 1987).

Auf dieser Grundlage und unter Einbezug der anthropologischen Annahmen über den Menschen durch von Knebel (2000), wird im Folgenden die Beschreibung des Wesens des Menschen vorgenommen, um am Ende ein Bild vom Menschen zu skizzieren, das als Leitbild dieser Arbeit zugrunde liegt.

Allgemein anerkannt ist in der pädagogischen Anthropologie die Vorstellung von der „Unvollkommenheit des Menschen" (von Knebel 2000, 39) sowie der Fähigkeit zur Vervollkommnung durch Erziehung (von Knebel 2000, 39 f.). Der Aspekt der Erziehung ist dabei entscheidend, wenn beschrieben werden soll, wie die Vervollkommnung erreicht werden kann (von Knebel 2000, 40). Erziehung wird hier verstanden als Fremdaufforderung zur Selbsttätigkeit und muss zur Verwirklichung der Bildsamkeit (Freiheit und Selbstbestimmung) (Benner 2001, 80 ff.) beitragen. Folgt man diesem Gedanken weiter, ist der Mensch zum Handeln gezwungen, um aus seiner Imperfektheit willentlich herauszufinden, jedoch

wird es nicht zur Auflösung der Imperfektheit kommen können, weil sich damit
die Erziehung im Sinne von Praxis auflösen würde. Wenn Fremdaufforderung in
Selbstaufforderung übergeht, kann nach Benner (2001, 91) von einem Ende der
Erziehung gesprochen werden.

In engem Zusammenhang mit der Erziehungsbedürftigkeit und -fähigkeit des
Menschen steht die Eigenaktivität des Menschen. Nach Benner (2001, 80 ff.)
ist dieser Begriff zu bestimmen als Selbsttätigkeit, die die Bildsamkeit ermöglicht. Der Mensch wirkt als Subjekt eigenaktiv an der Verwirklichung seiner
Bestimmung mit. Da diese Mitwirkung im Sinne eines Außenstandpunktes nicht
vollumfassend erfasst werden kann, ist eine ‚Verobjektivierung' des Menschen
aus dieser Sicht ausgeschlossen (von Knebel 2000, 39), vielmehr wird der
Mensch in seiner Subjekthaftigkeit (von Knebel 2000, 39) betrachtet.

Menschsein bedeutet – unter Einbezug der Annahme, den Menschen als
Mensch unter Menschen zu verstehen (Jetter 1987, 16) – zu einer Kultur zu
gehören und kulturgebundene Handlungsformen zu entwickeln. Diese Kulturgebundenheit verweist den Menschen auf kulturspezifisch geformte Mittel und führt
zu kulturspezifischen Fähigkeiten, wobei der Mensch einerseits von seiner Kultur
abhängig ist, weil er sich unter ihren Bedingungen entwickelt, aber andererseits
ebenso als kulturschaffend angesehen werden muss, weil er im Sinne eines dialektischen Verhältnisses diese kulturellen Bedingungen, unter denen er lebt, immer
wieder neugestaltet. In Bezug auf den Aspekt der Erziehungsbedürftigkeit und
-fähigkeit kann davon ausgegangen werden, dass Menschen einerseits aufgrund
kultureller Normen und Werte aufeinander wirken, anderseits wird Kultur durch
das erzieherische Aufeinandereinwirken erhalten und gestaltet (von Knebel 2000,
41 ff.).

Dieses dialektische Verhältnis lässt sich auf den Aspekt übertragen, den
Menschen sowohl als geschichtsabhängig als auch als geschichtsschaffend zu
betrachten. Während sich der Mensch an bestimmten Ordnungen orientiert, stellen diese Ordnungen Re-Konstruktionen von Ordnungen dar, die vom Menschen
selbst geschaffen sind und somit als Bestandteil seiner Geschichte gesehen werden müssen (von Knebel 2000, 43 f.). Diese beiden Aspekte sind ineinander
verwoben, da sich der Mensch auf Grundlage seiner Lebensgeschichte und vor
dem Hintergrund seiner subjektiven Handlungserfahrungen mit seiner Kultur auseinandersetzt, die wiederum dem geschichtlichen Wandel unterworfen ist (von
Knebel 2000, 43).

Handeln wird aus anthropologischer Sicht als die wesensgemäße Tätigkeit
des Menschen angesehen (Schönberger, Jetter & Praschak 1987; von Knebel
2005). Entsprechend der zuvor dargestellten Annahmen handelt der Mensch unter

historisch gewachsenen und kulturell geformten Bedingungen. Im Sinne des ‚Auf-
einanderbezogenseins' bezieht sich das Handeln jedes Menschen auf das Handeln
anderer Menschen. Im Gegensatz zum Verhalten stellt Handeln eine Eigenaktivität des Menschen dar, womit ihm die Möglichkeit gegeben wird, sein Wesen als
Subjekt zu verwirklichen (von Knebel 2000, 44 f.).

Bedingung des menschlichen Handelns ist Erkenntnis (für eine umfassende
Bestimmung des Handlungsbegriffs aus kooperativ-pädagogischer Sicht siehe
Abschnitt 1.2.3). Menschliche Erkenntnis gründet im Handeln und ist an
die bereits entwickelten Erkenntnismöglichkeiten gebunden, die wiederum aus
menschlichem Handeln hervorgehen. Menschliches Erkennen wird hier im Sinne
Piagets (1973) als eigenaktive Konstruktion des Subjekts gefasst. Das Subjekt
strebt ein Gleichgewicht zwischen den Prozessen der Assimilation und Akkommodation an, die zur Anpassung von Subjekt und Umwelt führen und die
Erkenntnisstrukturen sowohl verfestigen als auch spezifizieren, was dazu führt,
dass das Subjekt sich auf Grundlage bereits entwickelter Erkenntnisstrukturen
verwirklicht (von Knebel 2000, 46).

Zweifelsohne implizit als Grundannahme mitgedacht, aber nicht explizit als
solche formuliert, ist bei diesen Annahmen über den Menschen die Gesellschaftlichkeit des Menschen. Es wird im Folgenden auf diesen Aspekt eingegangen, da
dies neben den bisherigen Ausführungen aufgrund der explizit sich davon ablei-
tenden methodologischen Annahmen (siehe Abschnitte 6.1.1, 6.1.4 und 6.1.6) als
wesentliche Bestimmung des Menschen auch explizit benannt werden sollte.

Menschen als gesellschaftlich zu beschreiben meint, den Menschen als ein
autonomes Individuum zu betrachten, „das der Möglichkeit nach vernünfti-
ges Subjekt seiner Biographie und Geschichte ist und die Verhältnisse, unter
denen es leben will, seinen Interessen gemäß selber machen kann […]" (Holzkamp 1972, 71). Dieses Zitat bezieht sich auf das Verhältnis von Subjektivität
und Gesellschaftlichkeit des Individuums und damit auf die „Besonderheit der
menschlich-gesellschaftlichen Weise der Lebensgewinnung" (Holzkamp 1979a,
7), die bei Vernachlässigung des Aspekts der Gesellschaftlichkeit und reiner
Betrachtung des Menschen als Individuum nicht zu erkennen ist. Diese Besonderheit ist dadurch gekennzeichnet, dass die Menschen ihre gesellschaftlichen
Existenzbedingungen sowohl selbst schaffen als auch kontrollieren und verändern. Subjektivität ist in diesem Zusammenhang aufgrund der Möglichkeit der
bewussten Schaffung und Veränderung von gesellschaftlichen Lebensumständen
also als gesellschaftliche Subjektivität zu verstehen. Als individuelle Subjekte
haben die Menschen Einfluss auf „ihre eigenen relevanten Lebensbedingungen,
die ja immer gesellschaftliche Lebensbedingungen sind" (Holzkamp 1979a, 11),

was dazu führt, dass individuelle Subjekte einen „Teilaspekt gesellschaftlicher
Subjekte" (Holzkamp 1979a, 12) darstellen.

Der Aspekt der gesellschaftlichen Lebensbedingungen führt zu einem weiteren Punkt, nämlich zum Umstand, dass aus historisch-materialistischer Sicht, die
dieser Arbeit zugrunde liegt (genauer zur Theoriestruktur siehe Abschnitt 1.3),
die gesellschaftlichen Verhältnisse historisch bestimmt sind. Das heißt, dass
die gesellschaftlichen Lebensbedingungen als gewachsen aus „gesellschaftlich-
historischen Entwicklungsgesetzen" (Holzkamp 1979b, 44) zu begreifen sind.
Dies führt dazu, dass ebenfalls die konkreten Individuen als historisch bestimmt
gefasst werden müssen. Nach Holzkamp sind sie „doppelt historisch bestimmt"
(Holzkamp 1979b, 45), nämlich zum einen durch die „formations-, klassen-
und standortspezifischen gesellschaftlichen Realisierungsbedingungen ihrer Indi-
vidualentwicklung" (Holzkamp 1979b, 45) und zum anderen durch ihre „artspe-
zifischen Möglichkeiten zur individuellen Vergesellschaftung" (Holzkamp 1979b,
45).

Anders ausgedrückt: Die historisch-gesellschaftliche Konkretheit der individuellen Lebensbedingungen wird nicht auf unmittelbare Einwirkungen auf das
Individuum reduziert oder komplett ausgeklammert, wie es in der „Anthropologie
des abstrakt-isolierten Individuums" (Holzkamp 1979b, 14) der traditionellen Psychologie der Fall ist. Vielmehr werden die Individuen als integrativer
Bestandteil ihres konkreten gesellschaftlich-historischen Lebenszusammenhangs
(Holzkamp 1979b; 1985) betrachtet.

Diese subjektwissenschaftliche Auffassung vom Menschen nimmt Bezug auf
die Gesellschaftlichkeit des Menschen und soll die zuvor dargestellten Annahmen
nach von Knebel (2000) ergänzen. Ausgehend vom Axiom der Kooperativen Pädagogik, wonach Handeln als wesensgemäße Tätigkeit des Menschen zu fassen ist
(Schönberger 1987; von Knebel 2005), und der Annahme den Menschen „als
Mensch unter Menschen und für andere Menschen" (Jetter 1987, 16) zu betrachten, wird im Folgenden als Synthese der Darlegungen dieses Abschnitts folgendes
Leitbild vom Menschen formuliert:

1. Der Wissen konstruierende Mensch.
2. Der eigenaktiv handelnde Mensch.
3. Der gesellschaftliche Mensch.

1.2.3 Erziehungswissenschaftliche Grundannahmen

Aus den bisherigen Ausführungen ist deutlich geworden, dass dieser Arbeit ein Menschen- und Weltbild handlungsleitend zugrunde liegt, welches, kurz gesagt, den Menschen als gesellschaftliches sowie eigenaktiv-konstruierendes, aktiv handelndes Wesen betrachtet. In diesem Zusammenhang und mit Blick auf den pädagogischen Standpunkt, der in dieser Arbeit eingenommen wird, wird im folgenden Abschnitt auf die erziehungswissenschaftlichen Grundannahmen eingegangen, um im Sinne des Wissenschaftskriteriums der intersubjektiven Nachvollziehbarkeit die zugrunde liegenden erziehungswissenschaftlichen Annahmen darzustellen. Dabei wird im dialektischen Sinne zuerst auf abstrakter Ebene die Frage nach der Bestimmung des Pädagogischen im Allgemeinen (1.2.3.1) beantwortet und anschließend stehen auf konkreter Ebene die Begriffe der Handlungstheorie der Kooperativen Pädagogik im Mittelpunkt (1.2.3.2). Notwendig erscheint dieses Vorgehen aufgrund des pädagogischen Standpunkts dieser Arbeit: Wenn Sprachdiagnostik und Sprachförderung als pädagogisches Aufgabenfeld betrachtet werden, wird ein pädagogischer Standpunkt eingenommen, dem erziehungswissenschaftliche Theorien und Konzepte zugrunde liegen. Es wurde gezeigt, welche Aspekte der Allgemeinen Erziehungswissenschaft herangezogen werden können, um den pädagogischen Standpunkt zu fundieren. Im dialektischen Sinne wird somit zunächst auf abstrakter Ebene die Frage nach der Bestimmung des Pädagogischen im Allgemeinen beantwortet. Der danach folgende Abschnitt erläutert, welche Grundlagen der Kooperativen Pädagogik als Konzept der Allgemeinen Erziehungswissenschaft den pädagogischen Standpunkt dieser Arbeit konsolidieren. Dadurch werden die Begriffe der Handlungstheorie der Kooperativen Pädagogik auf konkreter Ebene deutlich.

1.2.3.1 Bestimmung des Pädagogischen nach Benner (2001)

Zur Bestimmung des Pädagogischen wird im Folgenden auf die systematische Darstellung erziehungswissenschaftlicher Grundlagen Benners (2001) rekurriert, da diese „tauglich scheint, das Wesensgemäße des Pädagogischen auf eine sehr allgemeine Weise zu fassen" (von Knebel 2016, 48) und darauf verweist, „was Pädagogik ausmacht" (von Knebel 2005, 26) sowie „was ein Konzept beinhalten muss, welches pädagogischen Ansprüchen genügen will" (von Knebel 2005, 26). Die Bestimmung des Pädagogischen trifft Benner (2001) unter Zuhilfenahme zweier Zugänge. Zum einen unterscheidet er „drei Hauptebenen des Pädagogischen" (Benner 2001, 132 ff) und benennt zum anderen „vier Prinzipien pädagogischen Denkens und Handelns" (Benner 2001, 59 ff). Zunächst werden die drei Hauptebenen des Pädagogischen näher erklärt.

Die erste Ebene zur Bestimmung des Pädagogischen stellt die Theorie der Erziehung dar, welche „Aussagen über die Möglichkeiten, Modalitäten und Grenzen pädagogischen Wirkens" (Benner 2001, 132) trifft und dabei die „Wirkungen der individuellen und der gesellschaftlichen Seite der pädagogischen Praxis" (Benner 2001, 132) analysiert. Im Mittelpunkt steht in Anlehnung an von Knebel (2005) die Frage, wie pädagogische Situationen gestaltet werden müssen, damit Bildungsziele erreicht werden können.

Die zweite Ebene zur Bestimmung des Pädagogischen ist durch die Theorie der Bildung gekennzeichnet, in der „Aufgaben und die Zweckbestimmung der pädagogischen Praxis thematisiert" (Benner 2001, 150) werden. Es lassen sich dabei entsprechend der Theorie der Erziehung ebenfalls „individuelle und gesellschaftliche Aufgaben und Teilaspekte differenzieren" (Benner 2001, 150). Hier geht es also im Sinne von von Knebel (2005) nicht um die Gestaltung pädagogischer Situationen, sondern um Bildungsziele „im erziehungswissenschaftlichen Sinne" (von Knebel 2005, 26) als Sinn und Zweck von Erziehung.

Die dritte Ebene zur Bestimmung des Pädagogischen stellt die Theorie pädagogischer Institutionen dar, die danach fragt, „welche Strukturen und Merkmale Institutionen aufweisen müssen, um Orte eines erziehungs- und bildungstheoretisch legitimierten pädagogischen Handelns sein zu können" (Benner 2001, 182).

Der angekündigte zweite Zugang zur Bestimmung des Pädagogischen durch die Unterscheidung von „vier Prinzipien pädagogischen Denkens und Handelns" (Benner 2001, 59 ff) lässt sich wie folgt zusammenfassen:

Das erste Prinzip pädagogischen Denkens und Handelns ist das der „Bildsamkeit" (Benner 2001, 60), wonach die Bestimmung des Menschen in Selbstbestimmung und Freiheit liegt.

Das zweite Prinzip ist das der „Aufforderung zur Selbsttätigkeit" (Benner 2001, 60), was bedeutet, dass der Mensch an der eigenen Bildung aktiv mitwirkt.

Als drittes folgt das Prinzip der „Überführung gesellschaftlicher Determination in pädagogische Determination" (Benner 2001, 62). Dies bedeutet, dass gesellschaftliche Bedingungen veränderbar sind und verändert werden müssen, um nicht zur Behinderung pädagogischer Zugänge zu werden (von Knebel 2005, 27).

Das vierte Prinzip ist die „Ausrichtung der menschlichen Gesamtpraxis an der Idee einer nicht-hierarchischen und nicht-teleologischen Ordnung der menschlichen Gesamtpraxis" (Benner 2001, 62). Die Erziehungspraxis wird zum Zwecke der Verbesserung der Lebensgrundlagen des Menschen von ihnen mitgestaltet, wie von Knebel (2005) ausführt.

Nachdem in diesem Abschnitt allgemein-erziehungswissenschaftliche Überlegungen zur Frage der Bestimmung des Pädagogischen angestellt wurden, sollen im nächsten Abschnitt die Grundannahmen der Kooperativen Pädagogik erläutert werden, um die zunächst aus allgemein-erziehungswissenschaftlicher Sicht dargestellten Zugänge mit konkret-pädagogischen Grundannahmen zu spezifizieren.

1.2.3.2 Grundannahmen der Kooperativen Pädagogik

Das Konzept der Kooperativen Pädagogik wird sowohl aufgrund seiner allgemein-erziehungswissenschaftlichen Bezüge als auch in sprachhandlungstheoretischer Spezifizierung nach Welling (1990; 2004) in dieser Arbeit als grundlegend betrachtet. So rekurriert Welling (1990) bei der Konzeptualisierung pädagogischer Sprachförderung auf die Kooperative Pädagogik (Schönberger, Jetter & Praschak 1987). Die Kooperative Pädagogik stellt den Menschen mit seinen individuellen Erfahrungen und Möglichkeiten grundsätzlich in den Mittelpunkt: Jedes menschliche Individuum soll zuallererst in seiner Verstrickung in seine konkreten Verhältnisse gesehen werden und ist in seinem Handeln auf seine individuellen Erfahrungen verwiesen (Jetter 1985, 6). Das Konzept der Kooperativen Pädagogik nach Schönberger, Jetter und Praschak (1987), ist zwar nicht explizit behindertenpädagogisch orientiert, bezeichnet sich jedoch als ein allgemein-pädagogisches Konzept, das „besonders sensibel ist für die besonderen Probleme der Erziehung und Bildung behinderter Kinder und Jugendlicher" (Jetter 1986, 223).

Praschak (1993) beschreibt Behinderung im Sinne der Kooperativen Pädagogik als dynamischen sozialen Prozess, nicht als diagnostizierbaren Individualzustand (Praschak 1993, 17). Diese Sicht führt zu einem handlungsleitenden Bild des Menschen, das als Axiom der Kooperativen Pädagogik bezeichnet wird (Schönberger, Jetter & Praschak 1987), und bezieht sich auf die „Tatsache, daß jeder Mensch aktiv Einfluß auf sein Leben nimmt und dafür auch die Verantwortung tragen kann" (Praschak 1993, 50 f.). Dieser Grundsatz beschreibt das Hauptanliegen der Kooperativen Pädagogik: den Menschen als handelndes Wesen zu sehen. Handeln wird damit zu einem Grundbegriff der Kooperativen Pädagogik. Den Menschen als erkennendes Wesen zu beschreiben und gleichzeitig als handelndes Wesen zu erkennen und anzuerkennen, führt zu der anthropologischen Grundannahme: „Die dem Menschen wesensgemäße Tätigkeit ist das menschliche Handeln" (Jetter 1985, 9).

Die Kooperative Pädagogik bezieht sich in dieser Grundannahme, den Menschen als aktiv handelnd aufzufassen, auf eine konstruktivistische Handlungstheorie, die jedes Erleben eines Menschen als ordnende und gestaltende Tätigkeit

ausweist. Mit der Bestimmung der Kooperativen Pädagogik als ein allgemein-
pädagogisches Konzept (von Knebel 2005), offenbart sie die erziehungswissenschaftliche Fundierung, die sich in den Begriffen Erziehung, Bildung, Handeln
und Kooperation niederschlägt.

Die drei folgenden Kerngedanken sind von grundlegender Bedeutung, da sie
inhaltlich beschreiben, inwiefern die Begriffe Erziehung, Bildung und Handeln
als zentral betrachtet werden können.

1. Erziehung lässt in diesem Sinne „Bedingungen menschlicher Existenz als von
   Menschen gestaltete und daher auch von Menschen immer neu zu gestaltende
   erkennen" (Schönberger 1987, 83).
2. Das Ziel von Bildung besteht in der Kooperativen Pädagogik „in der Fähigkeit
   und Bereitschaft zu mitverantwortlichem Handeln" (von Knebel 2005, 24).
3. Der Mensch ist „seinem Wesen nach ein verantwortlich Handelnder" (Jetter
   1985, 5).

Jetter (1987) führt drei Merkmale an, die sich auf den zuvor formulierten dritten Kerngedanken beziehen und das Handeln eines Menschen (von Knebel 2005,
25) genauer bestimmen: Wertorientiertheit, Plangeleitetheit und Zielgerichtetheit.
Zielgerichtet handelt der Mensch, indem er seine Lebensbedingungen mitgestaltet, sodass Handeln als „auf die Gestaltung von Wirklichkeit angelegte" (von
Knebel 2005, 25) Tätigkeit betrachtet werden kann. Dabei orientiert sich der
handelnde Mensch an kulturellen Werten, was davon abhängig ist, welche Erfahrungen er bereits machen konnte, das heißt, wodurch Wertsysteme konstruiert
wurden. Plangeleitet ist sein Handeln, da Handeln eine „im Sinne kognitiver
Strukturiertheit geordnete und zugleich ordnende (plangeleitete)" (von Knebel
2005, 25) Tätigkeit darstellt. Das heißt, es sind Wissensstrukturen vorhanden, die
Handeln ermöglichen. Wertorientiert ist das Handeln aufgrund der Bestimmung
als „in rekonstruierte gesellschaftliche und kulturelle Wertesysteme eingebundene
(wertorientierte) Tätigkeit" (von Knebel 2005, 25).

In engem Zusammenhang mit Erziehung, Bildung und Handeln stehen als
weitere Begriffe ‚Sinn' und ‚Verantwortung'. Schönberger (1987) bezeichnet den
Sinn des Handelns als „eine kulturelle Ordnung der Werte und sittlichen Normen,
die wir im verantwortlichen Handeln nachvollziehen und zugleich verändern"
(Schönberger 1987, 88). Der verantwortlich Handelnde dabei ist derjenige, „der
Rede und Antwort stehen kann auf die Frage nach dem Sinn seines Tuns"
(Schönberger 1987, 96).

Das menschliche Handeln als sinnhafte Tätigkeit zu bezeichnen, ist Teil der theoriegeleiteten Sicht des Menschen „als dem Angehörigen einer Kulturgemeinschaft" (Schönberger 1985, 21 ff). Die kulturelle Teilhabe muss an die „individuellen Bedeutungsgehalte des Handelnden" (Schönberger 1985, 21 ff) anknüpfen, um Handlungsfähigkeit zu ermöglichen. Praschak (1993) formuliert dazu treffend: „Entwicklung von Handlungsfähigkeit ist von Umweltgegebenheiten abhängig wie von bereits vorhandenen Strukturen, die immer eingebettet sind in soziale und gegenständliche Bezugssysteme" (Praschak 1993, 49).

Gemäß dieser Sicht auf den Menschen, die der konstruktivistischen Handlungstheorie entspringt, erscheint eine Trennung des Menschen von seinen gesellschaftlichen und kulturellen Verhältnissen nicht sinnvoll, um ihn nicht von seiner alltäglichen Lebenssituation und seiner eigenen Geschichte zu entbinden. Der Handlungsbezug wird zur konstruktiven Größe, die es dem Menschen ermöglicht, sich seine Lebenswirklichkeit anzueignen, und gründet sich auf ordnenden Strukturen wie eine raum-zeitliche Gliederung der Welt und das Erkennen von ursächlichen Zusammenhängen (Praschak 1993, 46–50).

‚Kooperation' und ‚Kooperationsfähigkeit' als zwei weitere Grundbegriffe der Kooperativen Pädagogik sind nur im Zusammenhang mit dem Handlungsbegriff zu verstehen. „Kooperationsfähigkeit entwickelt sich nur in kooperativen Handlungen" (Schönberger 1985, 17). Dadurch dass das menschliche Handeln als wertorientierte, zielgerichtete und planvolle Tätigkeit gefasst wird, ist eine Handlung kooperativ, „wenn die Handlungspartner ihre Tätigkeiten an gemeinsamen Werten orientieren und ihre Handlungspläne auf vereinbarte Ziele hin koordinieren" (Schönberger 1985, 17). Im gemeinsamen Handeln wird die Lebenswirklichkeit des Menschen gestaltet und gegebenenfalls verändert, womit die Verbindung zur Handlungsfähigkeit hergestellt werden kann, da „handlungsfähig sein bedeutet: Wirklichkeit nicht als gegeben hinnehmen, sondern sie mit den eigenen Möglichkeiten zu erschließen, sie zu überprüfen und gegebenenfalls zu verändern" (Jetter 1986, 243).

Die Ausführungen verdeutlichen, inwiefern der Mensch aus Sicht der Kooperativen Pädagogik als aktiv handelnd betrachtet werden kann, und bieten damit eine inhaltliche Entfaltung dessen an, was in dieser Arbeit als Menschen- und Weltbild handlungsleitend zugrunde liegt.

1.2.4   Erkenntnistheoretische Grundannahmen

Die im vorigen Abschnitt aufgeführten Annahmen des Menschen, insbesondere
die anthropologische Grundannahme „Der Mensch ist ein konstruierend erkennendes Wesen" (von Knebel 2000, 46), legen nahe, die dieser Arbeit zugrunde
liegenden erkenntnistheoretischen Annahmen zu formulieren.

Dem Umstand folgend, den Mensch als konstruierendes Wesen aufzufassen,
wird in Bezug auf wissenschaftliches Erkennen in dieser Arbeit der Konstruktivismus im Sinne der genetischen Erkenntnistheorie nach Piaget (u. a. 1972), welcher
auch die Grundlage der konstruktivistischen Handlungstheorie der Kooperativen
Pädagogik (Schönberger, Jetter & Praschak 1987) zugrunde liegt, als theoretischer
Ansatz vorausgesetzt.

Nach Piaget (1972) ist keine Erkenntnis endgültig, sondern die Erkenntnis,
auch die wissenschaftliche als eine ihrer vielfachen Formen, wird durch aktive
Konstruktion in der tatsächlichen Auseinandersetzung mit der Umwelt gebildet.
Die Erfahrungen des konstruierenden Subjekts führen zu einer Erkenntnis, die
sich kontinuierlich entwickelt, wodurch sich weder ein Beginn noch ein Ende
des Erkenntnisprozesses bestimmen lassen. Vielmehr muss jede fortgeschrittene
Erkenntnis in Relation zur vorherigen geringeren Erkenntnis betrachtet werden
(Piaget 1972, 18).

Der dahinterstehende Wirklichkeitsbegriff, ist folgendermaßen zu fassen:
Objektive Erkenntnis der Wirklichkeit wird als nicht möglich betrachtet, da objektive Wirklichkeit subjektiv auf Grundlage der Erfahrungen des Subjekts mit der
Umwelt erkannt wird, das heißt auf Grundlage der bereits vorhandenen kognitiven Strukturen. Denn jede menschliche Erkenntnis entsteht aus einer kognitiven
Struktur des Subjekts und mündet in diese (Piaget 1974a, 268 ff.). Damit ist
ein erkanntes Objekt immer „das von der Intelligenz des Subjektes repräsentierte
und interpretierte Objekt" (Bringuier 2004, 104). Bei so verstandener Konstruktion der Wirklichkeit nähert sich das Subjekt der Objektivität ständig an, „ohne
das Objekt selbst je zu erreichen" (Bringuier 2004, 104).

Dieses erkenntnistheoretische Verständnis muss mit der Annahme der Gesellschaftsbezogenheit des Menschen ergänzt werden, um zu gesellschaftlicher
Erkenntnis zu werden. Dann kann eine Verkürzung zu „bloßer Methodologie"
(Holzkamp 1972, 276) des konstruktivistischen Ansatzes vermieden werden, in
der sich das Subjekt als „vermeintlicher Ursprung der Wissenschaft" (Holzkamp
1972, 276) und das zu erkennende Objekt „scheinbar völlig isoliert" (Holzkamp
1972, 276) gegenüberstehen. Die Frage ist in diesem Zusammenhang, „wie das

Subjekt als Erkennendes überhaupt an den Gegenstand [des Erkennens] heran-
kommt" (Holzkamp 1972, 276). An dieser Stelle bekommt die Gesellschaftsbezogenheit des Menschen für wissenschaftliches Erkennen grundlegende Bedeutung:
Gesellschaftsbezogenes Erkennen ist in diesem Zusammenhang zu verstehen als
„gedankliche Reproduktion, Explikation gesellschaftlicher Realzusammenhänge"
(Holzkamp 1972, 275).

In gesellschaftsbezogener Erkenntnis ist der gesellschaftliche Mensch gleichermaßen Identität erkennendes Subjekt und Gegenstand der Erkenntnis, was
dazu führt, dass in gesellschaftsbezogener Erkenntnis immer die gegenwärtige
gesellschaftliche Verfassung des Menschen miterkannt wird (Holzkamp 1972,
276).

Zusammenfassend lässt sich festhalten, dass dieser Arbeit ein Menschen-
und Weltbild zugrunde liegt, das den Menschen als aktiv handelnd und wissen-
konstruierend fasst. Die Einnahme des Subjektstandpunkts erfordert darüber hinaus die Betrachtung des Menschen als Subjekt, das nicht von der Gesellschaft und
von der Welt, in der es handelt, getrennt erscheint. Sondern es wird ein Mensch-
Welt-Zusammenhang angenommen, wonach Mensch und Welt beziehungsweise
Gesellschaft in einem wechselseitigen Verhältnis zueinander stehen. Spezifiziert wird diese Sicht des Menschen durch allgemein-erziehungswissenschaftliche
und kooperativ-pädagogische Grundannahmen, wie mit den anthropologischen
und erziehungswissenschaftlichen Darstellungen gezeigt wurde. Die erläuterten
erkenntnistheoretischen Annahmen führten, neben den zuvor genannten handlungsleitenden Grundannahmen, zur Auswahl der Bezugswissenschaften, die
in einem strukturidentischen Zusammenhang stehen. Auf dieser Basis werden
im folgenden Abschnitt die Theoriestruktur, die Ziele und der Aufbau der
vorliegenden Arbeit konkretisiert.

1.3 Theoriestruktur der Arbeit

Die vorliegende Arbeit verfolgt das Ziel, theoretisch fundiert ein Konzept von
alltäglicher Lebenssituation zu erarbeiten, was unter dem Anspruch der sogenannten „Strukturidentität" (Jetter 1984, 78 f.) vollzogen wird, um nicht, wie Jetter
(1984) ausdrückt, „nur ein summatives Nebeneinander" (1984, 78 f.) darzustellen
und dabei einem unkritischen Eklektizismus zu verfallen. Daher wird in diesem
Abschnitt auf die der Arbeit zugrunde liegende Theoriestruktur eingegangen.
Begründet wird das Offenlegen der Theoriestruktur unter dem „Anspruch von
Wissenschaftlichkeit" (von Knebel 2004, 85) mit der Notwendigkeit, eine Posi-
tionierung innerhalb der Wissenschaftsgemeinschaft (von Knebel 2004, 84 ff.)

vorzunehmen und dahinterstehende Theorien und Konzepte nachvollziehbar darzustellen. Dahingehend werden in der vorliegenden Arbeit die „Merkmale von
Wissenschaftlichkeit" (von Knebel 2004, 85 f.) berücksichtigt. Ein zentrales
Merkmal ist die „Offenlegung der Ausgangslage" (von Knebel 2004, 85), sodass
im folgenden Abschnitt erläuternd auf die herangezogenen Bezugswissenschaften
für die vorliegende Untersuchung eingegangen wird. Erläuterungen zur Theoriestruktur sind außerdem aus dem Grund notwendig, da ein theoretisch fundiertes
Konzept von alltäglicher Lebenssituation erarbeitet werden soll. Die theoretischen Bezugssysteme, die dafür herangezogen werden, sollten dem Anspruch der
Strukturidentität gerecht werden, da sie sich nur dann eignen, wenn sie „ihren
eigenen Merkmalen" (Jetter 1984, 78 f.) entsprechen, also strukturidentisch sind.
Allgemeine Voraussetzung dafür ist, den Menschen als aktiv handelndes Wesen
zu betrachten, weshalb Theorien und Bezugssysteme infrage kommen, die diese
Sichtweise vertreten.

   Die Bezugswissenschaften, die zur Beantwortung der Frage nach der Konzeptualisierung von alltäglicher Lebenssituation von Menschen herangezogen
werden und die der Entwicklung des Verfahrens zur Erfassung und Auswertung von Informationen zur alltäglichen Lebenssituation zugrunde liegen, weisen
grundlegende theoretische Annahmen auf, die als „gleiches Weltbild" (Welling
1990, 25 f.) bezeichnet werden können. Dieses Weltbild stellt den aktiv handelnden Menschen in den Mittelpunkt und lässt sich im Wesentlichen durch
einen untrennbaren Mensch-Welt-Zusammenhang kennzeichnen, der einer ständigen Entwicklung unterliegt. Die Annahme des Zusammenhangs zwischen Mensch
und Welt zeichnet eine Abkehr von objektivistischen und deterministischen Denk-
weisen nach. Eben jenes Weltbild eines aktiv handelnden Menschen, der mit der
Welt in einer untrennbaren, sich fortlaufenden Entwicklung verwoben ist, liegt
auch dieser Arbeit zugrunde, wie in den folgenden Abschnitten gezeigt werden
soll.

   Aufgrund dieses zugrunde liegenden Weltbildes werden solche bezugswissenschaftlichen Theorien nicht gewählt, die den Menschen als passiv betrachten, ihn als „von externen oder physiologisch bedingten Reizen in Bewegung
gebracht[er]" (Welling 1990, 29) sehen und den Menschen dabei „in einen Gegensatz zur natürlichen, kultürlichen und sozialen Welt bringen" (Welling 1990, 29).
Im Umkehrschluss werden theoretische Ansätze beziehungsweise Bezugswissenschaften gewählt, die den Menschen als aktiv handelndes Subjekt auffassen.
Solche theoretischen Konzepte beziehungsweise Bezugswissenschaften, die in
ihren theoretischen Annahmen mit dem beschriebenen Weltbild nach Welling
(1990) übereinstimmen, können als strukturidentisch bezeichnet werden. „Strukturidentisch sind sie dann, wenn sie um die fehlenden Merkmale angereichert

werden können, ohne daß sie dabei ihren Bedeutungskern als Handlungstheorien verlieren. Oder anders: auch die Theorien müssen in ihrer Zusammenschau ihren eigenen Merkmalen entsprechen, wenn die gewonnene Gesamttheorie nicht nur ein summatives Nebeneinander darstellen soll." (Jetter 1984, 78 f.)

Die für die Konzeption der vorliegenden Arbeit gewählte Theoriestruktur beansprucht eine Auswahl von bezugswissenschaftlichen Theorien oder theoretischen Ansätzen, die nach Jetter (1984, 79) folgende Merkmale aufweisen müssen, um dem gestellten Anspruch der Strukturidentität gerecht zu werden:

Sie sind erstens strukturalistisch, weil sie auf einzelne Aspekte menschlichen Handelns eingehen, die als Teilsystem „einer vom Subjekt strukturierten Ganzheit" (Welling 1990, 30) betrachtet werden können, wie beispielsweise das sprachliche Handeln als Teilsystem menschlichen Handelns betrachtet wird. Zweitens sind sie konstruktivistisch aufgrund der eingenommenen genetischen Perspektive (Jetter 1984; Welling 1990), die von einem aktiv konstruierend erkennenden Menschen ausgeht. Drittens sind sie historisch-materialistisch, womit ein Bezug zur Betrachtung menschlichen Handelns im Zusammenhang mit den konkreten Lebensverhältnissen hergestellt wird. Viertens sind sie dialektisch im Sinne der strukturierten Vereinigung ihrer Merkmale.

Ein theoretisches Konstrukt wie das in dieser Arbeit entwickelte Konzept von alltäglicher Lebenssituation muss diesen Ansprüchen genügen, um als strukturidentisch gelten zu können. Welling (1990, 387 f.) postuliert zu den bereits genannten Merkmalen strukturidentischer Theorien zwei weitere Kriterien, die eine Strukturidentität generieren und die von Jetter (1984) formulierten Merkmale ergänzen: das ‚Subjektivitätskriterium' und das ‚Entwicklungskriterium' (Welling 1990, 387 f.). Das Subjektivitätskriterium bezieht sich auf das bewusste Handeln des Menschen (Welling 1990, 388) und erfordert eine Theorie vom Standpunkt des Subjekts; das Entwicklungskriterium eine Theorie, die den Menschen, sein Erleben und Handeln, in seiner historischen Gewordenheit betrachtet (Welling 1990, 387 f.).

Zusammenfassend lässt sich zum Anspruch der Strukturidentität theoretischer Konzepte und Bezugswissenschaften Folgendes festhalten: Theorien und Konzepte werden in der vorliegenden Arbeit dann als strukturidentisch betrachtet, wenn sie dem vertretenen Weltbild nach Welling (1990) entsprechen sowie die zuvor genannten Merkmale nach Jetter (1984, 79) und Welling (1990, 387 f.) aufweisen. Auf Basis dieser Auffassung von Strukturidentität erfolgt die Auswahl der bezugswissenschaftlichen Theorien und Konzepte dieser Arbeit, auf die im folgenden Abschnitt eingegangen wird, um die Erläuterung zur Theoriestruktur dieser Arbeit zu vervollständigen.

Zur Auswahl der theoretischen Bezugssysteme

Auf Grundlage der zuvor dargestellten Theoriestruktur dieser Arbeit wird im
Folgenden die Auswahl der theoretischen Bezugssysteme dargestellt, die dieser
Arbeit zugrunde liegen. Es handelt sich um folgende theoretische Bezugssysteme:

• Erziehungswissenschaft: Konstruktivistische Handlungstheorie der Kooperati-
  ven Pädagogik (u. a. Schönberger, Jetter & Praschak 1987)
• Sprachbehindertenpädagogik: Sprachhandlungstheorie (u. a. Welling 1990)
• Psychologie: Kritische Psychologie: Subjektwissenschaft und Psychologie
  vom Standpunkt des Subjekts (u. a. Holzkamp (1985)
• Soziologie: ‚Zivilisationstheorie‘ beziehungsweise ‚Theorie der Menschenwis-
  senschaften‘ (Elias 2001; 2006)
• Sprachwissenschaft: Kooperative Kommunikation (Tomasello 2006; 2011)

Ausgangspunkt stellt die konstruktivistische Handlungstheorie der Kooperativen
Pädagogik dar. Mit den Annahmen der Kooperativen Pädagogik wird auf ein Konzept rekurriert, dem die konstruktivistische Handlungstheorie zugrunde liegt, in
der der Mensch als aktiv handelndes Wesen als in seine konkreten Verhältnisse
verflochten betrachtet wird. Des Weiteren verweist die Kooperative Pädagogik
auf das allgemeine Bildungsziel: Mit- und Selbstbestimmung und Freiheit des
Subjekts, was durch Erweiterung der Handlungsfähigkeit eines Menschen angestrebt wird. Handeln wird in diesem Zusammenhang als ordnende und geordnete
Tätigkeit gefasst.

Die Sprachhandlungstheorie (Welling 1990), die in Bezug auf das sprachliche Handeln des Menschen eine Spezifizierung der konstruktivistischen Handlungstheorie der Kooperativen Pädagogik (zum Beispiel Schönberger, Jetter &
Praschak 1987) darstellt, wird als strukturidentisch betrachtet, denn Sprachgebrauch und Spracherwerb werden aus sprachhandlungstheoretischer Sicht als
menschliches Handeln gefasst. Die geforderte Strukturidentität dieses Ansatzes
zu den weiteren gewählten theoretischen Bezugssystemen ist hier offensichtlich:
Die Kooperative Pädagogik, die sich „als historisch, dialektisch und materialis-
tisch begreift" (Jetter 1985a,4), vertritt ein Welt- und Menschenbild, das den
Menschen als eingebunden in Kultur und Gesellschaft und als aktiv handelndes
Subjekt betrachtet (Schönberger, Jetter und Praschak 1987).

Die Kritische Psychologie wird als strukturidentisch mit den hier zugrunde
gelegten theoretischen Ansätzen betrachtet, weil sie entsprechend der anthropologischen Grundannahmen die Subjektivität des Menschen erfasst, dabei aber die
gesellschaftliche Seite des Menschen nicht außer Acht lässt. Damit ist der zentrale

Kritikpunkt der Kritischen Psychologie an den Konzepten der traditionellen Psychologie angesprochen, die als nicht strukturidentisch betrachtet werden können: Die „Mainstream-Psychologie" (Holzkamp 1988, 22) reduziert den Menschen auf seine innerpsychischen Eigenschaften und klammert mit dieser verkürzten Sichtweise die gesellschaftliche Bedingtheit des Subjekts vollkommen aus (Holzkamp (1985, 1993). Zentral aus kritisch-psychologischer Perspektive ist die Annahme, Individuum und Gesellschaft beziehungsweise Subjekt und Objekt und entsprechend Mensch und Welt nicht getrennt zu betrachten sowie die Annahme eines Menschen, der aufgrund vorfindbarer Bedeutungsstrukturen begründet handelt.

Das von Elias (2001; 2006) vertretene Menschenbild ist geprägt durch die Annahme einer niemals abgeschlossenen gesellschaftlichen Entwicklung und gekennzeichnet mit den primären Begriffen der Figurationen und sozialen Prozesse (Elias 2001; 2006). Damit wird auf einen in Kultur und Gesellschaft eingebundenen, aktiv handelnden Menschen verwiesen, was in Übereinstimmung mit den in dieser Arbeit vertretenen anthropologischen Annahmen steht. Mit Elias (2001; 2006) werden aus soziologischer Perspektive Annahmen hinsichtlich zwischenmenschlicher Beziehungen zur Grundlage herangezogen. Daher können auch die soziologischen Ansätze Elias' (2001; 2006) als strukturidentisch mit den weiteren theoretischen Bezugssystemen bezeichnet werden.

Mit Tomasello (2006; 2011) wird auf eine theoretische Grundlage menschlicher Kommunikation im Bereich der Sprachwissenschaft rekurriert. Mit seinen kognitionstheoretischen Wurzeln sind die Ausführungen Tomasellos (2006; 2011) zur menschlichen Kommunikation als strukturidentisch zu betrachten. Das vertretene anthropologische Menschenbild mit seinen drei zentralen Begriffen der geteilten Intentionalität, Kooperation und Interdependenz steht dabei in Übereinstimmung mit den in dieser Arbeit vertretenen anthropologischen Grundannahmen (dargestellt in Abschnitt 1.2.2) und richtet sich gegen theoretische Annahmen über den Menschen, die eine genetische Bedingtheit menschlicher Eigenschaften behaupten beziehungsweise Entwicklung rein auf Konditionierung zurückführen (Thies 2018, 137/142).

1.4   Ziele und Aufbau der Arbeit

Das Untersuchungsvorhaben ist sowohl literaturbasiert als auch empirisch ausgerichtet. Im Folgenden wird aufgezeigt, welche Ziele die vorliegende Arbeit verfolgt (1.4.1) und wie vor dem Hintergrund der bisherigen Ausführungen die vorliegende Arbeit aufgebaut ist (1.4.2).

1.4.1 Ziele der Arbeit

Das erste – theoretische – Ziel ist, aufgrund einer in der Forschungsliteratur noch fehlenden theoretischen Konstruktion des Konzepts von alltäglicher Lebenssituation theoriegeleitet darzustellen, welche Grundannahmen, Bezugssysteme und Theorien insgesamt herangezogen werden können, um das Konzept genauer konstituieren zu können, um dann folgend zu prüfen und begründet zu entscheiden, welche Faktoren im Einzelnen zur Konstruktion von alltäglicher Lebenssituation herangezogen werden können. Das zweite, empirische Ziel lautet, ein strukturiertes, methodisches Verfahren für die pädagogische Sprachdiagnostik und Sprachförderung zu entwickeln, zu erproben und zu evaluieren. Mit dem Analyseverfahren sollen die individuellen Bedingungen der alltäglichen Lebenssituation von Schulkindern hinsichtlich Spracherwerbs und Sprachgebrauchs vom Subjektstandpunkt aus analysiert werden. Auf Basis dieser Analyse soll dann die Möglichkeit entstehen, Schlüsse für eine pädagogische Sprachförderung zu ziehen. Das Analyseverfahren nennt sich im Konkreten: *Verfahren zur Erfassung und Auswertung von Informationen zur alltäglichen Lebenssituation von Schulkindern mit sprachlichen Beeinträchtigungen (kurz: Analyseverfahren).* Ziel ist, dass es mehrere Stufen der Entwicklung durchläuft, von der Erstellung eines Prototyps bis hin zu einem modifizierten Verfahren, das auf Basis seiner Evaluation zum Einsatz für die Sprachdiagnostik zur Verfügung steht.

1.4.2 Aufbau der Arbeit

Die Auswahl der Bezugswissenschaften basiert zusätzlich zu den bisher genannten Aspekten auf erkenntnistheoretischen Grundlagen, nach denen die objektive Wirklichkeit subjektiv erkannt und das Erkannte auf Basis der bereits entwickelten inneren Strukturen geordnet wird. Da die gesellschaftlichen Verhältnisse des Menschen immer miterkannt werden, ist bei der subjektiven Erkenntnis objektiver Wirklichkeit von gesellschaftlicher Erkenntnis auszugehen.

Welcher inneren Logik die Bedeutung der dargestellten Voraussetzungen und Grundlagen folgt, spiegelt sich im Aufbau der Arbeit wider, und zwar auch dahingehend, welche Bedeutung die Voraussetzungen und Grundlagen für die Verfolgung der Ziele und Forschungsfragen der vorliegenden Arbeit haben. Notwendig bei der Bearbeitung der Fragestellung dieser Arbeit sind theoretische Ausführungen zur Fundierung eines Konzepts von alltäglicher Lebenssituation, das in pädagogischer Sprachdiagnostik und pädagogischer Sprachförderung als Gegenstand betrachtet wird.

Praxisrelevant wird das in der vorliegenden Arbeit entfaltete Konzept von alltäglicher Lebenssituation bei der Frage, wie ein theoretisches Konzept für die
Praxis der pädagogischen Sprachdiagnostik und pädagogischen Sprachförderung
dienlich gemacht werden kann, also welchen Nutzen und welche Bedeutung es
für die entsprechenden Aufgabenfelder erlangt.

In der Einleitung (1) dieser Arbeit findet eine Einführung in das Thema
statt, sodass der Ausgangspunkt und die Problemstellung (1.1) der vorliegenden Arbeit geklärt werden können. Es wird daraufhin auf die dieser Arbeit
zugrunde liegenden handlungsleitenden Grundannahmen (1.2) eingegangen, da
sich diese Annahmen auf die Auswahl der Bezugssysteme auswirken. Auf dieser
Grundlage werden die Theoriestruktur (1.3), die Ziele und der Aufbau der vorliegenden Arbeit erläutert (1.4). Anschließend werden theoretische Diskurse und
Annahmen zum Forschungsgegenstand dargestellt (2.1), der Forschungsstand und
Forschungsdesiderate (2.2) sowie daraus ableitend die Forschungsfragen (2.3) der
vorliegenden Arbeit aufgezeigt.

Die Arbeit widmet sich weiterhin den theoretischen Überlegungen, die im
Gesamtzusammenhang mit den angestrebten Zielen dieser Arbeit stehen: Mit
den Begriffen des sprachlichen Handelns und der sprachlichen Handlungsfähigkeit (3), basierend auf der Sprachhandlungstheorie, werden die Bedeutungen
des Sprachbegriffs, Spracherwerbs und Sprachgebrauchs (3.1) herausgearbeitet,
sowie wesentliche Annahmen der pädagogischen Sprachförderung (3.2) und pädagogischen Sprachdiagnostik (3.3) offengelegt, die resümierend zusammengefasst
werden (3.4).

Des Weiteren werden die auf Basis der zugrunde liegenden Bezugssysteme
erkannten theoretischen Annahmen zur alltäglichen Lebenssituation (4) erörtert und in eine geordnete Struktur überführt, woraus ein handlungstheoretisch
fundierter Begriff der alltäglichen Lebenssituation kondensiert wird (5).

In Kapitel 6 steht mit dem empirischen Ansatz das in der vorliegenden Arbeit
zu entwickelnde Verfahren zur Erfassung und Auswertung von Informationen zur
alltäglichen Lebenssituation von Schulkindern mit sprachlichen Beeinträchtigungen im Mittelpunkt der Ausführungen. Es werden die Entwicklung, Erprobung
und Evaluation des Analyseverfahrens dargelegt.

Schließlich werden die Erkenntnisse der vorliegenden Arbeit zusammengefasst: Es werden nach einem Resümee zu den theoretischen Bezugssystemen
der vorliegenden Arbeit (7.1) zunächst die Forschungsfragen dieser Arbeit beantwortet (7.2), anschließend erfolgt eine Diskussion und Reflexion der Ergebnisse
und der methodischen Vorgehensweise der vorliegenden Arbeit (7.3, 7.4, 7.5).
Schließlich wird ein Ausblick auf weiteres mögliches Vorgehen gegeben (8). Die
Arbeit schließt mit einem Schlusswort (9).

Theoretische Diskurse, Forschungsstand und Desiderate zu den Konzepten von Lebenswelt, Lebensbedingungen, Alltäglicher Lebensführung und alltäglicher Lebenssituation

2

Für die Auseinandersetzung mit dem Konzept von alltäglicher Lebenssituation, die in Kapitel 4 in der vorliegenden Arbeit erfolgt, erscheint es zunächst notwendig, die theoretischen Annahmen zu den Begriffen Lebenswelt, Lebensbedingungen, Alltägliche Lebensführung und alltäglicher Lebenssituation darzustellen (2.1), um eine intersubjektive Nachvollziehbarkeit der gewählten theoretischen Ausgangslage zu gewährleisten. Daran anschließend werden der Forschungsstand sowie zentrale Forschungsdesiderate aufgezeigt (2.2), um davon ausgehend die Forschungsfragen der vorliegenden Arbeit ableiten zu können (2.3).

2.1 Theoretische Annahmen zu Lebenswelt, Lebensbedingungen, Alltäglicher Lebensführung und alltäglicher Lebenssituation

Das, was die alltägliche Lebenssituation eigentlich ist und unter welchen Lebensbedingungen Menschen in ihrer ‚Lebenswelt' leben, wird in der fachwissenschaftlichen Literatur der Erziehungswissenschaft, Soziologie und Psychologie auf unterschiedliche Weise betrachtet. Beck und Greving (2012) deuten auf die Schwierigkeit hin, den Begriff ‚Lebenswelt' aufgrund seiner „Mehrdeutigkeit" (Beck & Greving 2012, 15) zu definieren und verweisen dabei auf die Unterschiedlichkeit der Bedeutungen, mit denen der Begriff „stellenweise unsystematisch" (Beck & Greving 2012, 15) verwendet wird. Hervorzuheben ist neben der Unterschiedlichkeit der Begriffsdefinitionen auch die Widersprüchlichkeit der theoretischen Bezüge, unter denen die Auseinandersetzung mit den Begriffen Lebenswelt, Lebenslage, Lebensbedingungen und alltägliche Lebenssituation erfolgt.

S. Schlüter, *Alltägliche Lebenssituation sprachbeeinträchtigter Kinder*, https://doi.org/10.1007/978-3-658-42148-9_2

Eine Darstellung der Entstehungsgeschichte des Lebensweltbegriffs liegt bereits in übersichtlicher und prägnanter Weise vor (siehe Beck & Greving 2012). Im Folgenden wird daher kein umfassender Abriss zu eben dieser Entstehungs-geschichte erfolgen. Wohl aber wird – in gebotener Kürze und insoweit, wie es für das Verständnis der vorliegenden Arbeit notwendig erscheint – aufgezeigt, wie die genannten Begriffe in den Kontext der bezugswissenschaftlichen Theo-rien einzuordnen sind und welche Position in dieser Arbeit eingenommen wird. Dabei wird die Strukturidentität der verwendeten theoretischen Ansätze gewahrt und vermieden, in eklektizistischer Weise die bestehenden Uneinheitlichkeiten zu reproduzieren und damit zu verfestigen.

Die folgenden Erläuterungen gliedern sich nach den Konzepten Lebenswelt, Lebensbedingungen, Alltägliche Lebensführung und Lebenssituation auf, um aus diesen Ausführungen Schlussfolgerungen ziehen zu können, die für die Ausein-andersetzung mit der Konstruktion des Konzepts von alltäglicher Lebenssituation in Kapitel 4 handlungsleitend werden.

2.1.1 Theoretische Annahmen und Diskurs zum Begriff der Lebenswelt

Beck und Greving (2012) weisen dem Lebensweltbegriff eine ontologische Bedeutung zu, das heißt, sie beschreiben die Lebenswelt als individuell-persönlich erlebte Welt des Menschen und sie unterscheiden sie von seiner geschichtlich-gesellschaftlich geprägten Umwelt. Jene „subjektiv erlebte Welt" (Beck & Greving 2012, 15) steht damit einer „natürlichen Welt" (Beck & Greving 2012, 15) gegenüber.

In der Pädagogik und Sozialarbeit wird der Begriff von Lebenswelt in eben diesem Verständnis verwendet, wobei der phänomenologische Ansatz von Hus-serl (1986) als wesentlich angesehen wird. Aus dieser Sicht wird Lebenswelt als „Sphäre und Bereich des selbstverständlich Gegebenen" (Beck & Greving 2012, 19) und „Bezeichnung für das Konkrete und real Vorhandene" dargestellt (Beck & Greving 2012, 19). Nach Husserl (1986) liegt dem phänomenologischen Ansatz die subjektive Wahrnehmung des objektiv Gegebenen zugrunde, was bedeutet, dass ein Objekt auf ein Subjekt bezogen ist, da die Wahrnehmung in Abhän-gigkeit von „Sozialisation, Kulturation und Personalisation des Wahrnehmenden" (Kraus 2006, 119 zit. n. Beck & Greving 2012, 19) geschieht. Dieser Ansatz wurde vielfach aufgegriffen, beispielsweise von Schütz und Luckmann (1979), und für soziologische Analysen verwendet. Die ‚Lebenswelt' stellt sich aus dieser Perspektive immer als der „unhinterfragte Hintergrund" (Beck & Greving 2012, 19) des Handelns der Menschen dar.

Darüber hinaus ist die Verwendung des Begriffs von Lebenswelt nach Habermas (1992) sowie die Bezeichnung Lebenslage beziehungsweise Lebensstil nach Bourdieu (1987) in der fachwissenschaftlichen Literatur der Soziologie und Erziehungswissenschaft (z. B. Kraus 2006; Schütz & Luckmann 1991; Thiersch 1992) verbreitet. Habermas (1992) fasst Lebenswelt ebenfalls im phänomenologischen Sinne und bezieht darüber hinaus die Systemtheorie nach Luhmann (1984) ein. Gesellschaft wird in diesem Verständnis als System bestehend aus Teilsystemen betrachtet, was aus historisch-materialistischer Sicht nicht haltbar erscheint. Bourdieu (1987) bezieht sich bei der Verwendung des Begriffes Lebenslage zwar auf gesellschaftliche Bedingungen und weist diesen in seiner strukturalistischen Theorie mit dem Habitusbegriff einen Einfluss auf den Lebensstil der Menschen zu (Beck & Greving 2012, 42). Dennoch, und obwohl Bourdieu den Begriff Lebenslage „in Erweiterung von Marx" (Beck & Greving 2012, 42) verwendet, geschieht dies unter der Trennung der „objektiven Strukturen und der Erfahrungen in den sozialen Räumen und der Persönlichkeit" (Beck & Greving 2012, 42). Der Habitusbegriff soll als Bindeglied fungieren, trotzdem wird unter diesem Zugriff vom konkreten Menschen und seinen Handlungen abstrahiert. Da Statusmerkmale, die als Eigenschaften die Lebensbedingungen der Menschen bestimmen, bei Bourdieu eine wesentliche Rolle spielen, ist aus dieser Sicht von einem deterministischen Verständnis auszugehen.

So ein deterministisches Verständnis des Subjekt-Objekt-Verhältnisses steht in eindeutigem Gegensatz zum subjektorientierten Verständnis der Kritischen Psychologie (Holzkamp 1995a, 823). Denn aus subjektwissenschaftlicher Perspektive, die in dieser Arbeit unter Bezugnahme der Kritischen Psychologie eingenommen wird und der auf philosophischer Betrachtungsebene die materialistische Dialektik zugrunde liegt, muss diese Beschreibung von Lebenswelt hinsichtlich der Trennung von Subjekt und Objekt kritisch betrachtet werden, da es sich um eine idealistische Interpretation der gegebenen Umwelt als etwas vom Subjekt Getrenntem handelt. Diese Sichtweise führt zu einer Darstellung des Begriffs der Lebenswelt, bei der im Sinne eines Denkens in Eigenschaften anhand von Merkmalen wie beispielsweise Geschlecht, Alter oder Kleidung vom konkreten Handeln des Menschen abstrahiert wird. Außerdem kann aus kritisch-psychologischer Sicht nicht von einer Subjekt-Objekt-Trennung gesprochen werden, in der deterministisch das Subjekt durch das Objekt bestimmt wird, wodurch das subjektiv Erlebte als abhängig von der objektiven Umwelt betrachtet wird. Vielmehr ist das menschliche Handeln im Begründungsdiskurs zu verstehen, das heißt, das Subjekt handelt begründet aufgrund vorfindbarer objektiver Bedingungen (Holzkamp 1985). Zudem ist das Subjekt der objektiven Realität nicht einfach gegenübergestellt, sondern selbst ein Teil davon. Das bedeutet, dass das Objekt als Wirklichkeit nicht eine Art Anschauung wie im idealistischen Verständnis der Phänomenologie ist, sondern dass die objektive Realität im historisch-materialistischen Verständnis als sinnlich-menschliche Tätigkeit (Holzkamp 1985) aufgefasst wird.

Für den Begriff der Lebenswelt kann an dieser Stelle festgehalten werden, dass, je nachdem, welche Theorie als wissenschaftliches Bezugssystem zur Erklärung herangezogen wird, der Begriff von ‚Lebenswelt' unterschiedlich aufgefasst wird. Wie der Begriff von Lebenswelt im Zusammenhang mit Sprachdiagnostik und Sprachförderung Verwendung findet, wird im Abschnitt 2.2 (Forschungsstand und Forschungsdesiderate) dargestellt.

2.1.2   Theoretische Annahmen und Diskurs zum Begriff der Lebensbedingungen

Der Begriff der Lebensbedingungen wird in dieser Arbeit aus subjektwissenschaftlicher Sicht der Kritischen Psychologie beschrieben, die sich, wie schon in der Einleitung (Kapitel 1) beschrieben, auf philosophischer Ebene in der materialistischen Dialektik gründet sowie auf gesellschaftstheoretischer Ebene auf den historischen Materialismus (Holzkamp 1985) bezogen ist. Um genauer zu verstehen, wie der Begriff von Lebensbedingungen gefasst wird, ist es notwendig, den Zusammenhang von Bedingung und Bedingtem zu spezifizieren. Im Denkrahmen des dialektischen und historischen Materialismus wird der Zusammenhang Bedingung – Bedingtes folgendermaßen aufgefasst: Bedingtheit meint die Abhängigkeit eines Objektes in seiner Existenz beziehungsweise Veränderung (Bedingtes) von der Existenz beziehungsweise Veränderung eines anderen Objektes beziehungsweise der Gesamtheit anderer Objekte (Bedingungen). In objektiver Realität sind alle Objekte beziehungsweise objektiven Sachverhalte durch andere bedingt und bedingen andere, das heißt, sie stehen immer im Verhältnis von Bedingung und Bedingtem (Kosing 2015, 87).

Dieser Sachverhalt wird in der vorliegenden Arbeit bei der Beschreibung von Lebensbedingungen auf den Welt-Mensch-Zusammenhang übertragen. Das heißt, bei dem Zusammenhang ist davon auszugehen, dass sowohl Mensch als auch Welt als Objekte beziehungsweise objektive Sachverhalte sowohl Bedingung als auch Bedingtes darstellen. Wenn von dieser Annahme ausgegangen wird, bedeutet das, dass nicht die Welt als Bedingung zu einer bestimmten Existenz des Menschen führt oder umgekehrt, sondern sowohl Mensch als auch Welt sind Bedingung und Bedingtes zugleich und sind in ihrer Existenz und Veränderung voneinander abhängig.

Um genauer bestimmen zu können, was aus subjektwissenschaftlicher Perspektive unter dem Begriff von Lebensbedingungen zu verstehen ist, wird es notwendig, die Begriffe ‚Position' und ‚Lebenslage' einzubeziehen, denn aus subjektwissenschaftlicher Sicht ist von „lage- und positionsspezifischen Lebensbedingungen" (Holzkamp 1985, 352 f.) auszugehen. Position meint aus dieser Sicht den Inbegriff derjenigen Teilarbeiten des Individuums, die in Zusammenhang mit den Möglichkeiten beziehungsweise Einschränkungen des individuellen Einflusses auf die Lebensbedingungen stehen (Markard 2009, 150). Lebenslage wiederum ist ein umfassenderer Begriff, der die Position miteinschließt. Holzkamp bezeichnet mit dem Begriff ‚unmittelbare Lebenslage' die gesamten spezifischen gesellschaftlichen Bedingungen (Holzkamp 1984, 197) und unterscheidet die Lebenslage des Individuums von einer objektiven Lebenslage. Im ersten Fall handelt es sich um den „Inbegriff der gesellschaftlich produzierten gegenständlich-sozialen Verhältnisse vom realen Standort des Individuums aus" (Holzkamp 1985, 197), soweit, wie das Individuum damit in Kontakt kommt. Im zweiten Fall sind „alle gesellschaftlichen Bedingungen der individuellen Reproduktion des Lebens" (Holzkamp 1985, 197) gemeint, also „alle regionalen Umstände gegenständlicher und sozialer Art im Reproduktionsbereich, unter denen das Individuum sein unmittelbares Leben führt (…)" (Holzkamp 1985, 197). Das Individuum steht diesen gesellschaftlichen Verhältnissen „nicht direkt, sondern vermittelt über seine historisch bestimmte Lebenslage/Position" (Holzkamp 1985, 241) gegenüber. In diesem Zusammenhang sind die lage- und positionsspezifischen Lebensbedingungen als „Bedingungen menschlicher Lebenstätigkeit" (Holzkamp 1985, 353) zu fassen, wozu nach Holzkamp (1985) sowohl die äußeren, situationalen Lebensbedingungen als auch die personalen Lebensbedingungen gehören. Beide Begriffe, Position und Lebenslage, verdeutlichen, inwiefern Lebensbedingungen nur in diesem Zusammenhang zu verstehen sind, der sich wie folgt zusammenfassen lässt: Das Individuum wird nicht bloß als „Schnittpunkt gesellschaftlicher Bedingungen" (Markard 2009, 150) betrachtet, denn „das Verhältnis des Individuums zu den Lebensbedingungen [ist] auch von den Aktivitäten des Individuums bestimmt" (Markard 2009, 150).

Im Ganzen verdeutlichen die Ausführungen, dass objektive Lebensbedingungen als gesellschaftstheoretisches Konzept aus subjektwissenschaftlicher Sicht mit dem individualwissenschaftlichen Konzept der subjektiven Handlungsgründe ergänzt werden, da Bedingungen und Gründe nicht getrennt zu verstehen sind

(Begründungszusammenhang). Menschliche Handlungen sind in den Lebensbedingungen begründet (Holzkamp 1985, 348). Das bedeutet, wenn die individuellen Handlungsgründe in den Lebensbedingungen begründet sind, sind die Handlungsgründe bezogen sowohl auf äußere Lebensbedingungen als der „objektive Handlungszusammenhang mit seinen Bedeutungs- und Denkstrukturen" (Meretz 2012, 88) als auch auf die personalen Bedingungen des Individuums, nämlich die „individuellen Bedürfnisse" (Meretz 2012, 88).

Für den Begriff der Lebensbedingungen lässt sich also zusammenfassen, dass aus subjektwissenschaftlicher Sicht nicht von einem deterministischen Mensch-Welt-Verhältnis ausgegangen werden kann, da sowohl Mensch als auch Welt gleichermaßen als Bedingung und Bedingtes zu ihrer jeweiligen Existenz und Veränderung führen. Auf diese Annahmen und insbesondere auf die Ausführungen zum Begriff von Lebensbedingungen als gesellschaftstheoretisches Konzept, das in Zusammenhang mit den subjektiven Handlungsgründen des Individuums steht, wird sowohl bei der Darstellung des Konzepts von alltäglicher Lebenssituation in Kapitel 4 als auch bei der Beschreibung des Analyseverfahrens (Kapitel 6) Bezug genommen.

2.1.3 Theoretische Annahmen und Diskurs zum Begriff der Alltäglichen Lebensführung

Dem Konzept der Alltäglichen Lebensführung bei Holzkamp (1995) liegt die Konzeption der ‚Soziologie alltäglicher Lebensführung‘ einer Münchener Arbeitsgruppe (Holzkamp 1995, 820 f.) zugrunde. Die Münchener Arbeitsgruppe hat die historischen Klärungen und Abgrenzungen sowie Präzisierungen des Lebensführungskonzepts vorgenommen, welche von Holzkamp für die Kritische Psychologie subjektwissenschaftlich reinterpretiert wurden (Holzkamp 1995, 820, 831; 1996, 42).

Alltägliche Lebensführung wird als aktive Leistung des Individuums betrachtet, wodurch die gesellschaftlichen Verhältnisse angeeignet beziehungsweise geschaffen und verändert werden (Holzkamp 1995, 839).

Das Individuum wird damit nicht zu einer abhängigen Größe der Gesellschaftsstruktur, denn im Fokus stehen die Handlungsräume des Subjekts in Auseinandersetzung mit den gesellschaftlichen Strukturen. Lebensführung wird so zur vermittelnden Kategorie zwischen Subjekt und gesellschaftlichen Strukturen (Holzkamp 1995; 1996).

Für die vorliegende Arbeit lässt sich daraus schlussfolgern, dass das Subjekt in der von ihm konstruierten Wirklichkeit, also der alltäglichen Lebenssituation, sein Leben aktiv führt. In dieser alltäglichen Lebensführung handelt der Mensch aus subjektwissenschaftlicher Sicht begründet aufgrund der vorfindbaren gesellschaftlichen Strukturen.

2.1.4 Theoretische Annahmen und Diskurs zum Begriff der Lebenssituation

Der Begriff Lebenssituation findet in der Kooperativen Didaktik (Schönberger 1984) Verwendung und wird von Welling (2004, 2007) für die Kooperative Sprachdidaktik übernommen. Der Begriff wird aufgrund der Strukturidentität der bezugswissenschaftlichen Theorien für die „erkundete Wirklichkeit" (Schönberger 1984, 122 f.) des Lebens der Schülerinnen und Schüler verwendet. Diese Lebenswirklichkeit der Schulkinder liegt „in der Gegenwart und deren Bezügen zur nachvollziehbaren Vergangenheit und zur vorwegnehmbaren Zukunft" (Schönberger 1984, 122 f.). Bei der Beschreibung der Lebenssituation von Menschen liegt demnach eine „erfahrungsgeleitete Erkundung der Lebenswirklichkeit" (Schönberger 1984, 123) zugrunde.

Für die vorliegende Arbeit lässt sich daraus der Schluss ziehen, dass auf dieser Grundlage und aufgrund der Annahmen der konstruktivistischen Handlungstheorie der Kooperativen Pädagogik (wie in Abschnitt 1.2.3 dargestellt) das Konzept von Lebenssituation zur Beschreibung der vom Subjekt konstruierten Wirklichkeit herangezogen werden kann. Inwiefern die alltägliche Lebenssituation vom Subjekt konstruiert wird, wird in den Ausführungen in Kapitel 4 erläutert.

2.1.5 Schlussfolgerungen zu den theoretischen Annahmen zu Lebenswelt, Lebensbedingungen, Alltäglicher Lebensführung und Lebenssituation

Im Folgenden wird darauf eingegangen, welche Schlussfolgerungen sich aus den dargestellten theoretischen Annahmen zu den Begriffen Lebenswelt, Lebensbedingungen, Alltägliche Lebensführung und Lebenssituation für die Bestimmung eines Konzepts von alltäglicher Lebenssituation aus subjektwissenschaftlicher Sicht der Kritischen Psychologie ergeben, welches in der vorliegenden Arbeit unter Zugriff bezugswissenschaftlicher Theorien für die Sprachhandlungstheorie ausgearbeitet werden soll. Zudem wird begründend dargestellt, welche Begrifflichkeiten nicht verwendet werden.

Jetter (1991) nimmt bei Verwendung des Begriffs ‚Lebenswelt' eindeutig Bezug auf die Ausarbeitungen von Schütz und Luckmann (1979) und rekurriert damit auf die idealistische, phänomenologische Sichtweise Husserls. Gleichwohl dieser Begriff von Lebenswelt sowohl von Jetter (1991) als auch von weiteren Autorinnen und Autoren, beispielsweise Welling (u. a. 1990; 2004; 2007; 2009), von Knebel (u. a. 2007, 2008a; 2015; 2016), Kracht (u. a. 2000), Nagel (2012) und von Knebel und Schuck (2007) dafür verwendet wird, einen aus konstruktivistischer Sicht und subjektwissenschaftlich begründeten Mensch-Welt-Zusammenhang darzustellen, muss der Rückgriff durch Jetter (1991) auf einen phänomenologisch begründeten Begriff von Lebenswelt aus historisch-materialistischer beziehungsweise subjektwissenschaftlicher Perspektive kritisch gesehen werden, wie die Ausführungen in Abschnitt 2.1.2 verdeutlichen.

Aufgrund der Strukturidentität der theoretischen Konzepte und Darstellungen sowohl zur Kooperativen Pädagogik (Jetter, Schönberger & Praschak 1987) als auch zur pädagogischen Sprachdiagnostik und -förderung (u. a. Welling 1990; von Knebel 2007), die sich auf die Grundlagen der konstruktivistischen Handlungstheorie der Kooperativen Pädagogik (Jetter, Schönberger & Praschak 1987) sowie der Sprachhandlungstheorie (Welling 1990) beziehen, kann jedoch postuliert werden, dass Welling (u. a. 1990; 2004; 2007; 2009), von Knebel (u. a. 2007; 2008; 2015; 2016), Kracht (u. a. 2000), Nagel (2012) und von Knebel und Schuck (2007) in ihren Ausführungen bei der Verwendung der Begriffe Lebenswelt und Lebensweltorientierung nicht im phänomenologischen beziehungsweise systemtheoretischen Sinne argumentieren. Sondern es wird eben jene Perspektive eingenommen, die sich auf subjektwissenschaftliche, konstruktivistische und pädagogische Annahmen stützt. Das Manko besteht diesbezüglich allein in der noch ausstehenden expliziten Ausarbeitung davon, welches Verständnis zugrunde liegt, wenn auf die Bedingungen der alltäglichen Lebenssituation rekurriert wird und welche Begrifflichkeiten konsequenterweise zu nutzen wären.

Aus diesen Ausführungen folgt, dass ‚Lebenswelt' und ‚Lebensweltorientierung' als zentrale Begriffe der pädagogischen Sprachdiagnostik und pädagogischen Sprachförderung (u. a. Welling 1990; 2004; 2007; 2009; von Knebel 2007; 2008; 2015; Kracht 2000; Nagel 2012; von Knebel und Schuck 2007) in der vorliegenden Arbeit aufgrund der nicht vorhandenen Strukturidentität dieses Begriffes, die im phänomenologischen Bezug begründet liegt, nicht verwendet werden. Stattdessen wird aus einem subjektwissenschaftlichen Verständnis heraus von alltäglicher Lebenssituation sowie Lebensbedingungen gesprochen.

Der Zugriff auf den Begriff der Alltäglichen Lebensführung erscheint dabei notwendig, da im Sinne Holzkamps (1995; 1996) davon ausgegangen wird, dass Menschen ihr Leben aktiv in ihrer jeweiligen alltäglichen Lebenssituation führen. Dabei stellt die alltägliche Lebenssituation eine spezifische Form der Lebenssituation an sich dar, indem mit dem Begriff des Alltags auf immer wiederkehrende Handlungen im Sinne von alltäglichen Routinen Bezug genommen wird (Holzkamp 1995, 821).

2.2   Forschungsstand und Forschungsdesiderate zur Verwendung des Begriffs ‚alltägliche Lebenssituation' sowie zu alltäglicher Lebenssituation als sprachdiagnostischem Gegenstand

Nachdem der theoretische Diskurs dargestellt und reflektiert wurde sowie Schlüsse für die Verwendung von zentralen Begrifflichkeiten für diese Arbeit gezogen wurden, gilt es im Folgenden, einen Überblick über den aktuellen Forschungsstand darzulegen, und zwar mit dem anschließenden Ziel, zentrale Forschungsdesiderate aufzudecken. Dafür wird zum einen Einblick in den aktuellen Stand hinsichtlich der Diagnostik im Förderschwerpunkt Sprache sowie zum anderen in die Verwendung von Begrifflichkeiten zum Thema ‚alltägliche Lebenssituation' in der sprachbehindertenpädagogischen Fachliteratur gegeben, insofern ein Bezug zur Diagnostik und Förderung von Kindern hergestellt werden kann.

Sprachdiagnostik und Sprachförderung sind mehr als zehn Jahre nach der Ratifizierung der UN-Behindertenrechtskonvention unzweifelhaft als bedeutsame Handlungsfelder im inklusiven Unterricht zu betrachten (Spreer 2018; von Knebel 2015; Lüdtke 2015). Nach von Knebel (2015) beansprucht die Forderung der Kultusministerkonferenz von 1998 nach wie vor Gültigkeit: So gilt es, diagnostisch die aktuellen Bedingungshintergründe der sprachlichen Problemlage zu erfassen und die darin enthaltenen „kulturell-gesellschaftlichen Hintergründe" (KMK 1998, 3) bezüglich ihrer „Bedeutung für die aktuelle und zukünftige Lebenssituation des Betroffenen" (von Knebel 2015, 372) zu entschlüsseln. Zentral dafür ist die Annahme, Sprachbehinderung nicht als Abweichung der individuellen Sprachverwendung von einer zielsprachlichen Norm zu beschreiben, sondern die daraus resultierenden Folgen für die Betroffenen in ihrer alltäglichen Lebenssituation zu betrachten (von Knebel 2015; Welling 2006).

Daraus lassen sich Schlussfolgerungen für das diagnostische Handeln ziehen, das nach von Knebel (2015) entsprechend dieser Annahme von Sprachbehinderung nicht darauf abzielt, Kinder mit sonderpädagogischem Förderbedarf zu erkennen, sondern individuell zugeschnittene Sprachförderung zu konzipieren. Genauere Ausführungen dazu erfolgen im Abschnitt 3.3.

In aktuellen Darstellungen zur Diagnostik sprachlich-kommunikativer Kompetenzen, beispielsweise bei Spreer (2018; 2013), liegt das Hauptaugenmerk auf der Erfassung sprachlich-kommunikativer Kompetenzen. Trotz der Anerkennung Spreers (2018), die alltägliche Lebenssituation der Kinder in die Diagnostik einzubeziehen, werden dennoch solche in der Praxis aktuell verwendeten Sprachdiagnostikverfahren in den Mittelpunkt der Ausführungen gestellt, die auf die Erfassung der momentanen Sprachverwendung im Vergleich zu einer sprachlichen Norm abzielen.

Lüdtke (2015) zeigt mit Blick auf die Pädagogik bei Beeinträchtigungen der Sprache und Kommunikation verschiedene Forschungsdesiderate auf. Bezüglich der thematischen Ausrichtung der vorliegenden Arbeit lässt sich feststellen, dass sich Forschung unter anderem darauf konzentrieren sollte, erstens die „Einflüsse benachteiligter Lebenslagen auf den frühkindlichen Spracherwerb" (Lüdtke 2015, 213) zu untersuchen. Zweitens sollte die „Evaluation von Sprachbildungs- und Sprachförderkonzepten" (Lüdtke 2015, 213) und drittens die „Erforschung sprachlich-kultureller Potenziale und Ressourcen" (Lüdtke 2015, 213) in den Fokus geraten. Im Hinblick auf diese von Lüdtke (2015) benannten Forschungsdesiderate steht im Widerspruch, dass eine Vielzahl von Forschungsprojekten beziehungsweise Forschungsschwerpunkten im Bereich Diagnostik sprachlich-kommunikativer Problemlagen sich auf die Untersuchung von Zusammenhängen der Sprachentwicklung und Sprachverwendung von Kindern in Bezug auf eine gesetzte zielsprachliche Norm konzentrieren. Aktuell sind beispielsweise zu nennen: „Grammatische Fähigkeiten mehrsprachiger Kinder zum Zeitpunkt der Einschulung" (Ulrich & Mennicken 2020), „Wortschatzdiagnostik in der Sekundarstufe (WODIS)" (Glück 2020), „Diagnostische Aspekte des Genuserwerbs ein- und mehrsprachiger Kinder" (Ruberg 2015).

Beachtenswert ist dahingegen zum einen die Forschung zum Schwerpunkt „Qualitative grammatische Analyse des Erst- und Zweitspracherwerbs von Kindern auf Grundlage gesprochenen Standards – Entwicklung eines förderdiagnostischen Analyseverfahrens" (Kracht 2020), bei der aus förderdiagnostischer Perspektive, die auch in der vorliegenden Arbeit eingenommen wird, untersucht wird. Zum anderen ist das Projekt „Sprachliche Handlungsfähigkeit von Grundschulkindern mit spezifischer Sprachentwicklungsstörung in ihrer Lebenswelt (Projekt: SPATS)" (Opitz 2020) hervorzuheben, denn es handelt sich dabei um ein Forschungsprojekt, bei dem explizit das sprachliche Handeln und die sprachliche Handlungsfähigkeit von Kindern in ihrer alltäglichen Lebenssituation untersucht wird. Beide Projekte gehen über die reine Untersuchung von Sprache und Sprachentwicklung hinaus in Richtung Erfassung kulturell-gesellschaftlicher Bedingungen.

Zusammenfassend ergibt sich als ein erstes Forschungsdesiderat, die Diagnostik sprachlich-kommunikativer Kompetenzen von Kindern unter Berücksichtigung der Bedingungen der alltäglichen Lebenssituation zu erfassen.

Ein zweites Forschungsdesiderat bezieht sich auf die in der sprachbehindertenpädagogischen Fachliteratur verwendeten Begriffe, die von Lebenswelt und Lebenssituation über Lebensbedeutsamkeit bis hin zu Lebenslage reichen und sich in ihrer Bedeutung von „Umwelt- und Lebensbedingungen" (Grohnfeldt 1996, S. 209) ähneln. Mußmann (2012) verwendet in diesem Zusammenhang zusammenfassend die Bezeichnung „soziale, kulturelle, familiäre und schulisch-institutionelle Lebenswelt" (Mußmann 2012, 72). In beiden Fällen wird ein sozialwissenschaftlicher Standpunkt mit den damit zusammenhängenden wissenschaftlichen Bezugssystemen des Interaktionismus beziehungsweise systemischen Konstruktivismus gewählt. Anwendungen des Lebensweltbegriffs unter Rückgriff auf interaktionistisch-sozialkonstruktivistisch orientierte Entwicklungsmodelle finden sich darüber hinaus bei Baumgartner (2006), Grohnfeldt (2011) und Lüdtke und Bansner (2014).

Der Lebensweltbegriff wird in der aktuellen sprachbehindertenpädagogischen Fachliteratur im Besonderen im Zusammenhang mit Diagnostik bei Sprachbehinderung gewählt. Einige Autorinnen und Autoren sehen die Aufgabe der sprachbehindertenpädagogischen Diagnostik darin, in einem zusammenhängenden Kontext sowohl die „Störung des Einzelnen" (Grohnfeldt 2002, S. 22) als auch ihre Hintergründe zu erfassen. Es wird dabei auf „ökosystemische Bedingungsmodelle" (Schoor 2000, S. 207) zurückgegriffen, die mittels Mensch-Umfeld-Analyse sowohl die übergreifenden Lebensbedingungen als auch den gesellschaftlichen Kontext einbeziehen (Grohnfeldt 2002, S. 22). Solche Diagnostik setzt sich ein sonderpädagogisches Gutachten in Form einer Darstellung eines „Fallkonzepts" (Schoor 2000, S. 211) zum Ziel, in dem die „Bedeutungshintergründe und Bedingungskonstellationen in der Lebensgeschichte und der gegenwärtigen Lebenssituation, die Entwicklungsverläufe und aktuelles Verhalten und Erleben" (Schoor 2000, 211) zusammengefasst werden. Es wird zwar nach den „lebensbedeutsamen Zusammenhängen einer individuellen sprachlichen Entwicklung" (Lüdtke & Bahr 2002, S. 147) gefragt, jedoch wird von generell beobachtbarem Verhalten ausgegangen (Schoor 2000, S. 207). Die Bedeutung der sprachlichen Beeinträchtigung für das betroffene Kind wird vernachlässigt. Auch

Sassenroth (2012) nimmt Bezug auf die Lebenssituation sprachbehinderter Kinder und Jugendlicher, indem die Unterschiedlichkeit der Bedingungen festgestellt werden, „unter denen die jeweilige Sprachauffälligkeit entstanden ist" (Sassenroth 2012, 147), womit die Wichtigkeit einer „biographischen Orientierung" (Sassenroth 2012, 147) hervorgehoben werden soll. In dieser Hinsicht zeigt sich ein weiteres deutliches Forschungsdesiderat, das zu der Herleitung der Fragestellung der vorliegenden Arbeit maßgeblich beigetragen hat, denn die vorliegende Arbeit hat erstens ihren Ausgangspunkt in der Forderung einer pädagogischen Sprachförderung und pädagogischen Sprachdiagnostik, die sich an der alltäglichen Lebenssituation des Kindes orientieren. Zweitens wurde in Abschnitt 2.2 festgestellt, dass der Begriff der Lebenswelt unhinterfragt in der Kooperativen Pädagogik (Jetter 1991 u. a.) und damit auch in Ausführungen von Vertreterinnen und Vertretern der Sprachhandlungstheorie verwendet wird.

Kurzum handelt es sich erstens bei der Betrachtung des Zusammenhangs von alltäglicher Lebenssituation im Zusammenhang mit Sprachförderung und Sprachdiagnostik um ein in sprachbehindertenpädagogischen Konzepten wenig bearbeitetes Thema (von Knebel 2016, 88). Zweitens erscheint die pädagogische Grundlegung bisher unzureichend. So wird in fachwissenschaftlicher Literatur wenig Bezug zu Erziehungswissenschaft in sprachbehindertenpädagogischen Konzepten und Theorien hergestellt (Welling 2004, 146; von Knebel 2004, 227 f.; von Knebel 2014, 187). Drittens handelt es sich bei der biografischen Analyse als diagnostisches Hilfsmittel um ein noch nicht detailliert erarbeitetes Konzept (von Knebel 2004, 225 ff.). Das Konstrukt der alltäglichen Lebenssituation ist zudem bisher noch nicht umfassend – dies zeigen die Erörterungen in diesem Kapitel – aus sprachhandlungstheoretischer Perspektive wissenschaftlich fundiert dargestellt worden.

2.3   Ableitung der Forschungsfragen

Es wird in der vorliegenden Arbeit also aufgrund der theoretischen Herleitung zum einen eine literaturbasierte Erarbeitung und Darstellung des Konstrukts alltäglicher Lebenssituation und der Bedingungen, unter denen Menschen ihr Leben führen herausgearbeitet. Zum anderen wird ein auf der herausgearbeiteten theoretischen Grundlage basierendes Analyseverfahren entwickelt und erprobt. Das Analyseverfahren hat zum Ziel, die Informationen zur alltäglichen Lebenssituation individuell so zu erfassen und auszuwerten, dass die Bedingungen der alltäglichen Lebenssituation, unter denen Kinder Sprache erwerben und gebrauchen, handlungstheoretisch rekonstruiert werden und einer pädagogischen

Sprachförderung zugänglich gemacht werden können. Konkret sind es folgende zwei Forschungsfragen, die sich in der vorliegenden Arbeit stellen:

Forschungsfragen der vorliegenden Arbeit

1. Welche Konstruktionsfaktoren konstituieren das Konzept von alltäglicher Lebenssituation?
2. Wie können Informationen zur alltäglichen Lebenssituation von Schulkindern mit sprachlichen Beeinträchtigungen im Rahmen pädagogischer Sprachdiagnostik erfasst und ausgewertet werden?

Die zweite Forschungsfrage wird auf Grundlage der Erkenntnisse der drei Teilevaluationen beantwortet werden (siehe 6.2). Aus diesem Grund stellen sich im Rahmen der jeweiligen Teilevaluation weitere folgende Forschungsfragen:

Teilevaluation 1

1. Unter welchen Bedingungen wird die Erhebung im Analyseverfahren von Studierenden des Studiengangs Lehramt für Sonderpädagogik als ‚gelungen' betrachtet? Das heißt, unter welchen Bedingungen werden Daten gewonnen, die zur Analyse herangezogen werden können?
2. Unter welchen Bedingungen werden aus Sicht der durchführenden Studierenden des Studiengangs Lehramt für Sonderpädagogik die Gütekriterien (Gestaltung diagnostischer Situationen und Haltung der diagnostizierenden Person) sonderpädagogischer Förderdiagnostik nach Jetter, Schmidt und Schönberger (1983) erfüllt?

Teilevaluation 2

1. Inwiefern lässt sich der Auswertungsleitfaden als praktikabel bezeichnen?
1.1 Wie viele der befragten Studierenden bewerten die Anweisungen zur Auswertung als sprachlich präzise und verständlich?
1.2 Wie viele der befragten Studierenden bewerten den zeitlichen Aufwand bei der Anwendung des Auswertungsleitfadens als angemessen beispielsweise für den Einsatz im Unterricht?
1.3 Welche Verständnisschwierigkeiten werden von den befragten Studierenden aufgrund der sprachlichen Formulierungen der Anweisungen zur Auswertung genannt?
2. Wie und an welchen Stellen kann der Auswertungsleitfaden modifiziert werden, sodass er als praktikabler bezeichnet werden kann?

2.1 An welchen Stellen in den Anweisungen zur Auswertung besteht Überarbeitungsbedarf?

2.2 Wodurch können sich Probleme, die die Anwendung des Auswertungsleitfadens betreffen, beheben lassen?

Teilevaluation 3

1. Inwiefern erfolgt bei der Erfassung von Informationen zur alltäglichen Lebenssituation von Schulkindern mit sprachlichen Beeinträchtigungen eine Verständigung über die alltäglichen Handlungen und deren Begründungen des beteiligten Kindes?

2. Inwiefern kann aufgrund der Verständigung über die alltäglichen Handlungen und deren Begründungen eines Kindes auf die Bedingungen der alltäglichen Lebenssituation des beteiligten Kindes geschlossen werden?

3. Inwiefern lässt sich das Verfahren zur Erfassung und Auswertung von Informationen zur alltäglichen Lebenssituation von Kindern mit sprachlichen Beeinträchtigungen als reliabel bezeichnen?

Sprachliches Handeln und sprachliche Handlungsfähigkeit als konzeptionelle Grundlage der Arbeit

Das vorliegende Kapitel stellt das sprachliche Handeln und die sprachliche Handlungsfähigkeit des Menschen in den Mittelpunkt. Mit den von Welling (1990) generierten Begriffen des sprachlichen Handelns und der sprachlichen Handlungsfähigkeit wird auf den Kern der Sprachhandlungstheorie (Welling 1990) Bezug genommen, die auf den grundlegenden Annahmen der Handlungstheorie der Kooperativen Pädagogik (Schönberger, Jetter & Praschak 1987) beruht. Welling (1990) konzipiert auf dieser Basis den Begriff des sprachlichen Handelns als spezielle Form des menschlichen Handelns (Welling 1990, 1998, 2004). In diesem Kapitel sollen die dieser Arbeit zugrunde liegenden Konzepte des sprachlichen Handelns und der sprachlichen Handlungsfähigkeit dargestellt werden. Es wird damit zwar vom konkreten Menschen in seiner alltäglichen Lebenssituation abstrahiert (Welling 1990, 338), dennoch können die Konzepte dazu herangezogen werden, den Menschen in seiner Einmaligkeit besser verstehen (Jetter 1987, 229 zit. n. Welling 1990, 338) zu können. Menschliches Handeln im Allgemeinen und sprachliches Handeln von Menschen im Besonderen zu verstehen und dadurch die Bedingungen der alltäglichen Lebenssituation der Menschen rekonstruieren zu können, ist ein Ziel, das mit Verwendung des in der vorliegenden Arbeit entwickelten Verfahrens zur Erfassung und Auswertung von Informationen zur alltäglichen Lebenssituation von Schulkindern mit sprachlichen Beeinträchtigungen (siehe Kapitel 6), erreicht werden kann. Daher erscheint es zunächst notwendig, die Konzepte sprachlichen Handelns und sprachlicher Handlungsfähigkeit hinsichtlich der Aspekte ‚Sprachbegriff‘, ‚Spracherwerb‘ und ‚Sprachgebrauch‘ zu beschreiben (3.1), um anschließend auf die Erweiterung

© Der/die Autor(en) 2023
S. Schlüter, *Alltägliche Lebenssituation sprachbeeinträchtigter Kinder*,
https://doi.org/10.1007/978-3-658-42148-9_3

sprachlicher Handlungsfähigkeit durch pädagogische Sprachförderung einzugehen (3.2). Danach steht die Erfassung der sprachlichen Handlungsfähigkeit mittels
pädagogischer Sprachdiagnostik als Voraussetzung pädagogischer Sprachförderung im Fokus der Darstellung (3.3). Abschließend werden die Ausführungen
zusammengefasst und Schlussfolgerungen für das weitere Vorgehen gezogen
(3.4).

3.1   Aspekte sprachlichen Handelns und sprachlicher Handlungsfähigkeit: Sprachbegriff, Spracherwerb und Sprachgebrauch

In den folgenden Abschnitten werden mit den Begriffen ‚Sprachbegriff‘ (3.1.1),
‚Spracherwerb‘ (3.1.2) und ‚Sprachgebrauch‘ (3.1.3) drei zentrale Aspekte des
sprachlichen Handelns und der sprachlichen Handlungsfähigkeit fokussiert, um
aufzuzeigen, wie ‚Sprache‘ in der vorliegenden Arbeit aufgefasst wird. ‚Sprache‘ konzeptualisiert sich nach Welling (1990) zum einen als System selbst,
zum anderen aber auch als Teilsystem menschlicher Handlungsfähigkeit und glie-
dert sich in die Aspekte Spracherwerb und Sprachgebrauch. Wie ‚Sprache‘ aus
dieser Perspektive genau betrachtet wird, wird im Folgenden zunächst mit den
Ausführungen zum Sprachbegriff dargestellt. Im Anschluss daran wird auf die
Bedeutung der alltäglichen Lebenssituation des sprachlich handelnden Subjekts
(3.1.4) eingegangen.

3.1.1   Sprachbegriff als Aspekt sprachlichen Handelns und sprachlicher Handlungsfähigkeit

Der von Welling bezeichnete „Doppelcharakter" (Welling 1990, 207) der Sprache
bezieht sich zunächst auf das Teilsystem menschlicher Handlungsfähigkeit, also
darauf, sprachliches Handeln als menschliches Handeln zu begreifen. Der Sprachbegriff ist dabei im Sinne eines Symbols zu verstehen, das im „Bedingungsgefüge
von Individuum, Kultur und Gesellschaft" (Welling 1990, 208) sowohl der Übermittlung erkannter Zusammenhänge dient als auch selbst durch Reflexion zum
Gegenstand des Erkennens wird, wie Welling (1990) konstatiert.
    Zentral für die Annahme, dass Sprache in Kultur und Gesellschaft eingebun-
den ist, ist die Auffassung, Sprache als kulturgebundenes und gesellschaftsspe-
zifisches Symbol zu betrachten. Sprache steht dann in gesellschaftsspezifischer

Hinsicht „für soziale Gegebenheiten" (Welling 1990, 232). Der Begriff der Kulturgebundenheit bezieht sich in diesem Zusammenhang auf Sprache, die in und aufgrund bestimmter kultureller Gegebenheiten des Subjekts hervorgebracht und genutzt wird. Durch die Betrachtung der Eingebundenheit von Sprache in Kultur und Gesellschaft wird ein Bezug zur alltäglichen Lebenssituation der Sprache gebrauchenden Menschen hergestellt. Denn indem von einer symbolischen Repräsentation der Inhalte der kulturellen Lebenssituation eines Individuums ausgegangen wird, wird dieser Aspekt gleichzeitig entsprechend der anthropologischen Grundannahmen als gesellschaftlich bedingt angesehen (Welling 1990, 232).

Das Postulat, dass Sprache nicht nur ein Teilsystem menschlichen Handelns ist, sondern Sprache sich auch selbst als System (Welling 1990, 209) konzeptualisiert, nimmt Bezug zu sprachwissenschaftlichen Grundlagen. Nach diesen Grundlagen stellt Sprache ein Zeichensystem dar, in dem Wörter als Zeichen zu bestimmen sind. Sprachliche Zeichen mit ihrer „Stellvertreterfunktion" (Welling 1990, 209) und der Unterscheidung von Bezeichnung und Bezeichnetem beziehen sich auf etwas von ihnen Verschiedenes. Welling (1990, 209) verweist in diesem Zusammenhang auf die Ausführungen de Saussures (1967), wonach sich Sprache als Zeichensystem anhand struktureller Eigenschaften beschreiben lässt. Jedoch wird durch die hohe Abstraktion ein bedeutsamer Aspekt außer Acht gelassen, nämlich die „Beziehung zwischen Sprache, Kultur und Gesellschaft" (Welling 1990, 211). Diese Beziehung zieht eine Einbindung der Sprache in Kultur und Gesellschaft nach sich. Der vorliegenden Arbeit soll ein Sprachbegriff zugrunde liegen, der, wie Welling (1990, 211 f) hervorhebt, die Beziehung von Bezeichnung und Bezeichnetem impliziert und wonach Sprache als Teilsystem menschlicher Handlungsfähigkeit aufgefasst wird. Es wird zum einen die Beziehung des Subjekts sowohl zur Bezeichnung als auch zum Bezeichnetem hervorgehoben, zum anderen wird sich von der Annahme abgewendet, dass Sprechen die „Praxis der Sprache" (Welling 1990, 231) sei. Stattdessen wird als ‚Praxis der Sprache' die Lebenspraxis der Sprache gebrauchenden Subjekte fokussiert, in der „das Sprechen bestimmte Aufgaben erfüllt und ein Inhaltliches ausgedrückt erscheint" (Welling 1990, 231).

Die Ausführungen verdeutlichen, inwiefern Sprache sowohl als Mittel der Repräsentation und Kommunikation als auch als Gegenstand des Erkennens betrachtet werden kann. Sprache ist somit weit davon entfernt, lediglich ein „Kommunikationsinstrument" (Welling 1990, 207 f.) zu sein. Inwiefern so verstandene Sprache erworben wird, wird im folgenden Abschnitt dargestellt.

3.1.2   Spracherwerb als Aspekt sprachlichen Handelns und sprachlicher Handlungsfähigkeit

Der menschliche Spracherwerb wird in der vorliegenden Arbeit im Zugriff der Erkenntnistheorie Piagets (u. a. Piaget 1973) dargestellt. Piaget liefert zwar keine konkrete Theorie des kindlichen Spracherwerbs, dennoch können die wesentlichen Annahmen Piagets (z. B. 1973) zur kognitiven Entwicklung des Kindes und ihr Zusammenhang mit der Entwicklung der Sprache zur Darstellung des Spracherwerbs angewendet werden (Welling 1990, 244 ff.). Der Rückgriff auf die Kognitionstheorie Piagets liegt in einem konstruktivistischen Wirklichkeitsbegriff und den hier zugrunde liegenden anthropologischen Grundannahmen des Menschen als ein aktives, erkennendes und konstruierendes Subjekt begründet. Begründet ist diese Grundannahme der vorliegenden Arbeit dadurch, dass die Wirklichkeit für den Menschen keine objektiv vorliegende Angelegenheit ist, sondern sie ist in der Form gegeben, wie der Mensch sie aufgrund seiner bisher entwickelten Strukturen im Sinne subjektiver Konstruktion erfasst (von Knebel 2000, 52; u. a. Welling 1990; Piaget 2015; Praschak 1993, Praschak-Wolf & Praschak 1979).

Auch Spracherwerb (und Sprachgebrauch – siehe Abschnitt 3.1.3) werden aus diesem konstruktivistischen Verständnis heraus als Konstruktion betrachtet. Es lässt sich daher schlussfolgern, dass das spracherwerbende Kind auf Grundlage seiner bereits entwickelten Erkenntnisformen seine Sprache aktiv konstruiert und sie nicht als objektiv gegeben vorfindet. Aus dieser Sicht wird Spracherwerb als organisierende Tätigkeit verstanden, die eine Ordnung des Subjekts hervorbringt und währenddessen eine Einwirkung des Subjekts auf und eine Anpassung an seine Umwelt stattfindet. Welling (1990, 333 f.) konstatiert in diesem Zusammenhang, dass Sprache „als Ganzes" (Welling 1990, 333) erworben wird. Die organisierende Tätigkeit des Subjekts beinhaltet keine „ebenen-gebundenen Ordnungen" (Welling 1990, 333 f.), sondern findet übergeordnet über die aus linguistischer Sicht getrennten Ebenen der Phonologie-Phonetik, Semantik, Morphologie und Syntax sowie Pragmatik statt.

Die Voraussetzung, um Erkenntnisstrukturen zu entwickeln, die beim Kind zu der Möglichkeit führen, Sprache zu verstehen und sich mittels Sprache zu verständigen, liegt in der sensumotorischen Handlungskoordination des Kindes (Welling 1990, 243; Nagel 2012, 40). Welling (1990, 234) nennt die zentralen Entwicklungen, die der Sprache vorausgehen und sie vorbereiten, um hervorzuheben, inwiefern sich sprachliches Handeln ähnlich anderen Handlungsformen, wie beispielsweise Bewegungshandeln, entwickelt. Diese Entwicklungen sind: Sprache, symbolisches Spiel, verschobene Nachahmung und geistiges Bild.

Das sensumotorische Handeln als Wurzel von Sprache und Sprachfähigkeit zu betrachten, bedeutet eine Abkehr von der Annahme einer Universalgrammatik und damit der nativistischen Hypothese Chomskys (z. B. 1987), ein Kind würde in seiner sprachlichen Entwicklung aufgrund eines angeborenen Spracherwerbsmechanismus ein sprachliches Regelsystem erwerben. Zudem geht eine genetische Sichtweise auf den Spracherwerb im Sinne der genetischen Erkenntnistheorie Piagets (u. a. 2015) über die Annahmen des Funktionalismus nach Bruner (1987) hinaus, der zwar von einem aktiven Subjekt ausgeht und die Rolle der Interaktion zwischen spracherwerbendem Kind und der Umwelt betont, aber der strukturellen Ausdifferenzierung des sprachlichen Handelns keine Beachtung schenkt und somit die einzelnen Entwicklungsschritte im Unklaren lässt (Welling 1990, 299).

Vielmehr entwickelt das Kind Erkenntnisstrukturen und nimmt entsprechend dieser beim Sprachgebrauch Markierungen vor, die, wie Welling (1990, 308) ausdrückt, einzelnen linguistischen Ebenen (morpho-syntaktisch, semantisch-lexikalisch, pragmatisch und phonologisch-phonetisch) zugeordnet werden können. Demnach ist nicht davon auszugehen, dass Sprache ‚stufenförmig' erworben oder linguistisch getrennte sprachliche Ebenen nacheinander erworben wird. Vielmehr stellt Sprache aus genetischer Perspektive eine Einheit dar und entwickelt sich als Ganzes (Welling 1990, 318).

Mit fortschreitender Entwicklung der Erkenntnisstrukturen gelingt es dem Kind, sich sprachlich zu verständigen und Sprache zu verstehen. Vom Standpunkt der Entwicklungstheorie Piagets wird Sprache sowohl als Mittel der Repräsentation und Kommunikation als auch als Gegenstand des Erkennens bezeichnet (Klann-Delius 2016, 94; Nagel 2012, 40; Welling 1990, 249 ff.). Beim Spracherwerb erlangt das Subjekt durch die Symbolfunktion bedingt die Fähigkeit, außerhalb seiner aktuellen Wahrnehmung liegende Dinge oder Ereignisse gedanklich zu repräsentieren (Nagel 2012, 41). Dies ist im Sinne der genetischen Erkenntnistheorie Piagets (2015) gleichbedeutend mit begrifflichem Denken und symbolischem Handeln. Die Symbolfunktion bekommt in der Entwicklungstheorie Piagets (2015) eine bedeutende Stellung, da sie es dem Subjekt ermöglicht, Bedeutungen aufgrund der Unterscheidung von Bezeichnung und Bezeichnetem auszudrücken, wobei das Bezeichnete nicht die in objektiver Form erkannten Dinge oder Ereignisse sind, sondern immer das vom Subjekt Erkannte (Welling 1990, 252 ff; Nagel 2012, 41 ff).

Welling (1990, 234 ff.) stellt die sprachlichen Entwicklungen unter Zugriff der Erkenntnisse von Piaget und Inhelder (Piaget 1969; Piaget & Inhelder 1977) in einen klaren Zusammenhang zu Nachahmung, innerem Bild und symbolischem Handeln. Im Wesentlichen beschreibt dieser Zusammenhang die Entwicklung des

Subjekts, das zuerst auf Objekte beziehungsweise Ereignisse reagiert (als Signale oder Anzeichen) und mit zunehmender Entwicklung der Symbolfunktion Objekte beziehungsweise Ereignisse erkennt und „seinem Wissen mit Hilfe von Bedeutungsträgern Ausdruck verleiht" (Welling 1990, 243), also Sprache gebraucht, um Erkanntes auszudrücken. Dieser Zusammenhang wird von Welling prägnant als „Relation Erkennender– Symbolisierung– Erkanntes" (Welling 1990, 244) formuliert, wobei Symbolisierung mit menschlicher Sprache gleichzusetzen ist.

Die dargestellte Perspektive zum menschlichen Spracherwerb wird in der vorliegenden Arbeit mit dem Ansatz Tomasellos (2006; 2011) erweitert, da Tomasello entwicklungspsychologische Annahmen in den Zusammenhang mit menschlicher Kommunikation stellt. Menschliche Kommunikation wird aus dieser Sicht „als grundlegend kooperatives Unternehmen" (Tomasello 2011, 17) betrachtet und ein gemeinsamer begrifflicher Hintergrund der an der Kommunikation Beteiligten vorausgesetzt (genauer siehe Abschnitt 4.4.2 in dieser Arbeit). Dabei ist von einem Sprachbegriff auszugehen, der die Bedeutungsentwicklung, das heißt im Sinne Piagets die Entwicklung der Symbolfunktion, zur Grundlage macht.

Subsumiert man die bisherigen Ausführungen, so wird deutlich: Sprachliches Handeln wird durch die Annahme Piagets (1969), Gegenstände durch Zeichen und Bewegungen durch ihre Vorstellungen zu ersetzen, zu einem Spezialfall menschlichen Handelns (Welling 1990, 301). Diese Auffassung bezieht sich neben Spracherwerb auch auf den Aspekt des Sprachgebrauchs, der im nächsten Abschnitt dargestellt wird.

3.1.3 Sprachgebrauch als Aspekt sprachlichen Handelns und sprachlicher Handlungsfähigkeit

Sprachgebrauch wird im Folgenden unter Zugriff der Handlungstheorie der Kooperativen Pädagogik (Schönberger, Jetter & Praschak 1987) anhand dreier Bestimmungsmerkmale des sprachlichen Handelns beschrieben. Dies sind Merkmale, die in diesem Denkrahmen auch für allgemein-menschliches Handeln gelten (Welling 1990, 1998, 2004):

* Zielgerichtetheit
* Plangeleitetheit
* Wertorientiertheit

Diese Bestimmungsmerkmale erschließen sich aus der ontogenetischen Perspektive, die bereits zur Beschreibung des Spracherwerbs (siehe Abschnitt 3.1.2) herangezogen wurde und der Darstellung zum Sprachgebrauch ebenfalls zugrunde liegt, denn Sprachgebrauch wird wie Spracherwerb als sprachliches Handeln (Welling 1990) gefasst.

Im Folgenden aus analytischen Gründen zwar getrennt aufgeführt, stellen die Bestimmungsmerkmale aus handlungstheoretischer Sicht tatsächlich aber eine untrennbare Einheit dar (Jetter, Schönberger & Praschak 1987). Sie beziehen sich auf die „Aktivität des Sprechens" (Welling 1990, 306), die „in der Beziehung zum Angesprochenem (...), zum Gegenstand (im Sinne eines kognitiven Problems) und zu den eigenen sprachlichen (oder nicht-sprachlichen) Mitteln realisiert" (Welling 1990, 306) wird. Näher betrachtet wird zunächst, inwiefern sprachliches Handeln als zielgerichtet gefasst werden kann.

Zielgerichtetheit sprachlichen Handelns
Der bereits angesprochene Ursprung sprachlicher Entwicklung in Form der sensumotorischen Handlungskoordination des Subjekts findet sich beim Aspekt der Zielgerichtetheit aufgrund der Annahme wieder, dass ein Kind in den Stadien der sensumotorischen Entwicklung Handlungspläne entwickelt, die nach Welling (1990, 303 ff.) sowohl der Zielfindung als auch der Zielverwirklichung dienen, wobei Zielverwirklichung als übergeordnet betrachtet wird und die Zielfindung integriert.

Aus entwicklungspsychologischer Perspektive ist jede Zielverwirklichung und damit auch Zielfindung ein „Modus des Erkennens [ist], bei dem die Mittel von den Zielen unterschieden werden" (Welling 1990, 303). Auf sprachliches Handeln bezogen kann ein Ziel in der sprachlichen Äußerung selbst liegen, aber sich auch nichtsprachlich oder außersprachlich darstellen, denn grundsätzlich ist Zielgerichtetheit sprachlichen Handelns mit „Sinnbezügen" (Welling 1990, 304) verbunden, die mittels sprachlicher Äußerungen verändert werden sollen (Welling 1990, 303 ff.). Das bedeutet, Sprache erhält einen Sinnbezug, indem sie an Zielen ausgerichtet wird.

Sprachliches Handeln als zielgerichtete Tätigkeit zu betrachten, erfolgt nach von Knebel (2008a, 122) unter drei Aspekten: Sprache dient erstens der Kommunikation, ist also ein Mittel, dessen Gebrauch das Ziel verfolgt, auf andere menschliche Handlungen einzuwirken. Sprache dient zweitens der Repräsentation und wird so auch ohne absichtsvolle Kommunikation mit dem Ziel verwendet, sich selbst über einen Sachverhalt Klarheit zu verschaffen. Sprache wird drittens zum Erkenntnisgegenstand, wenn die sprachliche Äußerung selbst das Ziel darstellt, wie es beispielsweise bei einem Reim der Fall ist. Sprachliches Handeln an Zielen auszurichten, setzt Plangeleitetheit des sprachlichen Handelns voraus. Daher wird das Bestimmungsmerkmal der Plangeleitetheit sprachlichen Handelns im Folgenden behandelt.

Plangeleitetheit sprachlichen Handelns
Plangeleitet bedeutet beispielsweise „konzeptgeleitet", „begriffsorientiert" oder „begriffsgeleitet" (Welling 1990, 306). Diese Bedeutungen von plangeleitet haben gemeinsam, Plan als „allgemeine Form einer spezifischen Erkenntnistätigkeit" (Welling 1990, 306) zu betrachten, worin sowohl das „praktisch-vorsprachliche" (Welling 1990, 306) als auch das „begrifflich-reflexiv-sprachliche Tun" (Welling 1990, 306) inbegriffen ist. Das bedeutet, plangeleitetes Handeln „umgreift strukturell alle Formen menschlichen Tuns, so auch die spezifisch menschliche Form sprachlichen Handelns" (Welling 1990, 336). Vor diesem Hintergrund ist anzunehmen, dass, ohne Handlungspläne entwickelt zu haben, sprachliche Äußerungen im Hinblick auf die Zielsetzung des sprachlichen Handelns durch das Subjekt weder ausgewählt noch realisiert werden können (Welling 1990).

Welling betont die „Ganzheit" (Welling 1990, 307) der Sprache und setzt Plangeleitetheit in Zusammenhang mit der begriffsorientierten Theorie von Wortbedeutungsentwicklung. Dieser liegt eine entwicklungspsychologische Perspektive zugrunde, weshalb aus dieser Sicht angenommen wird, dass begriffliche Strukturen vom Subjekt aktiv konstruiert werden. Beispielsweise werden semantische Merkmale aktiv konstruiert, und Wortbedeutung wird deshalb nicht als Kombination entwicklungsinvarianter Merkmale, wie es in Theorien zur Wortbedeutungsentwicklung nach Clark und Clark (1979, zit. n. Szagun 1983, 17) dargestellt wird, aufgefasst. Vielmehr ist von Wortbedeutung als Vernetzung von Strukturen auszugehen. Die merkmalsorientierte Theorie (Clark & Clark 1979, zit. n. Szagun 1983) oder die Theorie des funktionalen Kerns (Nelson 1974, zit. n. Szagun 1983) können die Entstehung der Wortbedeutung nicht angemessen erklären, wenn Bedeutetes und Wahrgenommenes im Sinne einer Abbildfunktion gleichgesetzt werden (Welling 1990, 314 ff.).

Aus der entwicklungspsychologischen Perspektive findet die Konstruktion des sprachlichen, beispielsweise semantischen, Wissens nicht nur als Eigenaktivität des Subjekts statt, sondern in Interaktion mit der Umwelt. Das bedeutet für die Entwicklung des Bedeutungssystems eines Kindes, dass eine Abhängigkeit von der „Interaktion des Kindes mit konkreten Objekten" (Welling 1990, 316), mit seiner sprachlichen Umwelt und mit den Werten seiner Kultur anzunehmen ist (Welling 1990, 316). Für die Entwicklung von Handlungsplänen kann daher angenommen werden, dass diese im Sinne sprachlichen Wissens aufgrund verschiedener Interaktionen mit der Umwelt entwickelt werden und nicht aufgrund der Wirkung einzelner und getrennter linguistischer Ebenen (Welling 1990, 322).

Sprachliches Handeln als plangeleitet zu betrachten, bedeutet darüber hinaus, dass sprachliches Handeln eine „kognitiv immer schon strukturierte, zugleich aber auch kognitive Strukturen verändernde" (von Knebel 2008, 120) Tätigkeit darstellt. Das bedeutet, Handeln wird dann plangeleitet, wenn das Subjekt aufgrund einer allgemeinen Form des Erkennens ordnend tätig wird. Raum, Zeit und Kausalität stellen nach Piaget (1969; 1974; 1996) Gegenstände beziehungsweise Handlungsbedingungen dar, die vom Subjekt erkannt und organisiert beziehungsweise geordnet werden. Daher wird Plan als Begriff von dem verstanden, was das Subjekt durch Erfahrung entwickelt und das vom Subjekt sprachlich dargestellt werden soll. Mit der Organisation des Gegenstands Sprache wird plangeleitetes allgemein-menschliches Handeln zum plangeleiteten sprachlichen Handeln (Welling 1990, 322). Das bedeutet, Sprache ist als eine Handlungsbedingung des Subjekts aufzufassen, die vom kulturell und gesellschaftlich eingebundenen Subjekt durch Herstellung seiner Ordnung genauso erkannt wird wie die Handlungsbedingungen Raum, Zeit oder Kausalität (Welling 1990, 302). Der Aspekt der kulturellen und gesellschaftlichen Eingebundenheit des Subjekts wird im folgenden Abschnitt mit dem Fokus auf der Wertorientiertheit sprachlichen Handelns näher betrachtet.

Wertorientiertheit sprachlichen Handelns
Als spezifisch sprachlich sind nach Welling (1990, 326) mindestens fünf Handlungsbedingungen zu unterscheiden: linguistische Formelemente und ihre Beziehungen zueinander, verbale und nonverbale Kontexte, Konventionen, Kommunikationsformen und Normen in der sprachlich-kommunikativen Tätigkeit.

Mit dieser Unterscheidung von fünf Handlungsbedingungen sind zwei Dimensionen sprachlichen Handelns (Welling 1990, 325) angesprochen. Erstens zeigt sich eine strukturelle Seite (Welling 1990, 325), welche die Erkenntnistätigkeit des Subjekts meint und zum Erkennen der sprachlichen Handlungsbedingungen führt. Zweitens zeigt sich eine inhaltliche Seite (Welling 1990, 325), welche auf die Gebrauchsbedingungen bezogen ist, die zu bestimmten Varianten sprachlicher Äußerungen führen (Welling 1990, 326). Gemeint sind damit normgemäße Realisierungen (Welling 1990, 326), in der die wirklichen Lebensbezüge eines Menschen normativ ausgedrückt werden. In der Korrelation beider Dimensionen wird schließlich die Wertorientiertheit sprachlichen Handelns ausgedrückt (Welling 1990, 325 f.). Die Wertorientiertheit sprachlichen Handelns handlungstheoretisch zu bestimmen, verlangt nach Welling (1990, 326) eine gedankliche

Verknüpfung des erkennenden Subjekts mit seiner entwickelten Sprachkultur einerseits und des individuell kulturell-gesellschaftlichen Subjekts mit seiner bestimmten Kultursprache und ihren Bedingungen andererseits und soll in den folgenden Ausführungen erläutert werden. Dieser Gedanke mit dem Fokus auf die Wertorientiertheit sprachlichen Handelns ist dementsprechend maßgeblich für die folgenden Ausführungen.

Mit dem Terminus Wertorientiertheit ist aus handlungstheoretischer Perspektive die wertschaffende Seite sprachlichen Handelns (Welling 1990, 324) angesprochen. Sie bezieht sich auf die aus der kulturell-gesellschaftlichen Umwelt entwickelten Normen und Regeln des Sprachgebrauchs und basiert auf den Annahmen, Sprache als kulturgebundene und gesellschaftliche Erfahrung zu fassen und die Praxis der Sprache als Lebenspraxis des Sprechenden zu bestimmen (Welling 1990, 323 ff.). So gesehen bezieht sich die wertschaffende Seite sprachlichen Handelns auf die strukturellen und inhaltlichen Voraussetzungen, die menschliche Sprache und Sprechtätigkeit wertvoll erscheinen lassen und in der strukturellen beziehungsweise inhaltlichen Dimension sprachlichen Handelns aufgegriffen ist (Welling 1990, 323 ff.). So werden die Begriffe der strukturellen und inhaltlichen Wertorientiertheit im Folgenden zusammenfassend erläutert, um dabei herauszustellen, inwiefern hinsichtlich dieser zu unterscheidenden Dimensionen von Wertorientiertheit sprachlichen Handelns gesprochen werden kann.

Wie Welling (1990, 326 ff.) ausführt, ist in *struktureller* Hinsicht Wertorientiertheit sprachlichen Handelns durch drei Bedingungen gegeben:

1. Es muss den Sprechenden gelingen, durch Kommunikation Kognitionen wie Ideen, Wünsche und Bedürfnisse auszutauschen. In dem Sinne ist sprachliches Handeln wertvoll, wenn im Hinblick auf ein gemeinsames Handlungsziel das gegenseitige Verständnis kommuniziert wird.
2. Durch die Sprechtätigkeit muss Repräsentation gewährleistet werden. Bei diesem Punkt spielen Bedeutungen eine wichtige Rolle: Das sprachlich handelnde Subjekt entnimmt die Bedeutungen aus den sprachlichen Äußerungen und baut selbst Bedeutungen auf, um die Sprache ebenfalls wieder mit Bedeutungen zu versehen.
3. Für das sprachlich handelnde Subjekt muss die Möglichkeit bestehen, auf die eigene und die Sprache der Kommunikations- und Kooperationspartner im Sinne brauchbarer Erfahrungen einzuwirken. Dies betrifft den Spracherwerb des Kindes, in dem es Theorien im Sinne von Wissen über Sprache aufbaut und Erfahrungen in Bezug auf seine Sprache sammelt. Kooperative

Beziehungen wirken unterstützend auf den kindlichen Aufbau von Sprach-
theorien hinsichtlich der Ermöglichung positiver Erfahrungen in Bezug auf
seine Sprache und der Entwicklung von Interesse und Freude am Sprechen.

Die drei Punkte heben die Bedeutung des durch Erfahrung mit der Umwelt
entwickelten Wissens des Subjekts hervor. Da sprachliches Handeln zwischen
Menschen stattfindet, also sprachliche Kommunikation im Sinne gemeinsamen
sprachlichen Handelns als Kooperation von Menschen aufzufassen ist, spielt der
Aspekt der Kooperation hinsichtlich wertorientierten sprachlichen Handelns eine
zentrale Rolle. Kooperation als gemeinsames Handeln von Menschen wird in
Bezug auf sprachliches Handeln dann bedeutsam, wenn es darum geht, Sprache
und Sprechtätigkeit wertvoll werden zu lassen. Von Knebel (2008, 124 f.) formuliert dafür fünf Voraussetzungen, die ebenfalls für die strukturelle Hinsicht von
Wertorientiertheit sprachlichen Handelns gelten:

1. Es besteht ein Bedürfnis nach gedanklichem Austausch mit anderen Menschen, und der Austausch selbst und die Menschen erfahren Wertschätzung.
2. Es besteht der Wunsch, diesen Austausch zu vollziehen, da der Mensch Wertschätzung erfährt. Es erfolgen plangeleitetes Handeln in Form von Wissen
   über Inhalte des Austauschs und zielgerichtetes Handeln mit dem Ziel des
   Austauschs.
3. Es besteht die Fähigkeit des Enkodierens der eigenen Gedanken zum Verständnis des Gesprächspartners. Plangeleitetes Handeln liegt zugrunde, indem
   Wissen über sprachliche Strukturen besteht.
4. Es erfolgt die Abstimmung von Handlungszielen der Gesprächspartner auf
   Basis gemeinsamer Wertkonzepte.
5. Es besteht gegebenenfalls bei Asymmetrie der Kooperation (zum Beispiel in
   Form von Sprachtherapie) die Fähigkeit zur Empathie, um die Perspektive des
   anderen und seine Handlungsmöglichkeiten nachvollziehen zu können.

In *inhaltlicher* Hinsicht ist nach Welling (1990, 330 ff.) zu betonen, dass Kinder nicht „Werte und Normen an sich" (Welling 1990, 332) lernen, sondern ein
Wertkonzept aufbauen und verinnerlichen hinsichtlich der

– sinnvollen Verwendung von Wörtern in bestimmten Situationen,
– Möglichkeit, Bedeutungen auszudrücken,

- Zuordnung verfügbarer Begriffe zu sprachlichen Formen und
- Entwicklung und Differenzierung von Begriffen mittels sprachlicher Formen (Welling 1990, 332).

Sprachliche Normen, die sich auf diese vier Punkte beziehen, entwickeln sich nicht losgelöst vom sprachlichen Handeln, sondern im gemeinsamen Gebrauch von Sprache mit anderen. Daher werden Normen des Sprachgebrauchs, die durch kulturell-gesellschaftlich geformte Kommunikationsstrukturen (Welling 1990, 331 f.) hervorgebracht werden, zu spezifischen kulturellen Werten, und auch Sprache selbst wird zum „Wert einer Kultur" (Welling 1990, 330).

   Wertorientiertheit sprachlichen Handelns in struktureller und inhaltlicher Hinsicht zu beschreiben, hat zur Folge, sprachliches Handeln als wertorientierte Tätigkeit zu fassen. In der Form, wie das Subjekt den Gebrauchswert von Sprache erfährt, kann es selbst Sprache gebrauchen, beispielsweise in Form von Sprechen oder Zuhören (von Knebel 2008, 123). Das wiederum bedeutet, die Eingebundenheit des Spracherwerbs und Sprachgebrauchs in das Wertesystem des Subjekts (von Knebel 2008, 123) zu berücksichtigen. Welche Bedeutung der alltäglichen Lebenssituation des Subjekts dem Spracherwerb und Sprachgebrauch konkret zugewiesen wird, wird im folgenden Abschnitt fokussiert.

3.1.4 Bedeutung der alltäglichen Lebenssituation für den sprachlich handelnden Menschen

Sprache wird gebraucht, weil der Mensch damit etwas „Außersprachliches erreichen möchte" (von Knebel 2007, 1095). Ausgangspunkt ist die Annahme, dass der Mensch das Bedürfnis hat, sprachlich zu handeln (Welling 2004, 134 f.). Symbolisch repräsentierte Inhalte der alltäglichen Lebenssituation werden ausgedrückt (Welling 1990, 232), was dazu beiträgt, dass „mit den Mitteln und Gegenständen der Sprache" (Welling 2004, 135) die mitmenschliche Lebenssituation geordnet werden kann. Sprachliche Leistungen sind aus dieser Sicht als lebenssituational bedingte biografische Errungenschaften zu betrachten (Welling 2004, 133).

   Wie die Ausführungen zum Sprachgebrauch verdeutlichen, wird dann vom sprachlichen Handeln eines Menschen gesprochen, wenn die Kriterien der Zielgerichtetheit, Wertorientiertheit und Plangeleitetheit erfüllt sind, denn dann ist der Mensch sprachlich handlungsfähig (Welling 2004, 138). Um sprachlich handlungsfähig zu werden, erwirbt das Subjekt erstens begriffliches Wissen in Form einer Ordnung der sprachlichen Regelhaftigkeiten, zweitens eignet es sich die

Werte und Normen der Sprachverwendung an und bewertet und verändert diese drittens gegebenenfalls, indem es an der Gestaltung seiner lebenssituationalen Bedingungen aktiv mitwirkt (Welling 2004, 138). Sprachlich handlungsfähig zu sein bedeutet dann für das Subjekt, eigenaktiv sein Leben mit den Mitteln und Gegenständen von Sprache ordnen zu können, da im Denkrahmen der Handlungstheorie der Kooperativen Pädagogik Handeln zugleich als ordnende und geordnete Tätigkeit verstanden wird (Jetter 1987). Sprachliches Handeln ist eine geordnete Tätigkeit, weil in jedem Sprachgebrauch das bereits erworbene Wissen eingebracht wird, und zudem eine ordnende Tätigkeit, weil das Subjekt zur Veränderung im Sinne von Erweiterung seiner Möglichkeit der Sprachverwendung angeregt wird (von Knebel 2008, 124). Für das Subjekt bedeutet das, die Grenzen seiner sprachlichen Handlungsfähigkeit zu erkennen, anzuerkennen oder überwinden zu können (Schönberger 1987, 121 zit. n. Welling 2004, 138).

Sprachliche Handlungsfähigkeit ist nicht angeboren, sondern entwickelt sich unter den jeweils gegebenen Bedingungen der alltäglichen Lebenssituation (Welling 2004, 133). Der alltäglichen Lebenssituation kommt daher eine konstituierende Bedeutung für die Entwicklung der sprachlichen Handlungsfähigkeit zu, sind es doch ihre Bedingungen, unter denen Sprache erworben und gebraucht wird (von Knebel & Schuck 2007, 495 f.). Welche Bedeutung die alltägliche Lebenssituation des Menschen konkret für seinen Spracherwerb und Sprachgebrauch hat, kann in zweierlei Hinsicht aufgefasst werden. Erstens ist damit die Frage danach angesprochen, welche Bedeutung die Sprache im Leben des Menschen hat. Auf kindlichen Sprachgebrauch bezogen, meint dies beispielsweise, welche Personen in der alltäglichen Lebenssituation des Kindes auf seine sprachlichen Äußerungen reagieren, wie sie als sprachliche Vorbilder fungieren und wie sie dadurch korrigierend auf die kindliche Sprache wirken (von Knebel 2015, 379). Zweitens ist die Frage danach angesprochen, welche Bedingungen der alltäglichen Lebenssituation des Kindes wie und in welcher Form „an der Entstehung und Ausformung einer sprachlichen Problemlage beteiligt" (von Knebel und Schuck 2007, 495) sind oder waren. Grundlegend bei der Frage nach der Bedeutung der alltäglichen Lebenssituation eines Menschen für seinen Spracherwerb und Sprachgebrauch ist aus sprachhandlungstheoretischer Sicht das Verständnis von sprachlicher Beeinträchtigung, wonach eine ‚Sprachstörung' nicht als Eigenschaft des Menschen, sondern als Eigenschaft seiner alltäglichen Lebenssituation (Welling 2004, 133) betrachtet wird.

Die Bedeutung der alltäglichen Lebenssituation des Subjekts für Spracherwerb und Sprachgebrauch erschließt sich aus handlungstheoretischer Perspektive aus den Wesensmerkmalen sprachlichen Handelns: Plangeleitetheit, Wertorientiertheit und Zielgerichtetheit (Jetter 1987). Als Bedingungen der alltäglichen Lebenssituation liefern sie nach von Knebel (2007, 1092) Anhaltspunkte dazu,

1. welches Wissen das Kind über die Sprache und das sprachlich Darzustellende hat (Plangeleitetheit),
2. inwiefern der Gebrauch und Erwerb von Sprache dem Kind wertvoll erscheint beziehungsweise wertvoll werden kann (Wertorientierung) und
3. welche Ziele das Kind mit seinem sprachlichen Handeln verfolgt (Zielgerichtetheit).

Die Überlegungen zeigen zwar, dass die Bedingungen des Spracherwerbs und Sprachgebrauchs die Bedingungen der alltäglichen Lebenssituation sind, die für das Subjekt zu Prämissen seines sprachlichen Handelns werden. Als problematisch erweist sich jedoch, dass aus sprachhandlungstheoretischer Sicht nicht fundiert beschrieben wird, wie der Begriff ‚alltägliche Lebenssituation' zu fassen ist. Sprachgebrauch und Spracherwerb mit Rückgriff auf die konstruktivistische Handlungstheorie der Kooperativen Pädagogik (Jetter, Schönberger & Praschak 1987) als menschliches Handeln zu fassen und sprachliches Handeln als zielgerichtet, plangeleitet und wertorientiert zu bestimmen (u. a. Welling 1990; von Knebel 2008), legt den Schluss nahe, die alltägliche Lebenssituation des Menschen als Konstrukt zu betrachten. Daher wird in Kapitel 4 das Konzept von alltäglicher Lebenssituation aus sprachhandlungstheoretischer Perspektive entwickelt. Im folgenden Abschnitt wird zunächst der Blick auf die Erweiterung sprachlicher Handlungsfähigkeit gerichtet. Daher steht im folgenden Abschnitt pädagogische Sprachförderung im Mittelpunkt der Ausführungen.

3.2   Erweiterung sprachlicher Handlungsfähigkeit: Sprachförderung als pädagogisches Aufgabenfeld

Mit Rückgriff auf die erziehungswissenschaftlichen Grundlagen nach Benner (1995; 2001) wird von einer Erziehungsbedürftigkeit und Erziehungsfähigkeit des Menschen ausgegangen. Im Zusammenhang mit sprachlichen und kommunikativen Beeinträchtigungen bedeutet das: In dem Moment, in dem es dem Kind selbst nicht gelingt, durch Selbstaufforderung zur Selbsttätigkeit seine sprachliche Handlungsfähigkeit zu erweitern, besteht innerhalb pädagogisch konzipierter Sprachförderung in Unterricht und Therapie die Möglichkeit, durch äußere Einwirkung das Kind in diese Lage zu versetzen (von Knebel 2012a, 495).

Pädagogische Sprachförderung stellt aufgrund ihres Menschen- und Weltbildes sowie ihrer erziehungswissenschaftlichen Verankerung die geeignete Form dar, die sprachliche Handlungsfähigkeit eines Kindes in den Mittelpunkt zu stellen. Daher wird sich aus dieser pädagogischen Perspektive heraus von einer Sprachförderung distanziert, die ausschließlich sprachliche Normen oder schulische Leistungsanforderungen fokussiert (von Knebel 2007; 2012a; 2015).

In den Praxisfeldern Therapie und Unterricht vom pädagogischen Standpunkt aus Sprachfördersequenzen zu planen und zu gestalten, beansprucht eine Auseinandersetzung mit diesem didaktischen Aufgabenfeld. Daher wird erstens Bezug auf die erziehungswissenschaftliche Bestimmung pädagogischer Sprachförderung (3.2.1) genommen und zweitens das Ziel pädagogischer Sprachförderung (3.2.2) betrachtet. Darin wird auf das Planungskonzept der Kooperativen Sprachdidaktik nach Welling (2004), also auf die didaktische Strukturierung pädagogischer Sprachförderung, eingegangen, da dieses sprachhandlungstheoretisch fundierte Konzept sowohl Ausgangspunkt als auch Ziel bei der Anwendung des in der vorliegenden Arbeit entwickelten Analyseverfahrens zur Erfassung und Auswertung von Informationen zur alltäglichen Lebenssituation von Kindern mit sprachlichen Beeinträchtigungen für die pädagogische Sprachdiagnostik darstellt.

3.2.1 Erziehungswissenschaftliche Bestimmung pädagogischer Sprachförderung

Aus erziehungswissenschaftlicher Sicht sind drei Merkmale bestimmend, um Sprachförderung als pädagogisch bezeichnen zu können (von Knebel 2000; 2012a; 2015). Die bestimmenden Aspekte nehmen Bezug auf die Allgemeine Erziehungswissenschaft und zu den Theorien der Bildung, Theorien der Erziehung und Theorien pädagogischer Institutionen nach Benner (2001), worauf im Folgenden genauer eingegangen wird.

Ein erstes Bestimmungsmerkmal liegt nach von Knebel (2015) im Bezug zu den Theorien der Bildung, die den Zweck von Erziehung thematisieren, sie stellen das allgemeine Bildungsziel in den Mittelpunkt. Auf Sprachförderung übertragen bedeutet der Bezug auf die Theorien der Bildung, ein sprachliches Bildungsziel zu fokussieren. Als sprachliches Bildungsziel gilt aus sprachhandlungstheoretischer Perspektive die Erweiterung der sprachlichen Handlungsfähigkeit des Menschen. Es werden daher nicht einzig Kulturtechniken wie Lesen und Schreiben als Bildungsziel betrachtet, sondern mit Bezug auf die Theorien der Bildung und damit auf die Erziehungsbedürftigkeit des Menschen werden auch allgemeine Bildungsziele wie Freiheit sowie Selbst- und Mitbestimmung angestrebt (von Knebel 2000; 2012a; 2015).

Als zweites Bestimmungsmerkmal ist nach von Knebel (2015) der Bezug zu Theorien der Erziehung zu nennen. Nicht der Zweck von Erziehung, sondern der Weg dorthin, wird mit diesen Theorien fokussiert. Das heißt, es steht die Frage nach der Organisation pädagogischer Situationen im Mittelpunkt. Daher gilt es zu überlegen, wie eine pädagogische Fachkraft erzieherisch handeln kann, um das zu fördernde Kind zur Selbsttätigkeit anzuregen. Denn die Selbsttätigkeit ist bei der Verwirklichung der eigenen Bildung für jeden Menschen ausschlaggebend (von Knebel 2015, 375).

Das dritte Bestimmungsmerkmal ist nach von Knebel (2015) der Einbezug der Theorien pädagogischer Institutionen. Hier steht die Frage nach den Organisationsformen pädagogischen Handelns im Mittelpunkt, denn um Menschen bei der Verwirklichung ihres Bildungsziels zu unterstützen, ist es notwendig, die geeigneten Orte pädagogischen Handelns zu identifizieren. Als Organisationsformen pädagogischen Handelns sind beispielsweise Unterricht, Einzeltherapie, Gruppentherapie sowie Beratung von Lehrkräften und Eltern zu nennen (von Knebel 2015, 375).

Die Ausführungen zeigen, dass pädagogische Sprachförderung im Hinblick auf den Bezug zur Allgemeinen Erziehungswissenschaft durch drei Kriterien definiert ist (von Knebel 2015, 375):

1. Ausrichtung auf ein allgemeines Bildungsziel,
2. erziehungstheoretische Verankerung der Situationsgestaltung und
3. Schaffung notwendiger organisatorischer Rahmenbedingungen.

Insbesondere mit dem ersten Kriterium, der Ausrichtung auf ein allgemeines Bildungsziel, wird der Blick auf das Ziel pädagogischer Sprachförderung gerichtet, welches daher im folgenden Abschnitt erläutert wird.

3.2.2 Ziel pädagogischer Sprachförderung

Das Ziel pädagogischer Sprachförderung besteht in der Erweiterung der sprachlichen Handlungsfähigkeit eines Menschen (von Knebel 2012a; 2015), die im Sinne der erziehungswissenschaftlichen Verankerung zur Selbst- und Mitbestimmung des Menschen beiträgt. Eine auf das Kind individuell zugeschnittene Sprachförderung verlangt eine Beachtung von sprachdidaktischen Gegenstandsbereichen

(Welling 2004; 2007; von Knebel 2015), die sich übergreifend auf Planung, Durchführung und Reflexion (von Knebel 2015, 376) pädagogischer Sprachfördersituationen beziehen. Diese Gegenstandsbereiche werden im Folgenden zusammenfassend erläutert.

Der *sprachliche Lerngegenstand*, also ein dem Kind noch nicht zur Verfügung stehender Strukturbereich, wird so ausgewählt, dass er innerhalb der Fördersituation erschlossen werden kann. Damit dient der sprachliche Lerngegenstand der Erweiterung der sprachlichen Handlungsfähigkeit des Kindes (von Knebel 2015, 376).

Erschlossen wird der sprachliche Lerngegenstand auf der Grundlage des *Förderbedürfnisses des Kindes*, das sich aus der je individuellen alltäglichen Lebenssituation mit entweder förderlichen oder hinderlichen lebenssituationalen Bedingungen ergibt (von Knebel 2015, 376).

Ebenfalls aus den je individuellen lebenssituationalen Bedingungen lassen sich Rückschlüsse auf die *Thematik der Fördersituation* ziehen, die sich in den Interessen und Fähigkeiten des Kindes ausdrückt. Jede Thematik der Fördersituation kann unter verschiedenen Aspekten betrachtet werden, die als *Förderintentionen* jeweils andere Schwerpunkte innerhalb der pädagogischen Sprachförderung setzen. Solche Schwerpunkte können kognitive, emotionale, soziale oder motorische Aspekte beinhalten (von Knebel 2015, 376 f.).

Im Hinblick auf die Methodik der Sprachförderung ist der letzte Gegenstandsbereich, die *methodische Gestaltung*, zu nennen. Die gewählten Methoden beziehen sich beispielsweise auf die Handlungen beteiligter Personen oder auf den Einsatz von Medien und richten sich nach den Förderbedürfnissen des Kindes sowie nach dem gewählten sprachlichen Lerngegenstand (von Knebel 2015, 376 f.).

Für eine inhaltliche Begründung der Zielsetzung und Methodenwahl pädagogischer Sprachförderung gilt es auf ein Förderkonzept zurückzugreifen, das diagnose- und theoriegeleitet die Notwendigkeiten und Möglichkeiten einer pädagogischen Sprachförderung zu bestimmen weiß (von Knebel 2007, 1084). Mit dem Konzept der Kooperativen Sprachdidaktik hat Welling (2004; 2007) vor dem theoretischen Hintergrund der Sprachhandlungstheorie ein umfassendes pädagogisches Rahmenkonzept entwickelt, das den Voraussetzungen und Zielsetzungen pädagogischer Sprachförderung gerecht wird. Dieses Sprachförderkonzept bildet die theoretische Grundlage didaktisch strukturierter pädagogischer Sprachförderung und schafft Transparenz hinsichtlich der Entscheidungsgrundlagen für bestimmte Fördermethoden (von Knebel 2010, 233 f). Das Konzept der Kooperativen Sprachdidaktik (Welling 2004) hat die Sprache des beteiligten Kindes weder zum Gegenstand noch zum Ziel, sondern im Mittelpunkt steht das Kind in seiner alltäglichen Lebenssituation und der je individuelle Spracherwerb und Sprachgebrauch des Kindes. Situationen pädagogischer Sprachförderung, bei-spielsweise in einem Unterricht, der nach dem Planungskonzept der Kooperativen Sprachdidaktik konzipiert wird, zielen auf die Erweiterung der sprachlichen Handlungsfähigkeit des Einzelnen im Alltag und werden so den geforderten Ansprüchen der Theoriegeleitetheit, Diagnosegeleitetheit und Institutionsoffen-heit gerecht (von Knebel 2007, 1087). Aufgrund diagnostischer Fundierung kann festgelegt werden, worin die sprachlichen Problemlagen bestehen. Das Aufzeigen der lebenssituationalen Bedingungen, unter denen die sprachlichen Problemlagen entstanden sind und aufrechterhalten werden beziehungsweise die sprachliche Handlungsfähigkeit erweitert werden kann, führt zu einer individu-ell zugeschnittenen Sprachförderung. Begründete didaktische Entscheidungen für eine pädagogische Sprachförderung lassen sich nur unter den Voraussetzungen der Theorie- und Diagnosegeleitetheit treffen (von Knebel 2007, 1087). Erst daran anschließend gilt es, sich aufgrund des Anspruchs der Institutionsoffen-heit mit der Frage auseinanderzusetzen, unter welcher organisatorischen Form eine Realisierung möglich erscheint (von Knebel 2007, 1087).

Im Hinblick auf den Anspruch der Diagnosegeleitetheit wird im nächsten Abschnitt auf die Anforderungen an eine pädagogische Sprachdiagnostik als Vor-aussetzung einer individuell zugeschnittenen Sprachförderung eingegangen. Die in diesem Kapitel gedanklich aufgeteilten Bereiche Sprachförderung und Sprach-diagnostik sind jedoch in der Praxis nicht zu trennen, was durch den Begriff der Förderdiagnostik ausgedrückt wird, auf den im nächsten Abschnitt ebenfalls näher eingegangen wird.

3.3   Erfassung sprachlicher Handlungsfähigkeit: Pädagogische Sprachdiagnostik als Voraussetzung pädagogischer Sprachförderung

Die Berücksichtigung der im Abschnitt 3.2.1 genannten fünf Gegenstandsberei-che pädagogischer Sprachförderung im Sinne von zu treffenden didaktischen Entscheidungen setzt ein Wissen über das sprachliche Handeln des Kindes und über die lebenssituationalen Bedingungen voraus, unter denen das Kind seine Sprache erwirbt und gebraucht. Dieses Wissen gilt es diagnostisch zu erschließen (von Knebel 2015, 374), weshalb pädagogische Sprachförderung eine diagnostische Verankerung verlangt. Zunächst werden im Abschnitt 3.3.1 die der pädagogischen Sprachdiagnostik zugrunde liegenden allgemeinen Bestimmungen förderungsorientierter Diagnostik erläutert. Die Gegenstandsbereiche pädagogischer Sprachdiagnostik beziehen sich erstens auf die vom Kind verwendete Sprache, zweitens auf seine sprachliche Handlungsfähigkeit und drittens auf die lebenssituationalen Bedingungen, unter denen das Kind Sprache erwirbt und gebraucht (von Knebel 2015, 378 ff.). Auf die Gegenstandsbereiche pädagogischer Sprachdiagnostik wird im Abschnitt 3.3.2 mit den Bestimmungen pädagogischer Sprachdiagnostik Bezug genommen. Nach von Knebel (2015, 380) ergibt sich aus der Annahme von Gegenstandsbereichen pädagogischer Sprachdiagnostik die Begründung für die Annahme von drei Analyseebenen pädagogischer Sprachdiagnostik: biografische Analyse, Sprachhandlungsanalyse und Mikroanalyse der Sprache. Diese Analyseebenen pädagogischer Sprachdiagnostik werden im Abschnitt 3.3.3 fokussiert. Die Bedeutung der Ausführungen für die Forschungsfragen der vorliegenden Arbeit wird im Abschnitt 3.4 (Zusammenfassung) erläutert.

3.3.1 Pädagogische Diagnostik als bildungszielorientierte Förderdiagnostik

So, wie sonderpädagogische Förderung vor dem Hintergrund eines pädagogischen Konzepts als pädagogische Förderung aufgefasst wird, ist sonderpädagogische Diagnostik als pädagogische Diagnostik zu betrachten (Schuck 2000; 2003). In der vorliegenden Arbeit werden von einem pädagogischen Standpunkt aus Diagnostik und Förderung nicht als getrennt betrachtet, sondern als einheitlich und sich gegenseitig bedingend als Förderdiagnostik aufgefasst, da sie, wie im Abschnitt 3.2 bezüglich pädagogischer Sprachförderung aus handlungstheoretischer Sicht erklärt wurde, gleichermaßen als bildungszielorientiert zu betrachten sind. Im folgenden Abschnitt wird zur allgemeinen Bestimmung pädagogischer Diagnostik als bildungszielorientierter Förderdiagnostik eine Einordnung sowie Abgrenzung im Hinblick auf Vorgehensweisen der sonderpädagogischen Diagnostik vorgenommen (3.3.1.1). Daran anschließend werden der Anspruch und das Ziel (3.3.1.2) bildungszielorientierter Förderdiagnostik erläutert, bevor im Abschnitt 3.3.1.3 auf Gütekriterien aus förderdiagnostischer Sicht eingegangen wird.

3.3.1.1 Einordnung und Abgrenzung bildungszielorientierter Förderdiagnostik
Zur Einordnung und damit einhergehender Abgrenzung bildungszielorientierter Förderdiagnostik zu Konzepten und Methoden psychologischer Testdiagnostik

wird auf folgende Begriffe vertiefend eingegangen: Strukturorientierte Diagnostik, Verstehende Diagnostik und Subjektwissenschaftlicher Standpunkt. Außerdem wird die Inklusionsorientierung bildungszielorientierter Förderdiagnostik betrachtet. Der Abschnitt endet mit einem Resümee zu bildungszielorientierter Förderdiagnostik.

Strukturorientierte Diagnostik
Nach Schuck (2000, 245) und von Knebel und Schuck (2007, 484) ist pädagogische Diagnostik eine handlungsorientierte, strukturorientierte Diagnostik, die sich von einer auf klassischen Testtheorien basierenden psychologischen Diagnostik abwendet. Schuck (2003) verwendet zudem zur Beschreibung pädagogischer Diagnostik den Begriff „lernprozessbegleitende Diagnostik" (Schuck 2003, 25) und hebt damit die Abgrenzung zur reinen Statusdiagnostik hervor. Lernprozessbegleitende Diagnostik hat nach Schuck (2003, 26 f.) drei Aufgaben: Die erste Aufgabe stellt die Darstellung der operativen Möglichkeiten des Kindes im Sinne von Fertigkeiten und Kompetenzen beziehungsweise als gegenstandsspezifisches Repräsentationsniveau dar. Eine zweite Aufgabe ist die Beschreibung externer Bedingungen, nämlich materieller und personaler Gegebenheiten des Lernumfeldes. Diese Bedingungen wirken förderlich oder hinderlich hinsichtlich der individuellen Aktivitäten zur Veränderung interner Repräsentationen. Eine dritte Aufgabe liegt in der Beschreibung der internen Bedingungen des Subjekts im Sinne von individuellen Begründungen der subjektiven Lernhandlungen. Grundlegende Annahme lernprozessbegleitender Diagnostik ist daher die „Aktivitätsannahme" (Schuck 2003, 26), also die Annahme von einem Subjekt als aktiv handelnd.

Bei dieser strukturorientierten diagnostischen Vorgehensweise steht das Kind im Mittelpunkt, das als Subjekt die Struktur des Gegenstands in seine innere Struktur überführt. Diagnostiziert wird deshalb konkret das individuelle Aneignungsniveau des Kindes. Dafür sind die Kenntnisse über die Struktur des Gegenstandes notwendig, um den möglichen nächsten Entwicklungsschritt des Kindes zu beschreiben. Die diagnostizierende Person benötigt deshalb Wissen über die Struktur des Gegenstands und unter Rückgriff auf dieses Bezugssystem zieht dieser Schlussfolgerungen für die Förderung, die die Aneignung des Gegenstands fokussiert. Förderung ist damit gegenstandsbezogen, personenorientiert und individuell (Schuck 2000; 2003).

Ansätze für bildungszielorientierte Förderdiagnostik stellen aufgrund der Aktivitätsannahme der strukturorientierten Diagnostik (Schuck 2000; 2003) also strukturorientierte Konzepte dar (beispielsweise Kornmann 2018; Schuck 2000;

2003; von Knebel und Schuck 2007). Im Gegensatz zur Eigenschafts- oder Ver-
haltensdiagnostik, die unter der Passivitätsannahme produktorientiert ausgerichtet
ist, steht hinter strukturorientierten Konzepten eine personale Orientierung, womit
angestrebt wird, Wissen über die inneren Vorgänge des einzelnen Menschen
zu erlangen. Strukturorientierte Diagnostik verknüpft Diagnostik und Förderung,
welche sich vom „Makel der Selektion" (Schuck 1993, 73, zit. n. von Knebel &
Schuck 2007, 478) befreien soll. Strukturorientiert wird Diagnostik also, indem
sie einerseits die konkrete Struktur des Gegenstands betrachtet, der vom Kind
angeeignet wird, andererseits das Kind und sein individuelles Aneignungsniveau
untersucht.

Zusammenfassend kann in Bezug auf Strukturorientierung bildungszielorientierter Förderdiagnostik festgestellt werden, dass in Übereinstimmung mit Schuck
(2000, 245 f.) und entsprechend der handlungsleitenden Grundannahmen dieser
Arbeit als handlungsorientierter Diagnostik folgende Prinzipien pädagogischer
Diagnostik zugrunde liegen:

1. Das kooperativ an der Diagnostik beteiligte Subjekt steht im Mittelpunkt der
   diagnostischen Situation.
2. Handlungsbedingungen und deren Repräsentationen beim Subjekt gilt es zu
   rekonstruieren.
3. Die Informationsgewinnung geschieht in einem zyklischen Verfahren, woraus
   Handlungsorientierungen zu entwickeln sind, deren Umsetzung im weiteren
   Verlauf zu beurteilen ist.

Der in diesen drei Prinzipien zu erkennende Subjektstandpunkt wird auch in der
von Schuck (2003, 24 f.) hervorgehobenen Kategorie des Bedürfnisses deutlich.
In dieser sind Entwicklungsziele, Motive und Handlungsbegründungen des Subjekts aufgehoben, die in der diagnostischen Situation zu erschließen sind. Im
engen Zusammenhang zu den Bedürfnissen steht das individuelle Förderbedürfnis
als Rekonstruktion der subjektiven Handlungsbegründungen.

Zentral bei der Auseinandersetzung mit der Bestimmung bildungszielorientierter Förderdiagnostik ist die Annahme, dass nicht von ‚der einen' Förderdiagnostik
gesprochen werden kann, sondern es wird von einer Vielzahl förderdiagnostischer Modelle ausgegangen. Im Anschluss an Kaminskis (1970) Vorschlag einer
erneuerten diagnostischen Form, die nicht als „operationalisierte Rechtfertigung
der Ausgliederung und besonderer Maßnahmen" (Jetter 1986, 255) verstanden
werden darf, wurden unterschiedlichste förderdiagnostische Modelle entworfen
(z. B. Bundschuh 1998; Jetter, Schmidt & Schönberger 1983; Sander 2002;

Suhrweier & Hetzner 1993). Bundschuh (1998) fordert mit der von ihm formulierten „Lebensraum- (Lifespace-) Diagnostik" (Bundschuh 1998, S. 167 ff.) die Ursachen einer Problemlage im sozialen Umfeld anstatt beim Kind zu suchen. Förderdiagnostik wendet sich mit dem Anspruch, die besonderen Entwicklungsbedingungen, die zur Entstehung oder Aufrechterhaltung einer Problemlage führen, aufzudecken, von reiner Selektionsdiagnostik ab (Jetter 1996, 33). Daher wird Förderdiagnostik als Begleitdiagnostik verstanden, die weder Eingangs- noch Übergangsdiagnostik (Jetter, Schmidt & Schönberger 1983) darstellt und in Einheit mit „Erziehung, Therapie, Förderung, Unterricht und gestaltetem Alltagsleben" (Jetter 1994, 305 f.) steht. Dieser Aspekt bezieht sich auf die Annahme einer Diagnostik als „Verstehende Diagnostik" (Jetter 1994, 297) und die Haltung der diagnostizierenden Person, die auf das Ziel der diagnostischen Tätigkeit, ein Bild vom Menschen zu erstellen, verweist. Das Bild wird dann nicht als Abbild verstanden, sondern als Rekonstruktion der Handlungen des Subjekts und damit als Rekonstruktion der kindlichen Erfahrungen mit dem Ziel, durch ein gemeinsames Verständnis mit allen Beteiligten Hinweise für gelingende Kooperation zu erlangen (Jetter 2013; Jetter 1994; Jetter 1985b).

Verstehende Diagnostik
Rekonstruktion ist eng mit einem Verstehen verbunden. Eine solche „Verstehende Diagnostik" (Jetter 1994, 297) stellt einen ständigen Prozess dar, bei dem alle an der Diagnostik Beteiligten gemeinsam interagieren. Diese Kooperation führt zum Verstehen, gleichzeitig wird Verstehen erst durch Kooperation ermöglicht. Förderdiagnostik mit dem Ziel der Rekonstruktion der Handlungen des Kindes ist auf die individuelle alltägliche Lebenssituation bezogen, denn die lebenssituationalen Bedingungen, die förderlich oder hinderlich auf die bisherige Entwicklung gewirkt haben, werden durch das Erkennen der Geschichte des Kindes sichtbar. Zugrunde liegt diesem Verständnis von ‚Verstehender Diagnostik' die anthropologische Annahme von ordnender Tätigkeit des Menschen.

   Um die Entwicklung eines Menschen rekonstruieren und seine Lebensordnungen verstehen zu können, gilt es, seine Entstehungsgeschichte zu verstehen, wozu entwicklungstheoretisches Wissen notwendig ist. Zur Rekonstruktion der Geschichte eines Menschen und damit zur Erfassung der sich daraus erschließenden lebenssituationalen Bedingungen benötigt die diagnostizierende Person also theoretisches Wissen über die Entwicklung innerer Strukturen, das dieser zur Reflexion der vorerst nur beobachtbaren oder beschriebenen Handlungen benötigt. Solches Erklärungswissen führt zum Verstehen der Handlungen und damit zum Erkennen lebenssituationaler Bedingungen. Die beobachteten Daten

müssen dafür von der diagnostizierenden Person unter Bezugnahme ihres theoretischen Wissens und ihrer eigenen Erfahrungen geordnet und bewertet werden
(Jantzen 2018; Jantzen 2012; Jantzen 2009; Jetter 1994). Objektive Verfahren
können eine Rekonstruktion der Entstehungsgeschichte des einzelnen Menschen
nicht leisten, „weil diese von normativen Vorstellungen ausgehen, die von den
individuellen Lebenszusammenhängen der Kinder (notwendigerweise!) abstra-
hieren müssen" (Jetter 1994, 297). Das bedeutet, dass durch eine Analyse der
Handlungen des Kindes im Alltag die notwendigen diagnostischen Informationen
gefunden werden müssen.

Subjektwissenschaftlicher Standpunkt
Die Handlungen des Kindes im Alltag zu analysieren bedeutet, dass nicht das
Kind im Mittelpunkt der Diagnostik steht, sondern aus subjektwissenschaftlicher
Sicht die jeweiligen Situationen und Beziehungen, die die Grundlage für das
begründete Handeln des Kindes darstellen. Mit dem Kind gemeinsam werden die
Begründungen für sein individuelles Handeln erschlossen, denn das Kind wird als
mitforschend (Markard & Kaindl 2014, 205) betrachtet und nicht als beforschtes
Individuum. Nur aus der ‚je eigenen' Perspektive kann das ‚je eigene' Handeln in
den jeweiligen Situationen rekonstruiert und dahingehend befragt werden, inwieweit eine Erweiterung der eigenen Handlungsfähigkeit ermöglicht werden kann
(Koch, Schwohl, Schuck & Kornmann 2000). Diese Annahme hat zur Folge, dass
Diagnostik und Förderung zum Ziel haben, die Handlungsfähigkeit der Subjekte
zu erweitern, was durch Verfügung über die eigenen Lebensbedingungen erreicht
werden kann.

Aus subjektwissenschaftlicher Sicht (Markard & Kaindl 2014) erscheint För-
derung im Sinne einer Übung oder eines Trainings nicht zielführend, wenn die
Übung oder das Training nicht in einen für das Subjekt sinnvollen Handlungszusammenhang eingebunden sind. Des Weiteren wird aus subjektwissenschaftlicher
Sicht (Markard & Kaindl 2014, 196 ff.) davon ausgegangen, dass aus Verfahren der klassischen Testdiagnostik kein Rückschluss auf subjektive Probleme und
Lebensumstände gezogen werden kann, denn bei den Verfahren der klassischen
Testdiagnostik wird in vorgegebenen Kategorien gedacht. Diese Vorgehensweise
führt zu einer Abstraktion der je individuellen Handlungsgründe und Handlungsprämissen des Subjekts (Markard & Kaindl 2014, 200 f.). Zwar können
individuelle Eigenschaften festgestellt werden, diese erklären und begründen
jedoch nicht das Handeln des Menschen. Ausschließlich die konkreten Lebensumstände liefern Begründungen für das individuelle Handeln und werden so zu
Prämissen des Handelns (Markard & Kaindl 2014, 201).

Mit dem Verweis auf die konkreten Lebensumstände als Begründungen des individuellen Handelns ist der Begründungsdiskurs angesprochen: Gesellschaftliche Bedingungen sind zwar objektiv gegeben, bedingen aber nicht das Handeln eines Menschen, sondern bestimmen es insoweit, wie sie zu Prämissen für die je individuellen Handlungsbegründungen werden. Welche konkreten Handlungen aufgrund welcher Prämissen wie begründet sind, ist das Ergebnis der individuellen Lebensinteressen (Holzkamp 1991; Koch, Schwohl, Schuck & Kornmann 2000; Markard & Kaindl 2014). Das Subjekt verhält sich zu den Handlungsmöglichkeiten, die es aufgrund der objektiv gegebenen Bedingungen vorfindet.

Diagnostik, die die konkreten Situationen rekonstruiert, um auf Basis dieser Erkenntnisse Rückschlüsse auf die individuellen Handlungsgründe und damit auf die lebenssituationalen Bedingungen ziehen zu können, wird vom subjektwissenschaftlichen Standpunkt aus konzipiert und durchgeführt. Daher werden keine Aussagen über Menschen getroffen, sondern über gegebenenfalls verallgemeinerbare Handlungserfahrungen, indem Prämissen-Gründe-Zusammenhänge aufgeschlüsselt werden (Markard & Kaindl 2014). So sollen Schlussfolgerungen für die Förderung gezogen werden können, in der die subjektiven Verfügungsbedingungen und damit die verallgemeinerte Handlungsfähigkeit (Koch, Schwohl, Schuck & Kornmann 2000) erweitert werden können.

Inklusionsorientierung

Aufgrund der UN-Konvention über die Rechte von Menschen mit Behinderungen (UN-Behindertenrechtskonvention 2006), deren Ratifizierung im Jahr 2009 in der Bundesrepublik Deutschland zur Folge hatte, dass Schulgesetze im Hinblick auf gemeinsamen Unterricht von Schülerinnen und Schülern mit und ohne sonderpädagogischen Förderbedarf geändert wurden, ist es wichtig, dass sich pädagogische Diagnostik die Frage nach der Inklusionstauglichkeit stellt. Die Ausführungen zur Bestimmung bildungszielorientierter Förderdiagnostik (siehe Abschnitt 3.3.1n) zeigen, dass sich förderdiagnostische Fragen überall dort ergeben, wo Lernen und Entwicklung eines Kindes stattfinden. Das bedeutet, dass Lernen und Entwicklung nicht nur auf den schulischen Rahmen oder auf besondere Schulformen bezogen sind (Schuck 1994). Da förderdiagnostische Konzepte, wie sie hier vertreten werden, den Anspruch erheben, nicht selektiv zu wirken, und damit nicht der Zuordnung zu Schulformen dienen, sondern „im Dienst der Förderarbeit" (Jetter 1994, 299) stehen, sind sie zweifelsohne inklusionsorientiert (von Knebel 2015, 378).

Resümee

Resümierend kann festgestellt werden, dass bildungszielorientierte Förderdiagnostik, die sich von Verfahren klassischer psychologischer Testdiagnostik und
sogenannter Selektionsdiagnostik abwendet, in der vorliegenden Arbeit als strukturorientiert (Schuck 2000; von Knebel & Schuck 2007) betrachtet wird. Es wird
davon ausgegangen, dass es sich um inklusionsorientierte Diagnostik handelt,
die lernprozessbegleitend (Schuck 2003) ist und der die Annahme eines aktiv
handelnden Menschen zugrunde liegt. Bildungszielorientierte Förderdiagnostik ist
aufgrund der handlungstheoretischen Bestimmung und des eingenommenen subjektwissenschaftlichen Standpunkts als „Verstehende Diagnostik" (Jetter 1994,
297) zu bezeichnen, bei der das Kind nicht als ‚Proband' betrachtet wird,
sondern als ‚mitforschend' (Markard 2017, 234; Koch, Schwohl, Schuck &
Kornmann 2000, 251) am diagnostischen Prozess mitwirkt. Diese zentralen
Annahmen so verstandener pädagogischer Diagnostik wirken handlungsleitend
für die vorliegende Arbeit. Im folgenden Abschnitt wird auf Basis der Ausführungen zur Einordnung und Abgrenzung der Anspruch bildungszielorientierter
Förderdiagnostik dargelegt.

3.3.1.2 Anspruch und Ziel bildungszielorientierter Förderdiagnostik

Förderdiagnostik erhebt den Anspruch, das Kind in jede diagnostische Situation einzubeziehen (Jetter 1985a). Dieser Anspruch kann durch normorientierte
Diagnostik, da sie „von oben" (Jantzen 1985, 11) durchgeführt wird, nicht
gewährleistet werden.

Verfechter der klassischen Testdiagnostik verweisen auf die Prognostizierbar-
keit kindlichen Verhaltens anhand der Normorientierung gemessener Eigenschaften und Fähigkeiten (Goldfried & Kent 1974, zit. n. Schuck 2000, 239), jedoch
lassen die mittels standardisierter Verfahren gemessenen Funktionen wie Intelligenz, Verhalten oder Konzentration keinen Rückschluss auf die Entwicklung der
subjektiven Strukturen zu (Schuck 2000, 240). Es erscheint aus förderdiagnostischer Perspektive nicht zielführend, zwar individuelle Leistungen zu erfassen
und diese anschließend mit einer standardisierten Norm zu vergleichen, denn
die Leistungen der Gruppe, die als Norm herangezogen wird, stehen in keinem
Zusammenhang mit der individuellen Leistung des Kindes. Solche eigenschafts-
orientierte Diagnostik ist keinesfalls individuell, treffen die Normwerte doch
lediglich Aussagen über die Leistungen der zugrunde liegenden Gruppe und nicht
über die individuellen Leistungen des Kindes (Schuck 2000, 240).

Jantzen (1985, 12) problematisiert, dass die Kritik an normorientierter Diagnostik an deren Verwendung gerichtet sein muss, wenn die Erkenntnisse

normorientierter Diagnostik „Einzelentscheidungen über Kinder legitimieren" (Jantzen 1985, 12) sollen. Begründen lässt sich dieser Punkt mit der Annahme, dass aus förderdiagnostischer Perspektive menschliche Verhaltensweisen nicht zur Erklärung von Persönlichkeitseigenschaften des handelnden Subjekts herangezogen werden können. Mit der Annahme eines aktiv handelnden Subjekts wendet sich Förderdiagnostik von der klassischen Testtheorie ab, deren Gegenstand das objektive Messen unveränderlicher Merkmale darstellt. Testtheorie kann keine ‚richtigen' diagnostischen Entscheidungen treffen (Jetter 1985a, 65 ff.), da durch reine Eigenschafts- oder Verhaltensorientierung Testsituationen geschaffen werden, in denen das Verhalten des Probanden erfasst und in Bezug zu Normwerten gesetzt wird. Unter der dahinterstehenden Passivitätsannahme versucht die diagnostizierende Person, allgemeine Persönlichkeitseigenschaften zur Erklärung menschlichen Verhaltens heranzuziehen beziehungsweise sogar auf dieser Basis Prognosen für zukünftiges Verhalten zu erteilen (Schuck 2000, 238). Insbesondere wurde und wird verhaltensorientierte Diagnostik zur Prognose schulischer Leistungen verwendet, das heißt auch zur Rechtfertigung herangezogen, Kinder bestimmten Schulformen zuzuweisen (Schuck 2000, 235).

Daher löst sich Förderdiagnostik nach Jetter, Schmidt und Schönberger (1983) von zwei gravierenden Forderungen der klassischen Testdiagnostik: zum einen von der „Forderung nach Quantifizierbarkeit der erfassten Merkmale" (Jetter, Schmidt & Schönberger 1983, 257), zum anderen von der „Forderung nach konkret-antizipatorischer Bestimmbarkeit allgemein-menschlicher Eigenschaften" (Jetter, Schmidt und Schönberger 1983, 257). Das bedeutet, dass das Klassifizieren im Sinne einer Zuordnung zu allgemeinen Klassen als nicht zielführend betrachtet wird, denn Persönlichkeitsmerkmale können aus zwei Gründen nicht standardisiert erfasst werden. Erstens, da sie nicht dauerhaft bestehen, und zweitens, da sie eine subjektive Konstruktion des einzelnen Menschen darstellen. Das Zuordnen von subjektiv entwickelten Fähigkeiten und Eigenschaften zu abstrakten Kategorien, wie es bei der Anwendung von Anamneseschemata oder standardisierten Testverfahren und Beobachtungsverfahren der Fall ist, stellt daher keine zielführende Vorgehensweise aus bildungszielorientierter, förderdiagnostischer Sicht dar (Jetter 1996; Jetter, Schmidt & Schönberger 1983; Jetter 1985a; Jetter 2013).

Bildungszielorientierte Förderdiagnostik hat einen ganz anderen Anspruch: Sie verfolgt die zentrale Frage nach den Bedingungen, unter denen sich die individuellen Voraussetzungen wie beispielsweise „Fähigkeiten, Fertigkeiten und Kenntnisse eines Kindes" (Jetter 1994, 298) entwickelt haben und erweitern können sowie nach den Möglichkeiten eines Einzelnen und nicht nach den

Mängeln oder Abweichungen von einer Norm (Jetter, Schmidt & Schönber-ger 1983; Bundschuh 2007; Jantzen 1985). Aus diesem Grund ist pädagogische Förderung als diagnosegeleitet zu bezeichnen, was bedeutet, dass individuelle pädagogische Sprachförderung nur auf Grundlage einer bildungszielorientier-ten beziehungsweise förderungsorientierten Diagnostik möglich ist (von Knebel 2015).

Dadurch, dass das Subjekt, das an der Diagnostik beteiligt ist, als aktiv handelnd anerkannt wird, wird sich in der strukturorientierten Diagnostik zum einen von einer Passivitätsannahme abgewendet, die von der Determination der Umwelteinflüsse ausgeht. Zum anderen werden eine Eigenschaftsorientie-rung und der Normbezug, wie sie der klassischen Testtheorie zugrunde liegen (Schuck 2000, von Knebel und Schuck 2007) zurückgewiesen. Auf die damit zusammenhängende Auseinandersetzung zur ‚Selektions-‘ und ‚Förderdiagnos-tik‘ (z. B. Schlee 1985) wird im Folgenden Bezug genommen, da sich aus diesen gegenüberstehenden diagnostischen Annahmen herausstellen lässt, welchen Ziel bildungszielorientierte Förderdiagnostik konkret verfolgt.

Die Bestimmung förderdiagnostischer Konzepte rief eine theoretische Aus-einandersetzung hervor (z. B. Schlee 1985; Schlee 1994; Kornmann 1993; Kautter, Munz, Sautter & Schoor 1993), bei der einerseits Kritik an der in dieser Arbeit beschriebenen Förderdiagnostik geübt wurde. Die Kritiker förder-diagnostischer Ansätze weisen darauf hin, dass sich aus diagnostischen Daten keine Handlungsanweisungen ableiten lassen, da Daten über einen ‚IST-Zustand‘ keine Aussagen über den ‚SOLL-Zustand‘ zulassen würden, sondern allein eine erfolgte Maßnahme könne diagnostische Daten liefern (Schlee 1985; Schlee 1994; Schlee 2005). Genau genommen lassen sich mit der Anwendung förderdiagnos-tischer Konzepte keine ‚SOLL-Werte‘ aus ‚IST-Werten‘ ableiten, da eine solche Ableitung nicht das Ziel der Förderdiagnostik darstellt.

Vielmehr soll aus förderdiagnostischer Perspektive erstens erfasst werden, wel-che Fähigkeiten ein Kind bezüglich eines Gegenstands bereits erworben hat und welche lebenssituationalen Bedingungen hinderlich beziehungsweise förderlich in der bisherigen Entwicklung waren. Zweitens wird die Frage danach verfolgt, wie die Entwicklungsbedingungen gegebenenfalls verändert werden müssen, damit das Kind sich in seiner Handlungsfähigkeit weiter entwickeln kann. Die dia-gnostisch erfasste Ausgangslage ist daher Voraussetzung für die individuelle Förderung eines Kindes (von Knebel 2010). Bei der diagnostischen Erfassung der individuellen Ausgangslage stehen die Handlungspläne des beteiligten Kin-des im Mittelpunkt und damit die Frage danach, wie die Handlungspläne im Alltag durch das Kind umgesetzt werden können.

Die diagnostizierende Person benötigt nach Jetter (1996) Wissen, wie sich Erkenntnissysteme entwickeln, um aus der konkreten Tätigkeit des Kindes und der Beziehung seiner Ziele und Werte die Handlungspläne des Kindes theoriegeleitet analysieren zu können (Jetter, Schmidt & Schönberger 1983). Um solches Wissen zu erlangen, „müssen wir den Alltag des Kindes untersuchen" (Jetter 1996, 41). Dabei ist eine zusätzliche Verwendung standardisierter Testmaterialien nicht ausgeschlossen, wenn sie unter den Gütekriterien der bildungszielorientierten Förderdiagnostik angewendet werden. Nach Jetter, Schmidt und Schönberger (1983) bilden nicht die Kriterien Objektivität, Reliabilität und Validität der klassischen Testtheorie die Grundlage zur Qualitätssicherung diagnostischen Handelns. Vielmehr ist als „wirkliche Güte der Diagnostik" (Jetter 1996, 42) die Entwicklung des Kindes zu betrachten, was Schuck (2000, 241 f.) mit dem Begriff des Aneignungsniveaus des Kindes ausdrückt, das den Lernprozess des Kindes sichtbar werden lässt, also welches Wissen das Kind bereits erworben hat.

Förderungsorientierte Diagnostik zielt nicht auf Zuweisung zu einer bestimmten Schulform ab, hat also keine selektive Funktion. Das Ziel förderungsorientierter Diagnostik besteht vielmehr in einem Verstehen aktueller Situationen sowie dem Erkennen förderlicher beziehungsweise hinderlicher Bedingungen. Darin inbegriffen ist das Schaffen von Bedingungen, die zur Erweiterung der Handlungsfähigkeit beitragen (Schuck 2000, Schuck 2003, von Knebel & Schuck 2007). So verstandene Diagnostik ist daher ein Prozess der Entwicklung eines Förderkonzepts (Schuck 2003, 27). Indem das Ziel jeder Förderdiagnostik die Analyse behindernder Bedingungen ist (Bundschuh 1998), führt bildungszielorientierte Förderdiagnostik „anhand des noch lebendigen und dokumentierten Wissens über die Geschichte seiner Handlungen" (Jetter 1985a, 69) unter der Leitidee der Kooperation zu einem bestimmten Bild des Menschen. Ziel ist es, herauszuarbeiten, was förderlich für die Kooperation erscheint (Jetter 1985a; Jetter 1985b). Jetter (1985a) konkretisiert die Zielsetzung förderungsorientierter Diagnostik und formuliert als handlungsleitende Fragen jedes diagnostischen Vorgehens: „Welche Möglichkeiten hat der Behinderte, sein Handeln zu planen und zu verantworten? In welchen Lebensbereichen kann er diese Möglichkeiten im gemeinsamen Handeln mit anderen sichern und entfalten?" (Jetter 1985a, 69). Mit diesen Fragen wird auf das Menschenbild der Kooperativen Pädagogik (Schönberger, Jetter & Praschak 1987) verwiesen. Demnach ist diagnostisches Vorgehen dadurch geprägt, dass der zu diagnostizierende Mensch als verantwortlich Handelnder erscheint und als jemand, der zur Kooperation fähig ist (Jetter 1985a).

Was laut Jetter (1985b) den strukturorientierten Konzepten der Förderdiagnostik fehlt, ist die Frage nach der Bedeutsamkeit der Aneignung eines Gegenstands in der alltäglichen Lebenssituation des Subjekts. Die diagnostizierende Person benötigt über die Kenntnis der Struktur des Gegenstands hinaus Kenntnisse über die individuellen alltäglichen lebenssituationalen Bedingungen im Sinne von Voraussetzungen für Lernen und Entwicklung. Daher setzt sich Förderdiagnostik zum Ziel, sowohl die Fähigkeiten und Kenntnisse des Kindes zu erfassen als auch zu versuchen, Antworten auf die Frage zu finden, welche Bedeutung und welchen Wert diese in der alltäglichen Lebenssituation des Kindes haben und inwiefern die Bedeutung und der Wert vom Kind erfahren werden kann (Jetter 1994, 298). Auch Suhrweier und Hetzner (1993) betonen die Notwendigkeit der diagnostischen Erfassung alltäglicher lebenssituationaler Bedingungen im Sinne förderlicher beziehungsweise hemmender Aspekte. Kenntnisse über die Verursachung einer Problemlage können zur Ableitung von Fördermaßnahmen herangezogen werden. Zwar beschreiben Suhrweier und Hetzner (1993) diese Bestimmung förderdiagnostischer Konzepte für Diagnostik und Förderung bei Beeinträchtigung des Lernens, jedoch kann der Anspruch auch für pädagogische Sprachdiagnostik übernommen werden. Denn unabhängig davon, welcher Gegenstand vom Kind angeeignet wird, steht die Tätigkeit des Kindes im Mittelpunkt der diagnostischen Situation (Suhrweier 1987). Kobi (1985) fragt dieser Anforderung entsprechend: „Wie muss eine Situation beschaffen sein, damit sie dieses Kind zu meistern vermag?" (Kobi 1985, 251, zit. n. Jetter 1996, 41) und weist damit eindrücklich auf die Forderung hin, nicht das Kind zu untersuchen, sondern die Situationen und Handlungen im Alltag des Kindes. Die alltäglichen lebenssituationalen Bedingungen eines Kindes können nur verbessert werden, wenn vom Kind selbst die notwendigen Informationen gegeben werden.

Darüber hinaus gilt es, die gewonnenen Erkenntnisse mit den individuellen Zielen der jeweiligen Förderdiagnostik in einen sinnvollen Zusammenhang zu bringen (Jetter, Schmidt & Schönberger 1983). Nach Jetter liegt der „Primat des diagnostischen Vorgehens (…) im Leben selbst" (Jetter 1996, 41), das heißt, der Alltag des Kindes muss hinsichtlich der Handlungen des Kindes in Kooperation mit anderen betrachtet werden, wobei nicht lediglich der Ablauf einzelner Handlungen erfasst wird, sondern der Alltag, der sich durch eine geordnete Wiederkehr einzelner Handlungen auszeichnet, dahingehend untersucht werden soll, wie die Ordnungsstrukturen des Kindes darin vermittelt sind, um das Ordnungssystem des Kindes zu erkennen (Jetter 1996). Die Biografie des zu diagnostizierenden Menschen stellt dabei den zentralen Aspekt dar, da diese den Hintergrund der aktuellen Entwicklung bildet (Jetter, Schmidt & Schönberger 1983). Daher gilt es in den biografischen Bedingungen nach den möglichen Ursachen der Entstehung und Aufrechterhaltung einer Problemlage zu suchen. Dabei kann, wie ausgeführt, eine Anhäufung und schematische Einordnung biografischer Daten nicht zielführend sein. Die diagnostizierende Person orientiert ihr Handeln am Schema und nicht mehr am Kind mit der Folge einer misslungenen Kooperation, außerdem soll die Kooperation mit dem Kind selbst und nicht der Inhalt der Kooperation betrachtet werden (Jetter 1996; Jetter 2013). Vielmehr liegt die Aufgabe der diagnostizierenden Person darin, die gesammelten Erkenntnisse über die alltäglichen lebenssituationalen Bedingungen miteinander in Beziehung zu setzen (Jetter 1985b).

Die Ausführungen verdeutlichen, dass das Ziel bildungszielorientierter Förderdiagnostik darin besteht, solche Bedingungen der alltäglichen Lebenssituation des Kindes zu erkennen, die förderlich beziehungsweise hinderlich auf die Entwicklung der Handlungsfähigkeit des Kindes wirken. Inwiefern die durch bildungszielorientierte Förderdiagnostik gewonnenen Daten hinsichtlich ihrer Güte beziehungsweise Qualität beurteilt werden können, wird im nächsten Abschnitt (3.3.1.3) dargestellt.

3.3.1.3 Gütekriterien bildungszielorientierter Förderdiagnostik

Die Entwicklung des Kindes beziehungsweise das individuelle Aneignungsniveau des Kindes zu betrachten bedeutet, den Fokus bildungszielorientierter Förderdiagnostik auf Strukturorientierung zu legen (siehe Abschnitt 3.3.1.1). Das heißt, die diagnostizierende Person benötigt sowohl Kenntnisse über die Struktur des zu entwickelnden Gegenstandes als auch über die Struktur der Erkenntnistätigkeit des Kindes. Für die Konstruktion und Auswertung diagnostischer Situationen postulieren Jetter, Schmidt und Schönberger (1983) Gütekriterien, die zum einen die erziehungswissenschaftliche Position als auch die Haltung der diagnostizierenden Person prägen. Das Hauptkriterium diagnostischer Beobachtungen stellt zu jeder Zeit das „Verhältnis von Erkenntnistätigkeit und Wertwirklichkeit" (Jetter, Schmidt & Schönberger 1983, 260) des handelnden Kindes dar. Das bedeutet, dass Förderdiagnostik aufgrund der Bildungszielorientierung den Anspruch hat, die individuelle Handlungsfähigkeit des Kindes zu betrachten und die Bedingungen zu erfassen, unter denen sich die Handlungsfähigkeit weiterentwickeln kann.

Folgende Gütekriterien konkretisieren das Hauptkriterium bildungszielorientierter Förderdiagnostik nach Jetter, Schmidt und Schönberger (1983): Bei der Planung der diagnostischen Situation wird

• die Ausgangslage des Kindes theoriegeleitet analysiert,
• es werden Begründungen für die Problemstellung abgeleitet und
• die individuelle Vorgehensweise abgeleitet.

Dabei wird auf das diagnostische beziehungsweise pädagogische Ziel im Punkt ‚Schlüssigkeit der pädagogischen Absicht' eingegangen (Jetter, Schmidt & Schönberger 1983, 261).

Aus diesen ersten Planungspunkten heraus ergeben sich die Gütekriterien zur ‚Gestaltung der diagnostischen Situation'. Das heißt es werden

- die ‚Angemessenheit und Problemgerechtigkeit des Materials und der Hilfsmittel' durch die Problemstellung und den gewählten Ablaufplan begründet,
- die Dokumentation der diagnostischen Erkenntnisse hinsichtlich der Praktikabilität in der diagnostischen Situation selbst sowie auf Informativität für die spätere Analyse geprüft und
- jegliche Anweisungen und Interventionen nachvollziehbar und entsprechend der Problemstellung ausgewählt (Jetter, Schmidt & Schönberger 1983, 261).

Im gesamten diagnostischen Prozess ist die Haltung der diagnostizierenden Person gekennzeichnet durch

- Exploration,
- Flexibilität und
- Partnerschaftlichkeit.

Dadurch wird ermöglicht, unvoreingenommen möglichst vielseitige Informationen vom Kind zu erfahren, wobei zwar der gestellte Ablaufplan berücksichtigt wird, aber nur insoweit, wie es die Möglichkeiten des Kindes erlauben (Jetter, Schmidt & Schönberger 1983, 261).

Die Ausführungen zeigen, dass die Gütekriterien bildungszielorientierter Förderdiagnostik als Qualitätskriterien verstanden werden können, mit denen die erhobenen Daten zur Handlungsfähigkeit des Kindes beziehungsweise zu den Bedingungen, unter denen sich die Handlungsfähigkeit des Kindes entwickelt, beurteilt werden können. Die Bedeutung der Bestimmung bildungszielorientierter Förderdiagnostik für die pädagogische Sprachdiagnostik wird im folgenden Abschnitt thematisiert.

3.3.2 Pädagogische Sprachdiagnostik als bildungszielorientierte Förderdiagnostik

Die Darstellungen zur Bestimmung bildungszielorientierter Förderdiagnostik (siehe Abschnitt 3.3.1) beziehen sich auf allgemeine grundlegende Annahmen und nicht im Besonderen auf die Diagnostik sprachlich-kommunikativer Kompetenzen. Pädagogische Sprachdiagnostik wird in der vorliegenden Arbeit auf Basis dieser allgemeinen Bestimmungen und aufgrund der handlungstheoretischen (Schönberger, Jetter, & Praschak 1987) beziehungsweise sprachhandlungstheoretischen (Welling 1990) Fundierung als bildungszielorientierte Förderdiagnostik betrachtet.

Bei der Beschreibung der Bestimmungsmerkmale pädagogischer Sprachdiagnostik (von Knebel & Schuck 2007) wird auf allgemeinerziehungswissenschaftliche Theorien Bezug genommen, wodurch der Anspruch der Theoriegeleitetheit pädagogischer Sprachdiagnostik (von Knebel 2007, 1087) erfüllt wird. Die Bestimmungsmerkmale dienen nach von Knebel und Schuck (2007, 487) der kriteriengeleiteten Analyse diagnostischer Konzepte und stellen daher in der vorliegenden Arbeit die Grundlage für die Entwicklung des Verfahrens zur Erfassung und Auswertung von Informationen zur alltäglichen Lebenssituation von Schulkindern mit sprachlichen Beeinträchtigungen (siehe Kapitel 6) dar. Es werden im vorliegenden Abschnitt aus Gründen der intersubjektiven Nachvollziehbarkeit und der Offenlegung der theoretischen Ausgangslage die Bestimmungsmerkmale pädagogischer Diagnostik bei Beeinträchtigung der Sprache erläutert. Bei der Erläuterung der Bestimmungsmerkmale wird der vorgeschlagenen Reihenfolge der Autoren (von Knebel & Schuck 2007) gefolgt, ohne dass damit eine Hierarchisierung angestrebt wird. Es wird zunächst vom *Sprachspezifischen* ausgegangen, um diese Spezifität um *entwicklungstheoretische, personale* und *lebenssituationale Aspekte* zu erweitern. Es folgt daraufhin ein Verweis auf *erziehungswissenschaftliche Aspekte,* bevor der Abschnitt mit Bestimmungsmerkmalen, die die *diagnostische Situationsgestaltung* betreffen, abschließt.

Sprachspezifischer und entwicklungstheoretischer Aspekt
In sprachspezifischer Hinsicht bezieht sich pädagogische Sprachdiagnostik auf den individuellen und von der Erwartungsnorm abweichenden Sprachgebrauch und orientiert sich somit an sprachlichen Phänomenen (von Knebel & Schuck 2007, 491 f.). Solange sich pädagogische Sprachdiagnostik mit der *sprachphänomenologischen Orientierung* nicht auf die Erfassung von Regelhaftigkeiten im individuellen Sprachgebrauch beschränkt, werden sprachbezogene Detailanalysen für eine pädagogische Diagnostik bei Beeinträchtigung der Sprache aus zwei Gründen relevant. Erstens, da sie zur Konkretisierung der sprachlichen Problemlage beitragen, und zweitens, da diese Details unter gegenstandsspezifischen Gesichtspunkten geordnet und daraus verallgemeinernde Schlussfolgerungen gezogen werden können. Diese Vorgehensweise führt schließlich zu einer individuell zugeschnittenen und diagnosegeleiteten Sprachförderung (von Knebel &

Schuck 2007, S. 491 f.). Die individuell zugeschnittene Sprachförderung wird möglich, wenn neben dem Gegenstandsbezug, also der detaillierten Betrachtung der individuellen Sprachverwendung und der Abweichung von der zielsprachlichen Norm, ein Individuumsbezug hergestellt wird. *Entwicklungsorientierung* wird so bestimmend für pädagogische Sprachdiagnostik und bezieht sich sowohl auf die individuelle Entwicklung des Kindes als auch auf die *Orientierung an Sprachentwicklungstheorien* (von Knebel & Schuck 2007, S. 493).

Personale und lebenssituationale Aspekte
Personale und lebenssituationale Aspekte werden mit den Bestimmungsmerkmalen „*Subjektorientierung*" (von Knebel & Schuck 2007, 494) und „*Lebensweltorientierung*" (von Knebel & Schuck 2007, 495) thematisiert. Subjektorientierung bedeutet herauszustellen, inwiefern der Betroffene „von seinen entwickelten sprachlichen Handlungsmöglichkeiten Gebrauch macht" (von Knebel & Schuck 2007, S. 495) und wie diese zur Erweiterung der sprachlichen Handlungsfähigkeit beitragen. Der Subjektbegriff ist in diesem Zusammenhang „geprägt durch das Verhältnis zwischen dem Einzelnen und den gesellschaftlichen Verhältnissen" (von Knebel & Schuck 2007, S. 494), die das Subjekt aktiv mitgestaltet und dadurch sprachlich handlungsfähig wird.

„Lebensweltorientierung" (von Knebel & Schuck 2007, 495) beziehungsweise Orientierung an der alltäglichen Lebenssituation als Bestimmungsmerkmal pädagogischer Sprachdiagnostik bezieht sich auf die alltäglichen lebenssituationalen Bedingungen, unter denen der Mensch Sprache erwirbt und gebraucht. Diese Bedingungen zu analysieren und ihre Beteiligung an der Entstehung der sprachlichen Problemlage herauszuarbeiten, ist Ziel einer pädagogischen Sprachdiagnostik (von Knebel 2004; 2012b; 2015). Die pädagogische Sprachförderung zieht aus diesen Erkenntnissen insofern ihren Nutzen, als dass sie sich auf das alltägliche lebenssituationale Bedingungsgefüge bezieht, dieses dahingehend zu verändern, dass der Betroffene seine sprachliche Handlungsfähigkeit erweitern kann (von Knebel & Schuck 2007, S. 495 f.). Pädagogische Sprachdiagnostik ist auf die Handlungsfähigkeit des Betroffenen in seiner alltäglichen Lebenssituation gerichtet, indem analysiert wird, wie und warum die Handlungsmöglichkeiten im Alltag eingeschränkt erscheinen. Diese bildungszielorientierte Diagnostik bildet die Grundlage für eine pädagogische Sprachförderung, die auf die Erweiterung der sprachlichen Handlungsfähigkeit und somit auf das Erreichen des allgemeinen Bildungsziels gerichtet ist (von Knebel & Schuck 2007, S. 496 f.).

Erziehungswissenschaftliche Aspekte

Bezogen auf die Theorien der Erziehung nach Benner (2001) entspricht pädagogische Sprachdiagnostik mit dem Bestimmungsmerkmal der *Erziehungsorientierung* dem pädagogischen Anspruch aus zwei Gründen: Erstens, da innerhalb der diagnostischen Situation sowohl die „Bedingungen und Möglichkeiten nachfolgender Erziehung" (von Knebel und Schuck 2007, 498), also pädagogischer Sprachförderungssituationen, bestimmt werden. Zweitens, da die Diagnostik selbst entsprechend dieser Bedingungen und Möglichkeiten geplant und durchgeführt wird. Handlungstheoretisch begründete Analysen, die nach Handlungsgrundlagen (Plangeleitetheit), Wertesystemen (Wertorientiertheit) und Handlungszielen (Zielgerichtetheit) fragen, liefern Erkenntnisse zu den Möglichkeiten der Betroffenen, ihre alltägliche Lebenssituation mitzugestalten, zu verändern und so ihre Handlungsfähigkeit zu erweitern (von Knebel & Schuck 2007, S. 497).

Die diagnostischen Ergebnisse, die gewonnen werden, fließen in eine Beurteilung hinsichtlich der Eignung pädagogischer Institutionen der Förderung ein. Eine solche *Institutionsorientierung* wird damit zu einer Bedingung pädagogischer Sprachdiagnostik, da eine reine ‚Zuordnung' von Schülerinnen und Schülern mit sprachlichen Beeinträchtigungen zu bestimmten Schulformen oder Formen von Sprachtherapie und Sprachförderung nicht mehr „zeitgemäß" (von Knebel & Schuck 2007, 498) und im Hinblick auf die genannten allgemein erziehungswissenschaftlichen Prinzipien nicht angemessen ist (von Knebel & Schuck 2007, 498 f.).

Zusammenfassend kann festgestellt werden, dass die aufgeführten Bestimmungsmerkmale sich auf den diagnostischen Gegenstand beziehen. Daher definieren sie, was in diagnostischen Situationen eruiert werden soll. Hinsichtlich pädagogischer Sprachdiagnostik ist der Gegenstand der subjektive Spracherwerb und Sprachgebrauch, was durch Orientierung an den genannten Bestimmungsmerkmalen gesichert wird. Die Bestimmungsmerkmale werden durch ihr Wesen als qualitätssichernde Merkmale diagnostischer Tätigkeit zu Qualitätsmerkmalen pädagogischer Diagnostik im Förderschwerpunkt Sprache (von Knebel 2010, 246).

Bestimmungsmerkmale diagnostischer Situationsgestaltung

Die Bestimmungsmerkmale, die sich auf den diagnostischen Gegenstand beziehen, lassen sich durch drei weitere Qualitätsmerkmale ergänzen, die die Art und Weise der diagnostischen Situationsgestaltung (von Knebel 2010; 2015) und damit die Methoden pädagogischer Sprachdiagnostik betreffen.

Ein erstes Qualitätsmerkmal ist ‚*Prozessorientierung*' und bezieht sich auf die Anforderung an pädagogische Sprachförderung als (Lern-) Prozessdiagnostik. Der Entwicklungsverlauf des Kindes wird begleitend diagnostiziert, wodurch Entwicklungsfortschritte erkannt werden können, die in der Förderung Berücksichtigung finden müssen (von Knebel 2010, 247; von Knebel 2015, 380 f.).

Ein zweites Qualitätsmerkmal, ‚*Mitwirkungsorientierung in Bezug auf das Kind*', bezieht sich auf den subjektwissenschaftlichen Standpunkt förderungsorientierter Diagnostik mit der Forderung, das Kind als Subjekt in den Mittelpunkt der diagnostischen Situation zu stellen. Diagnostische Situationen sind demnach so zu gestalten, dass sie in höchstem Maße die Mitwirkung und Mitverantwortung des Kindes erlauben (von Knebel 2010, 247; von Knebel 2015, 380 f.).

Mit dem dritten Qualitätsmerkmal ‚*Mitwirkungsorientierung in Bezug auf das Umfeld*', ist gemeint, dass nicht nur das Kind, sondern auch seine Bezugspersonen am diagnostischen Prozess teilhaben sollten, um zum Gelingen pädagogischer Sprachförderung beitragen zu können (von Knebel 2010, 247; von Knebel 2015, 380 f.).

Resümee
Zusammenfassend lässt sich pädagogische Sprachdiagnostik als begleitender Prozess der Bildung, Erziehung und Förderung beschreiben. Im Denkrahmen der Kooperativen Pädagogik (Schönberger, Jetter & Praschak 1987) ist jegliches pädagogische Handeln dem Bildungsziel der Erweiterung der Handlungsfähigkeit unterstellt. Pädagogische Sprachdiagnostik verfolgt daher und aufgrund der handlungstheoretischen Fundierung die folgenden zwei Aufgaben:

• Die erste Aufgabe besteht in Bezug auf den Zweck der Diagnostik in der Verwirklichung des allgemeinen Bildungsziels.
• Die zweite Aufgabe bezieht sich darauf, wie dieses Ziel erreicht werden kann. Daher besteht die zweite Aufgabe darin, Informationen zu gewinnen, auf welchem Weg die Schülerinnen und Schüler dieses Ziel erreichen können (von Knebel 2002; 2012).

Aufgrund dieser Zielsetzung und unter Bezugnahme der handlungstheoretischen Fundierung mit den Merkmalen sprachlichen Handelns, ergeben sich zu den Aspekten ‚Plangeleitetheit', ‚Wertorientiertheit' und ‚Zielgerichtetheit' leitende diagnostische Fragestellungen, die hinsichtlich der jeweiligen sprachlichen Problemlage konkretisiert werden müssen (von Knebel 2007, S. 1090). Zur Plangeleitetheit wäre beispielsweise die Frage nach der Wissens- und Könnensgrundlage zu stellen, auf denen die Sprachverwendung der Schülerinnen und

Schüler basiert. Hinsichtlich der Wertorientiertheit sollte nach der ideellen Grundlage des Sprachgebrauchs gefragt werden, das heißt danach, welche Normen und Werte für das an der Diagnostik beteiligte Subjekt bezüglich des Sprachgebrauchs bedeutsam sind und inwiefern der Sprachgebrauch Wertschätzung erlangt. Entsprechend der Zielgerichtetheit sollte zudem danach gefragt werden, welcher Zweck hinter dem alltäglichen sprachlichen Handeln der Schülerinnen und Schüler steht (von Knebel 2007, S. 1090).

Die Ausführungen zeigen auf, dass pädagogische Sprachdiagnostik auf die sprachlichen Problemlagen von Schulkindern bezogen ist. Die Beeinträchtigung der Sprache der Betroffenen bezieht sich aus pädagogischer beziehungsweise handlungstheoretischer Sicht auf die je individuellen Möglichkeiten, Sprache zu erwerben und zu gebrauchen, und auf die je individuellen Bedingungen, unter denen Sprache nicht erworben oder gebraucht werden kann. Mit dem Verweis auf die individuellen Möglichkeiten des Spracherwerbs und Sprachgebrauchs wird ein Bezug zu Theorien der Allgemeinen Erziehungswissenschaft (Benner 2001) hergestellt (siehe Abschnitt 1.2.3). Insbesondere wird mit dem Ziel der Herstellung beziehungsweise Erweiterung von Handlungsfähigkeit auf das allgemeine Bildungsziel rekurriert. Unter der Prämisse der Orientierung an diesem allgemeinen Bildungsziel müssen die Erziehungsmethoden unter Bezugnahme der alltäglichen Lebenssituation der Schülerinnen und Schüler im Rahmen pädagogischer Sprachdiagnostik und pädagogischer Sprachförderung ausgewählt werden. Das bedeutet, dass die Analyse des Spracherwerbs und Sprachgebrauchs unter den Bedingungen der alltäglichen Lebenssituation der Betroffenen eine zentrale Aufgaben darstellt, immer unter der Zielsetzung der Optimierung von Erziehungs- und Bildungsprozessen, um die alltäglichen lebenssituationalen Handlungsmöglichkeiten der Menschen zu erweitern (von Knebel & Schuck 2007, S. 476). Welling (1990) liefert mit der Sprachhandlungstheorie den notwendigen theoretischen Rahmen für ein pädagogisches Sprachdiagnostikkonzept und mit den von ihm vorgeschlagenen Analyseebenen eine ‚Verfahrensweise', wie die Informationsgewinnung gestaltet werden kann. Wie also im Rahmen pädagogischer Sprachdiagnostik Informationen gewonnen werden können, die dazu beitragen können, die sprachliche Handlungsfähigkeit von Schulkindern zu erweitern, wird im folgenden Abschnitt dargestellt.

3.3.3   Gegenstandsbereiche pädagogischer Sprachdiagnostik

Aus der Zielsetzung pädagogischer Sprachförderung (siehe Abschnitt 3.2.2)
lassen sich Gegenstandsbereiche der pädagogischen Sprachdiagnostik ableiten, die beschreiben, welches Wissen es diagnostisch zu erschließen gilt, um
individuell zugeschnittene Sprachfördersituationen planen und durchführen zu
können. Ausgehend von den im Abschnitt 3.3.2 aufgeführten Qualitätsmerkmalen als inhaltliche und methodische Grundsätze pädagogischer Sprachdiagnostik,
wird nachfolgend das sprachhandlungstheoretisch fundierte Konzept pädagogischer Sprachdiagnostik fokussiert, um aufzuzeigen, welches konkrete Wissen es
diagnostisch zu erschließen gilt.

Die von Welling (1990) begründeten und von von Knebel (2007) differenziert ausgearbeiteten Analyseebenen pädagogischer Sprachdiagnostik stellen das
Kind als Subjekt mit seinem individuellen Spracherwerb und Sprachgebrauch
in den Mittelpunkt der Betrachtung. Auf den drei Analyseebenen werden solche Erkenntnisse gewonnen, die die Grundlage für die didaktische Planung der
individuellen Sprachförderung darstellen. Dabei wird nicht die gestörte Sprache des Kindes fokussiert, sondern Ziel ist die Rekonstruktion der individuellen
Bedingungen des subjektiven Spracherwerbs und Sprachgebrauchs. Das heißt, es
wird danach gefragt, welche Handlungsmöglichkeiten vorliegen und wie diese
sich auf die Gestaltung des Alltags des Kindes auswirken. Dabei wird immer
berücksichtigt, inwiefern ein Bezug zur sprachlichen Problemlage des Kindes
hergestellt werden kann. Die Analyseebenen (siehe Abbildung 3.1) sind lediglich
aus Darstellungsgründen getrennt aufgeführt und als Einheit und in sich verwoben aufzufassen (Ahrbeck, Schuck & Welling 1992, 298 f.; von Knebel 2007,
109 f.).

Bei Betrachtung der einzelnen Analyseebenen (ausführlich dargestellt unter
anderem in von Knebel 2002; 2007; 2008 sowie Ahrbeck, Schuck & Welling
1992) werden folgende Aspekte deutlich:

Biografische Analyse
Auf der Ebene der ,biografischen Analyse', die die beiden Ebenen ,Sprachhand-
lungsanalyse' und ,Mikroanalyse der Sprache' beinhaltet, werden die besonderen
Entwicklungsvoraussetzungen und -bedingungen des Subjekts erfasst, die zu einer
Rekonstruktion der „Geschichte des besonderen Alltags" (Ahrbeck, Schuck &
Welling 1992, 298) führen. Die diagnostizierende Person erlangt mit dieser
Analyse von Bedingungen ein Verständnis der alltäglichen Lebenssituation des
Subjekts, da sowohl die individuellen Bedingungen des familiären und schuli-
schen Alltags als auch außersprachliche Interessen und Bedürfnisse des an der

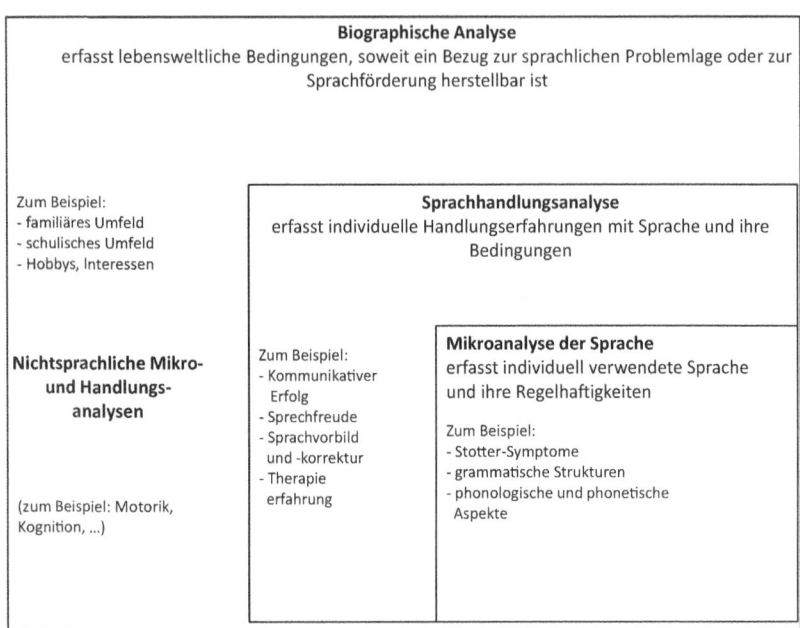

Abbildung 3.1 Sprachhandlungstheoretisch begründete Analyseebenen (von Knebel 2008, 128)

Diagnostik beteiligten Kindes aufgehoben sind (von Knebel 2007, 1096 f.; von Knebel 2010, 239; von Knebel 2015, 380).

Sprachhandlungsanalyse
Auf der Ebene der ‚Sprachhandlungsanalyse' stehen die Bedingungen des Spracherwerbs und Sprachgebrauchs sowie die Erfahrungen des Subjekts mit Sprache im Fokus der Analyse. Die Struktur der individuellen Sprachverwendung, wie Erfahrungen mit Sprachförderung oder erlebte Sprechfreude, wird erfasst und ermöglicht ein situatives und individualgeschichtliches Verständnis des sprachlichen Handelns des Subjekts (von Knebel 2007, 1095 f.; von Knebel 2010, 239; von Knebel 2015, 380).

Mikroanalyse der Sprache
Auf der Ebene der ‚Mikroanalyse der Sprache' werden die vom Subjekt verwendeten sprachlichen Strukturen und Regelhaftigkeiten erfasst, was bedeutet,

dass Analysen der entwickelten Sprache und der Sprachverwendung unter Bezugnahme linguistischer Ebenen durchgeführt werden. Dies stellt die Grundlage für
die Auswahl des sprachlichen Gegenstands in der pädagogischen Sprachförderung dar, der im Sinne der „Zone der nächsten Entwicklung" (von Knebel 2010,
238) vom Subjekt erreicht werden kann (von Knebel 2007, 1094 f.; von Knebel
2015, 380).

Die Analyseebenen zielen darauf ab, die erfassten Informationen unter der
übergeordneten Frage nach den Bedingungen, unter denen das Subjekt sich in
seiner alltäglichen Lebenssituation als sprachlich handlungsfähig erlebt, zusam-
menzuführen. Die Antwort darauf bildet die Grundlage für die didaktische
Planung pädagogischer Sprachförderung (von Knebel 2010, 239). So wird umfassend analysiert, inwiefern ein Veränderungsbedarf hinsichtlich der Erweiterung
der sprachlichen Handlungsfähigkeit besteht, die als sprachliches Bildungsziel
innerhalb der pädagogischen Sprachförderung im Mittelpunkt steht.

3.4 Resümee zum sprachlichen Handeln und zur sprachlichen Handlungsfähigkeit als konzeptionelle Grundlagen der Arbeit

Die bisherigen Ausführungen des vorliegenden dritten Kapitels zeigen auf,
inwiefern Spracherwerb und Sprachgebrauch als allgemein-menschliches Handeln aufgefasst werden können und welcher Sprachbegriff dieser Auffassung
zugrunde liegt. Im Folgenden werden die wesentlichen Aussagen thesenartig
unter den Punkten ‚Sprachliches Handeln und sprachliche Handlungsfähigkeit' sowie ‚Pädagogische Sprachförderung und pädagogische Sprachdiagnostik'
zusammenfassend dargestellt, um darauf aufbauend Schlussfolgerungen für das
weitere Vorgehen, das heißt für die Konzipierung von ‚alltäglicher Lebenssituation' sowie für die Entwicklung des Verfahrens zur Erfassung und Auswertung
von Informationen zur alltäglichen Lebenssituation von Schulkindern mit sprachlichen Beeinträchtigungen (siehe Kapitel 6), ziehen zu können.

Sprachliches Handeln und sprachliche Handlungsfähigkeit

1. Sprache wird aus sprachhandlungstheoretischer Perspektive als Mittel der
   Repräsentation und Kommunikation sowie als Gegenstand des Erkennens
   gefasst (Welling 1990). Damit wird ein Sprachbegriff zugrunde gelegt, der
   Sprache nicht nur als Zeichensystem versteht, bei dem sprachliche Zeichen

der Unterscheidung von Bezeichnung und Bezeichnetem dienen. Der Sprach-begriff bezieht sich ebenso auf die Funktion von Sprache (Welling 1990, 207 f.), nämlich erstens erkanntes Wissen oder zweitens den Erkenntnisgegen-stand Sprache selbst zu repräsentieren und drittens zu kommunizieren (siehe Abschnitt 3.1.1).

2. Es ist weiterhin davon auszugehen, Sprache als eingebunden in Kultur und Gesellschaft zu begreifen (siehe Abschnitt 3.1.1).

3. Aus entwicklungspsychologischer Sicht wird Spracherwerb nicht losgelöst von der kognitiven Entwicklung des Kindes betrachtet, sondern als Bedeutungser-werb, dessen Produkt zwar einzelnen linguistischen Ebenen wie Grammatik oder Semantik zugeordnet werden kann, was aber nicht gleichzusetzen ist mit einem Spracherwerb, der fortschreitend auf den unterschiedlichen linguisti-schen Ebenen stattfindet (Welling 1990, 333). Die genetische Erkenntnistheo-rie Piagets (u. a. 2015) mit ihren wesentlichen Annahmen zur kognitiven Entwicklung des Kindes wird dieser Beschreibung zugrunde gelegt (siehe Abschnitt 3.1.2).

4. Sensumotorisches Handeln wird in diesem Zusammenhang als Wurzel von Sprache und Sprachfähigkeit betrachtet (Welling 1990; Nagel 2012). Es wird aufgrund dieser genetischen Sichtweise nicht von einem angeborenen Spra-cherwerbsmechanismus ausgegangen. Vielmehr erkennt und verarbeitet das Subjekt auf der Grundlage seiner bereits entwickelten Strukturen die Sprache, die ihm als erkannte Wirklichkeit entgegentritt (siehe Abschnitt 3.1.2).

5. Spracherwerb zielt darauf ab, Sprache zu gebrauchen und zu verstehen, also sprachlich handlungsfähig zu sein (Welling 2004). Sprachliche Handlungs-fähigkeit entwickelt sich in der konkreten alltäglichen Lebenssituation eines Menschen (siehe Abschnitt 3.1.2).

6. Sprachliches Handeln als menschliches Handeln zu begreifen, bedeutet, dass die Merkmale menschlichen Handelns, ‚Zielgerichtetheit', ‚Plangeleitetheit' und ‚Wertorientiertheit', zur Beschreibung sprachlichen Handelns herangezo-gen werden können (siehe Abschnitt 3.1.3).

7. Aus den Bestimmungsmerkmalen sprachlichen Handelns ergeben sich Aspekte, die die Bedeutung der alltäglichen Lebenssituation des Subjekts für Spracherwerb und Sprachgebrauch herausstellen. Demnach sind die Bedingun-gen der alltäglichen Lebenssituation des Subjekts als Prämissen aufzufassen,

die die Begründungen für sein individuelles sprachliches Handeln darstellen (siehe Abschnitt 3.1.4).

Pädagogische Sprachförderung und pädagogische Sprachdiagnostik

8. Zentral ist der Ausgangspunkt des allgemeinen Bildungsziels. Beispielsweise sind Mit- und Selbstbestimmung und Freiheit allgemeine Bildungsziele, die mit Erweiterung der Handlungsfähigkeit eines Subjekts angestrebt werden, also ebenso das Ziel der Erweiterung sprachlicher Handlungsfähigkeit darstellen (von Knebel 2000; 2012; 2015). Sprachförderung und Sprachtherapie sind dann als pädagogisch zu bezeichnen, wenn sie den Fokus auf eben diese Erweiterung sprachlicher Handlungsfähigkeit legen (siehe Abschnitte 3.2.1 und 3.2.2).

9. Das Konzept der Kooperativen Sprachdidaktik (Welling 2004) stellt aus sprachhandlungstheoretischer Perspektive eine geeignete theoretische Grundlage dar, um die pädagogische Sprachförderung didaktisch strukturieren zu können (siehe Abschnitt 3.2.2).

10. Pädagogische Sprachdiagnostik wird als bildungszielorientierte Förderdiagnostik verstanden, bei der neben der Biografie des Menschen sein gelebter Alltag, also die Bedingungen seiner alltäglichen Lebenssituation, fokussiert werden. Von klassischer Testdiagnostik wird sich dabei abgewendet, da die Annahme, mittels Testverfahren menschliche Eigenschaften auf vorhersagbare Weise bestimmen zu können, abgelehnt wird. Es steht auch nicht das Kind im Mittelpunkt der Diagnostik, sondern das Kind und sein begründetes Handeln in seiner konkreten Lebenssituation (Jetter, Schmidt & Schönberger). Ziel bildungszielorientierter Förderdiagnostik ist es, die Handlungen des Kindes im Alltag rekonstruieren zu können, um dadurch Schlussfolgerungen hinsichtlich der Bedingungen der alltäglichen Lebenssituation des Kindes ziehen zu können. Das Kind wird aufgrund des subjektwissenschaftlichen Standpunktes und der daraus folgenden Annahme, Diagnostik als „Aspekt der Aufklärung von Prämissen-Gründe-Zusammenhängen" (Markard & Kaindl 2014, 211) zu betrachten, als mitforschende Person (Markard 2017, 234) am diagnostischen Prozess beteiligt (siehe Abschnitte 3.3.1 und 3.3.2).

11. Bildungszielorientierte Förderdiagnostik und damit pädagogische Sprachdiagnostik hat den Anspruch, die förderlich beziehungsweise hinderlich wirkenden Bedingungen der individuellen Handlungsfähigkeit des Subjekts zu erfassen und zu analysieren. Dieser Analyse liegen aus handlungstheoretischer Sicht Gütekriterien zugrunde, die als Qualitätskriterien zur

Beurteilung der gewonnenen Daten herangezogen werden können (siehe Abschnitt 3.3.1.3).

12. Verfahrensweisen der pädagogischen Sprachdiagnostik sind durch Aspekte gekennzeichnet, die von Knebel (2010, 2015) und von Knebel und Schuck (2007) als Bestimmungsmerkmale beziehungsweise Qualitätsmerkmale ausweisen. Die Bestimmungsmerkmale betreffen in inhaltlicher Hinsicht die Sprache und Sprachentwicklung des Subjekts, personale und lebenssituationale Aspekte und beziehen sich auf erziehungswissenschaftliche Grundlagen. In methodischer Hinsicht beziehen sich die Bestimmungsmerkmale auf die diagnostische Situationsgestaltung (siehe Abschnitt 3.3.2).

13. Mit der Unterscheidung der drei Analyseebenen ‚Mikroanalyse der Sprache‘, ‚Sprachhandlungsanalyse und ‚biografische Analyse‘ lässt sich den Bestimmungsmerkmalen pädagogischer Sprachdiagnostik gerecht werden, denn die Ebenen zielen auf eine Analyse, bei der die Handlungen des Menschen in seiner alltäglichen Lebenssituation im Mittelpunkt stehen. Es steht daher auf jeder Ebene und insbesondere bei der Erfassung und Auswertung von Informationen zur alltäglichen Lebenssituation die Frage im Mittelpunkt, unter welchen Bedingungen das Subjekt in seiner konkreten alltäglichen Lebenssituation sich als sprachlich handlungsfähig erlebt und sprachliche Handlungsfähigkeit (von Knebel 2002; 2007; 2008 und Ahrbeck, Schuck & Welling 1992) entwickelt (siehe Abschnitt 3.3.3).

Schlussfolgerungen für das weitere Vorgehen zur Konzipierung von ‚alltäglicher Lebenssituation‘ sowie für die Entwicklung des Verfahrens zur Erfassung und Auswertung von Informationen zur alltäglichen Lebenssituation von Schulkindern mit sprachlichen Beeinträchtigungen (siehe Kapitel 6)

Es wurde gezeigt, dass die alltägliche Lebenssituation des sprachlich handelnden Subjekts bedeutsam für seine Entwicklung sprachlicher Handlungsfähigkeit ist. Es wird davon ausgegangen, dass das Subjekt auf der Grundlage seiner bereits entwickelten Strukturen die Sprache entwickelt, die ihm als erkannte Wirklichkeit entgegentritt. Ungeklärt bleibt an dieser Stelle, wie die alltägliche Lebenssituation, deren Bedingungen förderlich beziehungsweise hinderlich auf die Entwicklung sprachlicher Handlungsfähigkeit wirken, konzipiert wird. Daher wird im folgenden Kapitel zum Konstrukt von alltäglicher Lebenssituation theoriegeleitet entfaltet, inwiefern menschliches Handeln im Allgemeinen und sprachliches Handeln im Besonderen konstruierend für ein Konzept von alltäglicher Lebenssituation wirken.

Außerdem wurde im vorliegenden Kapitel nachgewiesen, dass aus handlungstheoretischer Sicht die sprachliche Handlungsfähigkeit des Menschen in seiner alltäglichen Lebenssituation im Fokus pädagogischer Sprachdiagnostik und pädagogischer Sprachförderung steht. Die Betrachtung linguistischer Strukturmerkmale wird dadurch um Erkenntnisse zu Bedingungen des Erwerbs und Gebrauchs von Sprache erweitert (von Knebel 2015, 238 f.). Anhaltspunkte, welche Gegenstandsbereiche in einer handlungstheoretisch fundierten Sprachdiagnostik betrachtet werden, liefern die drei Analyseebenen der pädagogischen Sprachdiagnostik. Diese Gegenstandsbereiche sind grundlegend für die didaktische Planung individualisierter Sprachförderung (von Knebel 2007, 1091; von Knebel 2010, 239). Zwei der Gegenstandsbereiche des Analyseverfahrens stellen nach von Knebel (2015, 378 ff.) der Bildungsgehalt des sprachlichen Lerngegenstands sowie „institutionsbezogene Erfahrungen des Kindes" (von Knebel 2015, 378) dar. Dabei sind das Subjekt selbst und die alltägliche Lebenssituation des Subjekts nicht nur auf die Ebene der Sprachhandlungsanalyse zu beziehen (von Knebel 2015, 380). Es ist vielmehr von einer übergeordneten Subjektorientierung auszugehen, da die Diagnostik vom Standpunkt des Subjekts aus erfolgt. Im Zusammenhang mit der Entwicklung eines Verfahrens zur Erfassung und Auswertung von Informationen zur alltäglichen Lebenssituation eines Kindes mit sprachlichen Beeinträchtigungen sind in inhaltlicher Hinsicht insbesondere Entwicklungsorientierung, Subjektorientierung, Lebenssituationsorientierung und Bildungszielorientierung zu nennen. Auf organisatorischer Ebene werden Aspekte wie Mitwirkungsorientierung und Prozessorientierung bedeutsam. Insbesondere das Planungskonzept der Kooperativen Sprachdidaktik (Welling 2004) erweist sich aufgrund des Planungsaspekts ‚Lebenssituation' als Ausgangspunkt für die Entwicklung des Verfahrens zur Erfassung und Auswertung von Informationen zur alltäglichen Lebenssituation von Schulkindern mit sprachlichen Beeinträchtigungen. Der Planungsaspekt ‚Lebenssituation' ist insofern als zentral aufzufassen, als sich ausgehend von der alltäglichen lebenssituationalen Lage der Schulkinder mit sprachlichen Auffälligkeiten bestimmen lässt, inwiefern Unterricht beziehungsweise Therapie Möglichkeiten neuer Spracherfahrungen bietet (Welling 2004, 136).

Für das weitere Vorgehen in der vorliegenden Arbeit bedeutet das, dass die drei Gegenstandsbereiche der Sprachhandlungsanalyse ‚Subjekt', ‚Lebenssituation' und ‚sprachliche Handlungserfahrungen' des Subjekts (von Knebel 2015, 378 ff.) in die Entwicklung des Analyseverfahrens einbezogen werden, da davon ausgegangen wird, dass die zwei tangierten Analyseebenen ‚biografische Analyse' und ‚Sprachhandlungsanalyse' inhaltlich nicht getrennt (Welling 1990; von Knebel 2007; von Knebel 2015) betrachtet werden können. Daher wird im 6.

Kapitel die Entwicklung, Erprobung und Evaluation des Verfahrens zur Erfassung und Auswertung von Informationen zur alltäglichen Lebenssituation von Kindern mit sprachlichen Beeinträchtigungen umfassend dargestellt.

Schließlich weisen die Ausführungen des vorliegenden Kapitels auf die Dringlichkeit der Beantwortung der Forschungsfrage der vorliegenden Arbeit hin, denn es ist

1. in inhaltlicher Hinsicht zu bestimmen, wie ein Konzept von alltäglicher Lebenssituation aus handlungstheoretischer Sicht gekennzeichnet ist, wenn die alltägliche Lebenssituation einen Gegenstandsbereich pädagogischer Sprachdiagnostik darstellt,
2. in methodischer Hinsicht zu bestimmen, wie die alltägliche Lebenssituation als Gegenstandsbereich pädagogischer Sprachdiagnostik erfasst und ausgewertet werden kann.

Aus diesen zwei Gründen wird im Folgenden zunächst auf das Konzept der alltäglichen Lebenssituation (Kapitel 4) eingegangen, bevor nach einer resümierenden handlungstheoretisch fundierten Bestimmung des Begriffs von alltäglicher Lebenssituation (Kapitel 5) die Entwicklung, Erprobung und Evaluation des Verfahrens zur Erfassung und Auswertung von Informationen zur alltäglichen Lebenssituation von Kindern mit sprachlichen Beeinträchtigungen (Kapitel 6) betrachtet wird.

Das Konstrukt der alltäglichen Lebenssituation

4

Im vorliegenden Kapitel werden im Hinblick auf die Beantwortung der ersten Forschungsfrage nach den Konstruktionsfaktoren von alltäglicher Lebenssituation die theoretischen Bezugssysteme der vorliegenden Arbeit untersucht. Ziel der Untersuchung ist es, herauszuarbeiten, wie alltägliche Lebenssituation vom Subjekt konstruiert wird. Um Erkenntnisse zu gewinnen, die der Beantwortung der ersten Forschungsfrage zugrunde liegen, wird das vorliegende Kapitel wie folgt gegliedert: Zunächst erfolgt eine theoretische Auseinandersetzung mit dem Konstrukt alltägliche Lebenssituation. Es wird einführend auf die grundsätzliche Unterscheidung von alltäglicher Lebenssituation in biografische, lebensperspektivische und aktuelle Bedingungen (4.1) eingegangen. Anschließend wird die subjektive, eigenaktive Konstruktion von alltäglicher Lebenssituation (4.2) genauer betrachtet. Darauf aufbauend wird erläutert, inwiefern alltägliche Lebenssituation das Resultat von kulturgebundenem und gesellschaftsbezogenem Handeln (4.3) ist. Darauf wiederum aufbauend wird das Konstrukt alltägliche Lebenssituation als Resultat zwischenmenschlicher Beziehungen (4.4) expliziert. Im Anschluss an die theoretische Auseinandersetzung mit dem Konstrukt der alltäglichen Lebenssituation wird auf empirische Untersuchungen von Welling (1990), Kracht (2000) und Nagel (2012) eingegangen, denn diese ausgewählten biografischen Analysen zeichnen sich dadurch aus, dass sie handlungstheoretisch orientiert den Gegenstand der alltäglichen Lebenssituation untersuchen. So schließt das vorliegende Kapitel mit einer detaillierten Darstellung forschungsmethodischer Zugänge zur Erfassung von Informationen zur alltäglichen Lebenssituation in ausgewählten biografischen Analysen (4.5).

© Der/die Autor(en) 2023
S. Schlüter, *Alltägliche Lebenssituation sprachbeeinträchtigter Kinder*,
https://doi.org/10.1007/978-3-658-42148-9_4

4.1   Einführung zum Konstrukt der alltäglichen Lebenssituation

Für ein Subjekt sind die Bedingungen seiner alltäglichen Lebenssituation zunächst Erfahrungen, die sich ihm erst unter Zugriff ordnender Strukturen erschließen. Ausgehend von der Darstellung Holzkamps (1985) wird das Konstrukt der alltäglichen Lebenssituation in der vorliegenden Arbeit in folgende Aspekte gegliedert:

• biografische Bedingungen
• lebensperspektivische Bedingungen
• aktuelle Bedingungen

Diese Unterscheidung wird zunächst zur systematischen Verdeutlichung des handlungsleitenden Verständnisses von alltäglicher Lebenssituation erläutert, bevor im weiteren Verlauf der Ausführungen auf die vorliegende Auffassung von alltäglicher Lebenssituation in ihrer Komplexität, in der das Subjekt sein Leben führt, als zentraler Begriff dieser Arbeit eingegangen wird.

Biografische Bedingungen
Holzkamp (1985, 337) unterscheidet zwischen Phänomenal- und Realbiografie. Beiden gemeinsam ist ihre Rückwärtsgerichtetheit. Den Unterschied trifft Holzkamp mit Bezug auf die subjektive Befindlichkeit: die phänomenale Biografie rekurriert im Gegensatz zur Realbiografie, der tatsächlichen, wirklich vorliegenden Biografie, auf die subjektiv erfahrene Vergangenheit im Sinne früherer Möglichkeiten, die dem Subjekt gegeben waren und zu denen es sich verhalten hat, das heißt, die es wahrgenommen, zurückgewiesen oder nicht realisiert hat. Diese Phänomenalbiografie stellt also den vom Subjekt erfahrenen Aspekt beziehungsweise Ausschnitt seiner Realbiografie dar. Das heißt, die subjektiv erfahrenen früheren Möglichkeiten sind als phänomenale Seite der realen, also tatsächlichen Möglichkeiten und Beschränkungen anzusehen, da das Subjekt seine Realbiografie nicht umfänglich, sondern aufgrund seiner bisher gewonnenen Erkenntnisse und seiner individuellen Erfahrungen ausschnitthaft, nämlich phänomenal, erfährt. Die Geschichte des Subjekts darf dabei nicht als Aneinanderreihung von Ereignissen gesehen werden, sondern die biografischen Bedingungen der alltäglichen Lebenssituation sind dialektisch aus den vergangenen und gegenwärtigen Erfahrungen zu erkennen (Jetter 1985b).

Lebensperspektivische Bedingungen
Mit der Lebensperspektive erhält die individuelle Geschichte einen Zukunftsbezug (Holzkamp 1985). Basierend auf dieser Annahme werden in dieser
Arbeit Bedingungen, die in Zusammenhang mit zukünftigen Handlungsmöglichkeiten beziehungsweise Handlungsbeschränkungen des Subjekts stehen, als
lebensperspektivische Bedingungen bezeichnet.

Die reale beziehungsweise phänomenale Vergangenheit und entsprechend
der reale beziehungsweise phänomenale Zukunftsbezug des Subjekts stehen in
einem engen Zusammenhang, da nach Holzkamp (1985, 340) die Erfahrungen
des Subjekts in ständigem Übergang zwischen vergangenen und zukünftigen
Handlungsmöglichkeiten und Handlungsbeschränkungen zu sehen sind.

Aktuelle Bedingungen
Dazwischen, also im Prozess des Übergangs von Vergangenem zu Zukünftigem,
liegen die Erfahrungen des Subjekts, die sich als gegenwärtig beziehungsweise aktuell repräsentieren und für die gleichermaßen die Unterscheidung von
realen beziehungsweise phänomenalen Bedingungen zu treffen ist. Holzkamp
(1985) weist der subjektiven Lebensperspektive, also den zukünftigen Handlungsmöglichkeiten und Handlungsbeschränkungen, die zentrale Bestimmung der
„je gegenwärtigen Befindlichkeit" (Holzkamp 1985, 341) zu. Die zukünftigen
Möglichkeiten und Beschränkungen des Subjekts stehen also in engem Zusammenhang mit der aktuellen subjektiven Handlungsfähigkeit, das heißt, die Frage,
wie sich ein Individuum entwickelt, korreliert mit der Frage, welche Handlungsmöglichkeiten das Individuum zur eigenen Entwicklung ergreift beziehungsweise
zurückweist.

Schlussfolgerung
Mit der gegenwärtigen Befindlichkeit sind diejenigen Bedingungen angesprochen,
die aktuell vom Subjekt erfahren werden. Diese aktuellen Bedingungen nehmen
Bezug auf die gegenwärtigen Handlungen des Subjekts (ergriffene beziehungsweise nicht ergriffene Handlungsmöglichkeiten oder Handlungsbeschränkungen).
Anders ausgedrückt: Die aktuellen Bedingungen sind die Bedingungen der aktuellen Situation, in der das Subjekt handelt. Alltägliche Lebenssituation kann so
also gleichbedeutend gefasst werden mit der – um im Sprachgebrauch der Kritischen Psychologie zu bleiben – je individuell erfahrenen Situation, in der das
Subjekt begründet handelt und sein Leben führt.

Als Schlussfolgerung für die weitere Auseinandersetzung mit dem Begriff der
alltäglichen Lebenssituation ergibt sich, dass die phänomenalen Bedingungen der
alltäglichen Lebenssituation, also die Erfahrungen des Subjekts, im Übergang

zwischen Vergangenem und Zukünftigen liegen. In dem Moment, in dem die aktuellen Handlungen des Subjekts einen Vergangenheitsbezug, also einen Bezug zur individuellen Geschichte des Subjekts, herstellen lassen, werden sie zu biografischen Bedingungen. Dementsprechend werden die aktuellen Bedingungen der alltäglichen Lebenssituation zu lebensperspektivischen Bedingungen, wenn sie einen Zukunftsbezug herstellen lassen, also auf zukünftige Handlungsmöglichkeiten und Handlungsbeschränkungen rekurrieren. Im Mittelpunkt der vorliegenden Arbeit steht daher die alltägliche Lebenspraxis des Subjekts, also die aktuelle alltägliche Lebenssituation, in der es begründet handelt und in die es verändernd eingreift.

Nachdem hier aufgezeigt wurde, auf welches grundlegende Verständnis die Auseinandersetzung mit Bedingungen der alltäglichen Lebenssituation zurückgeht, wird im Folgenden die Konstruktion des Konzepts der alltäglichen Lebenssituation fokussiert. Die Strukturierung der nachfolgenden Ausführungen ergibt sich aus den handlungsleitenden Grundannahmen (Abschnitt 1.2), welche in den folgenden Absätzen zusammenfassend, und im Folgekapitel ausführlich erläutert werden. Die handlungsleitenden Grundannahmen lauten:

- Alltägliche Lebenssituation wird vom gesellschaftlichen Subjekt eigenaktiv konstruiert (siehe Abschnitt 4.2)
- Alltägliche Lebenssituation ist gekennzeichnet durch Gebundenheit zu Kultur und Gesellschaft (siehe Abschnitt 4.3)
- Alltägliche Lebenssituation entwickelt sich in zwischenmenschlichen Beziehungen (siehe Abschnitt 4.4)

Beginnend mit dem dieser Arbeit im Ganzen zugrunde liegenden Aktivitätspostulat (siehe Abschnitt 1.2.2), wird konsequenterweise eine Sicht von Bedingungen der alltäglichen Lebenssituation eingenommen, bei der das Konzept der alltäglichen Lebenssituation als eigenaktive Konstruktion des gesellschaftlichen Subjekts zu betrachten ist (siehe Abschnitt 4.2).

Die anthropologischen Grundannahmen wiederum verweisen auf ein Welt- und Menschenbild, das das Subjekt als kulturgebundenes und gesellschaftsbezogenes Wesen anerkennt (Abschnitt 1.2.2). Aus dieser Tatsache ergibt sich für die Frage nach der Konstruktion des Konzepts von alltäglicher Lebenssituation, diese ebenso als kulturgebunden und gesellschaftsbezogen zu fassen (Abschnitt 4.3).

Die dritte wesentliche Annahme ist, alltägliche Lebenssituation als Resultat zwischenmenschlicher Beziehungen zu betrachten (siehe Abschnitt 4.4). Hier liegt die anthropologische Annahme des Menschen als ein auf „Mitmenschen bezogenes Wesen" (von Knebel 2000, 47) (siehe Abschnitt 1.2.2) zugrunde.

4.2 Alltägliche Lebenssituation als Resultat eigenaktiver Konstruktion des Subjekts

In den folgenden Ausführungen wird dargestellt, inwiefern alltägliche Lebenssituation als eigenaktive Konstruktion des Subjekts zu betrachten ist. Das menschliche Handeln steht dabei im Mittelpunkt, da aufgrund der anthropologischen Annahmen von dem Verständnis eines eigenaktiv handelnden Menschen ausgegangen wird (siehe Abschnitt 1.2.2), der sich die Strukturen seiner Wirklichkeit erkennend aneignet, also die Wirklichkeit eigenaktiv konstruiert.

Die Konzeptualisierung der alltäglichen Lebenssituation als die Lebenspraxis, in der das Subjekt begründet handelt, wird in dieser Arbeit aufgrund der zugrunde liegenden erkenntnistheoretischen Annahmen (siehe Abschnitt 1.2.4) als Konstrukt verstanden.

Folgt man der Auffassung, die alltägliche Lebenssituation des Subjekts als seine Lebenspraxis zu sehen, in der seine Handlungen zu verorten sind, stellt sich die Frage nach der Konstitution dieser alltäglichen Lebenssituation. Zur Beantwortung der Frage wird auf die Erkenntnisse der genetischen Erkenntnistheorie nach Piaget (u. a. 1973; 2015) zurückgegriffen, die die aktive Rolle des Subjekts im Konstruktionsprozess betonen (Piaget 2015, Praschak 1993, Jetter 1979).

4.2.1 Genetische Erkenntnistheorie als Grundlage der Bestimmung von alltäglicher Lebenssituation als eigenaktives Konstrukt

Die genetische Erkenntnistheorie nach Piaget (u. a. 1973; 2015) liegt der konstruktivistischen Handlungstheorie der Kooperativen Pädagogik zugrunde, nach der Erkennen und Handeln des Menschen als Einheit zu betrachten sind (Praschak 1993). Indem sich das Subjekt handelnd mit den Objekten seiner Wirklichkeit aktiv auseinandersetzt, erkennt es die Wirklichkeitszusammenhänge. Piaget (2015) legt bei der Erkenntnistätigkeit die Annahme von Entwicklungsstadien beziehungsweise Entwicklungsstufen zugrunde, die hier beschreibend dargestellt werden, um im Abschnitt 4.2.2 bei der Erläuterung der Bedeutung dieser theoretischen Grundlage darauf zurückzukommen. Mit den angenommenen Entwicklungsstufen beziehungsweise -stadien wird die fortschreitende Auseinandersetzung mit der Wirklichkeit beschrieben. Demnach handelt es sich bei jeder einzelnen Handlungsform um einen Erkenntnismodus, das heißt Erkennen, also Handeln, findet auf der sensumotorischen, präoperationalen, konkret

operationalen und formal operationalen Stufe statt. Die mit fortschreitender Auseinandersetzung gemeinte soziale und gegenständliche Auseinandersetzung des
Subjekts mit den Gegebenheiten seiner Umwelt wird von Maturana (1985) mit
dem Begriff der Autopoiese aufgegriffen. Der Begriff beschreibt die psychische
Verarbeitung der Wirklichkeit (Praschak 1993) als Grundlage ihrer Wahrnehmung. Wirklichkeitszusammenhänge werden interpretiert und aktiv konstruiert,
was gleichbedeutend mit der mentalen Repräsentation der Wirklichkeit ist.
Erkenntnis führt zu neuen Strukturen, deren Vorhandensein jedoch schon notwendig ist, um die Wirklichkeit zu konstruieren. Nach Jetter (1979) bedingt die
dialektische Einheit von Subjekt und Objekt die Entwicklung von Erkenntnisstrukturen, die wiederum den Ausgangspunkt für neu zu entwickelnde Strukturen
im Sinne von Deutungskriterien darstellen. Durch diese Auseinandersetzung
mit der Wirklichkeit beeinflusst der Mensch sein Leben aktiv gemäß seiner
entwickelten Möglichkeit (Praschak 1993, Praschak-Wolf & Praschak 1979).

Die beschriebene aktive Konstruktion ist als Repräsentation von Bedeutungen
der Wirklichkeitszusammenhänge zu verstehen (Praschak 1991). Voraussetzung
für die aktive Auseinandersetzung mit der Wirklichkeit ist die Intelligenz des
Menschen, denn damit wird Handeln ermöglicht (Praschak-Wolf & Praschak
1979). Praschak (1993) nennt als Grundlage des repräsentierenden Denkens
die sensumotorische Handlungsfähigkeit, deren fortschreitende Entwicklung zur
Herausbildung der Intelligenz und damit zur Konstruktion von Wirklichkeit
beiträgt.

Die Ausführungen zeigen, inwiefern Erkennen und Handeln als einheitlich
zu betrachten sind und wie ‚erkennendes Handeln‘ beziehungsweise ‚handelndes Erkennen‘ zur Konstruktion von Wirklichkeitszusammenhängen beitragen.
Menschliche Intelligenz wird dafür als Voraussetzung benannt. Daher wird im
folgenden Abschnitt auf die fortschreitende Entwicklung der Intelligenz eingegangen, um den Zusammenhang zu der Annahme, Handeln als geordnete und
ordnende Tätigkeit zu verstehen (siehe Abschnitte 1.2.2 und 1.2.3), herzustellen.

Mit Piaget (1974b) wird davon ausgegangen, dass Äquilibration als grundle-
gend für die Entwicklung von Strukturen betrachtet wird, indem prozesshaft die
Herstellung eines Gleichgewichts zwischen den Mechanismen Assimilation und
Akkommodation erfolgt.

Assimilation und Akkommodation sind aktive Vorgänge, die zur Ausdifferenzierung vorhandener Pläne führen und damit der kognitiven Organisation des
Subjekts dienen (Jetter 1975, Jetter 2013). Eine neue Struktur entsteht auf Basis
der schon vorhandenen Struktur und mündet letztendlich wieder in dieser. Damit
sind sie die bestimmenden Momente der Entwicklung von Erkenntnisprozessen

beziehungsweise sensumotorischer Intelligenz (Praschak 1991, Praschak-Wolf & Praschak 1979, Jetter 1979).

Ausgangspunkt ist bei dieser Entwicklung von Erkenntnisprozessen ein lebender Organismus, dessen Anpassung an die Umwelt einem gesetzmäßigen Verlauf folgt. Die Umwelt hat dabei so viel Einfluss auf den Organismus, wie dieser es zulässt, gleichzeitig entfaltet der Organismus selbst eine Wirkung auf die Umwelt (Jetter 1975, 1979). Es handelt sich um ein dialektisches Verhältnis, dessen Wirkung durch die Austauschprozesse Assimilation und Akkommodation gekennzeichnet ist, und zwar mit dem Ziel, ein Gleichgewicht zwischen beiden Prozessen herzustellen (Jetter 1975, 1979, 2013).

Den beschriebenen Vorgängen der Assimilation und Akkommodation von Handlungsplänen und der damit in Zusammenhang stehenden Realisierung von Handlungsplänen liegt die sensumotorische Entwicklung der Intelligenz zugrunde. Das ist dadurch begründet, dass jede neue Struktur aus einer bereits vorhandenen Struktur entsteht. So besteht kein Widerspruch darin, dass die Austauschprozesse Assimilation und Akkommodation sowohl der Entwicklung senusmotorischer Intelligenz zugrunde liegen als auch selbst die sensumotorische Intelligenz zugrunde legen. Piaget (1996; 2015) beschreibt anhand von Stadien, wie sich aus den grundlegenden Handlungen des Säuglings die „höchsten Formen der menschlichen Intelligenz" (Jetter 2013) entwickeln. Hier wird auf die Erkenntnisse zur Entwicklung des sensumotorischen Handelns zurückgegriffen, da sich so die Herausbildung von Handlungsstrukturen beschreiben lässt, die, knapp formuliert, von Symbolisierung über gedanklich koordinierte und anschließend ausgeführte Handlungen zu verinnerlichten Handlungen führt, die letztendlich aufeinander bezogen werden können (Jetter 1975, Jetter 2013, Praschak 1993).

Zentral hierbei ist die Unterscheidung von Subjekt und Objekt, welche die Unterscheidung zwischen Mensch und Bedingungen seiner alltäglichen Lebenssituation meint. Durch Assimilation und Akkommodation wirkt das Subjekt auf das Objekt, indem es sich dieses aneignet, was gleichbedeutend damit ist, dass sich das Objekt an die interne Struktur des Subjekts assimiliert, also angleicht (Jetter 1975, 1979). Übertragen auf die Unterscheidung zwischen Mensch und Bedingungen seiner alltäglichen Lebenssituation bedeutet das eine Einflussnahme des Menschen auf seine alltägliche Lebenssituation in dem Sinne, dass er die ihm vorfindlichen Gegebenheiten beziehungsweise Bedingungen erkennt, das heißt aufnimmt und durch Differenzierung einer bereits vorhandenen Struktur verändernd auf diese einwirkt. Dies erfolgt folgendermaßen:

Das Erkennen der Bedingungen und die darauffolgende Anpassung ist eine innere plangeleitete Organisation des Subjekts mit dem Bestreben, diese innere

Organisation aufrecht zu erhalten, also den Kontakt zum Objekt nicht zu verlieren, sodass die Erkenntnismöglichkeiten aufrechterhalten bleiben. Die Assimilationspläne ermöglichen es dem Subjekt also, mit den Objekten in Verbindung zu treten und eine Veränderung hervorzurufen (Jetter 2013).

Das beschriebene dialektische Verhältnis zwischen Subjekt und Objekt beziehungsweise zwischen Mensch und Bedingungen seiner alltäglichen Lebenssituation stellt die Grundlage jeder Handlung dar. Jetter (1979) bezeichnet das Assimilationsverhältnis als „Motor des menschlichen Handelns" (Jetter 1979, 213). Die erkannten Bedingungen der alltäglichen Lebenssituation beeinflussen durch die Mechanismen der Assimilation beziehungsweise Akkommodation den Handlungsplan des Subjekts. Die bewegliche Beziehung zwischen Subjekt und Objekt, also die Möglichkeit der Herstellung eines Gleichgewichts zwischen Assimilation und Akkommodation, führt zu einer Erweiterung der Handlungspläne und damit zu einer Erweiterung der Handlungsmöglichkeiten des Subjekts.

Zusammenfassend kann festgehalten werden, dass den beschriebenen Vorgängen der Assimilation und Akkommodation von Handlungsplänen und der damit in Zusammenhang stehenden Realisierung von Handlungsplänen die sensumotorische Entwicklung der Intelligenz zugrunde liegt. Anhand von sensumotorischen Stadien lässt sich beschreiben, wie sich aus den grundlegenden Handlungen des Säuglings die „höchsten Formen der menschlichen Intelligenz" (Jetter 2013) entwickeln. Hier wird auf die ,stufenförmige' Entwicklung des sensumotorischen Handelns zurückgegriffen, da sich so die Herausbildung von Handlungsstrukturen (Jetter 1975, Jetter 2013, Praschak 1993) beschreiben lässt, die von Symbolisierung über gedanklich koordinierte und anschließend ausgeführte Handlungen zu verinnerlichten Handlungen führt, die letztendlich aufeinander bezogen werden können.

Für die Beschreibung eines Konzepts von alltäglicher Lebenssituation bedeutet das, dass die Bedingungen der alltäglichen Lebenssituation die Bedingungen der Handlungsmöglichkeiten des Subjekts darstellen. In dem Moment, in dem der Mensch auf seine alltägliche Lebenssituation durch Handeln einwirkt und damit die Bedingungen seiner Handlungsmöglichkeiten erkennt (Jetter 1979) und im Falle von Akkommodation eine Anpassung von vorhandenen Strukturen beziehungsweise Handlungsplänen vornimmt, erkennt er die Bedingungen seiner alltäglichen Lebenssituation, die er damit als erkannte Wirklichkeit repräsentiert und konstruiert. Die vergangenen Handlungen des Subjekts bestimmen als objektive Seite die zukünftige Entwicklung von Handlungsplänen mit, die als subjektive Handlungspläne schließlich realisiert werden. Bei der Konstruktion eines Konzepts von alltäglicher Lebenssituation werden damit subjektive und objektive Handlungspläne und verwirklichte Handlungsmöglichkeiten zu bestimmenden Faktoren. Im folgenden Abschnitt wird die Bedeutung der Erkenntnisse der bisherigen Ausführungen dieses Kapitels genauer betrachtet.

4.2.2 Bedeutung der Annahmen der genetischen Erkenntnistheorie für die eigenaktive Konstruktion alltäglicher Lebenssituation

Die bisherigen Ausführungen des vorliegenden Kapitels zeigen den Zusammenhang zwischen Erkennen und Handeln des Subjekts bei der Konstruktion von Wirklichkeitszusammenhängen auf. Mit den Austauschprozessen Assimilation und Akkommodation wird auf die nach innen beziehungsweise nach außen gerichteten operationalen Prozesse verwiesen, die zu einer Strukturierung der erkannten Wirklichkeit führen. Dabei spielen die im Abschnitt 4.2.1 benannten Stufen der Entwicklung sensumotorischer Intelligenz eine entscheidende Rolle. Daher werden im Folgenden wesentliche Erkenntnisse aus der Annahme von Entwicklungsstufen im Zusammenhang mit dem Erkennen von Wirklichkeitszusammenhängen erläutert, um die Bedeutung der daraus gewonnenen Erkenntnisse des genetischen Strukturalismus für das Konzept der alltäglichen Lebenssituation herausstellen zu können.

Mit der Stufe des präoperativen Denkens vollzieht sich eine teilweise Bewusstwerdung der Handlungen, was gleichbedeutend ist mit einer zunehmenden Verinnerlichung von Handlungen. Bisher bestand die Wirklichkeit, somit die alltägliche Lebenssituation des Subjekts, als wirksame Handlung beziehungsweise als wirklich erlebtes Ereignis, nicht als mögliche andere Handlungen (Jetter 2013). Mit der Entwicklung des präoperativen Denkens findet eine erste Begriffsentwicklung statt und es werden die Objekte der alltäglichen Lebenssituation an die Möglichkeiten der Handlungen des Subjekts assimiliert (Piaget 2015). Anstatt also eine erfolgreiche Handlung wie bisher einfach zu wiederholen, sucht das Subjekt nach Gründen des Erfolgs, es erfolgt Akkommodation und das Subjekt erkennt, dass es in seiner alltäglichen Lebenssituation etwas bewirken kann (Jetter 2013). Piaget führt hierzu den Begriff der „Vorbegriffe[n]" (Piaget 2015, 32) an, die dieses Stadium kennzeichnen. Damit Handlungen verinnerlicht werden können, muss das Subjekt Erkenntnisinstrumente entwickeln, die aus fortschreitender Imitation resultieren, was bedeutet, dass die Verinnerlichung von Nachahmungen über Symbolisierung zu Repräsentationen führt (Piaget 2015, 31–38).

Die fortschreitende Koordination der inzwischen zielgerichteten Handlungen führt zu Handlungen, die zwar noch an anschauliche Gegebenheiten gebunden sind (Jetter 1975), allerdings den Status von Operationen erlangen, wodurch es auf dieser Stufe der konkreten Operationen zu einer „entscheidenden Wende" (Piaget 2015, 43) in Bezug auf die Konstruktion der Erkenntnisinstrumente kommt. Als Folge vollzieht sich eine Erweiterung des Kausalitäts- und Raumbegriffs, indem Objekte von verschiedenen Standpunkten aus betrachtet und Zusammenhänge auf anschaulicher Basis hergestellt werden (Piaget 2015).

Für die Beschreibung der eigenaktiven Konstruktion des Konzepts der alltäglichen Lebenssituation bedeutet das: Während die Stufe der konkreten Operationen wirkliche Objekte verlangt und Bedingungen alltäglicher Lebenssituation in dieser Hinsicht mithilfe konkreter Gegenstände konstruiert werden, können im Stadium der formalen Operationen Konstruktionen der alltäglichen Lebenssituation auch in Abstraktion von der aktuell gegenständlich erfahrenen Wirklichkeit vollzogen werden.

Insgesamt ist bei der Frage nach der Konstruktion von Bedingungen der alltäglichen Lebenssituation resümierend festzuhalten: Der Mensch verarbeitet die Wirklichkeit, indem er sie auf subjektive Weise repräsentiert und so zu ‚seiner' Realität macht. Dies geschieht mittels eines autopoietischen Erkenntnissystems, welches durch Selbstorganisation zur Ausbildung von Strukturen führt, die wiederum zu Deutungskriterien übergehen (Praschak 1993), mit denen das Subjekt die aus der Wirklichkeit gewonnenen Informationen ordnet und zur Konstruktion der erkannten Bedingungen alltäglicher Lebenssituation nutzt. Praschak (1993) bezeichnet die so erfahrene Wirklichkeit mit ihren Informationen als „physikalische Welt" (Praschak 1993, 45). Die vom Subjekt konstruierte alltägliche Lebenssituation kann, je nach Information, als

- „eine Welt des eigenen Körpers, als Welt der Erfahrung mit der eigenen Beweglichkeit und den eigenen Sinnen (Aufbau eines Wissens in Aktion),
- Welt der Dinge und Personen (Aufbau von Repräsentationsstrukturen) und
- Welt der Gefühle und Motive, als Ausdruck energetischer Neugier (Aufbau von Emotionen)" (Praschak 1993, 45) erkannt werden.

Praschak (1993) betont, dass die Informationen der Wirklichkeit, die hier als physikalische Welt bezeichnet werden, erst durch die subjektive Konstruktion in Lebenszusammenhängen bedeutsam werden. Anders ausgedrückt, die Bedingungen der alltäglichen Lebenssituation erlangen für ein Subjekt erst dann Bedeutung, wenn es diese in aktiver Auseinandersetzung erkennt und seinen Strukturen, beispielsweise Handlungsplänen, gemäß seinen Möglichkeiten anpasst.

Die Ausführungen zur Bedeutung der Erkenntnisse des genetischen Strukturalismus zeigen drei zentrale Annahmen zur Konstruktion eines Konzepts von
Lebenswelt auf.

Erstens werden die Deutungskriterien Raum, Zeit und Kausalität (siehe
Abschnitt 1.2.3) relevant, denn die aktive Auseinandersetzung mit den erkannten
Informationen der Wirklichkeit geschieht in Form einer strukturierten Ordnung
auf Basis dieser Erkenntniskategorien.

Zweitens werden diese Erkenntniskategorien aufgrund des dialektischen Verhältnisses zwischen Mensch und Bedingungen seiner alltäglichen Lebenssituation
durch die aktive Auseinandersetzung mit den Bedingungen, also durch konkretes
Handeln, konstruiert (Jetter 2013).

Drittens führt die fortschreitende Entwicklung der sensumotorischen Handlungsfähigkeit zu einer Konstruktion des Konzepts der alltäglichen Lebenssituation. Dadurch dass sich das Subjekt zunehmend Wissen über die Welt aneignet,
entwickelt es Handlungspläne, die sich immer weiter ausdifferenzieren (Jetter
1975; 2013).

Die Erkenntnis der alltäglichen Lebenssituation beruht also auf den entwi-
ckelten subjektiven Ordnungskategorien Raum, Zeit und Kausalität, die nicht
Ergebnis der Wahrnehmung durch die Sinne sind, sondern durch konkretes
Handeln in der alltäglichen Lebenssituation konstruiert werden und aus den
grundlegenden Mechanismen der Assimilation und Akkommodation resultieren.
Auf Basis dieser Annahme und unter Anbetracht der Prämisse, den Menschen
als aktiv handelndes Wesen zu sehen, das auf Mitmenschen bezogen ist (siehe
Abschnitt 1.2.2) stellt sich weiterführend die Frage danach, welche Bedeutung die
Kultur und Gesellschaft der Menschen bei der Konstruktion alltäglicher Lebenssituation erhält. Daher wird im folgenden Abschnitt alltägliche Lebenssituation
als kulturgebundenes und gesellschaftsbezogenes Konstrukt betrachtet.

4.3   Alltägliche Lebenssituation als Resultat kulturgebundener und gesellschaftsbezogener Konstruktion des Subjekts

Die folgenden Ausführungen stehen in engem Zusammenhang mit den anthropologischen Grundannahmen, die sich auf die Kulturgebundenheit des Menschen
beziehen (siehe Abschnitt 1.2.2). Den Menschen als handelndes Wesen zu
begreifen und das Handeln des Menschen als kulturgebunden zu fassen, führt
direkt zu der Annahme, dass ebenso sprachliches Handeln als kulturgebunden
anzusehen ist, da, wie gezeigt wurde, Sprachgebrauch und Spracherwerb aus

handlungstheoretischer Sicht als menschliches Handeln zu fassen sind (siehe Abschnitt 3.1).

Die Sprache, die vom handelnden Menschen gebraucht beziehungsweise erworben wird, ist ein kulturelles Produkt (Jetter 1987; Welling 1990; Tomasello 2011) und damit als Konstruktionsfaktor des Konzepts der alltäglichen Lebenssituation zu betrachten. Die alltägliche Lebenssituation wird durch das menschliche Handeln konstruiert und ist entsprechend der im Abschnitt 1.2.2 genannten anthropologischen Grundannahmen als kulturgebunden zu verstehen. In den nächsten beiden Abschnitten werden daher nacheinander Kulturgebundenheit (4.3.1) und Gesellschaftsbezogenheit (4.3.2) des Handelns im Allgemeinen und des sprachlichen Handelns im Speziellen konkret dahingehend betrachtet, Zusammenhänge zwischen kulturgebundenem beziehungsweise gesellschaftsbezogenem Handeln mit der Konstruktion von alltäglicher Lebenssituation herzustellen. Schließlich wird daraus die Bedeutung kulturgebundenen beziehungsweise gesellschaftsbezogenen Handelns als Konstruktionsfaktor für alltägliche Lebenssituation hergeleitet.

Als Erstes steht die Kulturgebundenheit des menschlichen Handelns im Fokus, wobei zum einen der Normbegriff und zum anderen die Bezeichnung von Kommunikation als fünfte Dimension nach Elias (2001a, 76 f.) eine wesentliche Rolle spielen, um die Kulturgebundenheit menschlichen Handelns nachzuzeichnen.

Der zugrunde liegende Kulturbegriff steht in engem Zusammenhang mit dem in den anthropologischen Grundannahmen beschriebenen Aktivitätspostulat: Der Mensch wird als aktives Wesen betrachtet (Welling 1990). Daraus lässt sich folgern, den ‚kulturgebundenen‘ Menschen nicht nur als kulturabhängig, sondern insbesondere als kulturschaffend zu bezeichnen.

4.3.1 Alltägliche Lebenssituation als Resultat kulturgebundener Konstruktion des Subjekts

Elias (2001b) thematisiert bei der Beschreibung kultureller Aspekte gesellschaftlicher Prozesse den ‚Kultur-Natur-Dualismus‘ und spricht dabei von Kultur als Struktur, die eine Weitergabe von Wissen durch Kommunikation ermöglicht. Die Begriffe Natur und Kultur beziehen sich bei Elias (2001b) nicht auf voneinander unabhängige oder gegensätzliche Teile der menschlichen Welt, vielmehr hängen sie beide zusammen, da Menschen „von Natur aus für Kultur und Gesellschaft" (Elias 2001b, 133) geschaffen sind. Damit wendet sich Elias (2001b) gegen die

Annahme, dass Gesellschaft und Kultur von der Natur getrennt oder gegensätzlich zu ihr zu betrachten sind. Sprache als kulturelles Produkt werde von beiden Aspekten beeinflusst.

Menschen werden nach Elias (2001) immer in eine Gesellschaft, das heißt in eine Gruppe von Menschen, hineingeboren. Diese Gruppe war bereits vor ihnen da und hat die Bedingungen, auch kulturelle, geschaffen, die jene vorfinden und unter denen sie handeln. Kultur wird somit zu einem Handlungsfeld mit vom Menschen geschaffenen Inhalten (Welling 1990, 329), und Menschen bringen darin ihre „eigenen kulturellen Produkte für ihre ganz bestimmte Gesellschaft" (Elias 2001, 14) hervor.

Zu einem kulturellen Produkt kann auch die Sprache gezählt werden, denn sie hat kulturelle Wurzeln. Menschen entwickeln und gebrauchen Sprache unter den kulturell-gesellschaftlichen Ansprüchen und Verhältnissen ihrer alltäglichen Lebenssituation (Tomasello 2011), wodurch Sprache einerseits an die kulturellen Bedingungen gebunden wird und andererseits zu einem „Symbol für soziale Gegebenheiten" (Welling 1990, 221) wird. Anders ausgedrückt gelingt es den Menschen mittels Sprache, sich die Bereiche ihrer Kultur anzueignen. Den Kindern den kulturellen Wert der Sprache bei der Aneignung von Kultur erfahrbar zu machen, ist nach Jetter (1987) die Voraussetzung, um sprachliche Handlungsfähigkeit erweitern zu können.

Gleichzeitig geht es nicht nur um die Weitergabe des Wissens und die damit verbundene Aneignung der Kultur, sondern die kulturell entwickelten sprachlichen Symbole beeinflussen die kognitiven Repräsentationen von Kindern (Tomasello 2006). Kulturell geprägt ist damit ebenfalls der Spracherwerb des Kindes: Die Imitation des Rollenwechsels, nach Tomasello Grundlage des Spracherwerbs, führt zu einem aktiven Gebrauch der sprachlichen Symbole bei Kindern, die die Werte der Erwachsenen innerhalb dieser Rollenwechselimitation übernehmen. Spracherwerb ist kulturelles Lernen, denn in der Kultur liegt das vorhandene Wissen, das dem Erwerb der sprachlichen Symbole zugrunde liegt (Tomasello 2006).

Über die Kultur, die Kinder umgibt, erlernen sie, wie kommunikative Situationen aufgefasst werden können. Jene Kultur ist dadurch entstanden, dass die Menschen zuvor ebenfalls ihre Aufmerksamkeit gemeinsam mit anderen geteilt haben. Das Lernen durch Imitation führt zu einer kreativen Anpassung an die jeweilige kommunikative Situation.

Mit Elias (2001a) lässt sich der Zusammenhang von Spracherwerb und Kulturgebundenheit zusammenfassend folgendermaßen ausdrücken: Kinder erwerben „mit ihrer Sprache auch Aspekte des Wissensfundus der Gesellschaft, in der sie heranwachsen, und diese Aspekte vermischen sich ständig mit dem Wissen, das sie durch eigene Erfahrungen erwerben" (Elias 2001a, 61). Dabei verweben sich das erworbene Wissen des Kindes und das Wissen der Gesellschaft beziehungsweise der Kultur immer enger miteinander. Eindeutig zeigt sich an dieser Stell erneut, dass Kommunikation dabei als Grundlage für den Wissenserwerb gilt.

Wenn also Kommunikation Grundlage für den Wissenserwerb ist, lohnt sich ein Blick darauf, wie genau beziehungsweise wodurch sich dieser Erwerb vollzieht. Die menschliche Kommunikation, die die Weitergabe des kulturellen Wissens ermöglicht, wird durch spezifische sprachliche-kommunikative Normen bestimmt (Welling 1990, 223), die sich zum einen auf die sprachlichen Äußerungen (wie ist das sprachliche Produkt beschaffen) und zum anderen auf die normierenden Bedingungen (wie ist die Regelkonformität bestimmt) beziehen. Die jeweilige Kultur bringt solche Normen hervor, die als „gedankliche Festsetzungen" (Welling 1990, 223) auf das menschliche Handeln bezogen sind und mit dem Ziel der Regulation eine ganz bestimmte Art des Handelns fordern. Jedoch werden Werte und Normen nicht isoliert gelernt, sondern durch die Verwendung von Worten in bestimmten Situationen sprachlichen Handelns. Menschen lernen, Bedeutungen auszudrücken, das heißt begriffliches Wissen, das sich auf Normen und Werte beziehen kann, aufzubauen und die Begriffe den sprachlichen Symbolen zuzuordnen (Welling 1990, 332).

Die Annahme eines begriffsorientierten Erwerbs von Normen und Werten wird durch die Ausführungen Piagets (2015) untermauert. Nach Piaget (2015) entstehen Normen aus den konkreten Handlungen der Wirklichkeit und lassen sich nicht aus Tatsachen ableiten. Entsprechend der Annahmen zur kognitiven Entwicklung des Kindes lässt sich feststellen: Bei den damit beschriebenen Vorgängen begriffsorientierten Erwerbs von Normen und Werten handelt es sich um „gedankliche Konstruktionen" (Welling 1990, 225), die nicht von außen gesetzt werden. Das bedeutet nicht, dass es sich um persönliche Erfindungen des Individuums handelt (Welling 1990, 323), vielmehr kommt damit die konstruktivistische Sichtweise zum Ausdruck. Zwar werden Normen als gedankliche Festsetzungen bezeichnet, die aber nicht als äußerliche Festsetzungen betrachtet werden, sondern vom Individuum unter den Bedingungen der jeweiligen Kultur konstruiert werden. Die kulturell-gesellschaftliche Umwelt beeinflusst durch Normen das Individuum, was durch den Begriff der Wertorientiertheit ausgedrückt wird (Welling 1990). Damit stehen Normen und Werte in engem Zusammenhang mit der kulturellen Entwicklung beziehungsweise dem kulturellen Wandel.

In Bezug auf das sprachliche Handeln sind nach Schönberger (1987) diejenigen Regeln als sprachliche Normen zu fassen, die in der kulturellen Entwicklung vom zielgerichteten, wertorientierten, plangeleiteten Handeln und nicht von den jeweiligen Handlungsergebnissen abgeleitet werden. Diese Regelmäßigkeiten, die sich im sprachlichen Handeln zeigen, werden durch Verallgemeinerung zu sprachlich-kommunikativen Normen (Welling 1990, 332) und betreffen als Aspekt der Wertorientiertheit die strukturelle und inhaltliche Seite des sprachlichen Handelns. In diesem Sinne werden Sprache und Sprechtätigkeit wertvoll, das heißt als Wert erfahren, wenn sie erstens dem kommunikativen Austausch, zweitens der Repräsentationsfunktion dienen und drittens auf die Sprache selbst einwirken und Erfahrungen mit Sprache und Sprechtätigkeit selbst ermöglicht werden (Welling 1990, 326 f.).

Zusammenfassend lassen sich die theoretischen Annahmen wie folgt in Verbindung bringen: Handeln, also auch sprachliches Handeln, ist als kulturgebunden zu bezeichnen, da die Kultur Wertkonzepte und Normen hervorbringt, unter denen sprachliche Handlungen stattfinden. Gleichzeitig wird in sprachlichen Handlungen und mittels Sprache das Wissen der Kultur, also auch Normen und Werte, weitergegeben und weiterentwickelt. Kultur als ‚bereitgestelltes' Wissen liefert diejenigen Bedingungen, unter denen Menschen leben, also sprachlich sowie nichtsprachlich handeln (Welling 1990; Tomasello 2011). Kulturgebundenes Handeln wird damit zu einem Konstruktionsfaktor des Konzepts der alltäglichen Lebenssituation, da insbesondere durch sprachliches Handeln das kulturelle Wissen an die Kinder weitergegeben wird, die mittels Kommunikation ihre alltägliche Lebenssituation ordnen, das heißt ihr eine Struktur verleihen, die auf eben den Werten und Normen ihrer Kultur basieren. Handeln, auch sprachliches Handeln in der alltäglichen Lebenssituation, wird unter dem Aspekt der Wertorientiertheit vollzogen. Elias (2001a, 76 f.) beschreibt die menschliche Welt als fünfdimensional und meint dabei Sprache als fünfte Dimension, die dazu beiträgt die Welt erfahren und sich über sie verständigen zu können. In diesem Sinne ist kulturgebundenes sprachliches Handeln als Konstruktionsfaktor des Konzepts der alltäglichen Lebenssituation zu verstehen und in Übereinstimmung mit Elias (2001b) Kultur als eine Art, wie die Wahrnehmung geordnet wird.

Wenngleich durch die bisherigen Überlegungen zur Kulturgebundenheit menschlichen Handelns postuliert werden kann, dass allgemeines und im Besonderen sprachliches Handeln aufgrund der Kulturgebundenheit zur Konstruktion von alltäglicher Lebenssituation beiträgt, so fehlt bei Betrachtung der anthropologischen Annahmen (siehe Abschnitt 1.2.2) doch noch ein wesentlicher Aspekt, nämlich die Gesellschaftsbezogenheit menschlichen Handelns. Inwiefern gesellschaftsbezogenes Handeln als Konstruktionsfaktor des Konzepts der alltäglichen Lebenssituation verstanden kann, wird im folgenden Abschnitt abgewogen und erörtert.

4.3.2   Alltägliche Lebenssituation als Resultat gesellschaftsbezogener Konstruktion des Subjekts

Bedingungen der alltäglichen Lebenssituation als gesellschaftsbezogenes Konstrukt zu begreifen meint, die Gesellschaftlichkeit des Menschen in den Mittelpunkt zu rücken, also den Menschen als gesellschaftlich zu betrachten. Gesellschaftlichkeit ist dabei sowohl Ausgangspunkt als auch Ergebnis des gleichen Prozesses, nämlich der Herstellung von Lebensbedingungen. So wird im Folgenden auf die Gesellschaftlichkeit des Menschen und der damit zusammenhängenden gesamtgesellschaftlichen Vermitteltheit des Menschen Bezug genommen. Dadurch soll erörtert und abgewogen werden, inwiefern diese Annahmen zu einer Konstruktion des Konzepts der alltäglichen Lebenssituation beitragen.

Holzkamp (1985) verwendet bezüglich der Gesellschaftsbezogenheit menschlichen Handelns den Begriff der gesamtgesellschaftlichen Vermitteltheit der menschlichen Existenz. Dies kann als das Mensch-Gesellschaftsverhältnis interpretiert werden. Das bedeutet, dass die menschliche Existenz durch die gesellschaftlichen Verhältnisse bestimmt wird, die als vorfindbare Voraussetzungen vorhanden sind und der individuellen Existenzsicherung zugrunde liegen. Diese Voraussetzungen muss der Mensch selbst produzieren, um zur gesellschaftlichen Lebensgewinnung beizutragen. Gesamtgesellschaftlich vermittelt bedeutet also, dass die gesellschaftlichen Verhältnisse die doppelte Beziehung des Menschen bestimmen: Dieser lebt erstens unter den Bedingungen und produziert diese zweitens selbst (Holzkamp 1985). Inbegriffen ist dieser Zusammenhang in dem Begriff der verallgemeinerten Handlungsfähigkeit (Holzkamp 1985; 1987). Die Handlungsfähigkeit wird damit zu einer Grundkategorie, mit der die Fähigkeit gemeint ist, gemeinsam mit anderen „Verfügung über meine jeweiligen individuell relevanten Lebensbedingungen zu erlangen" (Holzkamp 1987, 14).

Bei der Betrachtung gesamtgesellschaftlicher Vermitteltheit menschlicher Existenz ist nach Holzkamp (1985) ein Zusammenhang herzustellen zwischen der Art und dem Grad der Handlungsfähigkeit und der subjektiven Befindlichkeit. Mit der subjektiven Befindlichkeit werden der Aspekt des Grades und der Art der subjektiven Handlungsfähigkeit ausgedrückt. Gemeint sind damit diejenigen Handlungsmöglichkeiten und Handlungsbeschränkungen (Holzkamp 1987, 15), die das Subjekt in den objektiven Bedingungen, die es umgeben, vorfindet. Für die Beschreibung subjektiver Erfahrung von Handlungsmöglichkeiten wählt Holzkamp (1985) den Begriff der subjektiven Befindlichkeit und unterscheidet in einen situationalen Pol und einen personalen Pol. Da die Handlungsmöglichkeiten des Subjekts erstens in seinen äußeren Bedingungen und zweitens in seinen inneren, also personalen Bedingungen seiner Lebenssituation liegen, handelt es sich beim situationalen Pol um objektive Bedingungen (‚Situation'),

> „soweit und in der besonderen Weise, wie sie in ihren Bedeutungsbezügen und darin liegenden Handlungszusammenhängen samt deren Fassung in gesellschaftlichen Denkformen etc. vom Individuum als dessen Handlungsmöglichkeiten beziehungsweise deren ‚faktische' Beschränkungen kogniziert und emotional bewertet, also ‚erfahren' werden. Die (i.e.S.) ‚personale' Befindlichkeit umfaßt demgegenüber die geschilderte ‚Funktionsgrundlage' in ihrem jeweiligen Erkenntnisstand, die operativen Fertigkeiten, das ‚Können', das ‚Wissen', die praktisch-symbolische Begrifflichkeit etc. als ‚funktionale' Ausprägungen der allgemeinen emotionalen Wertungsgrundlage, also ‚inhaltliche' Bedürftigkeit etc., soweit und in der besonderen Weise, wie sie vom Individuum in bewusstem ‚Verhalten' zu sich selbst erfahren werden." (Holzkamp 1985, 335 f.)

Die Wertung der jeweiligen Handlungsmöglichkeiten wird durch den Aspekt der Emotionalität ermöglicht, der als Moment der Handlungsfähigkeit einen Teilaspekt dieser darstellt. Einen weiteren Aspekt der Handlungsfähigkeit stellt die Motiviertheit dar: Dadurch wird es dem Subjekt möglich seine Lebensmöglichkeiten zu erweitern, wobei es vom Inhalt des Ziels abhängig ist, ob das Ziel motiviert verfolgt wird oder nicht (Holzkamp 1985). Daher führen die Bedingungen, von denen die individuellen Lebens- und Entwicklungschancen abhängen, zur Handlungsfähigkeit, die ausdrückt, inwiefern das Subjekt über seine Lebensbedingungen verfügt.

Die Ausführungen zur Handlungsfähigkeit zeigen, dass Handlungsfähigkeit aus subjektwissenschaftlicher Sicht keine „individuelle Möglichkeit" (Holzkamp 1987, 15) zu handeln darstellt, sondern es wird damit die Fähigkeit des Menschen bezeichnet, zusammen mit anderen Menschen über die jeweils „individuell relevanten Lebensbedingungen" (Holzkamp 1987, 15) zu verfügen. Es wird Verfügung über die Bedingungen erlangt, von denen die je individuelle „Lebens- und Entwicklungsmöglichkeit" (Holzkamp 1987, 15) des Menschen abhängig ist.

Zudem wird zwischen restriktiver und verallgemeinerter Handlungsfähigkeit unterschieden. Restriktive Handlungsfähigkeit bezieht sich auf die „individuellunmittelbare Bedürfnisbefriedigung" (Holzkamp 1985, 2), wohingegen die verallgemeinerte Handlungsfähigkeit auf die „gemeinsame Erweiterung der gesellschaftlichen Lebensmöglichkeiten" (Holzkamp 1985, 2) verweist.

Das beschriebene Begriffspaar wird zur Erklärung des Mensch-Welt-Zusammenhangs, also des Zusammenhangs von Individuum und Gesellschaft, herangezogen (Holzkamp 1985, 371 f.; Holzkamp 1987, 15). Handlungsfähigkeit wird dann durch die Herstellung eines Zusammenhangs mit dem Begriff der

Handlungsmöglichkeit sinnvoll. Handlungsmöglichkeiten, die in den gesellschaftlichen Bedeutungsstrukturen liegen, also als Bedingungen zu fassen sind, bestimmen in gesellschaftlicher Hinsicht, was getan werden muss, und verweisen damit
auf objektive Handlungsmöglichkeiten. In individueller Hinsicht bestimmen sie,
was getan werden kann, und verweisen so auf individuelle Handlungsmöglichkeiten (Holzkamp 1985). Mit den gesellschaftlichen Bedeutungsstrukturen sind die
gesellschaftlichen Verhältnisse gemeint. Die gesellschaftlichen Verhältnisse sind
dem Individuum nie in ihrer Gesamtheit gegeben, sondern in Ausschnitten, die
in einem konkreten individuellen Handlungszusammenhang stehen (Holzkamp
1985). Der Moment, in dem das Subjekt über seine konkreten individuellen
Lebensbedingungen verfügt, wird aus subjektwissenschaftlicher Sicht mit dem
Begriff der personalen Handlungsfähigkeit ausgedrückt. Diese individuelle Verfügung über die eigenen Lebensbedingungen wird durch beziehungsweise in
Teilhabe an der Verfügung über den gesamtgesellschaftlichen Prozess ermöglicht.

Die Handlungsfähigkeit des Individuums bestimmt seine subjektive Freiheit,
die sich auf die individuelle Handlungsmöglichkeit bezieht: Erstens kann das
Individuum die Bedingungen seines Handelns, die es vorfindet, hinnehmen und
zweitens verändern. Daraus ergibt sich die Freiheit des Individuums, die aber
abhängig von der Art seiner Teilhabe an der gesellschaftlichen Verfügung über
die vorfindbaren Lebensbedingungen ist. Um Einschränkungen seines Handelns
zu überwinden, muss das Individuum die Bedingungen seiner Handlungsfähigkeit
erweitern. Mit Holzkamp (1985) ist in diesem Zusammenhang Folgendes festzustellen: Erstens ist der Mensch für seine Handlungen verantwortlich, was in den
Begriffen Handlungsfähigkeit und Handlungsmöglichkeit ausgedrückt ist. Zweitens gibt es immer eine Handlungsalternative, also eine weitere Möglichkeit des
Handelns, auch wenn eine Alternative für das Subjekt nicht als solche ersichtlich ist und es daher auf die Handlungsalternative verzichtet (Holzkamp 1985,
355 ff.).

Mit dem Verantwortungsbegriff wird auf die dem Handeln zugrunde liegenden
Handlungsgründe verwiesen. Für Holzkamp (1985, 349) ist der Begriff der Handlungsgründe ein Vermittlungsbegriff: Damit wird kein Dualismus ausgedrückt, der
sich beispielsweise auf den Gegensatz determinierte Handlung versus beliebige
Sinnstiftung des Individuums bezieht, sondern die subjektiven Handlungsgründe
sind in den individuellen Lebensbedingungen begründet. Das bedeutet, subjektive
Freiheit meint keine Beliebigkeit von Entscheidungen, sondern die Begründetheit
jeder einzelnen Entscheidung des Subjekts.

An dieser Stelle kann die Schlussfolgerung gezogen werden, dass der Vermittlungsbegriff das Verhältnis der objektiven Bedingungen und deren subjektive

Realisierung durch das Individuum ausdrückt und in Zusammenhang mit der Annahme steht, dass Handeln im Begründungsdiskurs stattfindet.

Wie gezeigt wurde, stellen sich die objektiven Bedingungen dem Subjekt als Bedeutungsstrukturen dar, zu denen es sich verhält und welche es in Prämissen überführt. Prämissen sind diejenigen Bedeutungen, die in unmittelbarem Zusammenhang mit den Lebensinteressen des Subjekts stehen und zu denen sich das Subjekt in Form von begründeten Handlungen verhält.

Zusammenfassend kann für ein Konstrukt der alltäglichen Lebenssituation festgestellt werden, dass die Bedingungen der alltäglichen Lebenssituation immer in gesellschaftlichen Bedeutungsstrukturen zu fassen sind. Zudem sind die Bedingungen der alltäglichen Lebenssituation dem Menschen nur in dieser Form gegeben, wodurch die Menschen entsprechend begründet handeln. Zentral bei der Auseinandersetzung mit menschlichem Handeln im Begründungsdiskurs ist der Begriff der Prämissen. Prämissen sind in diesem Zusammenhang als diejenigen Bedingungen zu verstehen, die die Handlungsmöglichkeiten des Subjekts bestimmen, also die objektiven äußeren beziehungsweise inneren Bedingungen, die für das Subjekt in Bezug auf seine Lebensinteressen relevant erscheinen. Die Unterscheidung von objektiven äußeren Lebensbedingungen und inneren Lebensbedingungen bedeutet, situationale von personalen Lebensbedingungen zu unterscheiden. Dadurch dass das Subjekt in Zusammenhang mit seinen Lebensinteressen situationale beziehungsweise personale Lebensbedingungen zu Prämissen seines Handelns macht, sind situationale und personale Lebensbedingungen als Konstruktionsfaktoren von alltäglicher Lebenssituation zu betrachten. Es sind individuelle Handlungsziele, die das Subjekt bildet, indem es durch Gestalten seiner Lebensbedingungen seine Existenz erhält. Die individuellen Ziele des Handelns sind zum einen inbegriffen in den gesellschaftlichen Bedeutungsstrukturen. Zum anderen sind sie auf diese bezogen, da das Subjekt in den gesellschaftlichen Bedeutungsstrukturen seine individuelle Existenzerhaltung sichert. Die individuellen Handlungsziele dienen also der Lebensgewinnung und werden daher ebenfalls als Moment der Konstruktion von alltäglicher Lebenssituation verstanden.

Die Ausführungen in dem vorliegenden Abschnitt stellen die Bedeutung des kulturgebundenen und gesellschaftsbezogenen menschlichen Handelns für die Konstruktion von alltäglicher Lebenssituation heraus. Ungeklärt bleibt an dieser Stelle trotz der Ausführungen zur menschlichen Eingebundenheit in Kultur und Gesellschaft, welchen Beitrag die Individuen selbst für die Konstruktion von alltäglicher Lebenssituation leisten. Daher wird im folgenden Abschnitt (4.4) auf Kooperation und Kommunikation als Aspekte zwischenmenschlicher Beziehungen eingegangen, um zu erörtern, inwiefern alltägliche Lebenssituation als Resultat zwischenmenschlicher Beziehungen gefasst werden kann.

4.4   Alltägliche Lebenssituation als Resultat zwischenmenschlicher Beziehungen

Ausgehend von der Annahme, den Menschen als ein auf Mitmenschen bezogenes Wesen (siehe Abschnitt 1.2.2) zu betrachten, werden im vorliegenden Abschnitt die zwischenmenschlichen Beziehungen in den Mittelpunkt gestellt. Zunächst wird im Abschnitt 4.4.1 der Fokus auf Kooperation gelegt, da von dem Menschen als kooperationsfähiges und kooperationsbereites Wesen ausgegangen wird. Als Grundlage hierfür dienen die Grundannahmen der Kooperativen Pädagogik nach Schönberger, Jetter und Praschak (1987) und die Ausführungen Tomasellos (2006; 2011). Außerdem wird zur Beschreibung zwischenmenschlicher Beziehungen mit Holzkamp (u. a. 1985) der Blick auf eine subjektwissenschaftliche und mit Elias (u. a. 1977) auf eine soziologische Perspektive gerichtet. Zudem wird im Abschnitt 4.4.2 die Kommunikation betrachtet, die gleichermaßen wie Kooperation zur Konstruktion von alltäglicher Lebenssituation beiträgt.

4.4.1   Alltägliche Lebenssituation als Resultat zwischenmenschlicher Kooperation

Bei der folgenden Darstellung zur Konstruktion der alltäglichen Lebenssituation wird der Begriff Kooperation im Sinne der Kooperativen Pädagogik nach Praschak, Schönberger und Jetter (1987) verwendet. Dies erscheint insofern angemessen, da das Handlungsmodell mit den Begriffen Kooperation, Handlung und Bildung für diese Arbeit als handlungsleitend betrachtet werden kann (siehe Abschnitt 1.2.3). Zusätzlich wird auf die theoretischen Annahmen Tomasellos, Elias' und Holzkamps rekurriert, und zwar weil die dahinterstehenden Bezugssysteme strukturidentisch mit der Sprachhandlungstheorie sind (siehe Abschnitt 1.3).

Im Verständnis der Kooperativen Pädagogik meint der Begriff Kooperation nicht nur die Arbeitsteilung beziehungsweise Zusammenarbeit Erwachsener (Jetter 2013). Vielmehr handelt es sich um die Form des Zusammenlebens der Menschen in ihrer Kultur und Gesellschaft. In dieser Gesellschaft handeln die

Menschen gemeinsam und ordnen ihr Leben, indem sie ihre jeweiligen individuellen Handlungen und Ziele aufeinander abstimmen (Jetter 1985, 1986). Zwei Bedingungen menschlicher Kooperation sind Ziele und Werte des gemeinsamen Handelns. Darüber hinaus zu nennen sind die „gemeinsame Freude am gemeinsamen Erleben des Ziels" (Jetter 2013, 35 f.), eine emotionale Beziehung und den Fähigkeiten der Beteiligten, Sinn zu verleihen (Jetter 2013). So entsteht eine „Einheit von emotionaler Bindung, menschlicher Beziehung und gesellschaftlicher Nützlichkeit des Handelns" (Jetter 2013, 38).

Bezüglich der Bestimmung menschlicher Kooperation nach Praschak, Schönberger und Jetter (1987) finden sich Anknüpfungspunkte bei Holzkamp (1985). Diese sind gekennzeichnet durch Bestimmung von Kooperation als Beziehungsform, die sowohl auf gesamtgesellschaftlicher Ebene als auch auf individueller Handlungsebene auftreten kann. Das bedeutet, dass die Unterscheidung in gesamtgesellschaftliche Kooperation und Kooperation als interpersonaler Prozess getroffen werden kann. Gesamtgesellschaftliche Kooperation meint dabei Kooperation auf gesellschaftlicher Ebene und Kooperation als interpersonaler Prozess bezieht sich auf die Kooperation auf individueller Handlungsebene (Holzkamp 1985, 325).

Wesentliches Merkmal von Kooperation ist nach Holzkamp (1985) das Verwirklichen gemeinsamer gesellschaftlicher Ziele. Daher ist Kooperation von unmittelbarem Zusammenwirken von Individuen abzugrenzen, denn dabei werden keine gemeinsamen gesellschaftlichen Ziele verfolgt, das heißt Verfügung über die Lebensbedingungen gewonnen. Für das unmittelbare Zusammenwirken von Individuen verwendet Holzkamp (1985) den Begriff der Interaktion. Das heißt, es treten interaktive Beziehungen zwischen Menschen auf, die auf der individuellen Handlungsebene zu verorten sind, in denen jedoch keine gesellschaftlichen Kooperationsverhältnisse realisiert werden. Nach Holzkamp (1985, 325 ff.) sind solche interaktiven Beziehungen in primär-interaktive, beispielsweise familiale, und sekundär-interaktive, beispielsweise bekanntschaftliche, Beziehungen zu unterscheiden. Diese Unterscheidung der nicht-kooperativen, „bloß interaktiven Beziehungen" (Holzkamp 1985, 326) von kooperativen Beziehungen ist aufgrund der Möglichkeitsbeziehung zu treffen, da die Individuen immer auch die Möglichkeit haben, eine kooperative Beziehung nicht einzugehen. Das heißt, es besteht die Möglichkeit, auf individueller Handlungsebene gemeinsam zu handeln, ohne gesamtgesellschaftliche Ziele zu verfolgen, da die Sicherung der Existenz des Individuums durch die Kooperation auf gesellschaftlicher Ebene, das heißt durch die Gesellschaft an sich, gesichert ist (Holzkamp 1985, 326 f.).

Kurz gesagt, im Mittelpunkt steht die Gesellschaft, welche zu einem „erhaltungsfähigen Kooperationssystem" (Holzkamp 1985, 325) wird, in dem interaktive, nicht-kooperative Beziehungen genauso möglich sind wie kooperative Beziehungen. Kooperation ist bestimmt durch die Realisierung gemeinsamer Ziele, die nur durch gemeinsames Handeln erreicht werden können. Im Gegensatz dazu steht die Interaktion, die durch nebeneinander stattfindendes individuelles Tun gekennzeichnet ist. Holzkamp (1985) weist darauf hin, dass es sich bei der kategorialen Unterscheidung kooperativer und interaktiver Beziehungen um analytische Mittel handelt, die keine Bestimmung getrennt vorliegender Sachverhalte fordern, sondern der Analyse und „zum Zweck der Gewinnung größerer Klarheit" (Holzkamp 1985, 327) dienen.

Im Bezugssystem der Kooperativen Pädagogik (Schönberger, Jetter & Praschak 1987) wird dieses Verständnis von Kooperation als gemeinsames Handeln zur Verwirklichung gesellschaftlicher Ziele durch den Begriff der Verantwortung ausgedrückt. In Kooperation wird es für jeden Menschen möglich, sich das gemeinschaftliche Leben zu erschließen und „Anteil an den gesellschaftlichen Verhältnissen" (Praschak, Schönberger & Jetter 1987, 201) zu nehmen, so wie „eigene Verantwortung" (Praschak, Schönberger & Jetter 1987, 201) übernommen werden kann und darf. Dadurch zeigt sich, dass Kooperation also nicht in der Bedeutung unmittelbaren gemeinsamen Tuns zu verstehen ist, sondern sich auf gesellschaftliche Zusammenhänge bezieht. Pädagogische Kooperation, wie im Bezugssystem der Kooperativen Pädagogik spezifiziert wird, stellt den „gemeinsam zu gestaltende[n] und gemeinsam zu verantwortende[n] Lebensalltag" (Jetter 1985, 12) der Menschen in den Mittelpunkt.

Ein gemeinsam verantworteter Lebensalltag setzt eine gewisse Fähigkeit zur Kooperation voraus. Kooperationsfähigkeit entwickelt sich in kooperativen Handlungen, die ihrem Wesen nach gemeinsame Wert- und Zielorientierung aufweisen. Diese gemeinsamen Wertvorstellungen der am gemeinsamen Handeln beteiligten Menschen sind zugleich Grundlage der gemeinsamen Zielorientierung und als Voraussetzung für sinnvolle Kooperation zu betrachten, da so die Koordination eines gemeinsamen Handlungsplans ermöglicht wird (von Knebel 2005, Praschak 1993, Schönberger 1985; 1987).

Eine sinnvolle Kooperation ist die Grundlage dafür, andere Menschen verstehen zu können. Dies bildet den Kern sozialer Beziehungen, da auf dieser Grundlage gemeinsame Bedeutungen entstehen können. Sinnvoll meint in diesem Kontext, dass die jeweiligen Ordnungen der an der Kooperation beteiligten Menschen zueinander passen (Jetter 1994, 302).

Ergänzt werden müssen diese Annahmen über Kooperation durch die soziologische Perspektive Elias' (z. B. 2001b), da diese den Aspekt der Gesellschaftlichkeit des Menschen unterstreicht. Elias begreift Menschen nur im Plural und weist damit eine individualistische Sicht zurück. Das menschliche Handeln wird aus der Perspektive nur verständlich im Zusammenhang mit dem Handeln anderer Menschen (Treibel 2006). Ausgedrückt wird diese „plurale Existenz von Menschen" (Treibel 2006, 200) durch den Begriff der Figuration. Elias beschreibt damit das Verhältnis von Individuum und Gesellschaft, wobei Gesellschaft nicht als Anhäufung von Personen gesehen werden darf, sondern als Figurationen (Elias 2001b). Menschen existieren in Figurationen, deren Geschichte in jedem einzelnen Menschen gegenwärtig ist. Die vorfindbaren gesellschaftlichen Zustände sind aus dieser Perspektive als Ergebnis der Verflechtungen der verschiedenen Interessen und Absichten der Menschen zu verstehen (Elias 2001b).

Figurationen sind daher als die Beziehungsgeflechte von Menschen zu betrachten, deren Mitglieder durch Interdependenzketten beziehungsweise -geflechte aneinandergebunden sind. Damit sind gegenseitige Abhängigkeiten gemeint, die die Figurationen kennzeichnen. Durch Interdependenzgeflechte werden die einzelnen Menschen und ihre Motive aneinandergebunden. Dieser Sachverhalt zieht wiederum die spezifischen Handlungsweisen der Menschen nach sich (Eichener & Baumgart 1991). Figurationen sind also durch Interaktionen geprägt, wovon Kooperation als eine spezifische Handlungsweise zu betrachten ist, denn grundsätzlich treten nach Elias (2006c, 363) Konkurrenz und Kooperation als Spannungsbalance in jeglichen Figurationen auf.

Die den Figurationen innewohnenden Interdependenzgeflechte können in vier Formen auftreten: als affektive Valenzen (Emotionen), soziale Interdependenzen (verflochtene individuelle Handlungen), ökonomische Interdependenzen sowie räumliche Verflechtungen (Eichener & Baumgart 1991, 112 f.). Menschen werden in diese Interdependenzen hineingeboren, was aber nicht gleichzusetzen ist mit einer Sicht auf Menschen als „Opfer gesellschaftlicher Verhältnisse" (Treibel 2006, 202), denn aufgrund der Bestimmung von Gesellschaft als sozialem Prozess muss von einem Wandel in doppelter Hinsicht ausgegangen werden: Sowohl Mensch als auch Gesellschaft sind „in Bewegung" (Elias 2006, 155, zit. n. Treibel 200, 87), das heißt wandelbar und verändern sich beziehungsweise sind veränderbar. Diese Veränderung der Interdependenzen ist durch das Handeln der Menschen bedingt, indem innerhalb der Interdependenzen die Handlungsziele, Handlungsmöglichkeiten beziehungsweise Handlungsbeschränkungen geboten werden, die zu individuellen Handlungsentscheidungen der Menschen führen. Die Existenz von Figurationen ist dadurch nicht als unabhängig von den

Individuen zu verstehen, gleichzeitig sind die Menschen nur insoweit frei in ihren Entscheidungen, wie es die Interdependenzgeflechte gestatten (Elias 1997).

Im Bezugssystem der Kritischen Psychologie wird der Zusammenhang von Handlungsmöglichkeiten und Handlungsbeschränkungen hinsichtlich des menschlichen Handelns ebenfalls beschrieben. Menschliches Handeln findet im Begründungsdiskurs statt (siehe Abschnitt 1.2.1) und wird aus dieser Sicht ebenfalls als gesellschaftsbezogen und damit Teil zwischenmenschlicher Beziehungen betrachtet (Holzkamp 1985).

Die Ausführungen des vorliegenden Abschnitts zeigen auf, inwiefern der Begriff von Kooperation als Aspekt zwischenmenschlicher Beziehungen zu fassen ist. In Übereinstimmung mit Holzkamp (1985) wird in der vorliegenden Arbeit der Begriff Kooperation verwendet, wenn der zwischen den Individuen stattfindende interpersonale Prozess von Kooperation auf Handlungsebene gemeint ist, der gemeinsame gesellschaftsbezogene Ziele der kooperierenden Menschen verfolgt. Der Zusatz gesamtgesellschaftlich verweist auf Kooperationsformen auf gesamtgesellschaftlicher Ebene. Diese Unterscheidung von Kooperation auf gesamtgesellschaftlicher Ebene und Kooperation auf individueller Handlungsebene ergänzt aufgrund der Spezifizierung des Kooperationsbegriffs die Annahmen der Kooperativen Pädagogik nach Schönberger, Jetter & Praschak (1987).

Mit Bezug auf die Annahmen der Kooperativen Pädagogik (Schönberger, Jetter & Praschak 1987) wird Kooperation in der vorliegenden Arbeit darüber hinaus nicht als reine „tauschwertorientierte Zusammenarbeit" (Jetter 1985, 12) betrachtet, denn es stellt nach Holzkamp (1985) sogar einen „zentralen Fehler" (Holzkamp 1985, 283) dar, Kooperation als unmittelbares Miteinander-Tun auf operativer Ebene zu deuten. Vielmehr stellt Kooperation das Wesensmerkmal einer gesellschaftlichen Lebensgewinnungsform dar, in deren Zusammenhang jeder Einzelne an der für die individuelle Existenz verallgemeinerten Vorsorge teilhat (Holzkamp 1985, 283). Unterschieden wird dabei zwischen Operationen als Verwirklichung individueller Handlung und Handlungen als Verwirklichen gesellschaftlicher Zielkonstellationen. Die individuellen Ziele des Subjekts sind dabei eingebettet in die objektiven Zielkonstellationen, die als Teilaspekte gesellschaftlicher Bedeutungsstrukturen gefasst werden. In diesem Zusammenhang findet die subjektive Existenzsicherung statt, was dazu führt, dass aufgrund der Gesellschaftsbezogenheit des Menschen selbst „vermeintlich individuelle Ziele" (Holzkamp 1985, 268) immer individuelle Teilziele übergeordneter gesellschaftlicher Handlungsziele darstellen (Holzkamp 1985, 324 f.), selbst dann, wenn der gesamtgesellschaftliche Rahmen für den handelnden Menschen nicht offensichtlich als solcher erkennbar ist.

Zentral ist, dass Kooperation eine besondere Form des menschlichen Handelns ist, da als Akteur der Handlungen ein „wir" (Tomasello 2011, 83) in Erscheinung tritt, dem gemeinsame Werte und Handlungspläne zugrunde liegen und das gemeinsame Handlungsziele verfolgt. Diese Form des Zusammenlebens und die damit dem Handeln zugrunde liegenden Werte und Normen sind kulturell geprägt und gesellschaftsbezogen (siehe Abschnitte 4.3.1 und 4.3.2). Das gemeinsame Handeln von Menschen führt dazu, dass sie ihr Leben gemeinsam ordnen, indem sie ihre Ziele aufeinander abstimmen und gemeinsam Bedeutungen schaffen und geschaffen haben, die mit den aufeinander abgestimmten Handlungsplänen in Zusammenhang stehen. Dieser Zusammenhang liegt in der Tatsache begründet, dass durch das Schaffen gemeinsamer Bedeutungen gegenseitiges Verstehen ermöglicht wird. Dadurch dass kulturgebundene Ordnungssysteme die Kooperation zwischen Menschen bestimmen, beeinflusst die Kultur das Handeln derjenigen, die miteinander kooperieren.

Die Ausführungen verdeutlichen also, inwiefern menschliche Kooperation als Aspekt zwischenmenschlicher Beziehungen zu verstehen ist. Mit Kooperation von Menschen befasst sich auch Tomasello (2006; 2011) hinsichtlich der Beschreibung menschlicher Kommunikation. Damit richtet sich der Fokus bei der Beschreibung von Kooperation von Menschen auf den Aspekt der geteilten Intentionalität, womit sowohl gemeinsame Ziele und Absichten als auch wechselseitiges Wissen, geteilte Überzeugungen und kooperative Motive gemeint sind (Tomasello 2011). Ausgehend von der Tatsache, dass geteilte Intentionalität als Voraussetzung für jegliche kooperativen Handlungen betrachtet wird (Searle 1997), schlägt Tomasello (2011) zur Beschreibung kooperativer menschlicher Kommunikation ein Kooperationsmodell vor und stellt damit kooperative Kommunikation als spezielle Form menschlicher Kooperation dar. Es handelt sich demnach bei kooperativer Kommunikation um Prozesse, bei denen als Akteur der Tätigkeit das „wir" (Tomasello 2011, 83 f.) betrachtet wird.

Wenn, wie Tomasello (2006) ausführt, kooperative Kommunikation als spezielle Form menschlicher Kooperation auftritt, wird deutlich, welche Rolle menschliche Kommunikation bei der Konstruktion von alltäglicher Lebenssituation spielt. Dieser Zusammenhang soll im folgenden Abschnitt (4.4.2) genauer ausgeführt werden, um anschließend Schlussfolgerungen ziehen zu können, inwiefern Kommunikation als Aspekt zwischenmenschlicher Beziehungen zur Konstruktion von alltäglicher Lebenssituation beiträgt.

4.4.2 Alltägliche Lebenssituation als Resultat zwischenmenschlicher Kommunikation

Ausgehend von den Ausführungen Wellings (1990) zur kommunikativen Funktion der Sprache soll im Folgenden die Relevanz von Kommunikation bezüglich der Konstruktion des Konzepts von alltäglicher Lebenssituation dargestellt werden. Dafür wird im Anschluss an die Ausführungen zu Kommunikation als Funktion von Sprache nach Welling (1990) auf das kommunikative Kooperationsmodell nach Tomasello (2006) eingegangen, um den Aspekt der Kooperation im Hinblick auf menschliche Kommunikation zu erläutern. Erweitert werden die Auffassungen hinsichtlich menschlicher Kommunikation von Tomasello (2006) sowie Welling (1990) durch Annahmen von Holzkamp (1985), um auf dieser Grundlage menschliche Kommunikation als Aspekt zwischenmenschlicher Beziehungen als Konstruktionsfaktor eines Konzepts von alltäglicher Lebenssituation auszuweisen.

Sprache hat, dies wird im Abschnitt 3.1 erläutert, als Erstes eine kommunikative Funktion. Diese Feststellung lässt sich mit der Zielgerichtetheit sprachlichen Handelns begründen. Mit sprachlichen Handlungszielen, die beispielsweise darin bestehen können, zu einer Problemlösung beizutragen, wird auf die kommunikative Funktion von Sprache rekurriert, da Menschen nicht nur Wörter mit anderen austauschen, sondern ein Austausch von entwickeltem kulturbezogenem Wissen über die Welt stattfindet (Welling 1990; 1991; 1999; 2004; von Knebel 2002; 2008).

Die erste Funktion von Sprache, nämlich jener als Mittel der Kommunikation ist, durch den Aspekt des Austausches von entwickeltem kulturbezogenen Weltwissen des Individuums mit der zweiten Funktion von Sprache, der Repräsentation im Sinne Piagets (u. a. 2015), verbunden, denn das entwickelte Wissen wird auch durch Sprache repräsentiert. Dieser Kommunikationsbegriff ist handlungstheoretisch zu fassen, und zwar auf Basis der Strukturidentität, die dieser Arbeit handlungsleitend bei der Auswahl der Bezugsysteme (siehe Abschnitt 1.3) zugrunde liegt. Es handelt sich um einen handlungstheoretischen Begriff von Kommunikation, weil mit dem Verweis auf die Zielgerichtetheit sprachlichen Handelns die individuellen Handlungsmöglichkeiten im Sinne von speziellen Zielen sprachlichen Handelns (Welling 1990) angesprochen sind.

Durch Verfolgen bestimmter Ziele beim sprachlichen Handeln „begleitet und prägt" (Welling 1990, 12) Kommunikation das Leben der Menschen. Dadurch offenbart sich eine individuelle Komponente des Bedürfnisses nach Kommunikation. Gleichzeitig betrifft Kommunikation gesellschaftliche Prozesse, die in der Gesellschaftsbezogenheit des Menschen und des menschlichen Handelns begründet sind. Dem übergeordnet erscheint die kulturelle Entwicklung als bestimmendes Merkmal von Kommunikation, aufgrund derer sich wiederum die spezifischen Bedeutungen entwickeln, die kommuniziert werden (Welling 1990).

Tomasello (2011, 110) beschreibt mit dem Kooperationsmodell der menschlichen Kommunikation menschliche Kommunikation als ein grundlegendes kooperatives Unternehmen. Nach diesem Modell weist der Kommunizierende individuelle Ziele und Werte auf. Vor einem gemeinsamen Hintergrund bezieht sich dieser durch soziale Intentionalität auf den anderen, den Empfänger. Dies geschieht, indem der Kommunizierende beispielsweise Hilfe von dem Empfänger erwartet oder ihn über einen Sachverhalt informieren möchte. Diese Intentionalität, die nach Tomasello (2006) als grundlegende Voraussetzung für den Spracherwerb zu betrachten ist, soll mittels Kommunikation erreicht werden und führt so zu einer bestimmten sozialen Interaktion. Durch die referenzielle Intention wird die Aufmerksamkeit des anderen auf eine bestimmte Situation gelenkt. Grundlage für diese Vorgänge ist, dass wechselseitige Annahmen beziehungsweise Kooperationsnormen zur Erschließung der sozialen Intentionalität des anderen führen. Der oder die kooperationsbeteiligte Person (Empfänger) trifft für sich die Entscheidung, ob die Kooperation eingegangen werden soll oder nicht. Erfolgt eine kommunikative Kooperation, zeigt sich dies durch dreierlei Möglichkeiten: Kommunikation wirkt dann entweder als Befolgen von Aufforderung, Anbieten von Hilfe durch Information oder Teilen von Gefühlen und Einstellungen.

Als Voraussetzung für Kommunikation nennt Tomasello (2011) kognitive Fertigkeiten, die einen gemeinsamen Hintergrund schaffen lassen, sowie die soziale Motivation, anderen zu helfen oder Dinge mit anderen zu teilen. Die kognitiven Fertigkeiten sind insofern als Voraussetzung zu betrachten, da sie einen gemeinsamen begrifflichen Hintergrund schaffen, der durch gemeinsame Aufmerksamkeit, geteilte Erfahrung sowie gemeinsames kulturelles Wissen generiert wird (Tomasello 2011).

Hinsichtlich der beschriebenen Annahmen zur kooperativen Kommunikation können sprachliche Symbole als Kommunikationsmittel verstanden werden. Gleichzeitig wird damit die Grundlage des Spracherwerbs ausgedrückt: Für einen aktiven Gebrauch sprachlicher Symbole muss die kommunikative Absicht des anderen nicht nur erkannt werden, sondern auch auszudrücken gelernt werden, indem das gleiche kommunikative Mittel benutzt wird. Situationen geteilter Aufmerksamkeit, das Verstehen kommunikativer Intentionen sowie die kulturell geprägte Imitation des Rollenwechsels sind zusammengefasst Voraussetzungen für einen Erwerb des konventionellen Gebrauchs sprachlicher Symbole, bei dem die sprachlichen Symbole als Kommunikationsmittel von beiden Interaktionspartnern verstanden werden (Tomasello 2011).

Äquivalent zum Kooperationsmodell von Tomasello (2011) spricht Holzkamp (1985) von einer „Sender-Empfänger-Beziehung zwischen Organismen" (Holzkamp 1985, 114). Es werden aus dieser Perspektive Symbolbedeutungen und sprachliche Zeichen analytisch voneinander unterschieden, die sich jedoch als lautliche und symbolisch-begriffliche Seite der Sprache gemeinsam herausbilden, denn ohne die sprachlichen Zeichen als Träger der Symbole wäre die symbolisch-begriffliche Seite der Sprache nicht „fassbar" (Holzkamp 1985, 228). Es sind die Laute, die es Menschen ermöglichen, symbolisch-begrifflich repräsentierte Inhalte zu kommunizieren und damit eine Beziehung untereinander herzustellen, die durch die Sprache qualifiziert ist (Holzkamp 1985, 229). Mit der symbolisch-begrifflichen Seite der Sprache wird eine inhaltliche Beziehung zur Realität der Subjekte hergestellt, das heißt zu den von den Menschen kooperativ selbst hergestellten Lebensbedingungen. Es werden also die Bedeutungszusammenhänge repräsentiert, die die Menschen vorfinden und zu denen sie sich im Sinne der Möglichkeitsbeziehung verhalten.

Die Annahme Holzkamps (1985, 229), durch Kommunikation eine zwischenmenschliche Beziehung herzustellen, erweist sich als gleichbedeutend mit den Annahmen Tomasellos und betont den kooperativen Aspekt der kommunikativen Handlungen. Holzkamp (1985) hebt ebenso die gemeinsame Entwicklung der lautlichen Kommunikation mit Kooperation hervor und beschreibt Kommunikation als eine Funktion des Psychischen, womit soziale Informationen zwischen den Individuen übermittelt werden. Holzkamp (1985) stellt also Kommunikation in Zusammenhang mit den gesellschaftlichen Sozialstrukturen und meint daher nicht den „zufällig-äußerlichen Kontakt zwischen Tieren" (Holzkamp 1985, 113), sondern ein gegenseitiges Aufeinandereinwirken der Organismen.

Die erklärten Annahmen zur menschlichen Kommunikation zeigen auf, inwiefern der Aspekt des kommunikativen Handelns als Konstruktionsfaktor für ein Konzept von alltäglicher Lebenssituation betrachtet werden kann. Dies begründet sich wie folgt: Kommunikation als menschliche Kooperationsform dient der Übermittlung von Inhalten zwischen den Kommunikationspartnern. Diese Inhalte können, wie gezeigt wurde, verschiedener Art sein, beispielsweise handelt es sich um das Äußern von Wünschen oder Verboten. Genauer gesagt handelt es sich bei diesen übermittelten Inhalten um die Ziele des sprachlichen Handelns, deren spezielle Form die Kommunikation darstellt. Im Bezugssystem der Kritischen Psychologie wird an dieser Stelle von individuellen Handlungsmöglichkeiten gesprochen, die das Subjekt vorfindet und die die Grundlage für die individuellen subjektiven Handlungsgründe liefern. Aus dieser Sicht werden also Ziele des sprachlichen Handelns als Bedingungen betrachtet, unter denen sprachliches Handeln, also Kommunikation, erst möglich wird und stattfindet.

Auf inhaltlicher Ebene betrachtet wird das kulturbezogene, vom Subjekt entwickelte Wissen über die Welt repräsentiert und kommuniziert. Bei diesem kulturell entwickelten Wissen handelt es sich um die Bedeutungen der alltäglichen Lebenssituation, nach Holzkamp (1985) betrifft dies die begrifflich-symbolische Seite der Sprache. Mit Tomasello (2011) gesprochen ist damit der gemeinsame Hintergrund der Kommunikationspartner gemeint. Damit können die Bedingungen der alltäglichen Lebenssituation als Voraussetzung für menschliche Kommunikation angesehen werden. Gleichzeitig, und damit formiert sich eine Doppelbedeutung der Bedingungen für die Kommunikation, sind die Bedingungen der alltäglichen Lebenssituation Ergebnis menschlicher Kommunikation. Dies lässt sich damit erklären, dass kooperative Kommunikation vor dem gemeinsamen Hintergrund auf Basis eines gemeinsamen Plans der Kommunikationspartner erfolgt, sodass gemeinsame Ziele erreicht werden, die wiederum auf die alltägliche Lebenssituation einwirken.

Es kann resümiert werden: Kommunikation wirkt also auf die alltägliche Lebenssituation der Kommunikationspartner, indem sie Bedingungen schafft, die durch die Zielgerichtetheit sprachlichen Handelns ausgedrückt sind. Gleichzeitig stellt Kommunikation eine spezielle Form der Kooperation von Menschen dar, die so zueinander in Beziehung treten und damit sowohl selbst Bedingungen der alltäglichen Lebenssituation darstellen, als auch eine besondere kommunikative Wirkung, wie beispielsweise Befolgen von Anforderungen oder Anbieten von Hilfe, erzielen. Auf Basis des Kooperationsmodells nach Tomasello (2011) wird deutlich, dass durch Kommunikation eine soziale Beziehung hergestellt wird, da die Kommunikationspartner in Kooperation zueinander treten. Im Sinne Holzkamps (1985) wirken die beteiligten Organismen aufeinander ein, Kommunikation „begleitet und prägt" (Welling 1990, 12) das menschliche Leben, was durch die von Tomasello (2011) angeführten Wirkungen von Kommunikation (Befolgen von Aufforderungen, Anbieten von Hilfe durch Information oder Teilen von Gefühlen und Emotionen) spezifiziert wird. Kommunikation vollzieht sich vor einem gemeinsamen begrifflichen Hintergrund und es wird kulturbezogenes Wissen ausgetauscht, was wiederum als Bedeutungen der alltäglichen Lebenssituation zur Konstruktion eines Konzepts derselben beiträgt. Präzise für die alltägliche Lebenssituation kann konstatiert werden, dass sie sowohl Bedingung als auch Ergebnis von Kommunikation ist.

Die Ausführungen der Abschnitte 4.1, 4.2, 4.3 und 4.4 in dem vorliegenden Kapitel beschreiben theoriegeleitet die Aspekte des eigenaktiven, kulturgebundenen und gesellschaftsbezogenen menschlichen Handelns sowie der Kooperation und Kommunikation als zwischenmenschliche Beziehungen, um im Kapitel 5 auf dieser Basis ein handlungstheoretisch fundiertes Konzept von alltäglicher

Lebenssituation erläutern zu können. Zunächst wird die theoretische Perspektive um eine methodische erweitert und der Fokus auf die alltägliche Lebenssituation als Gegenstand handlungstheoretisch ausgerichteter sprachbehindertenpädagogischer Forschung gelegt. Dieses Vorgehen ist in der Annahme begründet, dass durch Betrachtung der methodischen Vorgehensweise in den ausgewählten Untersuchungen (Kracht 2000, Nagel 2012 und Welling 1990) abgeleitet werden kann, welche Schlussfolgerungen für ein Konzept von alltäglicher Lebenssituation sich aus der methodischen Perspektive ziehen lassen sowie welche methodische Vorgehensweise zur Erfassung von Informationen zur alltäglichen Lebenssituation von Kindern beitragen kann (siehe Kapitel 5).

4.5 Forschungsmethodische Zugänge zum Gegenstand der alltäglichen Lebenssituation in handlungstheoretisch ausgerichteter sprachbehindertenpädagogischer Forschung

In diesem Abschnitt wird die Untersuchung dreier biografischer Analysen dargestellt, die von Kracht (2000), Nagel (2012) und Welling (1990) unter Bezugnahme auf die gleichen theoretischen Bezugssysteme – Kooperative Pädagogik (Schönberger, Jetter & Praschak 1987) und Sprachhandlungstheorie (Welling 1990) – durchgeführt wurden, wie sie der vorliegenden Arbeit zugrunde liegen.

Ziel der folgenden Erläuterungen und Analysen ist es, herauszuarbeiten, welche Anhaltspunkte für eine methodische Gestaltung der Analyse von Bedingungen der alltäglichen Lebenssituation die genannten Ausarbeitungen liefern, die vor dem gleichen theoretischen Hintergrund, wie er auch bei dieser Arbeit vorliegt, entstanden sind. Ein Fokus liegt dem genannten Ziel entsprechend in der Betrachtung, wie Kracht (2000), Nagel (2012) und Welling (1990) bei ihren biografischen Analysen, die die Bedingungen der alltäglichen Lebenssituation zum Gegenstand haben, methodisch bei Erfassung und Auswertung von Informationen zur alltäglichen Lebenssituation vorgegangen sind.

Im Folgenden werden die gewählten Untersuchungen „Migration und kindliche Zweisprachigkeit" (Kracht 2000) (siehe Abschnitt 4.5.1), „Sprachliches Handeln und kausale Bedeutungskonstruktion" (Nagel 2012) (siehe Abschnitt 4.5.2) und „Zeitliche Orientierung und sprachliches Handeln" (Welling 1990) (siehe Abschnitt 4.5.3) nacheinander dargestellt und schließlich in ihren wesentlichen Aspekten zusammengefasst (siehe Abschnitt 4.5.4). Im Anschluss daran werden aus diesen Ergebnissen Schlussfolgerungen zum einen für das in der vorliegenden Arbeit zu entwickelnde Analyseverfahren von Bedingungen der alltäglichen

Lebenssituation und zum anderen hinsichtlich der Konstruktion von alltäglicher Lebenssituation gezogen (siehe Kapitel 5). Um die methodischen Schlussfolgerungen, die zur Entwicklung des in der vorliegenden Arbeit beschriebenen Analyseverfahrens beigetragen haben, intersubjektiv nachvollziehbar werden zu lassen, wird jede Untersuchung knapp auf inhaltlicher Ebene vorgestellt, bevor auf methodischer Ebene die Vorgehensweise dargestellt und analysiert wird.

Es wird aus zwei Gründen nicht versucht, auf inhaltlicher Ebene Schlussfolgerungen für ein Verfahren zur Analyse von Bedingungen der alltäglichen Lebenssituation für die erfolgten biografischen Analysen zu ziehen. Erstens sind inhaltliche Gegenstände einer pädagogischen Sprachdiagnostik individuell und in Bezug auf die jeweilige zugrunde liegende sprachliche Problemlage zu bestimmen. Zweitens wären aufgrund der Annahme der Nicht-Verallgemeinerbarkeit inhaltlicher Gegenstandsbereiche pädagogischer Sprachdiagnostik beziehungsweise der Möglichkeitsverallgemeinerung (Holzkamp 1985) solche Schlussfolgerungen nur für den jeweiligen individuellen Einzelfall zu ziehen, was hier als nicht zielführend erachtet wird, da die biografischen Analysen der Autorin Kracht (2000) sowie der Autoren Nagel (2012) und Welling (1990) abgeschlossen sind. Daher werden in der vorliegenden Arbeit Schlussfolgerungen hinsichtlich der methodischen Gestaltung der Erfassung und Auswertung von Informationen zur alltäglichen Lebenssituation gezogen.

4.5.1 Forschungsmethodischer Zugang zum Gegenstand der alltäglichen Lebenssituation im Zusammenhang mit kindlicher Zweisprachigkeit als sprachliche Handlungsfähigkeit

Bei den folgenden Ausführungen wird Bezug genommen auf das Forschungsprojekt von Kracht (2000), in dem der Zusammenhang von Migration und kindlicher Zweisprachigkeit anhand von Informationen eines Kindergartenkindes und seiner Familie erläutert wird.

Inhaltliche Erläuterung
Die Untersuchung von Kracht (2000) verfolgte das Ziel, die „individuell wirkenden (...) Bedingungen zu erfassen und sie in Beziehung zu setzen zu der entwickelten Form von Zweisprachigkeit des Kindes F." (Kracht 2000, 320) als Subjekt der Analyse. Den Gegenstand dieser Untersuchung stellt also die sprachliche Handlungsfähigkeit eines Kindes im Vorschulalter unter den Bedingungen der Migration und Zweisprachigkeit dar (Kracht 2000, 318).

Kracht (2000) unterscheidet in ihrer Untersuchung die Bereiche Familie und Kindergarten und bezieht sich damit auf die „familiäre und institutionelle Sozialisation zweisprachiger Kinder" (Kracht 2000, 318), die also Zweisprachig-keit unter der Bedingung der Migration entwickeln. Zur Analyse wählt Kracht Zugänge pädagogischer Sprachdiagnostik, nämlich die biografische Analyse, die Analyse des sprachlichen Handelns und die Mikroanalyse der gesprochenen Sprache.

Zweisprachigkeit als Form sprachlicher Handlungsfähigkeit zu betrachten bedeutet, dass Zweisprachigkeit sprachliche Mittel bietet, die zielgerichtet ver-wendet werden. Ebenso ist zweisprachiges sprachliches Handeln plangeleitet und wertorientiert, was sich in der Untersuchung von Kracht (2000, 323) darin zeigt, dass das begriffliche Wissen des Kindes und die subjektive Bedeutsamkeit des erwünschten Sprachgebrauchs untersucht werden.

Unter dem Aspekt der Wertorientierung lässt sich die individuell entwickelte Form kindlicher Zweisprachigkeit in inhaltlicher und wertschaffender Hinsicht erschließen, denn Zweisprachigkeit wird für das Kind dann bedeutsam, wenn der selbstbestimmte Gebrauch der sprachlichen Mittel nicht eingeschränkt wird. Indem ein Kind seine Handlungsziele mit sprachlichen Mitteln verwirklichen kann, werden die sprachlichen Mittel für das Kind verwertbar. Kracht betont in diesem Zusammenhang die Bedeutsamkeit einer bewussten und wertorientierten Haltung gegenüber der kindlichen Zweisprachigkeit (Kracht 2000, 332 ff.).

Sprache wird dann vom Kind als bedeutungsvoll erachtet, wenn im gemein-samen Singen und Spielen durch den Sprachgebrauch ein Gemeinschaftsgefühl entwickelt wird. Damit hat Sprache eine große Bedeutung bei der Bewältigung des Alltags eines Kindes, wie beispielsweise in dem untersuchten Feld des Kin-dergartens. Zentral ist dabei, den selbst gewählten Sprachgebrauch des Kindes zuzulassen und in solch eine Kooperation mit dem Kind zu treten, in der die ver-folgten Ziele des Kindes erkannt und als wertvoll erachtet werden (Kracht 2000, 339 ff; 342).

Aufgrund der Unterscheidung der Bereiche Familie und Kindergarten, die Kracht (2000) vornimmt, ergibt sich im Hinblick auf die kindliche Zweispra-chigkeit folgende Annahme: Die familiären Bedingungen sind Gegebenheiten der familiären Lebenspraxis. Darunter fasst Kracht alltagskulturelle Werte, sprach-liche Werte, normative Ansprüche an den Sprachgebrauch und Sprachwechsel sowie sprachbezogene Wertorientierungen der verschiedenen Personen (Kracht 2000, 349, 352). Wertorientierung wird in diesem Sinne auch als Bedeutung verstanden, die der Sprache eines Kindes beigemessen wird, und fasst die Sprach-erfahrungen zusammen, die ein Kind macht und miteinander in Beziehung setzt (Kracht 2000, 352 f.).

In den unterschiedenen Bereichen Familie und Kindergarten finden sich unterschiedliche Personen wieder, die mit dem Kind F. in Beziehung stehen und deren Handeln aufeinander bezogen ist. Zu nennen sind dabei im Bereich der Familie die Eltern und die Schwester, im Bereich Kindergarten die Erzieherin und die Kinder der Kindergartengruppe. Je nach Zusammensetzung der Familiengruppe findet unterschiedliche Kommunikation zwischen den Familienmitgliedern statt, was sich beispielsweise durch Sprachwechsel äußert. Darüber hinaus stellt Kracht einen entweder nur deutschen oder nur türkischen Sprachgebrauch fest. Auch Gestik und Mimik werden als Kommunikationsmittel eingesetzt (Kracht 2000, 333).

Darüber hinaus trifft Kracht Aussagen zum Bereich Sprachförderung, die Aufschluss über einen Ort des Handelns mit der Sprachtherapeutin sowie der Ausgestaltung des Handelns in der Sprachtherapie geben. Kennzeichnend für das sprachliche Handeln von F. innerhalb der Familie ist der wechselnde Sprachgebrauch mit der Schwester in Spielsituationen, in denen ein Wechsel zwischen türkischer und deutscher Sprache stattfindet (Kracht 2000, 350). Der Wechsel zwischen den Sprachen stellt außerdem ein Beispiel für die Wertorientierung dar (Kracht 2000, 356), ebenso sind die unterschiedlichen Spracherfahrungen innerhalb der Familie und im Kindergarten unter dem Aspekt der Wertorientierung zu interpretieren (Kracht 2000, 351).

Bezüglich der Kommunikation im Kindergarten fasst Kracht (2000, 335–339) zusammen: Der Sprachgebrauch des Kindes F. wurde zwar so respektiert, wie es ihn vollzogen hat, dennoch misst die Erzieherin der Sprache als Mittel der Bewältigung des Kindergartenalltags wenig Bedeutung bei. Es fand daher zum Beispiel keine Korrektur der sprachlichen Äußerungen statt, sondern es wurde versucht, die Zielsetzung der Kinder zu verstehen. Festzustellen ist außerdem, dass der ritualisierte einsprachige Ablauf im Stuhlkreis F. wenig Anlass zur sprachlichen Kommunikation bietet, da „inhaltliche Gegenstände kaum verhandelt werden" (Kracht 2000, 339).

Dadurch, dass F. ihre sprachlichen Fähigkeiten wenig als Mittel der Kommunikation einsetzt, erscheint sie nicht durchgängig handlungsfähig, sodass eine Zielverwirklichung nur eingeschränkt möglich (Kracht 2000, 351) wird. Kracht zieht dabei die Schlussfolgerung, dass ein eingeschränkter selbstbestimmter Sprachgebrauch zu einer eingeschränkten Möglichkeit der Zielverwirklichung führt (Kracht 2000, 334). Der Begriff Zweisprachigkeit wird durch Verweis auf die Aspekte Handlungsfähigkeit und Zielverwirklichung handlungstheoretisch (Kracht 2000, 340) gefasst. Zweisprachigkeit beschreibt damit das Angewiesensein auf die Entwicklung und den Gebrauch zweier Sprachen zur Bewältigung des Alltags, wobei Handlungserfahrungen gemacht werden, die sowohl kognitiv strukturierbar als auch inhaltlich bedeutsam werden.

Die handlungstheoretische Fundierung zeigt sich bei der Betrachtung der Strukturentwicklung (Kracht 2000, 348), die dem Sprachgebrauch zugrunde liegt. So wird der Fokus in der Untersuchung nicht auf den Einsatz des sprachstrukturellen Wissens als Kommunikationsmittel gelegt, vielmehr steht der Einsatz der sprachlichen Fähigkeiten zur Repräsentation des entwickelten Wissens im Vordergrund. Dabei handelt es sich um rezeptiv erworbenes Sprachwissen, das produktiv verwendet (Kracht 2000, 348) wird.

Zusammenfassend lässt sich Folgendes festhalten: Ebenso wie Migration wird Zweisprachigkeit eines Subjekts als Bedingung betrachtet, unter der Sprache und sprachliche Handlungsfähigkeit entwickelt wird und Sprachgebrauch stattfindet. Zweisprachigkeit, die als wertvoll erachtet wird, führt zur einer umfassenden Zielverwirklichung des Subjekts. Das Subjekt strukturiert die Handlungserfahrungen, die es im Zusammenhang mit dem Gebrauch zweier Sprachen machen kann, was als sprachstrukturelles Wissen eine inhaltliche Bedeutsamkeit erlangt und dadurch die Grundlage für sprachliche Repräsentation und Kommunikation darstellt.

Die Ausführungen im vorliegenden Abschnitt beschreiben den inhaltlichen Gegenstand der von Kracht (2000) durchgeführten biografischen Analyse, nämlich Zweisprachigkeit und Migration als Bedingungen der alltäglichen Lebenssituation des Kindes F. Die Kenntnis dieses inhaltlichen Gegenstands stellt die Grundlage für die intersubjektive Nachvollziehbarkeit der methodischen Vorgehensweise bei der Analyse dar, die nachfolgend erläutert wird.

Methodische Analyse

Die von Kracht (2000) verwendeten Methoden sind von einem handlungstheoretischen Standpunkt aus gewählt und zeichnen sich dadurch aus, dass sie es ermöglichen, die Handlungen aller Beteiligten zu erfassen (Kracht 2000, 323). Es werden Spielsituationen gestaltet, um „subjektiv bedeutsame Sprachhandlungen zu ermöglichen" (Kracht 2000, 322), da es sich beim Spiel um eine „kindgemäße Sprachgebrauchssituation" (Kracht 2000, 322) handelt. So werden im Spiel sprachliche Handlungen des Kindes erkannt und gleichzeitig wird eine größtmögliche Teilhabe des Kindes am diagnostischen Prozess ermöglicht, was aus pädagogischer Sicht und insbesondere aufgrund der diesem Forschungsprozess zugrunde liegenden Leitidee der Kooperation (Kracht 2000, 325) notwendig erscheint. Diesen Spielsituationen liegt die Methode der teilnehmenden Beobachtung zugrunde, sowohl transkribierte Videoaufzeichnungen als auch Gedächtnisprotokolle werden für die Datenauswertung genutzt. Es werden darüber hinaus zur Datenerhebung Interviews mit für F. wichtigen Bezugspersonen geführt und transkribiert. Im narrativen Interview mit dem Vater werden sowohl biografische Daten erfragt als auch Fragen gestellt, die es ermöglichen, die Handlungsbegründungen der befragten Person zu rekonstruieren (Kracht 2000, 328 f.). Dies ist aus handlungstheoretischer und förderdiagnostischer Sicht ein notwendiger Schritt, um die beobachteten Daten unter Bezugnahme des theoretischen Wissens der diagnostizierenden Person ordnen und bewerten (Jantzen 2000; Jantzen 2009; Jantzen 2012; Jetter 1994) zu können. Die von Kracht (2000) vorgenommene „handlungstheoretische Interpretation und sprachentwicklungstheoretische Deutung der Analyseergebnisse" (Kracht 2000, 322) trägt zu eben dieser Rekonstruktion und dem Verstehen der Bedingungen der alltäglichen Lebenssituation bei. Durch die über einen Zeitraum von 18 Monaten (Kracht 2000, 327) durchgeführte Untersuchung wird im Sinne einer Prozessdiagnostik der sprachliche Entwicklungsprozess längerfristig begleitet, sodass es sich nicht um Forschungsergebnisse handelt, die lediglich das sprachliche Handeln des Kindes zu einem bestimmten Zeitpunkt widerspiegeln. Durch diese Prozesshaftigkeit wird die biografische Analyse zu einer entwicklungsorientierten Untersuchung, was aus förderdiagnostischer Sicht unverzichtbar für das Erkennen förderlicher beziehungsweise hinderlicher Bedingungen der alltäglichen Lebenssituation erscheint (siehe Abschnitt 3.3.1).

4.5.2 Forschungsmethodischer Zugang zum Gegenstand der alltäglichen Lebenssituation im Zusammenhang mit der Entwicklung sprachlichen Handelns und kausaler Bedeutungskonstruktion

Bei den folgenden Ausführungen wird auf das Forschungsprojekt von Nagel (2012) Bezug genommen, in dem der Zusammenhang von sprachlichem Handeln und kausaler Bedeutungskonstruktion untersucht wird. Dafür erläutert Nagel (2012) zwei Untersuchungen, wovon die erste mit einem Kindergartenkind und die zweite mit einem Schulkind sowie den jeweiligen Familien der Kinder durchgeführt wurde.

Inhaltliche Darstellung
Nagel (2012) versteht kausale Bedeutungskonstruktionen als „Zuschreibung von Kognitionen zu Objekten" (Nagel 2012, 400) und untersucht die Praxis kausaler Bedeutungskonstruktionen, indem er zum einen kausale Bedeutungskonstruktionen eines Kindes im familialen Alltagshandeln (‚U1') und zum anderen kausale

Bedeutungskonstruktionen und ihre Versprachlichung bei der Bewältigung von naturwissenschaftlichen Handlungsexperimenten („U2') im Kontext schulischen Lernens analysiert. Dabei stellt Nagel (2012) fest, dass Erklärungen und Begründungen dem Erreichen und der Absicherung von Handlungszielen dienen. Die kausalsprachlichen Handlungen ‚Begründen' und ‚Erklären' sind in ihrem kommunikativen Zweck mit den Handlungszielen des Subjekts (Nagel 2012, 288) verbunden und daher als kommunikative Mittel zu betrachten.

Innerhalb der Analyse der familialen Kommunikationsstrukturen und -bedingungen des Kindes als Subjekt der Analyse wird Folgendes deutlich: Wenn familiales Handeln in konsensuellem Alltagshandeln eingebettet ist und damit zum einen wenig exploratives Handeln und zum anderen wenig kritisch-argumentatives sprachliches Handeln zulässt (Nagel 2012, 392), führt das dazu, dass den Begründungen und Erklärungen als kausalsprachliche Handlungen im konsensuellen Familienalltag des Kindes der ‚U2' wenig Raum gegeben wird. Dadurch wiederum kann der kommunikative Zweck dieser kausalsprachlichen Handlungen also in diesem familialen Handeln nicht erreicht werden.

Nagel beschreibt die Ausdrucksform ‚Fragen-warum' als Form „erkannter Un-Ordnung" (Nagel 2012, 294). Mit der Handlungsform Fragen-warum bringt das Subjekt unerwartete Geschehnisse zum Ausdruck beziehungsweise stellt ein Geschehen aufgrund der erkannten Un-Ordnung infrage. Damit wird auf die Tatsache Bezug genommen, menschliches Handeln als geordnete und ordnende Tätigkeit zu betrachten, denn wenn ein Subjekt ein Geschehen als nicht zu seiner bisherigen erkannten Ordnung passend erkennt und damit infrage stellt, werden die erkannten Strukturen im Sinne Piagets den neuen Strukturen angepasst, wodurch eine neue Ordnung hergestellt werden kann. Die sprachliche Handlung Fragen-warum ist damit eingebettet in die kausale Handlungsform Erklären und Begründen (Nagel 2012).

Die Handlungsform Fragen-warum hat darüber hinaus zum Ziel, die Aufmerksamkeit des Sprechers oder der Sprecherin auf eine erkannte Un-Ordnung zu lenken. Erkannte Besonderheiten sollen gemeinsam reflektiert werden, wodurch auf die weiteren Handlungen der beteiligten Personen koordinierend Einfluss genommen wird. Nagel bezeichnet sprachliches Handeln in diesem Zusammenhang als „im Fluss konsensueller Koordinationen" (Nagel 2012, 284) stehend und meint damit die komplexe Koordination von Handlungen und sprachlichen Handlungen mit geteilter Aufmerksamkeit, deren Teil geäußerte Kommentare, Begründungen oder Erklärungen sind. Indem konkrete Warum-Fragen oder eigene Begründungen vom Subjekt geäußert werden, wird dieses „mit und in kausalsprachlichem Handeln Teil der Koordinierungen konsensueller Handlungen im sinnstiftenden Rahmen familialer Alltagshandlungen" (Nagel 2012, 287) vollzogen.

Beobachtbar werden die kausalsprachlichen Handlungsmuster ebenso durch die genannten Formen Begründen, Erklären und Fragen-warum wie durch sprachliche Verknüpfungsmittel in der kausalen Rede mit dem Ziel der Erklärung (und, dann, weil, aber). Damit findet eine kausale Zuschreibung von Objekt-Objekt-Relationen statt, die zu Formen des Erklärens führen (Nagel 2012, 395 f.). Eine solche sprachliche Handlung ist zielgerichtetes Handeln in komplexen Gesprächen, denn die Äußerungen stehen als kausale Sprachhandlungen in einem bestimmten Handlungszusammenhang und sind Teil sinnstiftender Bedeutungskonstruktion (Nagel 2012, 282, ff., 308 f.).

Die von Nagel (2012) durchgeführte biografische Analyse sowie die Analyse zum familialen Handlungsraum zeigen auf, in welchem Maße familiäre Strukturen und Wertorientierungen innerhalb der Familie Einfluss auf die kindliche Entwicklung, auch im Bereich der kausalen Bedeutungskonstruktion, haben. So stellt Nagel fest: D. als Subjekt der Analyse ‚U2' wächst in einer Familie mit zwei älteren Schwestern auf, das Zusammenleben ist von Überlegenheit der Schwestern geprägt, wobei D. in ihrer Familie „emotional aufgehoben" (Nagel 2012, 391) erscheint. Die Wertorientierungen innerhalb des konsensuellen Familienalltags stehen im Gegensatz zu den Wertorientierungen der schulischen Unterrichtspraxis, die von als wertvoll erachtetem Begründen und Erklären des eigenen Handelns und Veränderungen geprägt ist.

Die vorliegenden Ausführungen verdeutlichen, inwiefern in den Untersuchungen von Nagel (2012) der kindliche kausale Sprachgebrauch als sprachliches Handeln gefasst wird. Damit ist der inhaltliche Gegenstand der biografischen Analyse sowie der Sprachhandlungsanalyse beschrieben, die von Nagel (2012) vorgenommen werden. Die Kenntnis dieses inhaltlichen Gegenstands stellt die Grundlage für die intersubjektive Nachvollziehbarkeit der methodischen Vorgehensweise bei der Analyse dar, die nachfolgend erläutert wird.

Methodische Analyse

Nagel (2012) führt zwei Untersuchungen (U1 und U2) an, deren Methoden im Folgenden zusammenfassend dargestellt und analysiert werden. Es liegen der sprachhandlungstheoretisch ausgerichteten Analyse Gespräche (Nagel 2012, 274) zugrunde, die über einen Zeitraum von 21 Monaten mit einem Kind geführt wurden (U1), weshalb diese Form der Diagnostik als prozesshaft bezeichnet werden kann. Parallel zu den Gesprächen werden von der diagnostizierenden Person Beobachtungen zum kausalen Sprachgebrauch (U1) durchgeführt (Nagel 2012). Die Beobachtungen finden im alltäglichen Handeln der Familie statt (Nagel 2012,

277), sodass die Mutter und die Schwester des Kindes am Forschungsprozess teilhaben. In der zweiten Untersuchung (U2) werden im Rahmen der schulischen Sprachtherapie Gespräche im und über den Unterricht (Nagel 2012, 311 f.) mit einem anderen Kind geführt. Ergänzt werden diese Gespräche mit Elterngesprächen (Nagel 2012, 311) und einem fokussierend-problemzentrierten Interview mit den Eltern (Nagel 2012, 315), wodurch auch hier das Umfeld des beteiligten Kindes in den Forschungsprozess einbezogen wird.

Den Untersuchungen U1 und U2 ist gemeinsam, dass die Gespräche die Kinder zu einem aktiven Sprachgebrauch anregen sollen, was sich beispielsweise darin zeigt, dass von der diagnostizierenden Person Fragen an das Kind gestellt werden und es somit zu Erklärungen aufgefordert wird (Nagel 2012, 390). Es liegt den Gesprächen jeweils ein allen Beteiligten gemeinsamer Anlass zugrunde. In der Untersuchung 1 handelt es sich zum Teil um Spielsituationen, zum Teil um im Alltag der Familie auftretende Situationen wie beispielsweise gemeinsame Mahlzeiten. Die Untersuchung 2 ist gekennzeichnet durch gemeinsame Anlässe, die sich aus Handlungen im Unterricht und in der Sprachtherapie ergeben und weitestgehend das Thema Experimentieren betreffen (Nagel 2012, 314). Sowohl das Kind als auch die Bezugspersonen des Kindes werden dadurch fortlaufend am Forschungsprozess beteiligt.

Verstehen und Rekonstruktion durch die untersuchende Person hinsichtlich der sprachlichen Handlungen der beteiligten Kinder werden durch Nachfragen ermöglicht, indem analytische Fragen nach den Bedingungen des sprachlichen Handelns (Nagel 2012, 279 ff.) in der jeweiligen Situation gestellt werden und die Analyseergebnisse handlungstheoretisch gedeutet werden (Nagel 2012, 315). Aus förderdiagnostischer Sicht erweist sich das Nachfragen zu Bedingungen des sprachlichen Handelns und deren handlungstheoretische Deutung als sinnvoll im Hinblick auf die Erfassung förderlicher beziehungsweise hinderlicher Bedingungen der alltäglichen Lebenssituation.

4.5.3 Forschungsmethodischer Zugang zum Gegenstand der alltäglichen Lebenssituation im Zusammenhang mit zeitlicher Orientierung und der Entwicklung sprachlichen Handelns

Bei den folgenden Ausführungen wird auf das Forschungsprojekt von Welling (1990) Bezug genommen, in dem der Zusammenhang der zeitlichen Orientierung und des sprachlichen Handelns anhand einer Untersuchung mit Vorschulkindern (hörgeschädigt, sprachlich beeinträchtigt) erläutert wird.

Inhaltliche Darstellung

Bei der Beschreibung der empirischen Untersuchung und der darin aufgeführten Darstellung der Entwicklung zeitlicher Orientierung wird unter der grundlegenden Annahme, dass Zeitgebrauch als menschliches Handeln zu fassen ist, durchgängig auf die alltägliche Lebenssituation der Kinder Bezug genommen. Zwei Begriffe ziehen sich wie ein roter Faden durch die Analyse Wellings (1990): Zeitwissen und Zeiterleben. Kinder besitzen ein spezifisches Zeitwissen und Zeiterleben, das Welling unter dem Aspekt der „Pluralität" (Welling 1990, 413) fasst, womit das Auftreten des Zeitwissens und Zeiterlebens bei Kindern in mehreren unterschiedlichen Formen (siehe hierzu weiterführend Welling 1990, 414 – 420) gemeint ist.

Ein zweiter grundlegender Aspekt ist der Begriff der „Mehrdimensionalität" (Welling 1990, 420) des Zeitwissens und Zeiterlebens: Zeitorientierung impliziert „räumliche und kausale, gegenständliche und symbolische Bezüge" (Welling 1990, 420). Beispielsweise wird zeitliches Wissen durch Bilder, Fotos, Zeichnungen und so weiter symbolisiert.

Welling (1990) stellt fest: Zeitwissen wird nicht durch „Konfrontation mit der Metrik einer kulturell bedeutsamen Zeiteinteilung" (Welling 1990, 426) herausgebildet. Vielmehr entwickeln sich Zeitvorstellungen in Zusammenhang mit einer bestimmten sozialen Praxis, also der „konkreten Lebenspraxis" (Welling 1990, 428) der Kinder, die aufgrund der zeitlichen Strukturierung von Tätigkeiten Anlässe bietet, Erfahrungen mit Zeit zu sammeln, die an die „Gegenstände und Symbolik ihres spezifischen Alltags" (Welling 1990, 462) gebunden sind.

Weiterhin kennzeichnet nicht das Zeitwissen die zeitliche Orientierung des Kindes, sondern die Kommunikations- und Kooperationsstruktur zwischen Kind und Erwachsenem. Die zeitliche Orientierung kann damit zu spezifischem Zeiterleben des Kindes führen (Welling 1990, 462). Das Zeiterleben wiederum bezieht sich auf zwei Aspekte: zum einen auf das Wissen von der Zeit der eigenen Handlungen und zum anderen auf das Zeitgefühl, was sich auf die „Bewußtwerdung der zeitlichen Verhältnisse eigener Handlungen" (Welling 1990, 153) bezieht. Das Wissen von der Zeit der eigenen Handlungen meint einen Zeitbegriff im Sinne Piagets (Welling 1990).

Im Zusammenhang mit dem Wissen von der Zeit der eigenen Handlungen steht die Erkenntnis der zeitlichen Verhältnisse der eigenen Handlungen. Diese erkennen die Kinder in strukturierten Alltagssituationen (Welling 1990, 429 f.). Die zeitlichen Verhältnisse werden dadurch konstruiert, indem sich eine Ablösung der zeitlichen Verhältnisse von den räumlichen Verhältnissen vollzieht (Welling 1990, 433). Diese Ablösung ist wie die „Vorstellungsdezentrierung" (Piaget 1974, zit. n. Welling 1990, 433) als eine fortschreitende Trennung der Anschauung vom Räumlichen aufzufassen (Welling 1990, 433).

Welling stellt in der Analyse weiterhin fest, dass der Gebrauch sprachlicher Zeitformen in kindlichen Erzählungen durch Ordnungsbeziehungen gekennzeichnet ist. Diese können zusammengefasst als drei Kategorien formuliert werden: Es handelt sich um räumlich-örtliche und zeitliche Gegebenheiten (Welling 1990, 444), in inhaltlicher Hinsicht der kindlichen Erzählung als „Orientierung am vermeintlichen Resultat" (Welling 1990, 448) und bei der Erzählung konkret wahrnehmbarer Dinge, beispielsweise bei der Betrachtung einer visuellen Vorlage (Bildergeschichte), ist ein „Konkretismus" (Welling 1990, 455) erkennbar, bei dem Veränderungsabfolgen und Zeitintervalle von den Kindern nicht berücksichtigt werden. In Bezug auf die Inhalte kindlicher Erzählungen konstatiert Welling eine Abhängigkeit von den Kommunikationsbedingungen, unter denen die Erzählung vorgebracht wird (Welling 1990, 467). Weniger Abstrahierung und mehr Konkretisierung in kindlichen Erzählungen treten bei der Vorlage von Bildergeschichten auf, da dann ein scheinbar geringerer „Kommunikationsdruck" (Welling 1990, 468) vorliegt.

Es kann Folgendes resümiert werden: Zeitliche Ordnung tritt als Kategorie neben räumlicher und kausaler Ordnung auf, womit auf den Ordnungsbegriff rekurriert wird und zeitliche Orientierung des Kindes als ordnende und geordnete Tätigkeit in Abhängigkeit der strukturierten Pläne des Kindes aufgezeigt wird. Zeitliche Orientierung ist ein vom Subjekt konstruiertes Mittel, mit dem es seine Wirklichkeit strukturiert (Welling 1990, 480 f.). In der Verwirklichung von Zielen und Aktualisierung von Plänen und Werten prägen die zeitlichen Beziehungen die Persönlichkeit des Kindes, es ist damit als ein Subjekt zu begreifen, das Ergebnis „seiner individuellen Zeitgeschichte" (Welling 1990, 468) ist. In der Form, in der es dem Subjekt möglich wird, zeitbezogene Erfahrungen vor dem Hintergrund seiner strukturierten Handlungspläne zu machen, ergibt sich ihm eine „bedürfnisbezogene Verwertbarkeit zeitlichen Wissens" (Welling 1990, 472), womit die individuellen zeitbezogenen Erfahrungen biografisch bedeutsam werden.

Die vorliegenden Ausführungen verdeutlichen, inwiefern in den Untersuchungen von Welling (1990) die Beziehung von zeitlicher Orientierung und sprachlichem Handeln bei Kindern herausgearbeitet wird, wobei Zeit und Sprache als Aspekte menschlichen Handelns beschrieben werden. Damit ist der inhaltliche Gegenstand der biografischen Analyse beschrieben, die von Welling (1990) vorgenommen wird. Die Kenntnis dieses inhaltlichen Gegenstands stellt die Grundlage für die intersubjektive Nachvollziehbarkeit der methodischen Vorgehensweise bei der Analyse dar, die nachfolgend erläutert wird.

Methodische Analyse

Welling (1990) betont bei der Beschreibung der Auswahl der Methoden seiner empirischen Untersuchung den Anspruch, den Zusammenhang kindlicher Zeitorientierungen und Sprachhandeln themengebunden zu betrachten. Dies führt zu der Datenerhebungsmethode von Planung und Realisierung von „Beobachtungssituationen" (Welling 1990, 381) mit Kindern. Aus methodologischer Sicht beschreibt Welling (1990) daher die Grundlage seines wissenschaftlichen Erkenntnisgewinns als „exemplarisch-kooperative Praxis des Forschers mit den Betroffenen" (Welling 1990, 399), was zur Auswahl von Methoden und Aufgaben führt, die aus dem „Alltagsleben der Kinder" (Welling 1990, 400) entnommen sind: Anlegen eines ‚Tagebuches', Ordnung und Vergleich von Gegenständen, Erzählungen und Gespräche, Zauberspiele, Doppelreihenbildung von Lebensalter beziehungsweise mit Flüssigkeit. Ausführlich beschrieben und begründet werden die Methoden und Aufgaben bei Welling (1990, 400–410). Die Interpretationen nimmt Welling mit der Setzung und Erläuterung thesenartiger theoriegeleiteter Schwerpunkte vor, die zum Ziel haben, Funktionen, Fähigkeiten oder Merkmale zeitlicher Orientierung und sprachlichen Handelns zu beschreiben, und so der Analyse zugrunde gelegt werden können (Welling 1990, 412).

Die Methoden, die Welling (1990, 400) im Rahmen seines Forschungsprojektes auswählt, können folgenden vier Kategorien zugeordnet werden:

1. Es handelt sich um das Anlegen eines Tagebuches, bei dem Gegenstände, Situationen und Personen gemalt werden oder Fotos aufgeklebt werden.
2. Eine weitere Methode ist das Ordnen und Vergleichen von Gegenständen wie Fotos, Bilder oder Zeichnungen.
3. Es werden Erzählungen und Gespräche über das Tagebuch, die Fotos und Bilder sowie über Erfahrungen und Erlebnisse des Kindes geführt.
4. Zudem wird die Methode der Doppelreihenbildung, bei der das In-Beziehung-Setzen von beispielsweise Bildern mit Bezug zum Lebensalter erforderlich ist (Welling 1990, 402), eingesetzt.

Welling (1990) wählt für die über 14–15 Monate (Welling 1990, 412) angelegte Untersuchung diese Methoden zur Erfassung von Bedingungen der alltäglichen Lebenssituation so aus, dass sie „aus dem Alltagsleben der Kinder" (Welling 1990, 400) entspringen können, „für die Kinder interessant [sind] (…) und ihre Aufmerksamkeit wecken" (Welling 1990, 400). Neben Spieltätigkeiten, wie beispielsweise Zauberspiele, werden Erzählungen und Gespräche mit den Kindern (Welling 1990, 402) geführt. Als Erzählanlässe dienen nach Welling (1990, 400–464) unter anderem Bilder, Geschichten, Erfahrungen und Erlebnisse der Kinder,

die zudem auch in einem Tagebuch festgehalten werden. Ergänzt werden diese
Methoden, die das sprachliche und allgemeine Handeln der Kinder in den Mittelpunkt rücken, sowohl durch Beobachtungen, die zur handlungstheoretischen
Analyse unterstützend herangezogen werden, als auch durch Gespräche mit den
Eltern als Bezugspersonen der an der Untersuchung beteiligten Kinder. Dadurch
wird ein „Verstehen der Einmaligkeit" (Welling 1990, 413) der beteiligten Kinder
ermöglicht.

Die Kooperation sowohl mit den beteiligten Kindern als auch mit ihren Eltern
als Bezugspersonen steht bei der Untersuchung Wellings im Vordergrund (Welling 1990, 400) und wird durch die gewählten Methoden ermöglicht. So sind
die Kinder unter anderem beim Anlegen eines Tagebuches nicht nur bei der
Erstellung beteiligt, sondern es wird zum einen die gemeinsame Arbeit beispielsweise in Form von Fotos oder Zeichnungen dokumentiert (Welling 1990, 404),
zum anderen werden „die gemeinsam gestalteten Tätigkeiten bedürfnisbezogen
und interessegeleitet" (Welling 1990, 409) weiterentwickelt. Deutlich wird, dass
mittels dieser Methoden die Untersuchung nicht hinter dem Rücken der betroffenen Kinder stattfindet, sondern im handlungstheoretischen Sinne gemeinsame
Ziele verfolgt werden, die auf gemeinsamen Plänen basieren und an gemeinsamen Werten (Welling 1990, 400) orientiert sind. Eine Teilhabe sowohl der
Kinder als auch der Bezugspersonen am Forschungsprozess ist durch den Einsatz der beschriebenen Methoden verwirklicht, was aus förderdiagnostischer Sicht
zu einer Erfassung förderlicher beziehungsweise hinderlicher Bedingungen der
alltäglichen Lebenssituation beiträgt.

4.5.4 Resümee zu forschungsmethodischen Zugängen zum Gegenstand der alltäglichen Lebenssituation in handlungstheoretisch ausgerichteter sprachbehindertenpädagogischer Forschung

Allen drei Untersuchungen gemeinsam ist eine handlungstheoretische Grundlage,
die die Entscheidungsgrundlage für die gewählten Methoden zur Analyse von
Bedingungen der alltäglichen Lebenssituation darstellt. Die Haltung, die dabei
von den diagnostizierenden beziehungsweise forschenden Personen eingenommen wird, ist gekennzeichnet durch das Menschenbild, das auch der vorliegenden
Arbeit zugrunde liegt, nämlich den Menschen als aktiv handelnden und zu Kooperation fähigen (Jetter 1985a; Jetter 1985b) zu betrachten. Das Aktivitätspostulat
und die Leitidee der Kooperation liegen bei allen drei Untersuchungen sowohl
bei der Konzeption als auch der Umsetzung zugrunde. Diese Einschätzung wird

von der Auswahl der Methoden und deren Anwendung untermauert. Wie gezeigt wurde, sind Verstehen und Rekonstruktion von Bedingungen der alltäglichen Lebenssituation Ziel dieser drei betrachteten Untersuchungen. Dabei ermöglichen es die dargestellten Methoden, dass die Bedingungen der alltäglichen Lebenssituation in jeder der dargestellten Untersuchungen zueinander in Beziehung gesetzt werden und die Ergebnisse hinsichtlich ihrer Bedeutung für das Kind in seiner alltäglichen Lebenssituation analysiert werden. Es ist ein Erklärungswissen, das damit erreicht wird, dass ein Erkennen der Bedingungen der alltäglichen Lebenssituation systematisch vollzogen wird. Dieses Ziel liegt im förderdiagnostischen Verständnis begründet (siehe Abschnitt 3.3).

In allen drei Untersuchungen zeigt sich, wie das Subjekt als Kooperationspartner im Mittelpunkt steht, jedoch nicht zum Mittelpunkt der Forschung wird. Vielmehr stehen die sprachlichen und allgemeinen Handlungen der beteiligten Kinder im Fokus, werden analysiert und handlungstheoretisch interpretiert. Ein weiterer wesentlicher Aspekt ist die Mitwirkungsorientierung: Sowohl die an der Forschung beteiligten Kinder als auch deren Bezugspersonen werden über den gesamten Forschungsprozess hinweg beteiligt.

Alle drei Untersuchungen verzichten auf eine Statusdiagnostik und sind prozesshaft angelegt, sodass die Erfassung von Informationen zur alltäglichen Lebenssituation der beteiligten Kinder kontinuierlich stattfinden kann. So werden nicht Momentaufnahmen von Eigenschaften der Kinder getätigt, sondern es wird eine fortschreitende Entwicklung betrachtet und der Analyse zugrunde gelegt. Mittels biografischer Analyse und Sprachhandlungsanalyse werden die Ergebnisse sodann handlungstheoretisch analysiert.

Anhand der Erläuterungen kann an dieser Stelle postuliert werden, dass die in diesen drei Untersuchungen verwendeten Methoden zur Analyse von Bedingungen der alltäglichen Lebenssituation im Zusammenhang mit einer Erfassung der sprachlichen Handlungsfähigkeit in der alltäglichen Lebenssituation herangezogen werden können. Dadurch werden sowohl sprachliche Handlungserfahrungen als Resultate der besonderen alltäglichen lebenssituationalen Bedingungen der beteiligten Kinder als auch die subjektiv bedeutsamen Handlungsinhalte und wünschenswerte Veränderungen der Bedingungen der jeweiligen alltäglichen Lebenssituation (von Knebel 2010, 238 f.) erfahrbar.

Die Ausführungen des vorliegenden Kapitels betrachten das Konzept von alltäglicher Lebenssituation einerseits aus einer theoretischen Perspektive, andererseits wird mit der Untersuchung ausgewählter biografischen Analysen der Blick auf mögliches methodisches Vorgehen bei der Erfassung und Auswertung von Informationen zur alltäglichen Lebenssituation gerichtet. Die Ergebnisse, die aus der Verschränkung theoretischer und methodischer Aspekte des Gegenstands

‚Bedingungen der alltäglichen Lebenssituation' im vorliegenden Kapitel gewonnen werden konnten, werden im folgenden Kapitel dialektisch zusammengeführt. Daher werden im Kapitel 5 anhand der Erkenntnisse des vorliegenden Kapitels ein handlungstheoretisch fundierter Begriff der alltäglichen Lebenssituation erläutert sowie Schlussfolgerungen für das weitere Vorgehen in der vorliegenden Arbeit gezogen.

Handlungstheoretisch fundierter Begriff der alltäglichen Lebenssituation: Zusammenfassung und Schlussfolgerungen

5

Wie in den Ausführungen in Kapitel 4 zur Konzeption von alltäglicher Lebenssituation herausgearbeitet wurde, wird in der vorliegenden Arbeit ‚alltägliche Lebenssituation' als Konstrukt betrachtet, das vom Subjekt eigenaktiv konstruiert wird. Zudem wurde das Konzept von alltäglicher Lebenssituation aus zwei Perspektiven betrachtet: Zum einen wurde aus theoretischer Perspektive beschrieben, wie unter Bezugnahme der gewählten theoretischen Bezugssysteme der vorliegenden Arbeit das Konzept alltägliche Lebenssituation gefasst wird (siehe Abschnitte 4.2, 4.3 und 4.4). Zum anderen wurden ausgewählte Untersuchungen zu biografischen Analysen (Kracht 2000; Nagel 2012; Welling 1990) hinsichtlich möglicher Vorgehensweisen bei der Erfassung und Auswertung von Informationen zur alltäglichen Lebenssituation von Kindern untersucht (siehe Abschnitt 4.5).

Im vorliegenden Kapitel werden die Ausführungen des vierten Kapitels hinsichtlich ihrer zentralen Aspekte zusammengefasst und in ihren inhaltlichen Aspekten verknüpft (5.1), um auf dieser Basis Schlussfolgerungen für die Entwicklung des Verfahrens zur Erfassung und Auswertung von Informationen zur alltäglichen Lebenssituation von Schulkindern mit sprachlichen Beeinträchtigungen ziehen zu können (5.2).

5.1 Zusammenfassung zur Konstruktion von alltäglicher Lebenssituation

Die Konstruktionsfaktoren von alltäglicher Lebenssituation werden im Folgenden thesenartig dargestellt, um übersichtlich und prägnant die wesentlichen Aspekte der Konstruktion von alltäglicher Lebenssituation zusammenzufassen. Zu jeder These erfolgt für eine detaillierte Auseinandersetzung mit den jeweiligen Inhalten ein Verweis auf den Abschnitt des vierten Kapitels.

© Der/die Autor(en) 2023
S. Schlüter, *Alltägliche Lebenssituation sprachbeeinträchtigter Kinder*,
https://doi.org/10.1007/978-3-658-42148-9_5

Alltägliche Lebenssituation als Konstrukt

Das Konzept der alltäglichen Lebenssituation wird in der vorliegenden Arbeit als Konstrukt aufgefasst. Genauer handelt es sich dabei um eine eigenaktive Konstruktion der Wirklichkeit, wobei die Annahme der genetischen Erkenntnistheorie Piagets (1973; 2015) zugrunde gelegt wird (Praschak 1993; Praschak-Wolf & Praschak 1979).

Bei der aktiven Auseinandersetzung mit der Wirklichkeit entwickeln sich Strukturen, mit denen das Subjekt seine Erfahrungen ordnet, was wiederum zur Weiterentwicklung der Strukturen beziehungsweise zu neuen Strukturen führt. Handlungspläne werden in Zusammenhang mit verwirklichten Handlungsmöglichkeiten zu denjenigen Faktoren, die zur Konstruktion der alltäglichen Lebenssituation beitragen. Der Mensch, der die Wirklichkeit erkennt, und die Bedingungen, die in der Wirklichkeit erkannt werden, stehen als Subjekt und Objekt in einem dialektischen Verhältnis. Die erkannten Bedingungen der alltäglichen Lebenssituation sind Grundlage jeder Handlung und werden daher gleichzeitig erkannt und produziert. Aus entwicklungspsychologischer Sicht führt die subjektive Repräsentation der Wirklichkeit durch das Subjekt zu einer Entwicklung von Realität des Subjekts. Diese Entwicklung ist gleichzusetzen mit der Konstruktion der alltäglichen Lebenssituation durch Erkennen und Verarbeiten von Wirklichkeit in Form konkreten Handelns in der Wirklichkeit, das heißt der alltäglichen Lebenssituation.

Ableitung These 1: Die Bedingungen der alltäglichen Lebenssituation werden vom Menschen eigenaktiv durch sein Handeln konstruiert (siehe Abschnitt 4.2).

Alltägliche Lebenssituation als kulturgebundenes Konstrukt

Bei der Entfaltung des Konzepts der alltäglichen Lebenssituation wurde die anthropologische Grundannahme des Menschen als kulturgebunden und kulturschaffend zugrunde gelegt. Sprache als kulturelles Produkt zu betrachten, leistet dabei einen wichtigen Beitrag zur Konzeptualisierung des Konstrukts der alltäglichen Lebenssituation. Die Kultur stellt das Wissen der Gesellschaft bereit, in die jeder Mensch hineingeboren wird. Dieses kulturelle Wissen ist als Bedingung der alltäglichen Lebenssituation aufzufassen.

Ableitung These 2: Alltägliche Lebenssituation ist ein kulturgebundenes Konstrukt. Die kulturellen und gesellschaftlichen Bedingungen, die beispielsweise in Form von Normen und Werten das menschliche Handeln begründen, sind Konstruktionsfaktoren von alltäglicher Lebenssituation (siehe Abschnitt 4.3).

Alltägliche Lebenssituation als gesellschaftsbezogenes Konstrukt
Neben der Betrachtung des Menschen als kulturgebunden und kulturschaffend, tritt ein weiterer Aspekt in den Mittelpunkt: die Gesellschaftlichkeit des Menschen. Aufgrund der Annahme der gesamtgesellschaftlichen Vermitteltheit der menschlichen Existenz (Holzkamp 1985) ist von Bedingungen der alltäglichen Lebenssituation auszugehen, die vom Menschen zum einen produziert werden und zum anderen von ihm erkannt werden und zu denen er sich im Sinne von Handlungsmöglichkeiten verhält. Unterschieden werden die Bedingungen der alltäglichen Lebenssituation in personale und situationale Bedingungen, die allerdings rein analytisch zu trennen sind und die sich im alltäglichen Handeln des Subjekts vielmehr gegenseitig bedingen beziehungsweise nicht isoliert auftreten.

Jegliche Bedingungen werden zu Prämissen des menschlichen Handelns, wenn sie im Zusammenhang mit der Erweiterung der Verfügung über die alltäglichen Lebensbedingungen stehen. Kern dieses Betrachtungspunktes ist die Annahme des Menschen als Subjekt, das in Bezug auf die für es erkennbaren gesellschaftlichen Bedeutungsstrukturen begründet handelt. *Ableitung These 3*: Alltägliche Lebenssituation ist ein gesellschaftsbezogenes Konstrukt. Die Konstruktion von alltäglicher Lebenssituation wird zwar als individuell in Bezug auf die jeweils zugrunde liegenden spezifischen Ausformungen der Lebensbedingungen betrachtet und kann nur vom Subjektstandpunkt aus beschrieben werden, sie ist dennoch aufgrund der Gesellschaftsbezogenheit des Subjekts keine individuelle, das heißt von den gesamtgesellschaftlichen Zielkonstellationen losgelöste, Angelegenheit (siehe Abschnitt 4.3.2).

Alltägliche Lebenssituation als Resultat zwischenmenschlicher Beziehungen
Jedes Subjekt hat die Möglichkeit, so zu handeln, dass kooperative oder konkurrierende Beziehungen entstehen oder es handelt, ohne dabei Kooperation beziehungsweise Konkurrenz einzugehen. In dem Fall bestimmen die zwischenmenschlichen Beziehungen allein ohne kooperierenden oder konkurrierenden Faktor die Lebensbedingungen. Aus soziologischer Perspektive sind es Formen der Interdependenzgeflechte, beispielsweise Emotionen wie Sympathie und Angst, oder miteinander verflochtene individuelle Handlungen und räumliche sowie wirtschaftliche Verflechtungen, die den Figurationen inbegriffen sind und aufgrund gegenseitiger Abhängigkeit die Konstruktion von alltäglicher Lebenssituation bestimmen. Da sie Auswirkungen auf die individuellen Handlungen der Menschen haben, tragen sie zur Produktion der Lebensbedingungen bei. *Ableitung These 4*: Alltägliche Lebenssituation wird durch zwischenmenschliche Beziehungen konstruiert. Jede Form zwischenmenschlicher Beziehung ist als Konstruktionsfaktor von alltäglicher Lebenssituation zu betrachten, da sie

immer im Zusammenhang mit menschlichem Handeln und dem Erkennen von Wirklichkeit einhergeht (siehe Abschnitt 4.4).

Alltägliche Lebenssituation als Resultat von Kooperation oder Konkurrenz
In kooperativen Handlungen nehmen die gemeinsamen Handlungen der beteiligten Menschen Einfluss darauf, wie die einzelnen Kooperationsbeteiligten ihre Wirklichkeit erfahren, im Sinne Jetters (2013) nämlich als wirklich erlebte Handlungen einschließlich der zugrunde liegenden kulturellen Werte, der gemeinsam verfolgten Handlungsziele sowie der koordinierten Handlungspläne. Schönberger (1985) drückt diesen Zusammenhang mit der Feststellung aus, dass es sich bei geglückten oder gescheiterten Kooperationen um die Biografie desjenigen handelt, der an der Kooperation teilhat. Weiterhin führt Schönberger (1987) in diesem Kontext aus: Kooperation führt zu einer von Menschen selbst gestalteten Wirklichkeit, in der sie sich aufgrund der kooperativen Handlungen als verantwortlich Handelnde wahrnehmen.

Aufgrund der Möglichkeitsbeziehung können zwischenmenschliche Beziehungen in Form von Kooperationen auftreten oder, wie in Bezug auf Figurationen bei Elias (2006) beschrieben, in Form von Konkurrenz.

Ableitung These 5: Alltägliche Lebenssituation wird durch die spezielle Handlungsform der Kooperation beziehungsweise Konkurrenz konstruiert (siehe Abschnitt 4.4.1).

Alltägliche Lebenssituation als Resultat von Kommunikation
Sprache als kulturelles Produkt wirkt insofern als Konstruktionsfaktor bei der Konzeptualisierung von Lebenswelt, da durch sprachliches Handeln das kulturelle Wissen der Gesellschaft weitergegeben wird, also ein kommunikativer Austausch zwischen Menschen stattfindet, der zum Erkennen und zur Repräsentation von Wirklichkeit beiträgt. Kommunikation ist als spezielle Form von Kooperation zu betrachten. Dies wurde mit dem Kooperationsmodell der menschlichen Kommunikation (Tomasello 2011) gezeigt. Zentral für kooperative Kommunikation ist, dass kulturbezogenes Wissen ausgetauscht wird und sich der zugrunde liegende begriffliche Hintergrund der an der Kommunikation Beteiligten weiterentwickelt, wodurch das menschliche Leben geprägt wird.

Ableitung These 6: Kommunikation ist zum einen als ordnende Struktur und zum anderen als besondere menschliche Kooperationsform anzusehen, die zur Konstruktion der alltäglichen Lebenssituation beiträgt (siehe Abschnitt 4.4.2).

Diese in thesenform zusammengefassten Überlegungen zur Konstruktion von alltäglicher Lebenssituation bilden den theoretischen Hintergrund für die Entwicklung des Verfahrens zur Erfassung und Auswertung von Informationen zur alltäglichen Lebenssituation von Schulkindern mit sprachlichen Beeinträchtigungen (siehe Kapitel 6). Aus diesem Grund werden im nachfolgenden Abschnitt die aus den theoretischen Überlegungen resultierenden Schlussfolgerungen für die Entwicklung des Analyseverfahrens aufgezeigt.

5.2 Schlussfolgerungen für die Entwicklung des Verfahrens zur Erfassung und Auswertung von Informationen zur alltäglichen Lebenssituation von Schulkindern mit sprachlichen Beeinträchtigungen

Die im vorliegenden Abschnitt dargestellten Schlussfolgerungen für die Entwicklung des Verfahrens zur Erfassung und Auswertung von Informationen zur alltäglichen Lebenssituation von Schulkindern mit sprachlichen Beeinträchtigungen beziehen sich erstens auf inhaltlicher Ebene auf alltägliche Lebenssituation als diagnostischen Gegenstandsbereich (5.2.1) und zweitens auf methodischer Ebene auf die Erfassung und Auswertung von Informationen zur alltäglichen Lebenssituation (5.2.2).

5.2.1 Alltägliche Lebenssituation als diagnostischer Gegenstandsbereich

Aus den Erkenntnissen zur Konstruktion von alltäglicher Lebenssituation (siehe ausführlich Abschnitte 4.1, 4.2, 4.3 und 4.4 sowie zusammengefasst in 5.1) kondensieren sich also auf inhaltlicher Ebene folgende fünf Annahmen, die handlungsleitend für die Entwicklung des Analyseverfahrens sind:

1. Die Konstruktion von alltäglicher Lebenssituation ist eigenaktiv, kulturbezogen, gesellschaftsbezogen und resultiert aus zwischenmenschlichen Beziehungen, sodass Kooperation und Kommunikation als bestimmende Merkmale in Erscheinung treten.
2. Die alltägliche Lebenssituation ist die Situation, in der das Subjekt aktiv sprachlich sowie nichtsprachlich handelt. Bedingungen dieser alltäglichen Lebenssituation sind also die, die in dieser konkreten Situation des Handelns vom Subjekt aufgrund seiner Handlungen produziert und erkannt und damit verändert werden.
3. Bedingungen von alltäglicher Lebenssituation können sowohl Vergangenheitsbezug, einen aktuellen Bezug oder einen Zukunftsbezug haben. Zu

unterscheiden sind daher biografische, aktuelle und lebensperspektivische Bedingungen der alltäglichen Lebenssituation.

4. Alltägliche Lebenssituation ist das Resultat geordneter und ordnender Tätigkeit. Bestimmungsmerkmale der Konstruktion von alltäglicher Lebenssituation sind daher räumliche, zeitliche und kausale Bedeutungsentwicklung sowie Kooperation und Kommunikation.

5. Das Subjekt erfährt die Bedingungen seiner alltäglichen Lebenssituation im Zugriff bereits entwickelter ordnender Strukturen und steht im dialektischen Verhältnis zu diesen Bedingungen.

Diese fünf Annahmen wirken insofern handlungsleitend bei der Entwicklung des Verfahrens zur Erfassung und Auswertung von Informationen zur alltäglichen Lebenssituation, da sie in inhaltlicher Hinsicht alltägliche Lebenssituation als den Gegenstand der Analyse beschreiben. Diesem Gegenstand angemessene Methoden für die Erfassung und Auswertung von Informationen zur alltäglichen Lebenssituation von Schulkindern mit sprachlichen Beeinträchtigungen werden auf Basis der im Folgenden dargestellten methodischen Schlussfolgerungen ausgewählt.

5.2.2 Schlussfolgerungen für die Erfassung und Auswertung von Informationen zur alltäglichen Lebenssituation von Schulkindern mit sprachlichen Beeinträchtigungen

Hinsichtlich der methodischen Umsetzung der Erfassung und Auswertung von Informationen zur alltäglichen Lebenssituation von Schulkindern mit sprachlichen Beeinträchtigungen ergeben sich auf Basis der Ausführungen zur methodischen Vorgehensweise in ausgewählten biografischen Analysen (siehe Abschnitt 4.5) folgende fünf handlungsleitende Annahmen:

1. Die Entwicklung des Analyseverfahrens erfolgt von einem handlungstheoretischen Standpunkt. Daher gilt es, Methoden zur Erfassung von Informationen zur alltäglichen Lebenssituation von Schulkindern mit sprachlichen Beeinträchtigungen auszuwählen, die es den an der Diagnostik beteiligten Personen ermöglichen, gemeinsame Ziele zu verfolgen, die auf gemeinsamen Plänen basieren und sich an gemeinsamen Werten orientieren.

2. Es werden solche Methoden zur Erfassung von Informationen zur alltäglichen Lebenssituation von Schulkindern mit sprachlichen Beeinträchtigungen ausgewählt, die es ermöglichen, die Handlungen und Handlungsbegründungen der

beteiligten Kinder zu erfassen. Solche Methoden sind beispielsweise Spielsituationen, Experimente oder gemeinsam erlebte Situationen aus dem Alltag des Kindes. Bei der Auswahl der Methoden gilt es zu beachten, dass sie Sprachanlässe bieten, da Gespräche über alltägliche Erfahrungen es ermöglichen, Erkenntnisse über die Handlungen und Handlungsbegründungen des Kindes zu erlangen.

3. Es gilt, Methoden zur Erfassung von Informationen zur alltäglichen Lebenssituation von Schulkindern mit sprachlichen Beeinträchtigungen so auszuwählen, dass eine Teilhabe des Kindes sowie der Bezugspersonen des Kindes am diagnostischen Prozess ermöglicht wird. Daher bieten sich Methoden wie teilnehmende Beobachtung sowie qualitative Interviewformen an.

4. Die Erfassung und Auswertung von Informationen zur alltäglichen Lebenssituation des Kindes ist aufgrund der förderdiagnostischen Ausrichtung prozesshaft über einen möglichst langen Zeitraum zu gestalten, um eine entwicklungsorientierte Analyse zu gewährleisten.

5. Eine handlungstheoretische Auswertung der erfassten Informationen zur alltäglichen Lebenssituation von Schulkindern mit sprachlichen Beeinträchtigungen ermöglicht die Rekonstruktion der Bedingungen der alltäglichen Lebenssituation des Kindes.

Im vorliegenden Kapitel wurden die bisherigen Ausführungen zur Konstruktion von alltäglicher Lebenssituation sowie zur methodischen Umsetzung bei der Erfassung und Auswertung von Informationen zur alltäglichen Lebenssituation von Schulkindern mit sprachlichen Beeinträchtigungen zusammengefasst und in handlungsleitende Schlussfolgerungen für die Entwicklung eines Analyseverfahrens überführt. Im folgenden Kapitel wird die Entwicklung, Erprobung und Evaluation des Verfahrens zur Erfassung und Auswertung von Informationen zur alltäglichen Lebenssituation von Schulkindern mit sprachlichen Beeinträchtigungen in den Mittelpunkt der Ausführungen gestellt.

6

Alltägliche Lebenssituation von Kindern mit sprachlichen Beeinträchtigungen als handlungstheoretisch fundierter diagnostischer Gegenstand: Entwicklung, Erprobung und Evaluation eines Analyseverfahrens für die pädagogische Sprachdiagnostik

Im vorliegenden Kapitel steht das im Rahmen der vorliegenden Arbeit eigenständig entwickelte Verfahren zur Erfassung und Auswertung von Informationen zur alltäglichen Lebenssituation von Schulkindern mit sprachlichen Beeinträchtigungen im Mittelpunkt. Bei der Vorgehensweise zur Erfassung und Auswertung wird wie folgt vorgegangen: Eine diagnostizierende Person führt ein Gespräch mit dem an der Diagnostik beteiligten Kind und fragt gezielt nach alltäglichen Handlungen und Handlungsbegründungen. Das Gespräch wird protokolliert, um die Notizen für die spätere Auswertung nutzen zu können. Die Auswertung wird anschließend mithilfe eines in der vorliegenden Arbeit entwickelten Auswertungsleitfadens vorgenommen. Die konkreten Auswertungsschritte des Auswertungsleitfadens führen zu einem Erkennen der alltäglichen Lebenssituation und damit zu einer Rekonstruktion der Bedingungen dieser alltäglichen Lebenssituation. Für eine detaillierte Darstellung der Vorgehensweise bei Anwendung des Verfahrens zur Erfassung und Auswertung von Informationen zur alltäglichen Lebenssituation von Schulkindern mit sprachlichen Beeinträchtigungen wird auf Abschnitt 7.2 verwiesen.

Ergänzende Information Die elektronische Version dieses Kapitels enthält Zusatzmaterial, auf das über folgenden Link zugegriffen werden kann https://doi.org/10.1007/978-3-658-42148-9_6.

Es wird im Folgenden zunächst aus Gründen der intersubjektiven Nachvollziehbarkeit die Entwicklung des Verfahrens (6.1) thematisiert. Danach wird auf
die Erprobung und Evaluation des Verfahrens (6.2) eingegangen, um anhand
der vorliegenden Daten der drei Teilevaluationen die methodische Vorgehensweise bei der Durchführung des Verfahrens zu verdeutlichen. Außerdem dienen
die Ergebnisse der Teilevaluationen als Grundlage zur Beantwortung der zweiten Forschungsfrage einschließlich ihrer Teilfragen der vorliegenden Arbeit
(zur Beantwortung der Forschungsfragen siehe Kapitel 7). Das vorliegende
Kapitel schließt mit einer Zusammenfassung und Reflexion der in den drei
Teilevaluationen gewonnenen Erkenntnisse (6.3) ab.

6.1   Erläuterungen zur vorgenommenen Entwicklung des Verfahrens zur Erfassung und Auswertung von Informationen zur alltäglichen Lebenssituation von Schulkindern mit sprachlichen Beeinträchtigungen

In Folgenden wird auf Basis der Erkenntnisse der vorliegenden Arbeit (zusammengefasst als Schlussfolgerungen für das weitere Vorgehen siehe Kapitel 5) die
Entwicklung des Verfahrens zur Erfassung und Auswertung von Informationen
zur alltäglichen Lebenssituation von Schulkindern mit sprachlichen Beeinträchtigungen erläutert. Theoriegeleitet wurden Aspekte bestimmt, die zur Konstitution
eines Verfahrens beitragen, das Informationen zur alltäglichen Lebenssituation
von Kindern hinsichtlich ihrer alltäglichen Lebensführung und in Zusammenhang mit sprachlichem Handeln erfassen und auswerten kann. Die folgenden
Ausführungen fassen zusammen, welche inhaltlichen Aspekte aus theoretischer
Sicht bestimmend für die Konstitution des Analyseverfahrens sind, wobei die
Erkenntnisse zur Konstruktion eines Konzepts von alltäglicher Lebenssituation
von Kindern mit sprachlichen Beeinträchtigungen im Kapitel 5 zusammengefasst
wurden und, um Redundanz zu vermeiden, an dieser Stelle nicht noch einmal
aufgezeigt werden.
    Aufgrund der in der vorliegenden Arbeit gewählten Theoriestruktur liegen
der Entwicklung des Analyseverfahrens subjektwissenschaftliche Grundlagen
der Kritischen Psychologie (siehe Abschnitt 6.1.1) sowie entwicklungspsychologische Grundlagen zu Gedächtnis und Erinnerung (siehe Abschnitt 6.1.2)
handlungsleitend zugrunde. Des Weiteren wird auf die methodologischen Aspekte
und Prinzipien (6.1.3) eingegangen, die bei der Entwicklung des Verfahrens

beachtet wurden. Da es sich um ein subjektwissenschaftlich begründetes Analyseverfahren handelt, werden zur Offenlegung der Ausgangslage Kriterien subjektwissenschaftlicher Methoden (6.1.4) erläutert. Im Anschluss daran wird auf das problemzentrierte qualitative Interview als diagnostische Erhebungsmethode (6.1.5) und auf das subjektwissenschaftliche Forschungsverfahren als diagnostische Auswertungsmethode (6.1.6) erläuternd eingegangen, da die gewählten methodischen Verfahren der Erhebung und Auswertung aufgrund ihrer spezifischen methodologischen Voraussetzungen als gegenstandangemessen betrachtet werden, was durch die Ausführungen zur Erhebungs- sowie Auswertungsmethode intersubjektiv nachvollziehbar gemacht werden soll. Abschließend wird in Abschnitt 6.1.7 resümiert, inwiefern die im vorliegenden Abschnitt ausgeführten Annahmen handlungsleitend für die Entwicklung des Analyseverfahrens betrachtet werden können.

6.1.1 Handlungsleitende subjektwissenschaftliche Grundlagen der Kritischen Psychologie

Die Subjektivitätskonzeption der Kritischen Psychologie legt die „gesamtgesellschaftliche Vermitteltheit der individuellen Existenz" (Holzkamp 1985, 192) zugrunde. Die gesellschaftlichen Verhältnisse sind als Voraussetzungen für die individuelle Existenzsicherung zu fassen, gleichzeitig muss der Mensch dazu beitragen, diese Voraussetzungen zu produzieren beziehungsweise zu reproduzieren. Das Verhältnis zwischen Subjekt und Gesellschaft ist somit eine „doppelte Beziehung" (Holzkamp 1985, 192), die gesellschaftlichen Zusammenhänge sind dem Menschen aber nur insoweit gegeben, wie sie als Ausschnitte „dem Individuum von seinem realen gesellschaftlichen Standort zugekehrt sind" (Holzkamp 1985, 196).

Das Subjekt erfährt die Welt als einen gesellschaftlich produzierten Möglichkeitsraum von Bedeutungen, wobei die gesellschaftlichen Verhältnisse dem Subjekt als gegenständliche oder symbolische Bedeutungen entgegentreten. Das bedeutet, dass erstens dem Subjekt die gesellschaftlichen Verhältnisse als Vermittlungszusammenhang zwischen Mensch und Welt (Bedeutungen) in Form von Gegenständen entgegentreten. Demgegenüber stehen Symbolbedeutungen, in dem Fall sind es Symbole, beispielsweise sprachliche Zeichen, die dem Menschen als Bedeutungen von Gegenständen entgegentreten. Die wesentliche Annahme dabei ist, dass diese gesellschaftlichen Bedeutungszusammenhänge keine Handlungsbedingungen oder Bestimmungen darstellen, die das Handeln des

Subjekts determinieren, sondern dass sie Handlungsmöglichkeiten beziehungsweise Handlungsbeschränkungen darstellen. Zu diesen Handlungsmöglichkeiten beziehungsweise -beschränkungen verhält sich das Subjekt bewusst, das heißt gemäß seinen Lebensinteressen, und handelt begründet. Die Handlungsgründe liegen in den gesellschaftlichen Verhältnissen als Handlungsprämissen. Diese Handlungsprämissen sind als erfahrene Lebenszusammenhänge (Bedeutungsanordnungen) zu fassen, aus denen das Subjekt Aspekte herausgreift und zur Grundlage für seine spezifischen Handlungsgründe macht. Die Handlungsgründe liegen damit in den Lebensinteressen des Subjekts (Holzkamp 1985, 1993). Die gesellschaftlichen Bedingungen sind zwar objektiv gegeben, determinieren aber dennoch nicht das menschliche Handeln, sondern werden nur dann bestimmend, wenn das Subjekt sie zu Prämissen für seine Handlungsbegründungen macht.

Subjektive Handlungsbegründungen können kommuniziert und damit mittels „Bedingungs-Bedeutungs-Begründungs-Analyse" (Markard 2017, 237) untersucht werden. In dieser Analyse werden keine Bedingungs-Ereignis-Zusammenhänge untersucht, denn (un-)abhängige Variablen sind nicht relevant, sondern es gilt, Prämissen-Gründe-Zusammenhänge zu formulieren (Holzkamp 1993). Subjektwissenschaftliche Forschung rekonstruiert menschliches Handeln immer im Begründungsdiskurs von der Perspektive der subjektiven Handlungsgründe aus, das heißt, in Bedeutungs-Begründungs-Analysen werden die Prämissen-Gründe-Zusammenhänge hergestellt. Dies führt zur Erkenntnis vom Standpunkt des Subjekts und zielt nicht darauf ab, wie zum Teil innerhalb qualitativer Forschung üblich, nur dem Subjekt eine erhöhte Aufmerksamkeit zukommen zu lassen, sondern subjektiv ist zu verstehen im Sinne eines subjekthaften Weltbezugs (Markard 2000). Subjektwissenschaftliche Aussagen sind dabei in keinem Fall Aussagen über Menschen, sondern immer über erfahrene Handlungsmöglichkeiten oder Handlungsbeschränkungen. Auch werden sie nicht zur Klassifizierung von Menschen und einem Denken in Eigenschaften genutzt, weshalb Verallgemeinerung im Sinne von Merkmalszuschreibungen von Menschen nicht Ziel subjektwissenschaftlicher Forschung ist (Markard 1993).

Die Ausführungen zu den subjektwissenschaftlichen Grundlagen werden zu handlungsleitenden Prinzipien der Entwicklung des Analyseverfahrens insofern, als dass diese die Richtung weisen, welche Informationen mittels des Analyseverfahrens erfasst und ausgewertet werden. So stehen die individuellen alltäglichen Handlungen des Subjekts im Mittelpunkt der Befragung. Davon ausgehend soll dem Subjekt ermöglicht werden, sich über die individuellen Handlungsgründe zu verständigen, aus denen die dahinterstehenden Bedingungen der alltäglichen Lebenssituation rekonstruiert werden. Die Verständigung über die Handlungen und Handlungsbegründungen des Subjekts setzt voraus, dass das Subjekt sowohl

Handlungen als auch Handlungsgründe erinnern und so zur Grundlage der Verständigung machen kann. Daher werden im nachfolgenden Abschnitt 6.1.2 handlungsleitende entwicklungspsychologische Grundlagen zu Gedächtnis und Erinnerung dargestellt und offengelegt.

6.1.2   Handlungsleitende entwicklungspsychologische Grundlagen zu Gedächtnis und Erinnerung

Um wesentliche Kennzeichen des Gedächtnisses zu verdeutlichen, die bei der Entwicklung des Verfahrens zur Analyse von Lebensbedingungen als handlungsleitend betrachtet wurden, wird auf entwicklungspsychologische Grundlagen nach Inhelder und Piaget (1974) zurückgegriffen. Diese Orientierung legt nahe, das Gedächtnis als Teil der gesamten kognitiven Funktionen zu betrachten.

Das Gedächtnis ist nach Inhelder und Piaget (1974) als eine Erkenntnisweise zu fassen, die der aktiven und selektiven Strukturierung der Vergangenheit und damit des bereits Erlebten dient. Es ist insofern mit der Intelligenz verbunden, da es als „Wissen der Vergangenheit" (Inhelder & Piaget 1974, 463) betrachtet werden kann, was eine permanente Reorganisation voraussetzt, um das Ziel der Strukturierung zu erfüllen. Diese Strukturierung besteht in der „Konstruktion, Erhaltung oder Rekonstruktion konkreter Bilder besonderer Ereignisse" (Inhelder & Piaget 1974, 465), wofür die präoperativen oder operativen Schemata der Intelligenz zur Organisation der Vergangenheit benutzt werden, was nach Piaget und Inhelder als Erinnerung zu kennzeichnen ist. Je nachdem, wie die Vergangenheit strukturiert wird, wird das Wiedererkennungsgedächtnis vom Evokationsgedächtnis unterschieden. Für beide gilt jedoch: Die semiotischen Funktionen und die begriffliche oder bildhafte Vorstellung müssen bereits entwickelt sein. Den Übergang zwischen den beiden Formen des Gedächtnisses bildet das „Rekonstitutionsgedächtnis" (Inhelder & Piaget 1974, 484), das, ebenfalls hervorgegangen aus dem Nachahmungsbild, zu einer absichtlichen Wiedergabe der eigenen oder einer fremden Aktion führt.

Das Gedächtnis ist nach Inhelder und Piaget (1974) zu unterscheiden in Wiederholung beziehungsweise Wiedererkennen und Evokation von Ereignissen oder Bildern und dient der Erhaltung in der Vergangenheit aufgebauter, das heißt erworbener und nicht vererbter Schemata. Die schematisierten kognitiven Funktionen (figurativ und operativ) bestimmen die Unterscheidungen, wie das Gedächtnis gefasst wird. Während operative Funktionen Gegenstände transformieren, führen figurative Funktionen zur Nachahmung von Gegenständen, also zu einer Übersetzung in Bilder. Inhelder und Piaget (1974) nennen

dabei die unmittelbare und äußere Nachahmung als erste Stufe, auf die ver-
innerlichte Formen und die „aufgeschobene" (Inhelder & Piaget 1974, 24)
Nachahmung folgen. Aus der verinnerlichten Nachahmung heraus entwickelt sich
das Vorstellungsbild als neues figuratives Grundwerkzeug für die Ausformung
des Evokationsgedächtnisses in der gleichen Form wie beispielsweise symbolisches Spiel oder die Zeichnung ebenfalls als figurative Werkzeuge aus der
verinnerlichten Nachahmung entstanden sind.

   Inhelder und Piaget (1974) unterscheiden weiterhin das „Gedächtnis im wei-
ten Sinne" (Inhelder & Piaget 1974, 17 f.) vom „Gedächtnis im strengen Sinne"
(Inhelder & Piaget 1974, 17 f.). Das erste dient der Erhaltung entweder beliebiger
Gewohnheitsschemata oder sensomotorischer, begrifflicher oder operativer Schemata. Das zweite stellt einen klaren Bezug zur Vergangenheit her, da das Subjekt
einen in der Vergangenheit wahrgenommenen Gegenstand oder Ereignisse wie-
dererkennt. Es handelt sich dabei um Wiedererkennen, wenn der Gegenstand
vorhanden, also wahrnehmbar ist, und um Evokation, wenn er nicht vorhanden,
also nicht wahrnehmbar ist.

   Im Unterschied zum reproduzierenden beziehungsweise antizipierenden Vorstellungsbild handelt es sich bei der gedächtnishaften Evokation um ein Erinnerungsbild, das in Verbindung steht mit einer Lokalisierung in der Vergangenheit:
Es wird etwas geäußert, das bereits erlebt wurde, nicht etwas allgemein Bekann-
tes oder Vorausgesehenes (Inhelder & Piaget 1974). Dieses Erinnerungsbild
nimmt eindeutig Bezug auf einmalige vergangene Situationen, Vorgänge oder
Gegenstände und diese werden dementsprechend wiedererkannt beziehungsweise
evoziert. Damit ist Evokation als ein „Denkakt" (Inhelder & Piaget 1974, 484)
zu bezeichnen, der aufgrund der Verbindung mit der Intelligenz eine Schematik
enthält, die entsprechend der stufenförmigen Entwicklung der allgemeinen kognitiven Funktionen in den aufeinanderfolgenden Stufen, die das Gedächtnis nutzt,
enthalten ist. Die Wiedererkennung entspricht dem Anfang der sensomotorischen
Stufe. Die Rekonstitution kann mit dem Übergang von der sensomotorischen
Stufe zum Vorstellungsgemäßen verglichen werden, und die Evokation korre-
spondiert mit der Stufe der vorstellungsmäßigen, präoperativen und operativen
Form der Intelligenz (Inhelder & Piaget 1974).

   Bei der Frage nach alltäglich wiederkehrenden Situationen, Ereignissen und
Handlungen wird das Kind aufgefordert sich, an in der Vergangenheit liegende
Ereignisse und Handlungen zu erinnern. Damit wird das Evokationsgedächt-
nis des Kindes beansprucht, Ziel ist eine bildhafte Evokation von in der
Vergangenheit liegenden Ereignissen durch das Kind. Wie im vorliegenden
Abschnitt beschrieben, setzt Evokation figurative Werkzeuge wie Nachahmung,
Vorstellungsbild oder symbolisches Spiel voraus. Dementsprechend ist Evokation

äquivalent zu der Stufe der vorstellungsmäßigen, präoperativen und operativen Formen der Intelligenz (Inhelder & Piaget 1974).

Das Evokationsgedächtnis als eine Form des Gedächtnisses im Allgemeinen erzeugt ein Erinnerungsbild einer schematisierten oder nichtschematisierten Aktion und dient der bildhaften Evokation aktionsunabhängiger Ereignisse und Gegenstände. Dieser Aspekt ist handlungsleitend bei der Entwicklung des Analyseverfahrens zur Erfassung von Bedingungen der alltäglichen Lebenssituation, weil sich das Verfahren im Hinblick auf die Methodik auf die Möglichkeit der Konstruktion von Erinnerungsbildern stützt, also auf das Erinnern von Handlungen, Ereignissen, Situationen oder Personen, die als Gegenstand der Wahrnehmung zum Zeitpunkt der Befragung nicht vorhanden sind.

Nachdem in den vorigen Ausführungen in 6.1.1 und dem vorliegenden Abschnitt auf inhaltlicher Ebene erläutert wurde, welche Grundlagen der Entwicklung des Verfahrens zur Erfassung und Auswertung von Informationen zur alltäglichen Lebenssituation von Schulkindern mit sprachlichen Beeinträchtigungen handlungsleitend zugrunde liegen, werden im nächsten Abschnitt die handlungsleitenden methodologischen Aspekte und Prinzipien dargestellt.

6.1.3 Handlungsleitende Aspekte und Prinzipien der bildungszielorientierten Förderdiagnostik

Das Analyseverfahren ist auf Basis der Erkenntnisse zur Förderdiagnostik heraus entstanden und orientiert sich an den Prinzipien bildungszielorientierter Förderdiagnostik (siehe Abschnitt 3.3.1) gleichermaßen, wie es sich als Teil der sprachpädagogischen Diagnostik begreift, die in Einheit mit der Sprachförderung steht. Damit liegen der Entwicklung sowohl die Bestimmungsmerkmale pädagogischer Sprachdiagnostik (siehe Abschnitt 3.3.2) als auch das Konzept der Kooperativen Sprachdidaktik (Welling 2004, 2007) (siehe Abschnitt 3.2) zugrunde. Die Annahmen der Sprachhandlungstheorie und das darin begründete Konzept der Kooperativen Sprachdidaktik liefern die notwendigen Gegenstandsbereiche, die die Kriterien bereitstellen, welches Wissen über das Kind und die alltäglichen lebenssituationalen Bedingungen, unter denen das Kind seine Sprache entwickelt beziehungsweise entwickelt hat und gebraucht, für eine individuelle Sprachförderung notwendig wird. Daraus lässt sich schlussfolgern, welche Informationen mittels einer Analyse der alltäglichen Lebenssituation gewonnen werden müssen, um ein Förderkonzept individuell und in Orientierung an den zugrunde liegenden Bedingungen der alltäglichen Lebenssituation ausrichten zu können.

6.1.4   Kriterien subjektwissenschaftlicher Methodik

Die in dieser Arbeit beschriebenen handlungsleitenden Grundannahmen (Abschnitt 1.2) liegen der Entwicklung des Analyseverfahrens ebenso zugrunde wie den Ausführungen zur alltäglichen Lebenssituation (Kapitel 4). Aufgrund der an Subjektwissenschaft orientierten qualitativen Vorgehensweise bei der Entwicklung des Analyseverfahrens ergeben sich aus methodologischer Perspektive drei Anforderungen im Sinne wissenschaftlicher Kriterien, die im Folgenden nacheinander beschrieben werden: Gegenstandsadäquatheit, Mitforschungsprinzip und intersubjektive Nachvollziehbarkeit. Diese drei Kriterien werden nachfolgend hinsichtlich ihrer Bedeutung für die vorliegende Arbeit erläutert.

Gegenstandsadäquatheit
Obwohl es sich bei der vorliegenden Arbeit nicht um eine aktual-empirische Untersuchung eines bestimmten Gegenstands im Sinne Holzkamps (1985), wie zum Beispiel Intelligenz, handelt, sondern das Ziel unter anderem in der Entwicklung eines sprachdiagnostischen Verfahrens zur Erfassung und Auswertung von Informationen zur alltäglichen Lebenssituation besteht, hat in der vorliegenden Arbeit wissenschaftliche Güte dennoch eine hohe Bedeutung, insbesondere das Gütekriterium der Gegenstandsadäquatheit der Methodenwahl. Dieses Kriterium wird bei der Entwicklung des Verfahrens als oberstes methodologisches Gütekriterium betrachtet, so wie es für die subjektwissenschaftliche Forschung im Allgemeinen gilt (Holzkamp 1985). Die allgemein anerkannten wissenschaftlichen Kriterien, die die wissenschaftliche Objektivierbarkeit gewährleisten sollen, werden nicht abgelehnt, sondern sind der Gegenstandsadäquatheit „logisch vorgeordnet: Sofern nämlich die Gegenstandsadäquatheit einer Methode nicht bekannt ist, man also nicht weiß, was damit überhaupt untersucht werden kann, ist auch der wissenschaftliche Wert der damit erfüllbaren Objektivierungskriterien unklar" (Holzkamp 1985, 521).

Gegenstandsadäquatheit bezieht sich auf die Wahl wissenschaftlicher Forschungsmethoden in Bezug auf den zu erkennenden Gegenstand der wissenschaftlichen Untersuchung. Eine Forschungsmethode ist nach Holzkamp (1985, 520) dann gegenstandsadäquat, wenn sie in Bezug auf den zu erkennenden Gegenstand angemessen ist. Das heißt, bei der Beurteilung der Gegenstandsadäquatheit einer Forschungsmethode ist zu prüfen, inwiefern die Forschungsmethode den zu erkennenden Gegenstand erfassen kann (Holzkamp 1985, 520). Gegenstandsadäquatheit ist kein Kriterium nur subjektwissenschaftlicher Forschung, sondern ebenso in der qualitativen Sozialforschung fest verankert. Es liegt das Verständnis zugrunde, dass der zu untersuchende Gegenstand als mitbestimmend bei der Wahl der Forschungsmethode betrachtet wird. Aus subjektwissenschaftlicher Perspektive ist dabei aber hervorzuheben, dass der Subjektstandpunkt als Forschungsstandpunkt betrachtet wird, was nach Holzkamp (1993) als Konsequenz eine Untersuchung auf der Ebene der subjektiven Handlungsgründe nach sich zieht. Gerade die Subjektivität der an der Forschung beteiligten Kinder, mit denen das Analyseverfahren im Rahmen pädagogischer Sprachdiagnostik durchgeführt wird, soll dabei in besonderem Maße beachtet werden. Das Kriterium der Gegenstandsangemessenheit bei der Methodenwahl soll genau dies gewährleisten, sodass die Methodenstruktur die Perspektive und Äußerung von Handlungsgründen des Subjekts nicht beeinflusst.

Als konsequente Folge der Forderung nach Gegenstandsangemessenheit der Methodenwahl ist die Entwicklung eigener Methoden anzusehen, wenn keine bereits ausgearbeiteten Methoden als geeignet erscheinen (Steinke 2013, 327). Es wurde in der vorliegenden Arbeit der Entwicklung des Analyseverfahrens kein Anamneseschema, wie zum Beispiel von Kemmler (1974), zugrunde gelegt. Bei Wahl der Methode ein Anamneseschema zu verwenden, würde bedeuten, das Kriterium der Gegenstandsangemessenheit als nicht erfüllt betrachten zu müssen, da bei der Verwendung von Anamneseverfahren der Menschen lediglich als „Anhäufung herausragender Ereignisse" (Jetter 1985b, 69) betrachtet wird, die Geschichte eines Menschen jedoch keine Aneinanderreihung von Geschehnissen (Jetter 1985b, 69) ist. Des Weiteren wurden Fragebögen wie zum Beispiel ASAP-K (Neumann 2011) als nicht gegenstandsangemessen bewertet, weil in jedem Fall der Subjektstandpunkt und das Mitforschungsprinzip (siehe nachfolgende Ausführungen) nicht angemessen berücksichtigt werden, wie es aus subjektwissenschaftlicher Perspektive erforderlich ist.

Mitforschungsprinzip

Das Mitforschungsprinzip ist die logische Konsequenz der Gegenstandsadäquatheit der Methodenwahl und hat die Annahme zur Folge, Theorien und Methoden nicht über Betroffene zu entwickeln, sondern für die Betroffenen. Darin unterscheidet sich eine subjektwissenschaftliche Vorgehensweise grundlegend von den Methoden der traditionellen Psychologie, mit denen menschliches Verhalten als sogenannte abhängige Variable kontrollierbar und vorhersagbar sein soll (Holzkamp 1985).

Forschung vom Standpunkt des Subjekts aus zu konzipieren und umzusetzen bedeutet, dass die Subjekte, die befragt und deren Alltagshandlungen analysiert werden, als Mitforschende betrachtet werden. Als solche sind sie am Forschungsprozess beteiligt, werden also nicht ‚beforscht', sondern befinden sich auf

Forschungsseite (Markard 2000; 2009; 2015). Für die vorliegende Arbeit bedeutet das, die grundsätzliche Beteiligung der Kinder am diagnostischen Prozess der Lebensbedingungsanalyse zu gewährleisten. Diesem Anspruch wird man durch Berücksichtigung des Prinzips der Kooperation gerecht, Diagnostik nicht hinter dem Rücken der Betroffenen (Jetter 1985b) durchzuführen.

Intersubjektive Nachvollziehbarkeit
Die an Subjektwissenschaft orientierten qualitativen Forschungsmethoden sind nicht mit den Gütekriterien quantitativer empirischer Forschung gleichermaßen bedeutsam. Konkret bedeutet dies, dass intersubjektive Überprüfbarkeit nicht als Kriterium gefordert ist, vielmehr wird an qualitative empirische Forschung die Forderung der intersubjektiven Nachvollziehbarkeit gestellt (Steinke 2013, 324 ff.). Dieses Kriterium soll den Lesenden und Forschenden die Möglichkeit geben, die empirische Untersuchung bewerten zu können (Steinke 2013, 324).

Diese Bewertung meint Folgendes: Steinke (2013, 324 ff.) plädiert bei Verwendung qualitativer Forschungsmethoden für eine detaillierte Dokumentation des Forschungsvorgehens, um zu gewährleisten, dass sowohl der Forschungsprozess und das theoretische Vorverständnis als auch die Ergebnisse von anderen Personen nachvollzogen und bewertet werden können. Mayring (2002) benennt die Verfahrensdokumentation konkret als Gütekriterium qualitativer Forschung. Solch ein vollständiger Nachweis stellt also für die Rezipienten einer empirischen Untersuchung eine notwendige Bewertungsgrundlage für die Güte der Forschung dar. Mayring (2002) schlägt folgende Vorgehensweise zur Dokumentation des Forschungsprozesses vor, die in dieser Arbeit als handlungsleitend betrachtet wird:

• „Explikation des Vorverständnisses,
• Zusammenstellung des Analyseinstrumentariums,
• Durchführung und Auswertung der Datenerhebung" (Mayring 2002, 145).

Die einzelnen Schritte werden bei der Darstellung der Entwicklung und Evaluation des Analyseverfahrens berücksichtigt.

6.1.5 Das problemzentrierte Interview (Witzel 2000) als diagnostische Erhebungsmethode

Das subjektive Erleben und Handeln von Kindern stellt einen offenen Gegenstand dar, der mittels empirischer Forschungsmethoden erfasst werden soll, um das Handeln und die zugrunde liegenden Handlungsgründe hinsichtlich ihrer Bedeutungsstrukturen analysieren zu können. Als Forschungsmethoden kommen qualitative Verfahren infrage, da diese dafür geeignet sind, die subjektiven Sichtweisen von Personen zu erfassen können (Mayring 2002, Bortz & Döring 2006). Das Feld der qualitativen Methoden zur Datenerhebung ist weit, als geeignete Methode erweist sich das problemzentrierte qualitative Interview (Mayring 2002) beziehungsweise die qualitative Befragung (Bortz & Döring 2006) zur Erfassung subjektiven Erlebens und Handelns und der jeweiligen Handlungsgründe. Interview und Befragung dienen so der Erfassung der durch Verständigung kommunizierbaren Handlungen und Begründungen (Holzkamp 1985), da sie auf der sprachlichen Ebene ansetzen.

Die im qualitativen Interview an das Kind gerichteten Fragen oder Erzählaufforderungen zur Erfassung sprachlicher und nichtsprachlicher Handlungssituationen und Begründungen im Alltag des Kindes werden auf Basis entwicklungspsychologischer Grundlagen zum Gedächtnis (siehe Abschnitt 6.1.2) formuliert. Relevant ist diese Grundlage für die Erfassung alltäglicher sprachlicher und nichtsprachlicher Handlungen insofern, da die Fragen und Erzählaufforderungen, die an das Kind gerichtet werden, sprachlich so gestaltet werden müssen, dass figurative Werkzeuge wie das Vorstellungsbild aktiviert und für die Evokation genutzt werden können. Beispiele für Fragen an das Kind sind:

- ‚Stell dir vor, du wachst gerade in deinem Bett auf und stellst fest, dass es morgens ist. Was tust du als Nächstes und warum?‘
- ‚Stell dir vor, du kommst nach der Schule nach Hause, hast die Tür gerade hinter dir geschlossen. Wer ist noch zu Hause? Was tust du dann? Warum?‘
- ‚Stell dir vor, du hast gerade die letzte Hausaufgabe erledigt. Was tust du als Nächstes? Warum?‘
- ‚Stell dir vor, du sitzt in der Klasse an deinem Platz, weil Unterrichtszeit ist. Deine Lehrerin oder dein Lehrer stellt Fragen an die Klasse zur Aufgabe, die du und die anderen Kinder gerade fertig bearbeitet haben. Du weißt die Antwort auf die Frage. Was tust du? Warum?‘

Aufgrund der individuellen Gestaltung der jeweiligen Interviewsituation kann nicht auf ein strukturiertes Leitfadeninterview zurückgegriffen werden. Es werden zwar bei der Vorbereitung der diagnostischen Situation ein Thema und gegebenenfalls erste Fragen vorbereitet, sodass die Interviewform halbstrukturiert sein kann, jedoch soll die Gesprächssituation in Richtung Offenheit tendieren, um eine Vorstrukturierung des Gesprächs möglichst zu vermeiden. Diese Interviewform kann mit Mayring (2002) als problemzentriert bezeichnet werden. Das ‚Problem‘

stellt das Thema des Gesprächs dar, das zuerst allgemein formuliert die wiederkehrende Alltagsgestaltung des Kindes kennzeichnet. Anhand der gewonnenen
Informationen werden im weiteren Verlauf Themen beziehungsweise Gesprächsanlässe gesammelt. Ein Interviewleitfaden kann somit, zumindest auf den Beginn
des Gesprächs bezogen, erstellt werden, wobei dieser nach Möglichkeit lediglich
als Gesprächseinstieg fungieren soll. Wichtiger als ein strukturierter Leitfaden
und damit ein geplantes Vorgehen ist das Interesse der diagnostizierenden Person
an der Erzählung des Kindes, was die Bereitschaft des Kindes, von seinem Alltag
zu berichten, erhöhen kann, denn „wenn sie ehrliches Interesse spüren, nutzen sie
gerne die Gelegenheit zu erzählen" (Vogl 2015, 98).

Prinzipiell gelten für Interviews mit Kindern die gleichen Hinweise zu Vorbereitung und Durchführung wie mit Erwachsenen, in Bezug auf Gesprächsführung
und Gesprächstechnik sollte dennoch insbesondere die individuelle Entwicklung des jeweiligen Kindes berücksichtigt werden (Vogl 2015, 83). Delfos
(2010) schlägt altersgruppenspezifisch zu beachtende Prinzipien hinsichtlich der
Gesprächsführung und Gesprächstechnik vor, die hier in gebotener Kürze für das
geplante Analyseverfahren aufgeführt werden sollen:

- Die diagnostizierende Person sollte grundsätzlich eine offene und dem Kind
  zugewandte Körperhaltung einnehmen und sich körperlich auf gleicher Augen-
  höhe mit dem Kind befinden.
- Vor dem Gespräch ist es wichtig, mit dem Kind den Anlass beziehungsweise das Ziel des Interviews zu thematisieren, wobei gegebenenfalls das Kind
  ermutigt werden kann, von seinem Alltag zu berichten.
- Während des Gesprächs kann Bewegung dazu verhelfen, Spannungen abzu-
  bauen, das heißt, Bewegung sollte zugelassen werden. Das Gespräch kann
  auch mit einem Spiel verbunden werden, wenn es für die Durchführung
  notwendig erscheint.
- Ein konkreter Sprachgebrauch mit kurzen Sätzen und Wörtern, deren Bedeutung dem Kind bekannt ist, sollte verwendet werden.

Vogl (2015) konkretisiert diese Hinweise mit Fokus auf die Verwendung des
Sprachgebrauchs. Demnach soll das Sprachverständnis des Kindes berücksichtigt
werden und einfache kurze Sätze gebildet werden, die keine Verneinungen oder
Ironie und Metaphern enthalten. Außerdem soll auf eine „Baby-Sprache oder
aufgesetzte Jugend-Sprache" (Vogl 2015, 105) verzichtet werden.

In Bezug auf die Durchführung von Interviews gibt Reinders (2005) konkrete
Anweisungen, wie, seiner Ansicht nach, häufige Fehler vermieden werden können. Zwar bezieht sich der Autor auf die Verwendung von Interviewleitfäden

hinsichtlich von Interviews mit Jugendlichen, dennoch können einige Hinweise als allgemeine Prinzipien auch für die Durchführung des diagnostischen Analyseverfahrens betrachtet werden, weil mit den nachfolgend ausgeführten Hinweisen keine bestimmte Altersgruppe fokussiert wird:

- Im Vorfeld festgelegte Fragen sollen nicht abgearbeitet werden, weil dies der Offenheit der Gespräche entgegenwirkt.
- Der Erzählfluss des Kindes soll nicht unterbrochen werden.
- Pausen im Gespräch sollen zugelassen werden, sie können beispielsweise der Entspannung dienen.
- Fragen sollen so formuliert werden, dass sie das Kind in seiner Antwort nicht in eine vorbestimmte Richtung lenken (Suggestivfragen vermeiden). Außerdem sollen die Fragen kurz und gut verständlich sein.
- Die Erzählungen des Kindes dürfen nicht zum Anlass für Belehrungen werden.
- Die Informationen, die durch die Gespräche mit dem Kind gewonnen werden, sollten für Nachfragen oder nächste Gesprächsanlässe genutzt werden.

Die Ausführungen des vorliegenden Abschnitts zeigen die handlungsleitenden Annahmen für die Entwicklung des Erhebungsteils des Analyseverfahrens auf. Der nächste Abschnitt bezieht sich auf den Auswertungsteil des Analyseverfahrens, daher wird im Folgenden dargestellt, inwiefern das subjektwissenschaftliche Forschungsverfahren als handlungsleitend in Bezug auf die Auswertungsmethode bei der Entwicklung des Analyseverfahrens betrachtet werden muss.

6.1.6 Das subjektwissenschaftliche Forschungsverfahren als diagnostische Auswertungsmethode

Die Auswertung der Gespräche mit dem Kind entspricht der methodischen Vorgehensweise subjektwissenschaftlicher Forschung, wie beispielsweise von Holzkamp (1985) beschrieben. Demnach gilt es in einer Bedingungs-Bedeutungs-Begründungsanalyse zunächst Handlungsmöglichkeiten des Subjekts herauszuarbeiten (Bedingungs-Bedeutungs-Analyse) und diese im zweiten Schritt (Begründungsanalyse) hinsichtlich der Handlungsgründe des befragten Subjekts zu analysieren (Markard 1988). Ergänzt werden diese zwei Schritte durch die Herausarbeitung der Bedeutungskonstellationen, die sich in Form der subjektiven Befindlichkeit in den Aspekten der Situationalität und Personalität widerspiegeln und Aufschluss über die subjektive Erfahrung von Handlungsmöglichkeiten geben, die nach Holzkamp (1985) sowohl in den äußeren als auch in den inneren Lebensbedingungen des Subjekts liegen.

Zusammenfassend lässt sich feststellen, dass der Erkenntnisweg bei Anwendung dieses Analyseverfahrens in der Vorgehensweise vom Konkreten zum Abstrakten liegt: Nach Markard (2000) setzt subjektwissenschaftliche Forschung an konkreten Handlungssituationen an, um vom Konkreten zum Allgemeinen zu gelangen. Gleiches gilt für das in der vorliegenden Arbeit entwickelte Analyseverfahren (für die detaillierte Beschreibung der Vorgehensweise siehe Abschnitt 7.2.2). Nicht allgemeine objektiv gegebene Bedingungen werden auf subjektive Problemlagen hin konkretisiert, sondern ausgehend von den geschilderten subjektiven Handlungen der Kinder sollen ihre Begründungen Aufschluss geben über die jeweiligen Bedeutungsstrukturen, welche schließlich zur Rekonstruktion der objektiv gegebenen inneren beziehungsweise äußeren Bedingungen der alltäglichen Lebenssituation führen.

Die bisherigen Ausführungen zeigen die handlungsleitenden Grundannahmen für die Entwicklung des Verfahrens zur Erfassung und Auswertung von Informationen zur alltäglichen Lebenssituation von Schulkindern mit sprachlichen Beeinträchtigungen auf. Im Folgenden wird auf dieser Basis resümierend auf die Entwicklung des Verfahrens eingegangen.

6.1.7 Resümee zur vorgenommenen Entwicklung des Verfahrens zur Erfassung und Auswertung von Informationen zur alltäglichen Lebenssituation von Schulkindern mit sprachlichen Beeinträchtigungen

Die im vorliegenden Abschnitt erläuterten theoretischen und methodologischen Grundlagen sind handlungsleitend für die Entwicklung des Verfahrens zur Erfassung und Auswertung von Informationen zur alltäglichen Lebenssituation von Schulkindern mit sprachlichen Beeinträchtigungen. Nachfolgend wird auf Basis der bisherigen Ausführungen des vorliegenden Abschnitts resümiert, welche Bedeutung die einzeln dargestellten theoretischen und methodologischen Aspekte für die Entwicklung des Verfahrens haben. Dafür werden diese Aspekte prägnant dargestellt und hinsichtlich der Entwicklung des Verfahrens konkretisiert.

Handlungsleitende subjektwissenschaftliche Grundlagen der Kritischen Psychologie
Zentral ist die Annahme, dass das Handeln des Subjekts nicht aufgrund von Lebensbedingungen determiniert ist. Das Subjekt handelt begründet, wobei die

Handlungsgründe als Prämissen in den gesellschaftlichen Verhältnissen liegen. Da die subjektiven Handlungsbegründungen kommuniziert werden können, können sie mittels ‚Bedingungs-Bedeutung-Begründungs-Analyse erfasst und ausgewertet werden. Menschliches Handeln wird also im Begründungsdiskurs von der Perspektive der subjektiven Handlungsgründe aus rekonstruiert. Dabei werden Aussagen über erfahrene Handlungsmöglichkeiten oder Handlungsbeschränkungen und nicht über Menschen getroffen, ein ‚Denken in Eigenschaften' wird also zurückgewiesen.

Diese subjektwissenschaftlichen Annahmen sind insofern handlungsleitend für die Entwicklung des Verfahrens, da das Ziel des Verfahrens in der Rekonstruktion der Bedingungen der alltäglichen Lebenssituation des beteiligten Kindes liegt. Es werden also zur *Erfassung der Informationen zur alltäglichen Lebenssituation*, die zur anschließenden Rekonstruktion der Bedingungen herangezogen werden, Fragen an das Kind gestellt beziehungsweise Gespräche mit dem Kind geführt, in denen das wiederkehrende, alltägliche sprachliche und nichtsprachliche Handeln des Kindes und seine Handlungsgründe im Mittelpunkt stehen. Dabei gilt es, Fragen zu vermeiden, die auf die Erfassung von Eigenschaften oder Merkmalen zielen, da Eigenschaften oder Merkmale das Handeln des Kindes nicht erklären. Bei der *Auswertung der Informationen zur alltäglichen Lebenssituation* und der anschließenden Rekonstruktion von Bedingungen der alltäglichen Lebenssituation des beteiligten Kindes gilt es, Begründungen für die vom Kind beschriebenen Handlungen zu erkennen. Das heißt, dass mit Anwendung des Auswertungsleitfadens des Verfahrens nicht darauf abgezielt wird, aus den Handlungen Eigenschaften oder Merkmale des beteiligten Kindes abzuleiten, sondern auf die zugrunde liegenden Bedingungen des Handelns zu schließen.

Handlungsleitende entwicklungspsychologische Grundlagen zu Gedächtnis und Erinnerung
Da das beteiligte Kind in den Gesprächen nach wiederkehrenden, alltäglichen sprachlichen und nichtsprachlichen Handlungen gefragt wird beziehungsweise eine Verständigung darüber stattfindet, sind die entwicklungspsychologischen Grundlagen zu Gedächtnis und Erinnerung aus folgendem Grund handlungsleitend für die Entwicklung des Verfahrens: Für das beteiligte Kind bedeuten die Gespräche über seine alltäglichen Handlungen und Handlungsbegründungen, dass es sich an Handlungen, Ereignisse, Situationen oder Personen erinnern muss. Bei der *Erfassung von Informationen zur alltäglichen Lebenssituation* des beteiligten Kindes gilt es, die Fragen oder Gesprächsanlässe an das Kind so zu formulieren, dass für das Kind möglich wird Erinnerungsbilder zu konstruieren beziehungsweise ein konkretes Vorstellungsbild von den Inhalten der Fragen

beziehungsweise Gesprächsanlässe zu entwickeln (zum Beispiel: ‚Stell dir vor, du bist gerade in der Klasse angekommen, hast deine Tasche an deinem Platz abgestellt und setzt dich auf deinen Platz. Andere Kinder deiner Klasse sitzen ebenfalls schon auf ihren Plätzen, zwei Kinder toben um die Tische herum und lachen dabei laut. Ein Kind setzt sich gerade neben dich. Was tust du? Warum?‘).

Handlungsleitende Aspekte und Prinzipien der bildungszielorientierten Förderdiagnostik
Grundlegend für die Entwicklung des Verfahrens sind die Prinzipien der bildungszielorientierten Förderdiagnostik (siehe ausführlich Abschnitt 3.3.1), da das Verfahren auf die Rekonstruktion von Bedingungen der alltäglichen Lebenssituation abzielt, um dieses Wissen der Planung und Durchführung pädagogischer Sprachförderprozesse zugrunde legen zu können. Diagnostik und Förderung werden aus förderdiagnostischer Sicht als einheitlich betrachtet. Das hat zur Folge, dass sowohl die Erfassung als auch die Auswertung von Informationen zur alltäglichen Lebenssituation von Kindern mit sprachlichen Beeinträchtigungen der diagnostischen Fundierung pädagogischer Sprachförderung dienen und andersherum das Planungskonzept der Kooperativen Sprachdidaktik als Grundlage für die Planung pädagogischer Sprachförderprozesse mit dem Gegenstand der alltäglichen Lebenssituation den Ausgangspunkt der pädagogischen Sprachdiagnostik darstellen.

Kriterien subjektwissenschaftlicher Methodik
Die Entwicklung des Verfahrens zur Erfassung und Auswertung von Informationen zur alltäglichen Lebenssituation von Schulkindern mit sprachlichen Beeinträchtigungen erfolgt unter der Berücksichtigung der folgenden Kriterien: Gegenstandsadäquatheit, Mitforschungsprinzip und intersubjektive Nachvollziehbarkeit. Das Kriterium ‚Gegenstandsadäquatheit‘ bezieht sich auf die Methodenwahl. Aufgrund der Berücksichtigung dieses Kriteriums wurde auf das Adaptieren von bereits etablierten Verfahrensweisen, wie beispielsweise Anamneseschemata, verzichtet. Stattdessen wurde eigenständig ein dem Gegenstand angemessenes Verfahren zur Erfassung und Auswertung von Informationen zur alltäglichen Lebenssituation entwickelt, das dem zweiten Kriterium ‚Mitforschungsprinzip‘ dadurch gerecht wird, dass das Kind als am diagnostischen Prozess beteiligt betrachtet und nicht ‚beforscht‘ wird. Durch die Dokumentation der Entwicklung des Verfahrens und der Planung und Durchführung der drei Teilevaluationen wird das Kriterium der intersubjektiven Nachvollziehbarkeit berücksichtigt.

Das problemzentrierte qualitative Interview als diagnostische Erhebungsmethode
Für die *Erfassung von Informationen zur alltäglichen Lebenssituation* wird auf
die Methode des problemzentrierten qualitativen Interviews zurückgegriffen. Als
‚Problem' wird dabei das Thema des Gesprächs betrachtet, das mit dem beteiligten Kind geführt wird, also die wiederkehrenden, alltäglichen sprachlichen und
nichtsprachlichen Handlungen und Handlungsgründe des beteiligten Kindes.

*Das subjektwissenschaftliche Forschungsverfahren als diagnostische Auswertungs-
methode*
Für die Auswertung von Informationen zur alltäglichen Lebenssituation wurde ein
Auswertungsleitfaden entwickelt. Die Grundlage für den Auswertungsleitfaden
stellt das subjektwissenschaftliche Forschungsverfahren, genauer die Bedingungs-
Bedeutungs-Begründungs-Analyse, dar. Folgende Auswertungsschritte gilt es
dabei vorzunehmen:

1. Falldarstellung:
   sachliche und wertfreie Wiedergabe der Gesprächsinhalte
2. Bedingungs – Bedeutungs – Zusammenhang:
   Benennen konkret geäußerter und sinnverstehend interpretierter Handlungsmöglichkeiten und Handlungsbeschränkungen
3. Gründe – Prämissen – Zusammenhang:
   Benennen geäußerter Gründe für a) das Ergreifen von Handlungsmöglichkeiten, b) das Ausklammern von Handlungsmöglichkeiten und c) das Verwerfen
   von Handlungsmöglichkeiten
4. Subjektive Befindlichkeit:
   Zuordnen der Gründe und Handlungsmöglichkeiten beziehungsweise Handlungsbeschränkungen (= Bedeutungsanordnungen) zum situationalem Aspekt
   und/oder personalem Aspekt der subjektiven Befindlichkeit
5. Rückschluss auf Lebensbedingungen:
   – sinnverstehende Interpretation der Bedeutungsanordnungen
   – situationaler Aspekt: Rückschluss auf äußere Lebensbedingungen
   – personaler Aspekt: Rückschluss auf innere Lebensbedingungen
   – Formulierung von äußeren und inneren Lebensbedingungen auf drei Ebe-
     nen: personale Lage, soziale Lage, kulturelle Lage

Grundlage dieser Darstellung der Auswertungsschritte ist derjenige Auswertungsleitfaden, der parallel zur ersten Teilevaluation entwickelt und im Rahmen
der zweiten Teilevaluation erprobt wurde. Der Erprobung lagen diese Auswertungsschritte in Form einer Handanweisung zugrunde und die Ergebnisse

der Auswertung galt es in einen vorgegebenen Auswertungsbogen einzutragen. Sowohl die Handanweisung zur Auswertung als auch der Auswertungsbogen sind dokumentiert (siehe Anhang, S. 15 und Anhang, S. 16–19 im elektronischen Zusatzmaterial).

Das Ergebnis der Entwicklung unter den im vorliegenden Abschnitt erläuterten handlungsleitenden Annahmen ist die erste Version des Verfahrens zur Erfassung und Auswertung von Informationen zur alltäglichen Lebenssituation von Schulkindern mit sprachlichen Beeinträchtigungen, das anschließend im Rahmen der ersten Teilevaluation (Erfassung von Informationen), der zweiten Teilevaluation (Auswertung von Informationen) sowie der dritten Teilevaluation (gesamtes Verfahren) erprobt und evaluiert wurde. Die erste Version des Verfahrens ist im Anhang (S. 2–44 im elektronischen Zusatzmaterial) dokumentiert.

Auf Basis der dargestellten inhaltlichen und methodischen Grundannahmen zur Entwicklung des Verfahrens wird im folgenden Abschnitt die Erprobung und Evaluation des in der vorliegenden Arbeit entwickelten Verfahrens zur Auswertung von Informationen zur alltäglichen Lebenssituation von Schulkindern mit sprachlichen Beeinträchtigungen in den Mittelpunkt der Betrachtung gerückt.

6.2   Erprobung und Evaluation des Verfahrens zur Erfassung und Auswertung von Informationen zur alltäglichen Lebenssituation von Schulkindern mit sprachlichen Beeinträchtigungen

Das Analyseverfahren wurde im Rahmen von Lehrveranstaltungen im Lehramt für Sonderpädagogik an der Universität Hamburg von Bachelor- und Masterstudierenden mehrfach erprobt. Die gewonnenen Daten wurden ausgewertet und interpretiert. Das Evaluationsvorhaben wurde in drei einzelnen Untersuchungen durchgeführt, deren Ergebnisse jeweils einflussnehmend auf das Analyseverfahren wirkten und damit dem übergeordneten Evaluationsziel der Optimierung des Analyseverfahrens (siehe Abschnitt 6.2.1) dienten. Die einzelnen Teilevaluationen bauen also aufeinander auf. Im Folgenden werden die forschungsmethodischen Grundlagen der drei Untersuchungen beschrieben. Zur Zielerreichung ist es notwendig, klare und messbare Bewertungskriterien zu definieren, die in der vorliegenden Arbeit in Form von Forschungsfragen formuliert werden. Daten müssen entsprechend erhoben und interpretiert werden (Döring & Bortz 2016, 983). Die drei Untersuchungen haben zum Ziel, mittels der Ergebnisse der einen Untersuchung zu einer Überarbeitung und Verbesserung des Analyseverfahrens zu führen, um dann im nächsten Schritt wieder die Grundlage der darauffolgenden Evaluationsstudie zu bilden.

Bevor im Folgenden allgemeine Hinweise auf das Ziel der Evaluation des Analyseverfahrens gegeben werden, ist ein aus forschungsmethodischen Gründen und hinsichtlich der Theoriestruktur der vorliegenden Arbeit zu leistender Hinweis nötig: Jede der drei Teiluntersuchungen verfolgt eigene vertiefende Forschungsfragen (siehe Abschnitt 6.2.1), die zur Auswahl der Datenerhebungs- und auswertungsverfahren führen. Diese Inhalte werden in den jeweiligen Unterkapiteln aufgeführt, transparent gemacht und einzeln beantwortet. Übergreifend jedoch ist festzuhalten: Die Auswertung der erhobenen Daten zielt nicht auf eine Verallgemeinerung im Sinne einer Abstrahierung der jeweiligen Situation und der beteiligten Personen. Es wird in dem Zusammenhang vielmehr von einer Möglichkeitsverallgemeinerung ausgegangen, bei der, wie Holzkamp (1985, 547) konstatiert, zwar allgemeine Aussagen getroffen werden können, aber das Subjekt „unreduziert erhalten bleiben" (Holzkamp 1985, 547) muss. Insbesondere bedeutet das, dass beispielsweise Bedingungen der alltäglichen Lebenssituation eines Kindes zwar erkannt werden und hier zur Beantwortung der Forschungsfragen der vorliegenden Arbeit beitragen können, jedoch nicht davon ausgegangen werden kann, dass dies über die individuellen Handlungsmöglichkeiten des Einzelfalls hinaus Geltung erlangt.

Aufgrund der bisherigen Überlegungen ist das folgende Kapitel wie folgt gegliedert: Es steht die Darstellung der Erprobung und Evaluation des entwickelten Verfahrens zur Erfassung und Auswertung von Informationen zur alltäglichen Lebenssituation von Schulkindern mit sprachlichen Beeinträchtigungen im Mittelpunkt. Nach Ausführungen zur Herleitung der vertiefenden Forschungsfragen (6.2.1) erfolgt darauf aufbauend eine Erläuterung zur Planung des gesamten Evaluationsvorhabens (6.2.2). Anschließend werden die Untersuchungen der Evaluationsstudie (6.2.3, 6.2.4, 6.2.5), die sich in drei Teiluntersuchungen gliedern, chronologisch detailliert beschrieben. Diese Beschreibungen beinhalten jeweils Hinweise zur Samplebildung und zum Sampling, zur Datenerhebungsmethode, zur Datenauswertungsmethode, zu den Ergebnissen sowie Schlussfolgerungen für die Überarbeitung des zu Beginn erstellten Analyseverfahrens (siehe Anhang, S. 2, S. 15 und S. 16 im elektronischen Zusatzmaterial) und die Entstehung der aktualisierten, in der vorliegenden Arbeit präsentierten Fassung (siehe 7.2.2).

6.2.1 Evaluationsziele der drei Teilevaluationen und Herleitung der vertiefenden Forschungsfragen

Wissenschaftliche Evaluation, wie sie in der vorliegenden Untersuchung angewendet wird, zielt auf eine wissenschaftlich fundierte Bewertung auf Basis von Forschungsergebnissen (Döring & Bortz 2016, 977). Für diesen Zweck werden Daten neu erhoben (siehe Abschnitt 6.2.3, 6.2.4 und 6.2.5). Evaluation ist als Prozess zu verstehen, der mit festgelegten Zielen und unter Anwendung empirischer Forschungsmethoden einen Evaluationsgegenstand bewertet (Döring & Bortz 2016, 979). Der Evaluationsgegenstand ist im vorliegenden Fall das in dieser Arbeit entwickelte Verfahren zur Erfassung und Auswertung von Informationen zur alltäglichen Lebenssituation von Schulkindern mit sprachlichen Beeinträchtigungen.

Evaluationsstandards
Nach Döring und Bortz (2016, 991 f.) sollte eine wissenschaftliche Evaluation vier Evaluationsstandards entsprechen:

- Nützlichkeit: Eine Evaluation sollte möglichst nützlich sein, sodass die Interessen und Bedürfnisse der Nutzenden fokussiert werden.
- Durchführbarkeit: Eine Evaluation sollte realistisch, gut durchdacht, diplomatisch und kostenbewusst sein.
- Fairness: Eine Evaluation sollte so geplant und durchgeführt werden, dass ein respektvoller und fairer Umgang mit allen Beteiligten gesichert ist und beispielsweise die Ergebnisse allen Beteiligten zugänglich gemacht werden.
- Genauigkeit: Eine Evaluation sollte so angelegt sein, dass sie das Evaluationsziel erfüllt und entsprechende Informationen und Ergebnisse hervorbringt.

Diese Evaluationsstandards liegen der vorliegenden Studie handlungsleitend zugrunde und wurden zur Transparenz an dieser Stelle aufgeführt. Zudem werden sie in der Zusammenfassung und Reflexion dahingehend analysiert, inwiefern sie in der Studie umgesetzt werden konnten und welche Punkte dabei besonders zu beachten waren (siehe 6.3).

Evaluationsziele
Der Blick der vorliegenden Evaluation ist auf möglichen Verbesserungsbedarf des anfänglichen Analyseverfahrens gerichtet. Als Evaluationsfunktion kann nach Döring und Bortz (2016) für diesen Fall festgestellt werden, dass erstens wissenschaftliche Erkenntnisse über die Wirkung des Gegenstandes, also

des Analyseverfahrens, erzielt werden können, um das Wissen der Beteiligten beziehungsweise der zukünftig Beteiligten und der Fachöffentlichkeit erweitern zu können. Konkrete und untersuchbare Evaluationsfragen sind die Grundlage zur Erreichung dieses Ziels (Döring & Bortz 2016, 987).

Zweitens zielt die Untersuchung auf eine zielgerichtete Verbesserung des Analyseverfahrens, womit die Optimierungsfunktion angestrebt wird. Ziel und Ergebnis sollen konkrete und detaillierte Verbesserungsvorschläge sein, die sich umsetzen lassen (Döring & Bortz 2016, 987).

Die vorliegende Untersuchung ist als Evaluation so konzipiert, dass der Fokus auf dem Nutzen der Evaluationsergebnisse liegt, das heißt, es wird letztendlich die Frage verfolgt, welche praktischen Konsequenzen aus den Evaluationsergebnissen gezogen werden können. Nach Döring und Bortz (2016) lassen sich bei so einer nutzungsfokussierten Evaluation zwei Nutzungsarten unterscheiden, die in der vorliegenden Untersuchung anvisiert werden: der instrumentelle und der konzeptionelle Nutzen. Bei der instrumentellen Nutzung sollen die Ergebnisse zur Verbesserung der „Maßnahme und ihrer Durchführung" (Döring & Bortz 2016, 1013) genutzt werden können. Im vorliegenden Fall handelt es sich nicht um eine Maßnahme, deren Durchführung evaluiert wird, dennoch steht auch hier im Fokus, inwiefern die Ergebnisse der Evaluation zur Optimierung des Analyseverfahrens beitragen können.

Zudem sollen die Ergebnisse dazu genutzt werden können, das Verstehen theoretischer Grundlagen der Konzipierung des Analyseverfahrens bei der Anwendung des Analyseverfahrens erweitern zu können. Der Fokus liegt bei einer solchen konzeptuellen Nutzung auf der Erkenntnisfunktion (Döring & Bortz 2016, 1013) und die Ergebnisse leisten dann einen Beitrag hinsichtlich der inhaltlichen Weiterentwicklung des Analyseverfahrens.

Diese zwei Nutzungsarten, instrumentell und konzeptuell, führen zu den in der Evaluation verfolgten Zielen, die die Unterteilung in drei Teilevaluationen begründen lassen, um auf Basis wissenschaftlicher Erkenntnisse das Analyseverfahren zu verbessern. Das allen drei Teilevaluationen übergeordnete Evaluationsziel besteht in der Modifikation des gesamten Analyseverfahrens und lässt sich entsprechend der drei Teilevaluationen in Erkenntnisse über folgende Punkte aufschlüsseln:

- die Gelingensbedingungen des Erhebungsteils im Analyseverfahren (1. Teilevaluation, siehe 6.2.3),
- die Praktikabilität des Auswertungsteils im Analyseverfahren (2. Teilevaluation, siehe 6.2.4),

- die Reliabilität des gesamten, auf Basis der Erkenntnisse der ersten und zweiten Teilevaluation überarbeiteten Analyseverfahrens (3. Teilevaluation, siehe 6.2.5) und

- die Bedeutung der Verständigung über die alltäglichen Handlungen eines Kindes für das Erkennen der Bedingungen der alltäglichen Lebenssituation, wenn das Ziel der Erweiterung der sprachlichen Handlungsfähigkeit in der alltäglichen Lebenssituation des Kindes verfolgt wird (3. Teilevaluation, siehe 6.2.5).

Daher werden in den drei Teilevaluation jeweils unterschiedliche Forschungsfragen verfolgt. Die nachfolgende Übersicht (siehe Tabelle 6.1) stellt für jede Teilevaluation jeweils das Erkenntnisinteresse sowie die jeweils fokussierten Forschungsfragen dar.

Tabelle 6.1 Übersicht über Erkenntnisinteresse und Forschungsfrage jeder Teilevaluation

Teilevaluation 1	
Erkenntnisinteresse	Gelingensbedingungen des Erhebungsteils im Analyseverfahren
Forschungsfrage 1	Unter welchen Bedingungen wird die Erhebung im Analyseverfahren von Studierenden des Studiengangs Lehramt für Sonderpädagogik als ‚gelungen' betrachtet? Das heißt, unter welchen Bedingungen werden Daten gewonnen, die zur Analyse herangezogen werden können?
Forschungsfrage 2	Unter welchen Bedingungen werden aus Sicht der durchführenden Studierenden des Studiengangs Lehramt für Sonderpädagogik die Gütekriterien (Gestaltung diagnostischer Situationen und Haltung der diagnostizierenden Person) sonderpädagogischer Förderdiagnostik nach Jetter, Schmidt und Schönberger (1983) erfüllt?
Teilevaluation 2	
Erkenntnisinteresse	Praktikabilität des Auswertungsteils im Analyseverfahren
Forschungsfrage 1	Inwiefern lässt sich der Auswertungsleitfaden als praktikabel bezeichnen?
Teilforschungsfrage 1	Wie viele der befragten Studierenden bewerten die Anweisungen zur Auswertung als sprachlich präzise und verständlich?
Teilforschungsfrage 2	Wie viele der befragten Studierenden bewerten den zeitlichen Aufwand bei der Anwendung des Auswertungsleitfadens als angemessen beispielsweise für den Einsatz im Unterricht?

(Fortsetzung)

Tabelle 6.1   (Fortsetzung)

Teilforschungsfrage 3	Welche Verständnisschwierigkeiten werden von den befragten Studierenden aufgrund der sprachlichen Formulierungen der Anweisungen zur Auswertung genannt?
Forschungsfrage 2	Wie und an welchen Stellen kann der Auswertungsleitfaden modifiziert werden, sodass er als praktikabler bezeichnet werden kann?
Teilforschungsfrage 1	An welchen Stellen in den Anweisungen zur Auswertung besteht Überarbeitungsbedarf?
Teilforschungsfrage 2	Wodurch können sich Probleme, die die Anwendung des Auswertungsleitfadens betreffen, beheben lassen?
Teilevaluation 3	
Erkenntnisinteresse	1. Reliabilität des gesamten, auf Basis der Erkenntnisse der ersten und zweiten Teilevaluation überarbeiteten Analyseverfahrens 2. Bedeutung der Verständigung über die alltäglichen Handlungen eines Kindes für das Erkennen der Bedingungen der alltäglichen Lebenssituation, wenn das Ziel der Erweiterung der sprachlichen Handlungsfähigkeit in der alltäglichen Lebenssituation des Kindes verfolgt wird
Forschungsfrage 1	Inwiefern erfolgt bei der Erfassung von Informationen zur alltäglichen Lebenssituation von Schulkindern mit sprachlichen Beeinträchtigungen eine Verständigung über die alltäglichen Handlungen und deren Begründungen des beteiligten Kindes?
Forschungsfrage 2	Inwiefern kann aufgrund der Verständigung über die alltäglichen Handlungen und deren Begründungen eines Kindes auf die Bedingungen der alltäglichen Lebenssituation des beteiligten Kindes geschlossen werden?
Forschungsfrage 3	Inwiefern lässt sich das Verfahren zur Erfassung und Auswertung von Informationen zur alltäglichen Lebenssituation von Kindern mit sprachlichen Beeinträchtigungen als reliabel bezeichnen?

Als Ergebnis liegen zu jeder Teiluntersuchung Beschreibungen der Befunde, begründete Interpretationen sowie eine Überarbeitung des Analyseverfahrens vor. Außerdem werden die Ergebnisse zu allen drei Teiluntersuchungen zu einer umfassenden übergreifenden Formulierung von Handlungsempfehlungen für zukünftige am Verfahren beteiligte Personen genutzt und in Abschnitt 7.2.2 im Rahmen der Darstellung der Vorgehensweise bei der Erfassung und Auswertung von Informationen zur alltäglichen Lebenssituation von Schulkindern mit sprachlichen Beeinträchtigungen ausführlich erläutert.

In dem nächsten Abschnitt wird das Untersuchungsdesign beschrieben. Nach Döring und Bortz (2016) können die Entscheidungen für verschiedene Dimensionen von Untersuchungsdesigns nur dann dem Kriterium der Wissenschaftlichkeit entsprechen, wenn sie intersubjektiv nachvollziehbar sind. Aus diesem Grund wird zunächst die über alle drei Teilevaluationen übergreifende Planung des Evaluationsvorhabens erläutert.

6.2.2 Planung des Evaluationsvorhabens: Teilevaluationsübergreifende Überlegungen zu Samplebildung, Datenerhebung und Datenauswertung

Im vorliegenden Abschnitt werden, um Redundanz zu vermeiden, übergreifende Hinweise zur Planung des Evaluationsvorhabens gegeben, damit transparent dargelegt wird, welche methodologischen Annahmen der Samplebildung, Datenerhebung sowie Datenauswertung übergreifend über die drei Teilevaluationen zugrunde liegen. Eine konkrete Erläuterung zum Sampling und zum Sample, zur Datenerhebungs- und Datenauswertungsmethode wird jeweils zu Beginn der Darstellung jeder Teilevaluation vorgenommen.

Samplebildung
In diesem Abschnitt werden zuerst die Methoden des Samplings in qualitativen Studien dargestellt. Im weiteren Verlauf des vorliegenden Kapitels wird auf dieser theoretischen Basis zu jeder Teilevaluation die spezifische Samplebildung beschrieben werden.

Döring und Bortz (2016) beschreiben drei absichtsvolle Sampling-Strategien bei qualitativer Forschung: Theoretische Stichprobe, Fallauswahl gemäß einem qualitativen Stichprobenplan und gezielte Auswahl bestimmter Arten von Fällen. Diese Strategien können zur Auswahl von Fällen für eine qualitative Untersuchung genutzt werden. Ziel des Samplings ist die gezielte Auswahl solcher Fälle, die „besonders aussagekräftig für die Fragestellung" (Döring & Bortz 2016, 302) sind.

Zur Samplebildung in den vorliegenden Untersuchungen wurde die theoretische Stichprobenbildung gewählt, bei der die Fallauswahl bewusst gesteuert wird, um einen möglichst hohen Erkenntniswert zu erzielen (Döring & Bortz 2016). Es wurden jeweils zu Beginn der Fallauswahl theoriegeleitet Kriterien entwickelt, um festzulegen, welche Fälle in das Sample aufgenommen werden, wobei eine Anzahl von Fällen nicht im Vorfeld festgelegt wurde. Es liegen jeweils kleine Samples vor, die aus forschungsökonomischen Gründen nicht größer gebildet werden konnten.

Eine theoretische Sättigung lag jeweils zum Abschluss der Samplebildung nicht vor, es hätten bei jeder Teiluntersuchung durchaus weitere Fälle einen zusätzlichen Informationsgehalt versprechen können, dennoch musste aus forschungsökonomischen Gründen die Samplebildung abgeschlossen werden. Ausschlaggebend für die Entscheidung, keine weiteren Fälle aufzunehmen, waren allein die zeitlichen und finanziellen Ressourcen. Es wird damit zwar die theoriebildende Aussagekraft verringert, dennoch kann davon ausgegangen werden, dass es sich um besonders typische Fälle handelt, die einen ausreichenden Erkenntnisgewinn zulassen.

Auf einen qualitativen Stichprobenplan wurde bei allen Teiluntersuchungen verzichtet, da die Merkmale und ihre Kombination ersichtlich sind und weitere Merkmale aufgrund der zeitlichen und finanziellen Einschränkungen, unter denen die Untersuchungen durchgeführt wurden, nicht aufgenommen werden konnten. So kann davon ausgegangen werden, dass das jeweilige Untersuchungsfeld zwar nicht in seiner gesamten Breite, aber intersubjektiv nachvollziehbar abgebildet wird.

Datenerhebungsmethode: Problemzentriertes Interview nach Witzel (2000)
Aufgrund der Tatsache, dass die erste und dritte Teilevaluation auf ein problemzentriertes Interview nach Witzel (2000) als Datenerhebungsmethode zurückgreifen, werden im Folgenden wesentliche Kennzeichen dieser empirischen Datenerhebungsmethode aufgezeigt, womit zugleich die Auswahl dieser Erhebungsmethode begründet wird. In der zweiten Teilevaluation erfolgt die Datenerhebung anhand eines vollstrukturierten Fragebogens. Da es sich nur bei der zweiten Teilevaluation um diese Datenerhebungsmethode handelt, wird im vorliegenden, übergreifend angelegten Abschnitt nicht erläuternd darauf eingegangen, sondern diese Vorgehensweise wird im Rahmen der Darstellung zur forschungsmethodischen Vorgehensweise bei der Datenerhebung in der zweiten Teilevaluation direkt erläutert (siehe Abschnitt 6.2.4.2).

Es handelt sich bei dem problemzentrierten qualitativen Interview um eine reaktive Datenmethode, bei der die an den Interviews beteiligten Personen wissen, dass sie an dieser Untersuchung teilnehmen (Döring & Bortz 2016, 323). Der Interviewverlauf wird nicht allein durch die interviewende Person gesteuert, sondern die am Interview beteiligten Personen steuern das Interview mit, da es sich um offene Fragen handelt, auf die sie antworten und aus denen sich weitere Gesprächsimpulse ergeben können. So besteht die Möglichkeit, auch neue Fragen spontan zu stellen und zu beantworten (Döring & Bortz 2016, 365). Verschiedene Schwerpunkte können beziehungsweise sollen individuell gesetzt und vertiefend thematisiert werden.

Bei dieser Form der Datenerhebung wird die interviewende Person unmittelbar zum „Erhebungsinstrument" (Döring & Bortz 2016, 365). Durch Rückfragen wird direkt auf die am Interview beteiligten Kinder und ihre Äußerungen eingegangen. Des Weiteren fließen eigene Gedanken, Gefühle und Reaktionen auf das Gespräch mit in die Analyse ein, müssen dann aber dem Kriterium der intersubjektiven Nachvollziehbarkeit gerecht werden (Döring & Bortz 2016, 365).

Erläuterungen zur inhaltlichen Vorbereitung, die mit der Festlegung des Befragungsthemas und der Wahl der geeigneten qualitativen Befragungstechnik die Planung der Untersuchung betrifft, wurden im Abschnitt 6.1 beschrieben und hier nicht erneut dargestellt.

Zur organisatorischen Vorbereitung der vorliegenden Untersuchung wurde, entsprechend der Ausführungen von Döring und Bortz (2016, 365), die interviewende Person geschult, die Interviewdurchführung erprobt und das Interviewmaterial zusammengestellt.

Für jedes Interview liegt ein Interviewleitfaden, der halbstrukturiert beziehungsweise teilstrukturiert (Döring & Bortz 2016, 372) konzipiert ist, zugrunde. Mit einer Liste offener Fragen ist eine Vergleichbarkeit der Interviews gewährleistet, aber dennoch kann das Interview flexibel an die jeweilige Interviewsituation angepasst werden. Als ein Grundgerüst bietet es der interviewenden Person Sicherheit, lässt aber „genügend Spielraum, spontan aus der Interviewsituation heraus neue Fragen und Themen einzubeziehen" (Döring & Bortz 2016, 372). Aus diesem Grund werden im Interviewleitfaden die Fragen nicht wörtlich vorgegeben, sondern diese müssen passend zur Interviewsituation und zu dem am Interview beteiligten Kind aus der Situation heraus formuliert werden.

Die genutzten Interviewleitfäden sind im Anhang (siehe Anhang, S. 6 und S. 43 im elektronischen Zusatzmaterial). Das Rohmaterial in Form von Gesprächsnotizen sowie die Transkripte zweier Interviews einer Masterarbeit (Koch 2019), die im Rahmen des Lehramts für Sonderpädagogik an der Universität Hamburg verfasst wurde, werden aus datenschutzrechtlichen Gründen nicht veröffentlicht. Da, wie bei der Entwicklung des Analyseverfahrens (siehe Abschnitt 7.2.2) beschrieben, keine Audioaufnahmen der Interviews zwingend erfolgen müssen, werden die Gespräche notiert und als Rohdatenmaterial aufbereitet, sodass dieser Text des jeweiligen Einzelfalls ausgewertet werden kann. Im folgenden Abschnitt wird neben der Vorbereitung dieser systematischen Datenanalyse auf die konkrete Vorgehensweise bei der Auswertung mittels inhaltlich strukturierender qualitativer Inhaltsanalyse nach Kuckartz (2018) eingegangen.

Datenauswertungsmethode: Die inhaltlich strukturierende qualitative Inhaltsanalyse nach Kuckartz (2018)
In allen drei Teilevaluationen wird für die Datenauswertung die inhaltlich strukturierende qualitative Inhaltsanalyse nach Kuckartz (2018) gewählt. Für die erste und dritte Teilevaluation gilt dies ausschließlich, in der zweiten Teilevaluation wird zusätzlich auf eine Datenauswertungsmethode der deskriptiven Statistik zurückgegriffen, um Aussagen zu Häufigkeitsverteilungen treffen zu können.

Um die Daten aus den geführten Interviews auswerten zu können, ist es als Vorbereitung in einem ersten Schritt notwendig, einen Datensatz zu erstellen, damit das Rohdatenmaterial strukturiert zur Verfügung steht. Die Gesprächsnotizen wurden deshalb als Erstes entsprechend der Empfehlung von Döring und Bortz (2016, 580) sortiert, einander zugeordnet, digitalisiert und einheitlich formatiert. Die Sortierung und Zuordnung sind notwendig, da die Gespräche zwischen der interviewenden Person und den am Interview beteiligten Kindern mehrfach stattgefunden haben und handschriftlich notiert wurden. Audioaufzeichnungen haben in der ersten und zweiten Teilevaluation nicht stattgefunden, weshalb keine Transkription notwendig wurde. Einzig in der dritten Teilevaluation liegen Interviewdaten der Auswertung zugrunde, die im Rahmen einer Masterarbeit im Lehramt für Sonderpädagogik an der Universität Hamburg erhoben wurden. Diese Daten liegen zur Auswertung in transkribierter Form vor, werden aus datenschutzrechtlichen Gründen nicht angehängt. Die Interviews wurden von der Verfasserin der Masterarbeit geführt, aufgezeichnet und transkribiert. Im Anhang (siehe S. 1 im elektronischen Zusatzmaterial) sind die Transkriptionsregeln aufgeführt, die sowohl der Transkription als auch der Formatierung der Gesprächsnotizen zugrunde liegen.

In einem zweiten Schritt wurden die erstellten Datensätze durch Metainformationen ergänzt, dazu gehören das Datum und die Uhrzeit sowie der Ort, an dem das Gespräch jeweils stattgefunden hat, außerdem gegebenenfalls Informationen zu Störungen des Gesprächsverlaufs.

Als Drittes wurden Informationen aus den Datensätzen entfernt, die Rück-schlüsse auf Personen oder Orte zulassen könnten, sodass pseudonymisierte Datensätze in die Datenauswertung einfließen.

Zuletzt wurden die Rohdaten zur besseren Lesbarkeit bereinigt, wobei nur wenige Details entfernt wurden, die nicht zur Auswertung herangezogen werden können, wie beispielsweise doppelte Notizen und Korrekturen der interview-enden Person. Die Gesprächsinhalte wurden weitestgehend schon während des Notierens entsprechend der rechtschriftlichen Konventionen niedergeschrieben.

Nach den Vorbereitungen gilt es, die Daten auszuwerten. Die inhaltlich struk-turierende qualitative Inhaltsanalyse wurde als Auswertungsverfahren gewählt, weil es geeignet erscheint, um aus dem gegebenen Textmaterial systematisch die „manifesten Inhalte" (Döring & Bortz 2016, 602) zu identifizieren. Es wird ein exploratives Erkenntnisinteresse verfolgt, genauer sollen im jeweiligen Einzelfall zum einen die Bedingungen der alltäglichen Lebenssituation identifiziert werden. Zum anderen sollen im jeweiligen Einzelfall die Bedingungen hinsichtlich ihrer sprachförderlichen Relevanz untersucht werden. Es handelt sich also um eine fallbezogene Auswertung, da das Datenmaterial fallweise ausgewertet wird. Ein Fall besteht aus den Gesprächen beziehungsweise aus dem Gespräch mit jeweils einem am Interview beteiligten Kind. Die Fälle werden dabei sequenziell bear-beitet und teilweise auch mehrfach im hermeneutischen Sinne (Döring & Bortz 2016, 603).

Die Kategorienbildung in den vorliegenden Evaluationsstudien wurde sowohl als „a-priori-Kategorienbildung" (Kuckartz 2018, 64) als auch als induktive Kate-gorienbildung vorgenommen. Die erste Art der Kategorienbildung ist gekenn-zeichnet durch die Erstellung eines Kategoriensystems, bevor Einsicht in die Daten genommen wird. Unabhängig von den empirischen Daten werden aus theo-retischen Bezügen und hinsichtlich der Forschungsfrage die Kategorien gebildet (Kuckartz 2018, 64 ff.). Die zweite Art der Kategorienbildung geschieht direkt am Material. Bei der ersten Auseinandersetzung mit dem Material wird offen kodiert, das heißt, es wird alles, was durch den Text induziert wird, festgehalten. So werden Konzepte entwickelt und benannt, aus denen sich bei fortlaufen-der Auseinandersetzung mit dem Material die induktiven Kategorien entwickeln (Kuckartz 2018).

Das Ziel der inhaltlich strukturierenden qualitativen Inhaltsanalyse ist für alle drei Teiluntersuchungen gleich: Da es sich um eine Methode handelt, die als „komprimierend und resümierend" (Kuckartz 2018, 52) zu bezeichnen ist, wird das Material zu bestimmten inhaltlichen Bereichen strukturiert, das heißt, es wer-den die zur Beantwortung der jeweiligen Forschungsfragen zentralen inhaltlichen Aspekte aus dem Material gewonnen.

Wie die Kodiereinheiten in der jeweiligen Teilevaluation bestimmt werden, unterscheidet sich je nach Forschungsfrage und wird bei der Beschreibung der jeweiligen Teilevaluation aufgegriffen (siehe Abschnitte 6.2.3.3, 6.2.4.3.2 und 6.2.5.3). Im Rahmen der Erläuterungen zur Datenauswertungsmethode der zweiten Teilevaluation wird zusätzlich die Vorgehensweise zur quantitativen Auswertung der Daten mittels SPSS beschrieben. Diese Darstellung erfolgt nicht im vorliegenden Abschnitt, da diese Datenauswertungsmethode nur in der zweiten Teilevaluation angewendet wird und eine über alle drei Teilevaluationen übergreifende Erläuterung aus diesem Grund nicht notwendig erscheint.

Abschließend wird zusammenfassend und übersichtlich dargestellt, welche Forschungsfragen einschließlich möglicher Teilfragen in der jeweiligen Teilevaluation verfolgt werden und auf welche Datenerhebungs- und Datenauswertungsmethode jeweils zurückgegriffen wird (siehe Tabelle 6.2).

Tabelle 6.2 Übersicht über Erkenntnisinteresse, Forschungsfragen, Datenerhebungs- und Datenauswertungsmethoden zu den drei Teilevaluationen

Teilevaluation 1	
Erkenntnisinteresse	Gelingensbedingungen des Erhebungsteils im Analyseverfahren
Forschungsfrage 1	Unter welchen Bedingungen wird die Erhebung im Analyseverfahren von Studierenden des Studiengangs Lehramt für Sonderpädagogik als ‚gelungen‘ betrachtet? Das heißt, unter welchen Bedingungen werden Daten gewonnen, die zur Analyse herangezogen werden können?
Forschungsfrage 2	Unter welchen Bedingungen werden aus Sicht der durchführenden Studierenden des Studiengangs Lehramt für Sonderpädagogik die Gütekriterien (Gestaltung diagnostischer Situationen und Haltung der diagnostizierenden Person) sonderpädagogischer Förderdiagnostik nach Jetter, Schmidt und Schönberger (1983) erfüllt?
Datenerhebungsmethode	Problemzentriertes Interview (Witzel 2000)
Datenauswertungsmethode	Inhaltlich strukturierende qualitative Inhaltsanalyse (Kuckartz 2018)
Teilevaluation 2	
Erkenntnisinteresse	Praktikabilität des Auswertungsteils im Auswertungsverfahren

(Fortsetzung)

Tabelle 6.2 (Fortsetzung)

Forschungsfrage 1	Inwiefern lässt sich der Auswertungsleitfaden als praktikabel bezeichnen?
Teilforschungsfrage 1	Wie viele der befragten Studierenden bewerten die Anweisungen zur Auswertung als sprachlich präzise und verständlich?
Teilforschungsfrage 2	Wie viele der befragten Studierenden bewerten den zeitlichen Aufwand bei der Anwendung des Auswertungsleitfadens als angemessen, beispielsweise für den Einsatz im Unterricht?
Teilforschungsfrage 3	Welche Verständnisschwierigkeiten werden von den befragten Studierenden aufgrund der sprachlichen Formulierungen der Anweisungen zur Auswertung genannt?
Forschungsfrage 2	Wie und an welchen Stellen kann der Auswertungsleitfaden modifiziert werden, sodass er als praktikabler bezeichnet werden kann?
Teilforschungsfrage 1	An welchen Stellen in den Anweisungen zur Auswertung besteht Überarbeitungsbedarf?
Teilforschungsfrage 2	Wodurch können sich Probleme, die die Anwendung des Auswertungsleitfadens betreffen, beheben lassen?
Datenerhebungsmethode	Schriftlicher, vollstrukturierter Fragebogen
Datenauswertungsmethoden	Quantitative Datenauswertung mittels SPSS Inhaltlich strukturierende qualitative Inhaltsanalyse (Kuckartz 2018)
Teilevaluation 3	
Erkenntnisinteresse	1. Reliabilität des gesamten, auf Basis der Erkenntnisse der ersten und zweiten Teilevaluation überarbeiteten Analyseverfahrens 2. Bedeutung der Verständigung über die alltäglichen Handlungen eines Kindes für das Erkennen der Bedingungen der alltäglichen Lebenssituation, wenn das Ziel der Erweiterung der sprachlichen Handlungsfähigkeit in der alltäglichen Lebenssituation des Kindes verfolgt wird

(Fortsetzung)

Tabelle 6.2 (Fortsetzung)

Forschungsfrage 1	Inwiefern erfolgt bei der Erfassung von Informationen zur alltäglichen Lebenssituation von Schulkindern mit sprachlichen Beeinträchtigungen eine Verständigung über die alltäglichen Handlungen und deren Begründungen des beteiligten Kindes?
Forschungsfrage 2	Inwiefern kann aufgrund der Verständigung über die alltäglichen Handlungen und deren Begründungen eines Kindes auf die Bedingungen der alltäglichen Lebenssituation des beteiligten Kindes geschlossen werden?
Forschungsfrage 3	Inwiefern lässt sich das Verfahren zur Erfassung und Auswertung von Informationen zur alltäglichen Lebenssituation von Kindern mit sprachlichen Beeinträchtigungen als reliabel bezeichnen?
Datenerhebungsmethode	Problemzentriertes Interview des Erhebungsverfahrens des in der vorliegenden Arbeit entwickelten Verfahrens zur Erfassung und Auswertung von Informationen zur alltäglichen Lebenssituation von Schulkindern
Datenauswertungsmethode	Inhaltlich strukturierende qualitative Inhaltsanalyse (Kuckartz 2018)

In den folgenden Abschnitten werden die drei Teilevaluationen nacheinander dargestellt, da diese unterschiedliche Forschungsfragen verfolgen, sich damit die Samples unterscheiden und die Instrumente zur Datenerhebung und -auswertung auf Grundlage der bisher beschriebenen methodischen Annahmen des vorliegenden Kapitels individuell erstellt wurden.

6.2.3 Teilevaluation 1: Gelingensbedingungen und Gütekriterien für die Erfassung von Informationen zur alltäglichen Lebenssituation

Im Folgenden werden mit der ersten Teilevaluation die Gelingensbedingungen für die Durchführung des Erhebungsverfahrens als Teil des Verfahrens zur Erfassung und Auswertung von Informationen zur alltäglichen Lebenssituation von Kindern mit sprachlichen Beeinträchtigungen fokussiert.

Studierende des Master-Studiengangs Lehramt für Sonderpädagogik mit dem Studienschwerpunkt Sprache haben diesen Teil des Analyseverfahrens im Wintersemester 2018/2019 erprobt und wurden nach Abschluss der Erprobung befragt.

Die Erprobung des Erhebungsteils des Analyseverfahrens bestand in der Durchführung von Gesprächen mit den beteiligten Kindern, um Informationen zu der alltäglichen Lebenssituation der beteiligten Kinder erfassen zu können. Für diese Vorgehensweise zur Erfassung von Informationen zur alltäglichen Lebenssituation der beteiligten Kinder lag den Studierenden, die die Gespräche geführt haben, eine Anweisung zur Durchführung vor, die zum Zweck der intersubjektiven Nachvollziehbarkeit (siehe Anhang, S. 2 f. im elektronischen Zusatzmaterial) dokumentiert ist.

Es werden zunächst die Forschungsfragen aufgezeigt, bevor die Samplebildung und das Sampling der Studierenden (6.2.3.1), die Datenerhebungsmethode mittels problemzentrierten qualitativen Interviews (6.2.3.2) sowie die Datenauswertungsmethode mit der inhaltlich strukturierenden qualitativen Inhaltsanalyse (6.2.3.3) beschrieben werden. Nach der Darstellung der Ergebnisse (6.2.3.4) und der Beantwortung der Forschungsfragen (6.2.3.5) werden Schlussfolgerungen für die Modifikation des Analyseverfahrens (6.2.3.6) gezogen.

Die Befragung der Studierenden im Anschluss an die Erprobung des Erhebungsverfahrens erfolgte anhand eines qualitativen Interviews und diente damit der Datenerhebung zur Beantwortung der folgenden zwei Forschungsfragen der vorliegenden ersten Teilevaluation:

1. *Unter welchen Bedingungen wird die Erhebung im Analyseverfahren von Studierenden des Studiengangs Lehramt für Sonderpädagogik als ‚gelungen‘ betrachtet? Das heißt, unter welchen Bedingungen werden Daten gewonnen, die zur Analyse herangezogen werden können?*
2. *Unter welchen Bedingungen werden aus Sicht der durchführenden Studierenden des Studiengangs Lehramt für Sonderpädagogik die Gütekriterien (Gestaltung diagnostischer Situationen und Haltung der diagnostizierenden Person) sonderpädagogischer Förderdiagnostik nach Jetter, Schmidt und Schönberger (1983) erfüllt?*

Zur Erläuterung der Gütekriterien ‚Gestaltung diagnostischer Situationen‘ und ‚Haltung der diagnostizierenden Person‘ wird auf den Abschnitt 3.3.1.3 der vorliegenden Arbeit verwiesen.

6.2.3.1 Auswahl der befragten Personen

Das Sample stellen in diesem Fall jene Personen dar, die die Erhebungssituation erproben. Drei Kriterien liegen der Samplebildung in dieser Teilevaluation zugrunde: Erstens sind es inhaltliche Grundlagen beziehungsweise Kenntnisse im Förderschwerpunkt Pädagogik bei Beeinträchtigung der Sprache. Dies wird dadurch gewährleistet, dass die an der Evaluation beteiligten Studierenden diesen Förderschwerpunkt für ihr Masterstudium an der Universität Hamburg gewählt haben. Damit ist zugleich das zweite Kriterium erfüllt, nämlich Vorkenntnisse im Bereich Diagnostik und Förderung sprachlich-kommunikativer Kompetenzen zu haben. Als Drittes war es erforderlich, dass die Studierenden selbst einen Zugang (beispielsweise durch Praktika oder eine Tätigkeit an einer Schule) zu Schulkindern mit einem Förderbedürfnis im Bereich Sprache im sprachhandlungstheoretischen Sinne haben, die dann an der Erprobung des Erhebungsverfahrens beteiligt sind.

Es ergibt sich ein Sample bestehend aus sechs Studierenden des Lehramts für Sonderpädagogik im Master an der Universität Hamburg mit dem Studienschwerpunkt Sprache.

6.2.3.2 Datenerhebungsmethode: Problemzentriertes Interview nach Witzel (2000)

Für die Datenerhebung wurde das problemzentrierte Interview (Witzel 2000) als Methode gewählt, dem ein teilstrukturierter Interviewleitfaden zugrunde liegt. An dieser Stelle eignete sich ein teilstrukturiertes Interview (Leitfaden siehe Anhang, S. 6 im elektronischen Zusatzmaterial), da die Studierenden und ihre Erfahrungen mit der Erhebung im Vordergrund standen und explizit dazugehörige Aspekte erfasst werden sollten.

Es wurden sechs Studierende jeweils im Anschluss an die Erprobung der Erfassung von Informationen zur alltäglichen Lebenssituation befragt. Mit zwei Studierenden (Fall A, Fall B) wurde ein gemeinsames Interview geführt, wobei die Studierenden nacheinander geantwortet haben. Das gemeinsame Interview wurde als Erhebungsmethode gewählt, da es aus forschungspraktischen Gründen nicht möglich war, die Studierenden einzeln zu befragen. Mit zwei weiteren Studierenden (Fall D, Fall E) wurde jeweils ein Einzelinterview geführt. Des Weiteren wurden zwei weitere Studierende gemeinsam mit zwei bereits befragten Studierenden als Gruppe (Fall A, Fall B, Fall C und Fall F) interviewt. Diese Vorgehensweise ist forschungsökonomisch begründet.

Mit den anderen drei Studierenden wurden Einzelinterviews geführt. So liegen insgesamt vier Interviews von jeweils etwa 15 Minuten Dauer vor. Das gemeinsame Interview (Fall A und Fall B) wurde aufgezeichnet und transkribiert. Alle weiteren Interviews wurden schriftlich protokolliert.

6.2.3.3 Datenauswertungsmethode: Inhaltlich strukturierende qualitative Inhaltsanalyse nach Kuckartz (2018)

Für die Datenauswertung wurde, wie in Abschnitt 6.2.2 beschrieben, die Methode der inhaltlich strukturierenden qualitativen Inhaltsanalyse nach Kuckartz (2018) gewählt.

Zur Auswertung der Interviews wurden in Form einer „a-priori-Kategorienbildung" (Kuckartz 2018, 64 f.) anhand des Interviewleitfadens Kategorien entwickelt, die auf den gleichen methodologischen Annahmen beruhen, die zur Konzipierung des Interviewleitfadens herangezogen wurden. Im weiteren Verlauf wurden bei der Auswertung auch induktive Kategorien anhand des Materials entwickelt. Durch die Kombination der beiden Arten der Kategorienbildung konnte gewährleistet werden, dass nichts übersehen wird, was für die Beantwortung der Forschungsfragen der ersten Teilevaluation zuträglich ist. Die Kategorien wurden als Kodierleitfaden (siehe Anhang, S. 6–9 im elektronischen Zusatzmaterial) zusammengefasst. Die Interviews wurden mithilfe des Kodierleitfadens kodiert.

6.2.3.4 Detaillierte Ergebnisdarstellung der inhaltlich strukturierenden qualitativen Inhaltsanalyse zu Gelingensbedingungen und Gütekriterien für die Erfassung von Informationen zur alltäglichen Lebenssituation

Im Folgenden werden die Ergebnisse der inhaltlich strukturierenden qualitativen Inhaltsanalyse der ersten Teilevaluation dargestellt. Dafür werden nacheinander die Befunde jeder Kategorie zusammengefasst beschrieben, um auf dieser Grundlage anschließend die Forschungsfragen der ersten Teilevaluation (siehe Abschnitt 6.2.3.5) beantworten zu können. Aus der Ergebnisdarstellung resultieren schließlich die Schlussfolgerungen für die Modifikation des Erhebungsverfahrens im Verfahren zur Erfassung und Auswertung von Informationen zur alltäglichen Lebenssituation von Schulkindern mit sprachlichen Beeinträchtigungen (siehe Abschnitt 6.2.3.6).

Zur Übersicht wird zunächst zu jeder Kategorie aufgezeigt, wieviele Kodiereinheiten dem Kode zugeordnet wurden:

- K1.1.1 Erzählgenerierende Fragen: 5 Kodiereinheiten
- K1.1.2 Geschlossenes Frageformat: 4 Kodiereinheiten
- K1.2 Beziehung: 4 Kodiereinheiten
- K1.3 Hemmende Faktoren: 3 Kodiereinheiten
- K1.4 Haltung der diagnostizierenden Person: 4 Kodiereinheiten

- K2.1 angemessene Hilfsmittel: 2 Kodiereinheiten
- K2.2 unangemessene Hilfsmittel: 7 Kodiereinheiten
- K2.3 Verbesserung der Hilfsmittel: 12 Kodiereinheiten

Nachfolgend werden die Ergebnisse der inhaltlich strukturierenden qualitativen Inhaltsanalyse detailliert dargestellt.

Kategorie 1: Gelingensbedingungen
K1.1 Fragen
K1.1.1 Erzählgenerierende Fragen
Es wird von der Schwierigkeit berichtet, wenn eine zu offene Frage gestellt wird. Das Kind wisse dann nicht, was genau es antworten kann. Es wird daher festgestellt, dass halboffene Frageformate eher zu dem Ziel führen, Daten für die Auswertung zu gewinnen (Fall E).

Des Weiteren ist auf Basis der kodierten Textpassagen festzustellen, dass die an das Kind gerichteten Fragen so formuliert sein sollten, dass dem Kind eine bildliche Vorstellung von dem Gefragten ermöglicht wird (Fall E).

K1.1.2 Geschlossenes Frageformat
In einem Fall führte eine geschlossene Frage zu Schwierigkeiten bei der Beantwortung, da keine Erzählung generiert wurde. Die Frage lautete in diesem Fall: „Magst du vielleicht erzählen, was ihr gerade im Unterricht macht?" (Interview 1, Zeile 43).

Auch in einem weiteren Fall wird die Schwierigkeit geschlossener Frageformate deutlich: Im Fall E musste bei einer gestellten Frage, die eine Antwort mit ja oder nein erfordert, entsprechend nachgefragt werden, um Informationen zu erhalten.

K1.2 Beziehung
In drei Fällen (A, D, E) wird für die Interviewsituation eine gute, kooperative Beziehung zwischen Kind und erwachsener Person als relevant hervorgehoben. Ein Kind antwortet zu Beginn „zögerlich" (Interview 3, Zeile 24), in einem anderen Fall wurde festgestellt, dass das beteiligte Kind zum einen im Laufe eines Gesprächs als auch im zweiten geführten Interview „offener" (Interview 1, Zeile 51 ff.) wurde. Die Beziehung kooperativ zu gestalten, erscheint aufgrund der Interviewaussagen auch deshalb wichtig, weil so die interviewende Person zusätzliches Wissen über das Kind gewinnt, im Vergleich zu einer dem Kind völlig fremden Person, die das Interview führen würde (Fall E).

K1.3 Hemmende Faktoren

In zwei Fällen (Fall A, Fall B) wird sich im Interview in Bezug auf Faktoren geäußert, die hinsichtlich der Generierung eines Erzählflusses bei dem beteiligten Kind hemmend wirken. In beiden Fällen führte eine anwesende Protokollantin zur Irritation bei dem beteiligten Kind (Fall A, Fall B). Des Weiteren wird in einem Fall davon gesprochen, dass es als „Problem" (Interview 1, Zeile 65–70) betrachtet wurde, dass das Kind eine „undeutliche Aussprache" (Interview 1, Zeile 65–70) hatte und daher schlecht verstanden wurde. Das wiederum führte zu häufigeren Nachfragen, die als hemmend in Bezug auf den Gesprächsfluss betrachtet wurden (Fall A).

K1.4 Haltung der diagnostizierenden Person

Auf Basis der kodierten Textpassagen lässt sich feststellen, dass in vier Fällen (A, B, C, F) die explorative Haltung der diagnostizierenden Person in Zusammenhang mit einer guten Beziehung zum Kind als positiv betrachtet wird, wobei nicht näher darauf eingegangen wird, wie genau sich eine gute Beziehung definiert. Wissen über das Kind lässt sich auf Basis der Aussagen zum einen als Voraussetzung für eine explorative Haltung einschätzen, zum anderen resultiert eben jenes Wissen aus dieser Haltung. In diesem Zusammenhang wird von vier Studierenden (Fall A, B, C, F) der Begriff der Kooperation genannt, die notwendig sei, um die Motivation zur Teilnahme zu erhöhen, sodass kein beteiligtes Kind zum Gespräch gezwungen wird.

Die explorative Haltung der diagnostizierenden Person wurde in Zusammenhang gebracht mit der Offenheit des Interviewleitfadens. Die befragten Studierenden stellen fest, dass zu große Offenheit der Frageformate Schwierigkeiten bereitet, Daten zu gewinnen (Fall A, B, C, F), sodass ein Leitfaden mit wichtigen Fragen in manchen Fällen sinnvoll erscheint, aber nicht als obligatorisch betrachtet wird (Fall A, B, C, F).

Kategorie 2: Angemessenheit und Praktikabilität der Hilfsmittel
K2.1 Angemessene Hilfsmittel

Eine Fundstelle weist auf die Angemessenheit der Hilfsmittel hin (Fall D), in diesem Fall wird der zu dem Erprobungszeitpunkt entwickelte Auswertungsleitfaden (siehe Anhang, S. 2 f. im elektronischen Zusatzmaterial) als hilfreich betrachtet, da die Auswertungsschritte zur Vorbereitung auf die Interviewsituation genutzt wurden. Das Interview konnte anhand der Auswertungsschritte hinsichtlich möglicher Gesprächsthemen geplant werden.

Das Gedächtnisprotokoll, das nach der Erhebungssituation ausgefüllt werden soll (siehe Anhang, S. 5 im elektronischen Zusatzmaterial), wird von vier Befragten als sinnvoll erachtet (Fall A, B, C, F). Von den anderen zwei Befragten liegen hierzu keine Informationen vor.

K2.2 Unangemessene Hilfsmittel

Als nicht angemessen bei der Vorbereitung der Interviewsituation wird angeführt, dass, wenn es keinen Leitfaden mit im Vorfeld formulierten Interviewfragen gibt, die Vorgehensweise zu offen ist und es zu Schwierigkeiten bei der Gesprächsführung kommt, die durch die Existenz eines teilstrukturierten Interviewleitfadens hätten vermieden werden können (Fall A, B, C, F).

Die Erläuterung einer Befragten verdeutlicht, dass es während der Gesprächssituation schwierig sein kann, sowohl das Gespräch zu führen als auch zu protokollieren (Fall D).

Zudem hatte das vorstrukturierte Protokoll-Dokument eine einschüchternde Wirkung auf das beteiligte Kind (Fall D), weshalb es aus Sicht der interviewführenden Person sinnvoller wäre, dafür leere Blätter zu benutzen. Außerdem wurde in vier Fällen die Transparenz betont, das heißt, sich mit dem beteiligten Kind darüber zu verständigen, warum während des Gesprächs protokolliert wird (Fall A, B, C, F).

K2.5 Verbesserung der Hilfsmittel

Die Studierenden, die Interviews mit Kindern geführt haben, konnten mehrere Hinweise geben, wie die Interviewsituation verbessert werden kann, damit das Interview als gelungen betrachtet werden kann. In vier Fällen (A, B, C, F) wurde sich ein Leitfaden für die Interviewdurchführung gewünscht sowie eine Belohnung für das beteiligte Kind als Anreiz für die Teilnahme.

In einem Fall wäre es wünschenswert gewesen, wenn die Vorgabe und die Hinweise zur Interviewdurchführung es erlaubt hätten, dem Spielbedürfnis (Fall A) und in einem weiteren Fall dem Bedürfnis nach Bewegung (Fall E) des beteiligten Kindes gerecht zu werden.

Des Weiteren wurden folgende Hinweise zur Verbesserung der Hilfsmittel gegeben: Das Gespräch könnte durch Visualisierung des Gesagten unterstützt werden. Auch wird eine Tonaufnahme zusätzlich zum Protokoll als eventuell hilfreich betrachtet. Außerdem wäre sowohl eine Schulung zur Formulierung von offenen und geschlossenen Fragen wünschenswert gewesen als auch eine Phase der Erprobung von möglichen an das Kind gerichteten Fragen (Fall A, Fall D).

Offen bleiben bei den befragten Studierenden die Fragen, wie die diagnostizierende Person mit einem hohen Mitteilungsbedürfnis des Kindes umgehen kann

beziehungsweise muss, ob und wie das Gespräch gelenkt werden darf beziehungsweise muss (Fall D) sowie die Frage danach, ob auf das Spielbedürfnis
eingegangen werden kann (Fall A, B, C, F).

6.2.3.5 Beantwortung der Forschungsfragen der ersten Teilevaluation

In diesem Abschnitt werden die Forschungsfragen aufgeführt und auf Basis
der gewonnenen und zuvor dargestellten Forschungsergebnisse beantwortet, die
auf der Befragung von Studierenden beruhen, die das Erhebungsverfahren im
Verfahren zur Erfassung und Auswertung von Informationen zur alltäglichen
Lebenssituation von Schulkindern mit sprachlichen Beeinträchtigungen erprobt
haben.

6.2.3.5.1 Gelingensbedingungen für die Erfassung von Informationen zur alltäglichen Lebenssituation

Im vorliegenden Abschnitt wird die erste Forschungsfrage der ersten Teilevaluation beantwortet, welche lautet:

Unter welchen Bedingungen wird das Erfassen von Informationen zur alltäglichen
Lebenssituation von Schulkindern mit sprachlichen Beeinträchtigungen von den
Befragten als ,gelungen' betrachtet?

Das Erfassen von Informationen zur alltäglichen Lebenssituation von Kindern
mit sprachlichen Beeinträchtigungen mithilfe des Erhebungsverfahrens wird von
den Befragten dann als gelungen betrachtet, wenn solche Informationen gesammelt werden können, die im zweiten Teil des Verfahrens ausgewertet werden
können und somit Rückschlüsse auf die Bedingungen des Handelns des befragten Kindes zulassen. Kurz gesagt: Die Erhebung ist gelungen, wenn auswertbare
Informationen gesammelt wurden. Um genau solche Informationen vom Kind im
Gespräch zu erhalten, sind verschiedene Voraussetzungen notwendig, die sowohl
die Gesprächsführung als auch die Beziehung zwischen Kind und Interviewer
oder Interviewerin und die Planung des Interviews betreffen.

Auf Basis der Befunde lässt sich darüber hinaus schlussfolgern, dass eine
schon vorhandene positive und vertrauensvolle Beziehung zum Kind insofern
förderlich auf das Gelingen der Informationserfassung wirkt, als durch im Vorfeld
geführte Gespräche bereits Wissen über das Kind vorhanden ist, welches bei der
Planung der diagnostischen Situation berücksichtigt und genutzt werden kann.
Außerdem fördert ein positives und vertrauensvolles Verhältnis zwischen Kind
und Erwachsenem eine Gesprächsbereitschaft beim Kind, wofür ausführlichere
Antworten des Kindes sprechen.

Bei der Planung und Durchführung des Interviews gilt es, besonderen Wert auf die Fragetechnik zu legen. Geschlossene Fragen, die eine Ja-oder-nein-Antwort zur Folge haben, wirken wenig erzählgenerierend, sodass weniger Informationen gesammelt werden. Es empfiehlt sich, ein gezieltes Nachfragen in Form halboffener Fragestimuli, um zu ermöglichen, dass das beteiligte Kind eine bildhafte Vorstellung des Gesprächsinhalts zur Beantwortung der Frage heranziehen kann. Gleichzeitig erweisen sich auch zu offene Fragetechniken nicht als gewinnbringend, um über relevante Informationen mit dem Kind zu sprechen. Für diese Schlussfolgerung sprechen die Befunde, dass Kinder bei zu offenen Fragen zaghaft geantwortet haben oder die Antwort keinen Bezug zur gestellten Frage zeigte. Halboffene Fragen dagegen, die so formuliert werden, dass sich das Kind eine bildhafte Vorstellung machen kann, erwiesen sich als zielführend. Ein Beispiel für solch eine Frage lautet unter anderem: ‚Stell dir vor, du setzt dich in den Sitzkreis neben ein Kind aus deiner Klasse und das Kind fragt dich flüsternd, ob du mit ihm in der Pause deine Sammelkarten tauschen möchtest. Was tust du dann?‘

Zusammenfassend lässt sich festhalten: Insbesondere unter den Bedingungen

- einer vorhandenen guten Beziehung zum Kind,
- von Vorwissen zur alltäglichen Lebenssituation des Kindes sowie
- halboffener Fragestimuli, anhand derer sich das beteiligte Kind eine bildhafte Vorstellung vom Inhalt machen kann,

lassen sich gelingend Daten beziehungsweise Informationen zur alltäglichen Lebenssituation von Schulkindern mit sprachlichen Beeinträchtigungen gewinnen, die ausgewertet und zur Grundlage der Rekonstruktion von Bedingungen der alltäglichen Lebenssituation der Kinder gemacht werden können.

6.2.3.5.2 Gütekriterien für die Erfassung von Informationen zur alltäglichen Lebenssituation

In dem vorliegenden Abschnitt wird die zweite Forschungsfrage der ersten Teilevaluation beantwortet, welche lautet:

Unter welchen Bedingungen werden die Gütekriterien sonderpädagogischer Förderdiagnostik, ‚Gestaltung diagnostischer Situationen‘ und ‚Haltung der diagnostizierenden Person‘, bei der Erfassung von Informationen zur alltäglichen Lebenssituation durch das Erhebungsverfahren erfüllt?

Die Punkte ‚Gestaltung diagnostischer Situationen‘ sowie ‚Haltung der diagnostizierenden Person‘ als Gütekriterien sonderpädagogischer Förderdiagnostik nach

Jetter, Schmidt und Schönberger (1983) beziehen sich in der vorliegenden Arbeit insbesondere auf die Hilfsmittel zur Vorbereitung und Durchführung von Interviews zur Erfassung von Informationen zur alltäglichen Lebenssituation des beteiligten Kindes. Die Befunde zu den Hilfsmitteln werden im Folgenden für die Forschungsfrage resümiert. Bei der Beantwortung dieser zweiten Forschungsfrage der ersten Teilevaluation werden die fokussierten Gütekriterien nacheinander thematisiert. Zur Erläuterung der theoretischen Grundlagen zur Förderdiagnostik wird auf den Abschnitt 3.3.1 verwiesen.

Gütekriterium ‚Gestaltung diagnostischer Situationen'
Der zu diesem Zeitpunkt in der Entwicklung befindliche, also vorläufige Auswertungsleitfaden (siehe Anhang, S. 2 f. im elektronischen Zusatzmaterial) wurde zur Vorbereitung als hilfreich erachtet. Auch wenn er chronologisch erst nach der Interviewsituation analytisch zum Einsatz kommt, so kann er zugleich zum Zeitpunkt der Vorbereitung die Richtung weisen, welche Informationen zur Auswertung erfasst werden können. Das heißt: Eine Transparenz über das Ziel und die Aspekte, die nach der Erhebung analytisch zu betrachten sind, ist für die interviewende Person hilfreich für die Vorbereitung auf die Gesprächssituation.
    Als Hilfsmittel zur Durchführung des Interviews stehen zwei Protokolle (siehe Anhang, S. 4 und S. 5 im elektronischen Zusatzmaterial) zur Verfügung: Ein Protokoll dient dazu, systematisch die wesentlichen Inhalte des Gesprächs mit dem Kind für die spätere Auswertung zu notieren. Das zweite Protokoll, ein Gedächtnisprotokoll, dient dazu, möglichst zeitnah das Gespräch im Hinblick auf förderliche beziehungsweise hinderliche Aspekte zu reflektieren und anhand der Gesprächsinhalte erste Gedanken für ein mögliches Folgegespräch zu notieren. Beide Protokolle können auf Basis der Befunde als nützlich und notwendig eingeschätzt werden, wenngleich auch die Schwierigkeit der Gleichzeitigkeit von Interviewdurchführung und Protokollierung aufgedeckt wurde. Es könnten sich daher Übungssituationen in der Interviewschulung anbieten, um dies zu ‚trainieren'.
    In Bezug auf das Design des Protokolls sind die Befunde nicht eindeutig. Die meisten befragten Studierenden empfanden das Design als hilfreich, in anderen Fällen wirkte es einschüchternd auf das Kind. In solchen Fällen können leere Blätter hilfreich sein; gleichzeitig können sie dadurch zum Gelingen beitragen, wenn das Kind eine Zeichnung zu seinem Gesagten anfertigen kann beziehungsweise möchte.

Gütekriterium ‚Haltung der diagnostizierenden Person'
Das Gütekriterium ‚Haltung der diagnostizierenden Person' wird erfüllt, wenn das Interview mit dem Kind entsprechend der Annahmen, die der Entwicklung des Verfahrens zugrunde liegen, durchgeführt wird. Dann ist die Interviewsituation durch eine explorative, flexible und partnerschaftliche Haltung der diagnostizierenden Person gekennzeichnet. Von den befragten Studierenden wird darauf hingewiesen, dass eine gute Beziehung zum Kind eine Bedingung für das Gelingen der Erhebungssituation darstellt.

Von den befragten Studierenden wurde Offenheit als eine Bedingung genannt, die zum Gelingen beitragen kann, aber gleichzeitig eine besondere Schwierigkeit in der diagnostischen Situation darstellt. Aufgrund des Anspruchs nach Offenheit der Interviewsituation wurde von den Studierenden auf einen vorbereiteten Interviewleitfaden verzichtet, was wiederum zu Schwierigkeiten bei der Gesprächsführung führte, wenn der Gesprächsfluss mit dem beteiligten Kind ins Stocken geriet. Daher wurde von den befragten Studierenden der Wunsch nach einen Interviewleitfaden geäußert, an dem sich die diagnostizierende Person während des Gesprächs orientieren und aus zuvor formulierten Fragen schöpfen kann. Um eine explorative und flexible Haltung zu bewahren, gilt es, einen solch möglichen Interviewleitfaden als ‚Notfallinstrument' zu behandeln, auf das im Falle einer nicht gelingenden Erhebung zurückgegriffen werden kann. Auf die Problematik des Einsatzes eines Interviewleitfadens als Hilfsmittel zur Erfassung von Informationen zur alltäglichen Lebenssituation von Schulkindern mit sprachlichen Beeinträchtigungen wurde an anderer Stelle in dieser Arbeit (siehe Abschnitt 6.1.5) eingegangen.

Zusammenfassend lässt sich festhalten: Die Gütekriterien sonderpädagogischer Förderdiagnostik – ‚Gestaltung diagnostischer Situationen' durch Hilfsmittel zur Vorbereitung und Durchführung des Interviews sowie ‚Haltung der diagnostizierenden Person' – sind im Kontext der Erfassung von Informationen zur alltäglichen Lebenssituation von Schulkindern mit sprachlichen Beeinträchtigungen unter folgenden Gesichtspunkten gegeben:

- Transparenz des Ziels des Analyseverfahrens und der Aspekte, die nach der Erhebung analytisch zu betrachten sind, sind der Vorbereitung auf die Gesprächssituation, zuträglich
- Protokolle als Hilfsmittel können zum Gelingen der Erhebungssituation beitragen, ihr Einsatz sollte reflektiert und abgewogen werden.
- Leere Blätter als Hilfsmittel können zum Gelingen beitragen, wenn sie unterstützend bei der Gesprächsführung wirken.

- Eine explorative, flexible und partnerschaftliche Haltung wird von der diagnostizierenden Person eingenommen.
- Offenheit, das heißt ein Verzicht auf einen strukturierten Interviewleitfaden, trägt zum Gelingen der Erhebungssituation bei, beinhaltet jedoch die Schwierigkeit, das Gespräch nicht vorzeitig abbrechen zu lassen.
- Auf einen Interviewleitfaden muss daher nicht gänzlich verzichtet werden; er kann zum Gelingen der Erhebungssituation beitragen, wenn der Leitfaden zur Orientierung dient und nicht den natürlichen Gesprächsverlauf mit dem beteiligten Kind einschränkt.

6.2.3.6 Schlussfolgerungen für die Modifikation des Verfahrens zur Erfassung und Auswertung von Informationen zur alltäglichen Lebenssituation von Schulkindern mit sprachlichen Beeinträchtigungen auf Basis der Erkenntnisse der ersten Teilevaluation

Durch die Beantwortung der Forschungsfragen der ersten Teilevaluation lassen sich Schlussfolgerungen für die Modifikation des Erhebungsverfahrens im Verfahren zur Erfassung und Auswertung von Informationen zur alltäglichen Lebenssituation von Schulkindern mit sprachlichen Beeinträchtigungen ziehen.

Zunächst besteht Überarbeitungsbedarf hinsichtlich der Formulierung von erzählgenerierenden Fragen zur Erfassung von Informationen zur alltäglichen Lebenssituation. Dem Bedürfnis der Befragten nach einem leitfadengestützten Interview kann aus methodologischen Gründen nur ansatzweise nachgekommen werden, da bei der Anwendung eines halb- oder vollstrukturierten Interviewleitfadens möglicherweise Aspekte nicht thematisiert werden, die Informationen zur alltäglichen Lebenssituation beinhalten, wenn die interviewführende Person mit Fokus auf den Interviewleitfaden die offene, explorative und flexible Haltung nicht wahren kann. Allerdings kann eine im Vorfeld angepasste durchgeführte Schulung der diagnostizierenden Personen diese noch gezielter auf die Gesprächsgestaltung und das Stellen von erzählgenerierenden Fragen vorbereiten. Daher wird auch die Verwendung eines teilstrukturierten Interviewleitfadens für die weitere Erprobung des Analyseverfahrens in Betracht gezogen, da auch die Befunde der vorliegenden ersten Teilevaluation nicht ausschließen, dass ein Interviewleitfaden zum Gelingen bei der Erfassung von Informationen zur alltäglichen Lebenssituation beitragen kann.

Weiterer Überarbeitungsbedarf besteht hinsichtlich der Formulierung von Fragen an das Kind, die dazu führen sollen, Informationen über die Handlungen und Handlungsgründe des Kindes zu erhalten. Die Ergebnisse der vorliegenden ersten Teilevaluation zeigen die Bedeutung der erzählgenerierenden Fragen auf, die es dem Kind ermöglichen, ein Vorstellungsbild zu entwickeln. Daher werden im Folgenden beispielhaft Fragen formuliert, die die Grundlage für eine mögliche erste Erhebungssituation darstellen. Die Fragen zielen darauf ab, zu erfahren, welche alltäglichen Handlungen das Kind beispielsweise durchführt und warum es so handelt.

1. Beispiel: Das Kind ist zu Hause. Es ist morgens und Zeit zum Aufstehen. Mögliche Fragen zum Einstieg: ‚Stell dir vor, du liegst in deinem Bett und wachst auf, du hast die ganze Nacht geschlafen. Wann ist die Nacht zu Ende? Woher weißt du das? Gegebenenfalls: ‚Wer sagt das zu dir? Wie sagt er/sie das? Was meint er/sie damit? Was tust du als Nächstes und warum?'
2. Beispiel: Das Kind ist zu Hause. Es ist morgens und Frühstückszeit. Mögliche Fragen zum Einstieg: ‚Stell dir vor, du isst gerade Frühstück. Was isst du gerade? Warum? Wo isst du das Frühstück? Warum dort? Ist noch jemand in deiner Nähe? Wer?'
3. Beispiel: Es geht um die Folgeaktivität nach dem Frühstück. Mögliche Fragen zum Einstieg: ‚Stell dir vor, es ist morgens. Du hast gefrühstückt, alles aufgegessen und bist satt. Was machst du als Nächstes? Warum? Woher weißt du das? Wer sagt das und wie und warum?'

So sollen alle möglichen Aktivitäten, die wiederkehrend im Alltag des Kindes sind, erfragt werden. Der Grund dafür ist, dass im Erhebungsverfahren Informationen zur alltäglichen Lebenssituation des Kindes erfasst werden sollen und diese aufgrund der theoretischen Annahmen der vorliegenden Arbeit mit der Frage nach alltäglichen Handlungen und Handlungsbegründungen erfasst werden können. Im weiteren Verlauf sollen diejenigen Handlungen in den Fokus geraten, die einen Bezug zum sprachlichen Handeln des Kindes und der Bezugspersonen haben.

Folgende grundlegende Anforderungen an die Erhebungssituation (siehe Handlungsempfehlung für die Erhebungssituation im Anhang, S. 2 f. im elektronischen Zusatzmaterial) wurden überarbeitet und erweitert und können auf Basis der in dieser vorliegenden ersten Teilevaluation gewonnenen und zuvor beschriebenen Erkenntnisse genannt werden:

1. Die Befragung sollte möglichst offen sein, um dem subjektwissenschaftlichen Ansatz gerecht zu werden und Diagnostik tatsächlich vom Subjektstandpunkt aus zu ermöglichen.
2. Es wird aus diesem Grund nicht auf einen strukturierten Interviewleitfaden zurückgegriffen, um zu vermeiden, dass Vorannahmen der interviewenden

Person (z. B. der Lehrkraft, wenn das Verfahren im Rahmen pädagogischer Sprachdiagnostik im Schulalltag angewendet wird) zu Fragen über die alltägliche Lebenssituation des Kindes führen und damit die unerwünschte Objektivierung forcieren.

3. Offenheit bedeutet dennoch keineswegs Willkürlichkeit der Befragung, denn aufgrund der Vorgabe, die alltäglichen Handlungen des Kindes zu erfassen, ist es geboten, Fragen zum Tagesablauf zu stellen, die sich zu Beginn chronologisch aufstellen lassen können und im weiteren Verlauf der Diagnostik an die individuellen Schilderungen des Kindes anpassen lassen.

4. Diagnostik vom Subjektstandpunkt bedeutet in jedem Fall, das Kind in die Diagnostik miteinzubeziehen, also werden Themenschwerpunkte in Kooperation mit dem Kind gewählt.

Die Vorgehensweise bei der Erfassung von Informationen zur alltäglichen Lebenssituation von Schulkindern mit sprachlichen Beeinträchtigungen kann auf Grundlage der Erkenntnisse der vorliegenden ersten Teilevaluation zusammenfassend folgendermaßen beschrieben werden: Es wird ein Gespräch mit dem an der Diagnostik beteiligten Kind geführt, wobei Fragen an das Kind gerichtet werden, die nach seinen alltäglichen Handlungen und den jeweiligen Handlungsgründen fragen. Es besteht die Möglichkeit, einen teilstrukturierten Leitfaden zu benutzen, in dem im Vorfeld mögliche Fragen oder Gesprächsthemen notiert werden. Der Leitfaden dient zur Orientierung, wobei jederzeit das Kind und seine alltäglichen Handlungen im Mittelpunkt stehen. Für die Wahl möglicher Gesprächsthemen gilt es, diese in Kooperation mit dem Kind zu finden. Das Gespräch kann aufgezeichnet und anschließend transkribiert oder schriftlich protokolliert werden, damit die Informationen zur alltäglichen Lebenssituation des Kindes hinsichtlich förderlicher beziehungsweise hinderlicher Bedingungen ausgewertet werden können.

Im Fokus der vorliegenden ersten Teilevaluation lag das Erhebungsverfahren zur Erfassung von Informationen zur alltäglichen Lebenssituation von Schulkindern mit sprachlichen Beeinträchtigungen. Als zentrales Ergebnis dieser ersten Teilevaluation liegt eine modifizierte Handanweisung zur Vorgehensweise bei der Erfassung von Informationen zur alltäglichen Lebenssituation (siehe Anhang, S. 13 f. im elektronischen Zusatzmaterial) vor. Zusätzlich ist im Anhang eine Korrekturversion der Handanweisung (siehe Anhang, S. 10–12 im elektronischen Zusatzmaterial) aufgeführt, die in der vorliegenden ersten Teilevaluation erprobt wurde. Aus dieser geht durch Markierungen hervor, welche Teile der Handanweisung gelöscht und durch modifizierte Formulierungen ersetzt wurden.

In der ersten Teilevaluation unberücksichtigt geblieben ist das Auswertungsverfahren, mit dem die erfassten Informationen zur alltäglichen Lebenssituation handlungstheoretisch und strukturiert ausgewertet werden. Daher wird im nachfolgenden Abschnitt mit der zweiten Teilevaluation der Auswertungsteil des Analyseverfahrens in den Mittelpunkt gestellt.

6.2.4   Teilevaluation 2: Praktikabilität des Auswertungsleitfadens

Die zweite Teilevaluation legt den Fokus auf die Praktikabilität des Auswertungsleitfadens des Verfahrens zur Erfassung und Auswertung von Informationen zur alltäglichen Lebenssituation von Schulkindern mit sprachlichen Beeinträchtigungen. In dem vorliegenden Abschnitt werden zunächst die Forschungsfragen dieser zweiten Teilevaluation aufgezeigt, bevor die Samplebildung und das Sampling der befragten Personen (6.2.4.1), die Datenerhebungsmethode eines vollstrukturierten Fragebogens (6.2.4.2) sowie die Datenauswertungsmethode (6.2.4.3) beschrieben werden. Nach der Darstellung der Ergebnisse (6.2.4.4) und der Beantwortung der Forschungsfragen (6.2.4.5) werden Schlussfolgerungen für die Modifikation des Auswertungsleitfadens (6.2.4.6) gezogen.

Da die Praktikabilität und die Frage nach Modifikation des Auswertungsleitfadens im Mittelpunkt der zweiten Teilevaluation stehen, sind folgende Forschungsfragen und Forschungsteilfragen zu beantworten:

1. *Inwiefern lässt sich der Auswertungsleitfaden als praktikabel bezeichnen?*
1.1. *Wie viele der befragten Studierenden bewerten die Anweisungen zur Auswertung als sprachlich präzise und verständlich?*
1.2. *Wie viele der befragten Studierenden bewerten den zeitlichen Aufwand bei der Anwendung des Auswertungsleitfadens als angemessen, beispielsweise für den Einsatz im Unterricht?*
1.3. *Welche Verständnisschwierigkeiten werden von den befragten Studierenden aufgrund der sprachlichen Formulierungen der Anweisungen zur Auswertung genannt?*
2. *Wie und an welchen Stellen kann der Auswertungsleitfaden modifiziert werden, sodass er als praktikabler bezeichnet werden kann?*
2.1. *An welchen Stellen in den Anweisungen zur Auswertung besteht Überarbeitungsbedarf?*

2.2. Wodurch können sich Probleme, die die Anwendung des Auswertungsleitfadens betreffen, beheben lassen?

Um diese Forschungsfragen der zweiten Teilevaluation beantworten zu können, wurden 29 Studierende befragt, die im Rahmen einer universitären Lehrveranstaltung der Universität Hamburg im Bachelor-Studiengang Lehramt für Sonderpädagogik den Auswertungsleitfaden erprobt haben. Vor der Erprobung des Auswertungsleitfadens fand diskursiv in der Lehrveranstaltung eine eingehende Auseinandersetzung der Studierenden mit den methodologischen und theoretischen Grundlagen des Verfahrens zur Auswertung von Informationen zur alltäglichen Lebenssituation von Schulkindern mit sprachlichen Beeinträchtigungen statt. Diese Auseinandersetzung sollte gewährleisten, dass mögliche Fragen zur Entwicklung des Analyseverfahrens sowie den theoretischen und methodologischen Grundlagen der Entwicklung vor der Erprobung geklärt werden können. Im Anschluss an die Erprobung des Auswertungsleitfadens wurden die beteiligten Studierenden um Teilnahme an einer quantitativen Befragung durch einen schriftlichen vollstrukturierten Fragebogen bezüglich der Praktikabilität des Auswertungsleitfadens gebeten, woraufhin 20 von 29 auswertbaren Fragebögen zur Auswertung herangezogen werden konnten.

Der nächste Abschnitt erläutert, wie sich das Sample der befragten Studierenden zusammensetzt und gebildet wurde.

6.2.4.1 Auswahl der befragten Personen

Das Sample der zweiten Teilevaluation setzt sich aus 29 Studierenden zusammen, die im Kontext einer Lehrveranstaltung im Bachelor-Studiengang des Lehramts für Sonderpädagogik an der Universität Hamburg im Sommersemester 2019 den Auswertungsleitfaden erprobt haben. Der Erprobung lagen Daten zugrunde, die im April 2019 eigens für die Erprobung des Auswertungsleitfadens erhoben wurden. Dafür führten Studierende der Lehrveranstaltung, in der die Erprobung des Auswertungsleitfadens durchgeführt wurde, Interviews mit Kindern und nutzten dafür das auf Basis der Erkenntnisse der ersten Teilevaluation modifizierte Erhebungsverfahren (siehe Abschnitt 6.2.3.6 sowie Anhang, S. 13 f. im elektronischen Zusatzmaterial). Damit lagen der Erprobung des Auswertungsleitfadens insgesamt 12 Interviews zur Auswertung vor, die von den 29 Studierenden anhand der Handlungsempfehlung zur Auswertung von Informationen zur alltäglichen Lebenssituation von Schulkindern mit sprachlichen Beeinträchtigungen, also dem zu diesem Zeitpunkt in der Entwicklung befindlichen Auswertungsleitfaden (siehe Anhang, S. 15 im elektronischen Zusatzmaterial), ausgewertet wurden. Die Interviews wurden schriftlich als Transkripte beziehungsweise als Gedächtnisprotokolle dokumentiert.

Das Kriterium für die Samplebildung war die Teilnahme an der Lehrveranstaltung, in der der Auswertungsleitfaden erprobt werden sollte.

6.2.4.2 Datenerhebungsmethode: Schriftlich vollstrukturierter Fragebogen

Bei der gewählten Datenerhebungsmethode handelt es sich um einen schriftlichen vollstrukturierten Fragebogen, bestehend aus Einzelitems und in der Form eines Paper-Pencil-Fragebogens (siehe Anhang, S. 22 f. im elektronischen Zusatzmaterial). Dieser stellt eine „reaktive Methode dar" (Döring & Bortz 2016, 399), da die befragten Studierenden darüber in Kenntnis gesetzt wurden, dass sie mit der Beantwortung des Fragebogens an der wissenschaftlichen Untersuchung zur Evaluation des Verfahrens zur Erfassung und Auswertung von Informationen zur alltäglichen Lebenssituation von Schulkindern mit sprachlichen Beeinträchtigungen teilnehmen. Es wurde zum einen ein geschlossenes Frageformat gewählt, um die Aussagen der befragten Studierenden hinsichtlich Häufigkeit analysieren zu können. Zum anderen wurden offene qualitative Fragen gestellt, damit bei der Befragung die Möglichkeit gegeben werden konnte, zu jeder geschlossenen Frage eine Erläuterung, beispielsweise hinsichtlich möglicher inhaltlicher Verbesserungsvorschläge, oder kritische Hinweise schriftlich zu formulieren. Es handelt sich sowohl um Intervallskalen als auch um bipolare Ratingskalen, dargestellt durch verbale Marken (Döring & Bortz 2016, 245). Für die Befragten wurde der Fragebogen als Feedbackfragebogen bezeichnet, um die Relevanz der Antworten von den befragten Studierenden zu betonen.

Die Erprobung des Auswertungsleitfadens fand zum einen im Seminar statt, damit für die Studierenden direkt die Möglichkeit bestand, mögliche Fragen zur Vorgehensweise bei der Auswertung klären zu können. Zum anderen wurde den beteiligten Studierenden die Möglichkeit gegeben, den Auswertungsleitfaden an einem anderen Ort zu erproben. Die Befragung fand im Anschluss an die Erprobung statt. Das heißt, die Studierenden, die in der Lehrveranstaltung zur Seminarzeit den Auswertungsleitfaden erprobt haben, wurden direkt im Anschluss befragt. Die ausgefüllten Feedbackfragebögen wurden unmittelbar nach Abschluss der Erprobung und Befragung zurückgegeben. Ein anderer Teil der ausgefüllten Fragebögen wurde nach einer gemeinsam mit den befragten Studierenden vereinbarten Zeit innerhalb von 14 Tagen zurückgegeben. Insgesamt konnten mit der in diesem Abschnitt dargestellten Vorgehensweise zur Datenerhebung 20 von 29 Studierenden befragt werden.

Wie die durch die Befragung gewonnenen Daten ausgewertet wurden, wird im folgenden Abschnitt zu den Datenauswertungsmethoden beschrieben.

6.2.4.3 Datenauswertungsmethoden: Quantitative Auswertung mittels SPSS und inhaltlich strukturierende qualitative Inhaltsanalyse nach Kuckartz (2018)

Ziele der Datenauswertung sind erstens eine quantitative Auswertung, nämlich die Auszählung von Häufigkeiten (deskriptive Statistik) und zweitens eine strukturierte Analyse der offenen Antworten zu Verbesserungsvorschlägen beziehungsweise kritischen Hinweisen. Zunächst wird das Vorgehen bei der quantitativen Auswertung mittels SPSS (6.2.4.3.1) näher erläutert und anschließend die inhaltlich strukturierende qualitative Inhaltsanalyse nach Kuckartz (2018) (6.2.4.3.2), die zwecks strukturierter Auswertung der offenen Antworten eingesetzt wurde.

6.2.4.3.1 Quantitative Auswertung mittels SPSS

Bei der quantitativen Auswertung zur Beantwortung der Frage, inwiefern sich der Auswertungsleitfaden von den befragten Studierenden als praktikabel bezeichnen lässt, ging es um die Sichtbarmachung der Häufigkeit der von den befragten Personen gewählten Antwortkategorien. Für die Dateneingabe in SPSS wurde im Vorfeld ein Kodeplan (siehe Anhang, S. 24 f. im elektronischen Zusatzmaterial) erstellt. Dieser Kodeplan enthält Abkürzungen, um den einzelnen Fragebögen einen Kurznamen zu geben, wobei bei der Vergabe der Kurznamen numerisch vorgegangen wurde und womit keine Hierarchisierung der Fragebögen ausgedrückt werden soll. Zudem wurden den verbalen Etikettierungen Zahlen, also numerische Ausprägungen, zugewiesen. Die verbalen Etikettierungen wurden von links nach rechts mit den Zahlen von 1 bis 4 beziehungsweise von 1 bis 2 kodiert und fehlende Werte wurden mit einer 9 kodiert.

In der vorliegenden Arbeit wurden nur diejenigen Tabellen des Kodebooks zur Auswertung herangezogen, die zur Beantwortung der ersten Forschungsfrage genutzt wurden. Darüber hinaus wurden zwar Daten mittels vollstrukturierten Fragebogens erhoben (Items 1 bis 5), bei denen jedoch bei der Auswertung festgestellt wurde, dass sie nicht zur Beantwortung der Forschungsfrage beitragen. Daher werden die deskriptiven Statistiken zu den Items 1 bis 5 nicht aufgeführt.

Anschließend wurden die Werte in SPSS eingegeben und einer Häufigkeitsanalyse unterzogen.

6.2.4.3.2 Inhaltlich strukturierende qualitative Inhaltsanalyse (Kuckartz 2018)

Um die zweite Forschungsfrage hinsichtlich Verbesserung des Auswertungsleitfadens, das heißt wie und an welchen Stellen er modifiziert werden kann, beantworten zu können, wurden die Daten mittels inhaltlich strukturierender qualitativer Inhaltsanalyse nach Kuckartz (2018) ausgewertet. Anhand des Materials wurden auf induktive Art Kategorien entwickelt, da durch diese Vorgehensweise gewährleistet wird, dass möglichst vielseitige Aspekte aus dem Material heraus entdeckt werden, die zur Beantwortung der Forschungsfrage herangezogen werden können. Die Kategorien wurden anschließend als Kodierleitfaden (siehe Anhang, S. 28 im elektronischen Zuatzmaterial) zusammengestellt.

Die im Fragebogen von den befragten Studierenden schriftlich vorgenommenen Aussagen bei den offenen Antwortfeldern wurden der Kodierung unterzogen und inhaltlich strukturiert zusammengefasst. Als Kodiereinheit galten dabei ganze Sätze und inhaltlich in einem Sinnzusammenhang stehende Äußerungen. Es wurden die schriftlichen Äußerungen der befragten Studierenden den Kategorien beziehungsweise Kodes des Kodierleitfadens zugeordnet.

6.2.4.4 Detaillierte Ergebnisdarstellung der quantitativen Auswertung mittels SPSS sowie der inhaltlich strukturierenden qualitativen Inhaltsanalyse nach Kuckartz (2018) zur Praktikabilität des Auswertungsleitfadens

Im Folgenden werden die Ergebnisse der zweiten Teilevaluation dargestellt. Es werden zunächst die Ergebnisse der quantitativen Auswertung mittels SPSS (6.2.4.4.1) beschrieben und anschließend die Ergebnisse der inhaltlich strukturierenden qualitativen Inhaltsanalyse nach Kuckartz (2018) (6.2.4.4.2). Welche Auswirkungen die Ergebnisse für die Überarbeitung des Auswertungsverfahrens haben, wird bei den Schlussfolgerungen (6.2.4.6) aufgezeigt.

6.2.4.4.1 Ergebnisse der quantitativen Auswertung mittels SPSS

Zur Beantwortung der ersten Forschungsfrage der zweiten Teilevaluation, inwiefern sich der Auswertungsleitfaden als praktikabel beschreiben lässt, wurden die Daten zu den Fragen nach Zeitaufwand (Item F), Verständlichkeit der sprachlichen Anweisungen (Item G) sowie Präzision der sprachlichen Anweisungen (Item H) mittels SPSS einer Häufigkeitsanalyse unterzogen. Die Ergebnisse sind in Form von Häufigkeitstabellen (siehe Anhang, S. 26 f. im elektronischen Zusatzmaterial) dokumentiert und werden im Folgenden beschrieben.

Einschätzung des zeitlichen Aufwands bei Anwendung des Auswertungsleitfadens
Insgesamt 16 der 20 befragten Studierenden haben die Frage nach dem zeitlichen Aufwand bei der Anwendung des Auswertungsleitfadens beantwortet. Jeweils die Hälfte der befragten Studierenden bewerten den Zeitaufwand als ‚angemessen' beziehungsweise ‚nicht angemessen (zu aufwendig)'.

Einschätzung der Verständlichkeit der sprachlichen Formulierungen im Auswertungsleitfaden
Die Frage nach der Verständlichkeit der sprachlichen Formulierungen im Auswertungsleitfaden haben insgesamt 15 der 20 befragten Studierenden beantwortet. Als ‚verständlich' bewerten 73,3 % der befragten Studierenden die sprachlichen Formulierungen in den Anweisungen des Auswertungsleitfadens.

Einschätzung der Präzision der sprachlichen Äußerungen im Auswertungsleitfaden
Zur Frage nach der Präzision der sprachlichen Anweisungen im Auswertungsleitfaden haben sich insgesamt 16 der 20 befragten Studierenden schriftlich geäußert. Es halten 56,3 % von ihnen die sprachlichen Anweisungen für ‚präzise'.

Die Ergebnisse der Häufigkeitsanalyse geben erste Hinweise auf mögliche Probleme, die bei Anwendung des Auswertungsleitfadens auftreten können. Diese betreffen die Verständlichkeit sowie Präzision der sprachlichen Formulierungen der Handlungsanweisungen im Auswertungsleitfaden.

Durch die Vorstrukturierung und das geschlossene Antwortformat weisen die Befunde zwar eine Richtung auf, sind aber noch nicht an Detailtiefe angereichert. Da zusätzlich schriftlich fixierte Daten aus den offenen Frageformaten vorliegen, wurde in einem weiteren Schritt eine inhaltlich strukturierende qualitative Inhaltsanalyse zu eben diesen durchgeführt. Die Ergebnisse der inhaltlich strukturierenden qualitativen Inhaltsanalyse nach Kuckartz (2018) werden im nachfolgenden Abschnitt in der Reihenfolge der Kategorien im Kodierleitfaden dargestellt und mit den Ergebnissen der quantitativen Auswertung verknüpft.

6.2.4.4.2 Ergebnisse der inhaltlich strukturierenden qualitativen Inhaltsanalyse nach Kuckartz (2018)

Im Folgenden werden die Ergebnisse der inhaltlich strukturierenden qualitativen Inhaltsanalyse nach Kuckartz (2018) dargestellt und am Ende des vorliegenden Abschnitts mit den Ergebnissen der quantitativen Analyse mittels SPSS (siehe Abschnitt 6.2.4.4.1) in Verbindung gesetzt.

Zur Übersicht wird zunächst zu jeder Kategorie aufgezeigt, wie viele Kodiereinheiten dem Kode zugeordnet wurden:

- K1 Ziel unklar: 6 Kodiereinheiten
- K2 Begriffe unklar: 3 Kodiereinheiten
- K3 einzelne Schritte oder Schrittabfolge unklar: 10 Kodiereinheiten
- K4 kritische Hinweise und Verbesserungsvorschläge: 16 Kodiereinheiten

Nachfolgend werden die Ergebnisse der inhaltlich strukturierenden qualitativen Inhaltsanalyse detailliert dargestellt.

K1 Ziel unklar
Kodes, die zu dieser Kategorie gehören, werden dann kodiert, wenn es den befragten Studierenden unklar erscheint, worauf ein Auswertungsschritt abzielt.

Unklar ist demzufolge beispielsweise, was genau im jeweiligen Auswertungsschritt „verlangt wird" (LBA_F_8). Zwar gibt es eine sprachliche Anweisung, die von der Hälfte der befragten Studierenden als verständlich beschrieben wird, aber ohne Vorerfahrung war es den befragten Studierenden nicht immer klar, was genau das Ziel beziehungsweise das Ergebnis sein soll, „da die Anweisung nicht immer klar war" (LBA_F_19).

In diesem Zusammenhang kann festgestellt werden, dass das Ziel dahingehend unklar ist, dass nicht verstanden wurde, was mit einer spezifischen Handlungsanweisung gemeint ist und worin der Unterschied zu den anderen Auswertungsschritten liegt. Beispielsweise wurden Schritt 2 und 3 des Auswertungsleitfadens als zielgleich betrachtet. Zusätzlich wurde zur Handlungsanweisung des zweiten Schrittes von einer befragten Person geäußert, sie sei „sehr abstrakt und für mich ist das Beispiel nicht passend zur Überschrift" (LBA_F_3) beziehungsweise „ich verstehe die Bereicherung inhaltlich nicht, sehr abstrakt" (LBA_F_3).

K2 Begriffe unklar
Kodes, die zu dieser Kategorie gehören, werden dann kodiert, wenn bei der sprachlichen Anweisung im Auswertungsleitfaden zwar theoretisch fundierte Begriffe verwendet werden, diese aber für die befragten Studierenden unklar bleiben. Bei Zusammenschau aller kodierten Passagen zu diesem Kode zeigt sich, dass im Auswertungsleitfaden verwendete Begriffe nicht einzeln theoretisch dargestellt werden, sodass die Begriffe unklar bleiben. Daraus ergeben sich für die befragten Studierenden Schwierigkeiten beim Anwenden des Auswertungsleitfadens.

Erstens ist zu erkennen, dass der Begriff ‚Bedeutungsanordnungen' nicht verstanden werden kann, so wie er in der Anweisung des Auswertungsschrittes 4 vorausgesetzt wird, zum Beispiel: „ich verstehe nicht, was Bedeutungsanordnungen sind" (LBA_F_3).

Zweitens zeigen sich im gleichen Auswertungsschritt Schwierigkeiten mit den Begriffen ‚situationeller Aspekt' und ‚subjektive Befindlichkeit', die im theoretischen Zusammenhang der Subjektwissenschaft der Kritischen Psychologie (Holzkamp 1985) verwendet werden, aber im Auswertungsleitfaden selbst als bekannt vorausgesetzt werden.

K3 einzelne Schritte oder Schrittabfolge unklar

Kodes, die zu dieser Kategorie gehören, werden dann kodiert, wenn in den Aussagen der befragten Studierenden erkennbar ist, dass Unklarheiten bezüglich der Reihenfolge der Auswertungsschritte oder einzelner Auswertungsschritte selbst auftreten.

Auf Schritt 1 bezogen, ist festzustellen, dass der Nutzen dieses Auswertungsschrittes und was genau darunter beschrieben werden könne beziehungsweise solle unklar sind. So wird von einer befragten Person geäußert, dass es „weit gefasst [ist], was dies beinhaltet" (LBA_F_3) und laut einer weiteren befragten Person sei die Notwendigkeit dieses Schrittes nur in Bezug auf eine bestimmte Datengrundlage sinnvoll: „Meiner Meinung nach bietet sich eine Falldarstellung eher an, wenn es eine konkrete Situation gibt" (LBA_F_6).

In Bezug auf Schritt 2 kann aufgrund der Äußerungen von sechs der befragten Studierenden festgestellt werden, dass der Unterschied zu Schritt 1 schwer zu erkennen sein kann. Es sei fraglich, ob beide Schritte getrennt bearbeitet werden können oder müssen, da der zweite Auswertungsschritt wie eine „Wiederholung der Falldarstellung" (LBA_F_3) wirke.

K4 kritische Hinweise und Verbesserungsvorschläge

Alle Äußerungen, die Kritik oder Verbesserungsvorschläge hinsichtlich der Anweisung, Schrittabfolge oder der Begriffsverwendung enthalten, werden mit diesem Kode kodiert.

Eine Feinanalyse zu den Kodes, die mit der Kategorie K4 kodiert werden, zeigen auf, dass die kritischen Hinweise und Verbesserungsvorschläge hinsichtlich der sprachlichen Anweisungen, des Zeitaufwands bei der Auswertung und der Schrittabfolge beschrieben werden können. Außerdem können weitere formale oder konzeptionelle Hinweise bezüglich des Auswertungsleitfadens festgestellt werden. Im Folgenden werden die Ergebnisse dieser Feinanalyse dargestellt.

Sprachliche Anweisungen
Eine befragte Person bezieht ihre Bewertung auf die Überschriften der Auswertungsschritte, in denen „klare Abgrenzungen erfolgen" (LBA_F_20) sollten, was bedeuten könnte, stärker hervorzuheben, welches Ziel in dem jeweiligen Auswertungsschritt in den Fokus gerückt wird und worin sich die Auswertungsschritte unterscheiden.

Eine weitere Aussage einer befragten Person bezieht sich auf die Verständlichkeit der Handlungsanweisungen aufgrund nicht erfolgter Erklärung sowie nicht gegebenen Beispiels: „ohne Erklärung und Muster (Beispielauswertung) sind die Anweisungen nicht vollständig verständlich, es bedarf auf jeden Fall einer Erklärung" (LBA_F_16).

Zeitaufwand
Drei der befragten Studierenden haben sich zu der Frage geäußert, wie sie den Zeitaufwand einschätzen, der von dem Auswertungsleitfaden beansprucht wird.

Zwei der befragten Personen stellen fest, dass die Anwendung des Auswertungsverfahrens zeitaufwendig erscheint. Eine befragte Person gibt dafür die Begründung: „wenn man tatsächlich jeden Punkt notiert, dann wird es tatsächlich sehr viel" (LBA_F_19). Speziell wird die Tabelle kritisch gesehen, die die Bedingungen nach personaler Lage, sozialer Lage und kultureller Lage einteilt, da sich diese mit der Auswertung hinsichtlich der subjektiven Befindlichkeit überschneide (LBA_F_16).

Schrittfolge
In Bezug auf die Abfolge der Auswertungsschritte 1 und 2 stellen drei befragte Personen fest, dass sich die einzelnen Schritte sehr ähnlich sind. So formuliert eine befragte Person prägnant: „Die Schritte sind schwer zu trennen, gehen ineinander über" (LBA_F_9).

Formale oder konzeptionelle Hinweise
In formaler Hinsicht finden sich Hinweise zur Beanstandung aufgrund der bereits eingegrenzten Felder für die Analyseergebnisse. Von einer befragten Person wird diesbezüglich festgestellt: „Der Auswertungsbogen bietet zu wenig Schreibfläche. Evtl. wäre es besser, nur die Fragen vorzugeben und keine vorformulierten Antwortfelder, da dies manchmal einschränkt" (LBA_F_20).

Zwei der befragten Studierenden geben einen Hinweis auf den Umgang mit sehr langen Interviews: „Bei einem langen Interview muss man in eigene Sequenzen teilen, das könnte man als Anweisung mitgeben" (LBA_F_20) oder

„Bei längeren Interviews (…) ist es meiner Meinung nach notwendig mehrere Auswertungsbögen auszufüllen" (LBA_F_1).

Eine befragte Person stellt im Hinblick auf die Konzeption des Auswertungsleitfadens die Frage: „Wo wird es notiert, wenn das Kind nicht auf die Fragen eingeht (soll es überhaupt notiert werden?)" (LBA_F_1). Ebenso böte der Auswertungsleitfaden keinen Hinweis auf den Umgang mit aus Sicht der befragten Person fehlerhaften Aussagen des Kindes. Dies zeigt sich in folgender Äußerung: „Inwiefern kann man falsche Aussagen in die Auswertung nehmen" (LBA_F_1).

Des Weiteren stellt eine der befragten Personen fest: „Bei einigen Interviews ist es nicht möglich Schritt 3 zu beantworten (zum Beispiel, weil diese zu kurz sind)" (LBA_F_1), womit ein weiterer konzeptioneller Aspekt angesprochen ist.

Inwiefern anhand der vorliegenden Ergebnisse zur quantitativen Auswertung und inhaltlich strukturierenden qualitativen Inhaltsanalyse Rückschlüsse auf die Praktikabilität sowie den Überarbeitungsbedarf des Auswertungsleitfadens gezogen werden können, wird im folgenden Abschnitt bei Beantwortung der Forschungsfragen der zweiten Teilevaluation thematisiert.

6.2.4.5 Beantwortung der Forschungsfragen der zweiten Teilevaluation

In diesem Abschnitt werden die Forschungsfragen zur zweiten Teilevaluation aufgeführt und auf Basis der gewonnenen und zuvor unter Ergebnisse (6.2.4.4) dargestellten Erkenntnisse beantwortet. Die Erkenntnisse beruhen auf einer schriftlichen, vollstrukturierten Befragung von Studierenden, die den Auswertungsleitfaden im Rahmen einer universitären Lehrveranstaltung im Bachelor-Studium des Lehramts für Sonderpädagogik angewendet und damit erprobt haben.

6.2.4.5.1 Bewertung der Praktikabilität des Auswertungsleitfadens

Die erste Forschungsfrage der zweiten Teilevaluation wird im vorliegenden Abschnitt beantwortet. Diese Frage lautet:

Inwiefern lässt sich der Auswertungsleitfaden als praktikabel bezeichnen?
und besteht aus den folgenden drei Teilforschungsfragen:

Teilforschungsfrage 1: Wie viele der befragten Studierenden bewerten die Anweisungen zur Auswertung als sprachlich präzise und verständlich?
Teilforschungsfrage 2: Wie viele der befragten Studierenden bewerten den zeitlichen Aufwand bei der Anwendung des Auswertungsleitfadens als angemessen, beispielsweise für den Einsatz im Unterricht?

Teilforschungsfrage 3: Welche Verständnisschwierigkeiten werden von den befragten Studierenden aufgrund der sprachlichen Formulierungen der Anweisungen zur Auswertung genannt?

Zur vorherigen, der Evaluation zugrunde liegenden Fassung kann festgestellt werden, dass der Auswertungsleitfaden hinsichtlich seiner Praktikabilität durchaus überarbeitungsbedürftig erscheint. Insbesondere sind die sprachlichen Anweisungen zu überarbeiten und mit Beispielen zu unterlegen. Außerdem erscheint eine Praktikabilität eher gegeben, wenn der zeitliche Aufwand so gering wie möglich gehalten werden kann, ohne dass für die Auswertung von Informationen zur alltäglichen Lebenssituation von Schulkindern mit sprachlichen Beeinträchtigungen wichtige Inhalte verloren gehen.

Der im Anschluss an die zweite Teilevaluation neu gestaltete Auswertungsleitfaden (siehe Anhang, S. 31 im elektronischen Zusatzmaterial) kann als praktikabel bezeichnet werden, da die Befunde der zweiten Teilevaluation in seine finale Gestaltung eingeflossen sind. Welche dies im Detail sind, ließ sich durch die Beantwortung der Teilforschungsfragen ableiten. Außerdem befindet sich eine Korrekturversion des erprobten Auswertungsleitfadens im Anhang (siehe Anhang, S. 29 f. im elektronischen Zusatzmaterial), aus der ersichtlich wird, an welchen Stellen Formulierungen gelöscht und durch verbesserte Formulierungen ersetzt wurden. So lässt sich die Frage nach der Praktikabilität des Auswertungsleitfadens mit der Beantwortung der nachfolgenden drei Teilfragen genauer klären.

Teilforschungsfrage 1: Wie viele der befragten Studierenden bewerten die Anweisungen zur Auswertung als sprachlich präzise und verständlich?
Es bewerteten 45 % der befragten Personen die sprachlichen Anweisungen im Auswertungsleitfaden als sprachlich ‚präzise‘. Als ‚verständlich‘ werden die sprachlichen Anweisungen von 55 % der befragten Personen bezeichnet (Details siehe unter Ergebnisse in Abschnitt 6.2.4.4.1). Im Hinblick auf die Tatsache, dass 45 % der befragten Studierenden die sprachlichen Anweisungen als präzise bewertet haben, kann festgestellt werden, dass die sprachlichen Anweisungen noch präziser und eindeutiger formuliert werden können. Die Präzision der sprachlichen Anweisungen könnte in Zusammenhang mit der Unklarheit des anvisierten Ziels eines Auswertungsschritts stehen. So kann durch stärkere Präzision der sprachlichen Anweisungen das Verständnis erleichtert werden, welches Ziel je Auswertungsschritt anvisiert wird.

Neben den sprachlichen Anweisungen im Auswertungsleitfaden wurde untersucht, wie die befragten Studierenden den Zeitaufwand bei der Anwendung des Auswertungsleitfadens bewerten. Darauf wird mit Beantwortung der zweiten Teilforschungsfrage Bezug genommen:

Teilforschungsfrage 2: Wie viele der befragten Studierenden bewerten den zeitlichen Aufwand bei der Anwendung des Auswertungsleitfadens als angemessen, beispielsweise für den Einsatz im Unterricht?
Jeweils die Hälfte der befragten Studierenden schätzt den zeitlichen Aufwand für die Auswertung eines Interviews anhand des Auswertungsleitfadens als ‚angemessen' beziehungsweise ‚nicht angemessen (zu aufwendig)' ein (Details siehe unter Ergebnisse in Abschnitt 6.2.4.4.1). Diese rein rechnerisch ermittelte Aussage kann so partikular nicht für die Entscheidung herangezogen werden, ob Überarbeitungsbedarf besteht, um den geschätzten zeitlichen Aufwand bei der Anwendung des Auswertungsleitfadens zu verringern. Dafür sind die Ergebnisse der inhaltlich strukturierenden qualitativen Inhaltsanalyse heranzuziehen, da diese offenlegen, aus welchem Grund der Zeitaufwand bei der Anwendung des Auswertungsleitfadens von den befragten Studierenden so eingeschätzt wird. Durch diese erweiterten Informationen zeigt sich, dass die Einschätzung zum Zeitaufwand für die Auswertung eines Interviews mit dem Auswertungsleitfaden in engem Zusammenhang mit solchen Aussagen der befragten Studierenden steht, die die Notwendigkeit einzelner Auswertungsschritte betreffen. Manche Auswertungsschritte werden als nicht notwendig erachtet, da aus Sicht der befragten Personen, die sich dazu äußern, sich beispielsweise Schritt 1 und 2 überschneiden und der Mehrwert des zweiten Schritts nicht erkennbar ist. Ebenso lässt sich dieser Zusammenhang für den Auswertungsschritt 4 und das Eintragen der Ergebnisse in die danach folgende Tabelle feststellen.

Des Weiteren äußern sich die befragten Studierenden zum Zeitaufwand im Zusammenhang mit der Überlegung, dass ausführlichere und längere Interviews einen höheren zeitlichen Aufwand beanspruchen. In diesem speziellen Fall scheint es abhängig von dem auszuwertenden Interview zu sein, ob der Zeitaufwand für die Auswertung mit dem Auswertungsleitfaden als ‚angemessen' bewertet werden kann. In Anbetracht der Kritik, das gesamte Verfahren stelle sich als zeitaufwendig dar (zum Beispiel LBA_F_16), lässt sich die folgende Aussage einer befragten Person hinsichtlich der Reduktion der Auswertungsschritte interpretieren: „kann verkürzt werden, da sich einige Bereiche überschneiden" (LBA_F_16). Zum einen kann Zeit eingespart werden, indem Aussagen nicht mehrfach notiert werden müssen, wenn Auswertungsschritte zusammengefasst werden. Zum anderen deutet diese Aussage darauf hin, dass die analytische Trennung der Auswertungsschritte für die anwendende Person nicht nachvollziehbar erscheint, also diesbezüglich Überarbeitungsbedarf besteht. So lässt sich feststellen, dass der Zeitaufwand für die Auswertung verringert werden könnte, wenn inhaltlich zusammenhängende Auswertungsschritte zusammengefasst werden würden. Das heißt, Auswertungsschritte, die aus Sicht der befragten Person das gleiche Ziel anvisieren, könnten zusammengefasst werden, um Zeit bei der schriftlichen Darstellung der Analyseergebnisse einzusparen.

Der dritte Bereich, in dem der Auswertungsleitfaden überarbeitungsbedürftig erscheint, betrifft die sprachlichen Formulierungen, aus denen Verständnisschwierigkeiten bei den anwendenden Personen auftreten könnten. Hinweise dazu liefert die folgende Beantwortung der dritten Teilforschungsfrage.

Teilforschungsfrage 3: Welche Verständnisschwierigkeiten werden von den befragten Studierenden aufgrund der sprachlichen Formulierungen der Anweisungen zur Auswertung genannt?
Unklarheiten und Verständnisschwierigkeiten lassen sich zum einen hinsichtlich der verwendeten Begriffe, wie beispielsweise ‚Bedeutungsanordnungen' oder ‚subjektive Befindlichkeit' feststellen. Es war für die befragten Personen teilweise nicht eindeutig, wie die verwendeten Begriffe verstanden werden müssen. Es fehlte eine sprachliche Erläuterung zu den verwendeten Begriffen und ihren theoretischen Bezugssystemen, die es den anwendenden Personen ermöglicht, eine Einordnung der Begriffe in die zugrunde liegenden Theorien und Konzepte vorzunehmen.

Zum anderen ergeben sich Verständnisschwierigkeiten aufgrund fehlender Beispiele und Erklärungen dazu, worauf ein Auswertungsschritt genau abzielt.

Nachdem mit den bisherigen Ausführungen zur ersten Forschungsfrage der zweiten Teilevaluation die Praktikabilität des Auswertungsleitfadens thematisiert wurde, wird im nachfolgenden Abschnitt die zweite Forschungsfrage der vorliegenden zweiten Teilevaluation beantwortet.

6.2.4.5.2 Möglichkeiten zur Optimierung der Praktikabilität des Auswertungsleitfadens
Im Folgenden wird mit der zweiten Forschungsfrage der zweiten Teilevaluation die Frage nach den Stellen im Auswertungsleitfaden beantwortet, die durch Überarbeitung zu einer besseren Praktikabilität des Auswertungsleitfadens beitragen können. Die Forschungsfrage lautet:

Wie und an welchen Stellen kann der Auswertungsleitfaden modifiziert werden, sodass er als praktikabler bezeichnet werden kann?
und beinhaltet die folgenden zwei Teilforschungsfragen:

> *Teilforschungsfrage 1: An welchen Stellen in den Anweisungen zur Auswertung besteht Überarbeitungsbedarf?*
> *Teilforschungsfrage 2: Wodurch können sich Probleme, die die Anwendung des Auswertungsleitfadens betreffen, beheben lassen?*
> *Teilforschungsfrage 1: An welchen Stellen in den Anweisungen zur Auswertung besteht Überarbeitungsbedarf?*

Fasst man die Aussagen der befragten Studierenden zusammen, sind sowohl die sprachlichen Anweisungen als auch formale beziehungsweise konzeptionelle Aspekte des Auswertungsleitfadens überarbeitungsbedürftig.

Die sprachlichen Anweisungen können noch präziser formuliert werden, um zu einer noch besseren Verständlichkeit der Anweisungen beizutragen und Unklarheiten bezüglich der anvisierten Ziele zu verringern. Präzise bedeutet in diesem Zusammenhang, dass anhand der sprachlichen Anweisungen prägnant bezeichnet wird, worauf ein Auswertungsschritt jeweils abzielt.

Ebenfalls sprachlich gesehen überschneiden sich einige Auswertungsschritte aus Sicht der befragten Studierenden, wodurch die unterschiedlichen Ziele der jeweiligen Schritte für die analysierende Person schwer erkennbar sein können. Es besteht also dahingehend Überarbeitungsbedarf, sprachlich genauer hervorzuheben, welchen Nutzen die Bearbeitung eines Auswertungsschrittes für das gesamte Analyseverfahren hat.

In formaler Hinsicht ist der Auswertungsleitfaden dahingehend zu überarbeiten, dass die Vorgabe durch umrandete Freitextfelder vorzugeben scheint, welches Ausmaß an Inhalten zu jedem Auswertungsschritt notiert werden muss beziehungsweise darf. Da dies nicht im Sinne des Analyseverfahrens ist, ist dieser Punkt zu überarbeiten.

In Bezug auf die gesamte Konzipierung des Auswertungsleitfadens lässt sich feststellen, dass Überarbeitungsbedarf bei der Handlungsanweisung besteht, wenn es sehr lange Interviews sind, die ausgewertet werden müssen. Eine der befragten Personen gibt den Hinweis auf eine entsprechende Formulierung in der Anweisung, dass ein langes Interview in einzelne, inhaltlich zusammenhängende Sinnabschnitte geteilt werden müsste, damit diese Sequenzen einzeln ausgewertet werden können. Eine dahingehende Überarbeitung der Handanweisung erscheint sehr sinnvoll, da durch eine solche Einteilung eine detaillierte Auswertung kurzer

Abschnitte ermöglicht wird, sodass gewährleistet werden kann, dass möglichst alle relevanten Informationen erkannt und ausgewertet werden können.

Ebenso in konzeptioneller Hinsicht ist der Auswertungsleitfaden zur Klärung der Frage zu ergänzen, wie mit scheinbar fehlerhaften Aussagen eines Kindes umgegangen werden kann oder wie mit einzelnen Auswertungsschritten verfahren wird, die aufgrund fehlender Daten nicht bearbeitet werden können.

Nachdem der Blick auf den generellen Überarbeitungsbedarf des Auswertungsleitfadens gerichtet wurde, steht mit Beantwortung der zweiten Teilforschungsfrage abschließend im Mittelpunkt, wodurch sich Probleme bei der Anwendung des Auswertungsleitfadens beheben lassen können.

Teilforschungsfrage 2: Wodurch können sich Probleme, die die Anwendung des Auswertungsleitfadens betreffen, beheben lassen?
Die von den befragten Studierenden beschriebenen Probleme lassen sich erstens durch eine Überarbeitung der Handlungsanweisungen zu jedem Auswertungsschritt beheben.

Zweitens sind die sprachlichen Formulierungen in den Anweisungen dahingehend zu überarbeiten, dass weder Verständnisschwierigkeiten bezüglich der verwendeten Begriffe auftreten noch das Ziel eines Auswertungsschrittes als uneindeutig angesehen wird.

6.2.4.6 Schlussfolgerungen für die Modifikation des Verfahrens zur Erfassung von Informationen zur alltäglichen Lebenssituation von Schulkindern mit sprachlichen Beeinträchtigungen auf Basis der Erkenntnisse der zweiten Teilevaluation

Die Ergebnisse der zweiten Teilevaluation lassen die Schlussfolgerung zu, dass der Auswertungsleitfaden in zeitlichen, sprachlichen, formalen und konzeptionellen Aspekten überarbeitungsbedürftig ist, um das Analyseverfahren zu modifizieren.

Eine theoretische Fundierung der verwendeten Begriffe wird in der vorliegenden Arbeit hergestellt, kann jedoch aufgrund des Umfangs nicht in den Handanweisungen des Auswertungsleitfadens erfolgen. Die befragten Studierenden wurden im Vorfeld der Evaluationsuntersuchung mit den handlungsleitenden theoretischen Annahmen vertraut gemacht, dennoch kann offensichtlich eine einsemestrige Lehrveranstaltung nicht die theoretische Auseinandersetzung, wie sie für das Verständnis bei der Auswertung notwendig ist, leisten. Es ist also sicherzustellen, dass die anwendenden Personen ausführlich Gelegenheit zur Auseinandersetzung mit den zugrunde liegenden theoretischen Konstrukten und Konzepten erhalten, was beispielsweise durch eine entsprechende fachliche Unterweisung, eine Handanweisung, die ein Glossar beinhaltet, oder ein Video, das die Vorgehensweise bei der Auswertung veranschaulicht, erfolgen könnte.

In Bezug auf den zeitlichen Aufwand, den das Auswertungsverfahren in Anspruch nimmt und der von der Hälfte der befragten Studierenden als ‚nicht angemessen (zu aufwendig)' bewertet wurde, muss zusammenfassend festgehalten werden, dass entsprechend die andere Hälfte der befragten Studierenden den Zeitaufwand als ‚angemessen' bewertet und die Beurteilung abhängig von der Länge des auszuwertenden Interviews ist. Nicht auszuschließen ist darüber hinaus eine Verringerung des Zeitaufwands mit zunehmender Vertrautheit mit dem Auswertungsleitfaden. Zentral ist, dass es sich bei dem Analyseverfahren nicht um ein sogenannten Screening-Verfahren handelt, das in möglichst kurzer Zeit möglichst viele Analyseergebnisse erzielen soll, und allein deshalb eine Reduktion des Zeitaufwands nicht die höchste Priorität bekommt. Das Verfahren soll nach Möglichkeit fortlaufend im Unterrichtsalltag von der diagnostizierenden Lehrkraft angewendet werden, was entsprechend zu einem konstanten zu bewältigenden Zeitaufwand führen könnte.

Im Anschluss an diese Teilevaluation wurde der Auswertungsleitfaden sowohl sprachlich hinsichtlich der Verständlichkeit der Handlungsanweisungen überarbeitet als auch hinsichtlich der Komplexität der einzelnen Auswertungsschritte. Im Anhang (siehe Anhang, S. 29 f. im elektronischen Zusatzmaterial) ist mit der Darstellung einer Korrekturversion dokumentiert, an welchen Stellen Änderungen im Auswertungsleitfaden vorgenommen wurden. Das Ergebnis dieser Überarbeitung ist der Auswertungsleitfaden, so wie in Abschnitt 7.2.2 beschrieben.

Die bisherigen Ausführungen zu den Teilevaluationen 1 und 2 thematisieren getrennt zuerst die Erprobung und Evaluation des Erhebungsverfahrens (siehe Teilevaluation 1 im Abschnitt 6.2.3) und anschließend des Auswertungsleitfadens im vorliegenden Abschnitt. Beide Teile wurden auf Grundlage der Ergebnisse der ersten und zweiten Teilevaluation überarbeitet und werden in dieser modifizierten Form in der im folgenden Abschnitt dargestellten dritten Teilevaluation zusammenhängend erprobt und evaluiert.

6.2.5 Teilevaluation 3: Erprobung der Anwendung des gesamten Verfahrens mit Fokus auf Verständigung über alltägliche Handlungen und Handlungsbegründungen bei der Informationserfassung sowie Reliabilität des Auswertungsleitfadens

Die dritte Teilevaluation legt den Fokus auf das gesamte Verfahren zur Erfassung und Auswertung von Informationen zur alltäglichen Lebenssituation von Schulkindern mit sprachlichen Beeinträchtigungen. Bei dieser Untersuchung steht erstens die Verständigung über die sprachlichen und allgemeinen Handlungen des beteiligten Kindes im Mittelpunkt, die für das Erkennen der Bedingungen der alltäglichen Lebenssituation relevant sind, um auf dieser Wissensgrundlage die sprachliche Handlungsfähigkeit des beteiligten Kindes in alltäglichen Lebenssituationen erweitern zu können. Zweitens wird die Reliabilität desjenigen Auswertungsleitfadens fokussiert, der auf Basis der Erkenntnisse der ersten (siehe Abschnitt 6.2.3) und zweiten Teilevaluation (siehe Abschnitt 6.2.4) überarbeitet wurde.

Für die dritte Teilevaluation hat eine Studentin des Master-Studiengangs Lehramt für Sonderpädagogik mit dem Studienschwerpunkt Sprache als externe geschulte Person das Erhebungsverfahren zur Erfassung von Informationen zur alltäglichen Lebenssituation von Schulkindern mit sprachlichen Beeinträchtigungen im Zeitraum August bis September 2019 durchgeführt, wofür problemzentrierte Interviews mit den Kindern geführt wurden. Die erhobenen Daten wurden anschließend im Forschungsteam mittels inhaltlich strukturierender qualitativer Inhaltsanalyse nach Kuckartz (2018) ausgewertet und damit der Beantwortung der Forschungsfragen der dritten Teilevaluation zugrunde gelegt.

Mit dem Ziel der Modifikation des gesamten Analyseverfahrens sind folgende Forschungsfragen bei der vorliegenden dritten Teilevaluation zu beantworten:

1. *Inwiefern erfolgt bei der Erfassung von Informationen zur alltäglichen Lebenssituation von Schulkindern mit sprachlichen Beeinträchtigungen eine Verständigung über die alltäglichen Handlungen und deren Begründungen des beteiligten Kindes?*
2. *Inwiefern kann aufgrund der Verständigung über die alltäglichen Handlungen und deren Begründungen eines Kindes auf die Bedingungen der alltäglichen Lebenssituation des beteiligten Kindes geschlossen werden?*

3. *Inwiefern lässt sich das Verfahren zur Erfassung und Auswertung von Informationen zur alltäglichen Lebenssituation von Kindern mit sprachlichen Beeinträchtigungen als reliabel bezeichnen?*

Um die Forschungsfragen beantworten zu können, war es relevant, dass sich Schulkinder an den Interviews beteiligen, für die die Verständigung über alltägliche Handlungen und Handlungsbegründungen zur Erweiterung ihrer sprachlichen Handlungsfähigkeit von der an der Sprachförderung beteiligten Lehrkraft genutzt werden kann. Die Bildung dieses Samples wird im Folgenden beschrieben.

6.2.5.1 Auswahl der beteiligten Schulkinder

An der vorliegenden dritten Teilevaluation haben sich Schulkinder beteiligt, die im schulischen Kontext an Sprachförderprozessen teilnehmen. Als handlungsleitende Auswahlstrategie galt generell die Bereitschaft von Lehrkräften als, ‚Gatekeeper' zu fungieren und damit die Interviews mit den beteiligten Kindern zu ermöglichen.

Das Auswahlkriterium auf Seiten der Kinder war ein sprachliches Förderbedürfnis mit der Erweiterung der sprachlichen Handlungsfähigkeit im Alltag der Kinder. Abgegrenzt wird das sprachliche Förderbedürfnis im sprachhandlungstheoretisch beziehungsweise förderdiagnostischen Verständnis von einem im verwaltungsrechtlichen Zusammenhang verwendeten Begriff des sprachlichen Förderbedarfs (siehe Abschnitt 3.3.1.1), der als nicht grundlegend vorhanden vorausgesetzt wurde. Grund dafür ist das sprachhandlungstheoretische sowie förderdiagnostische Verständnis der vorliegenden Arbeit, wonach die Erweiterung der sprachlichen Handlungsfähigkeit eines Kindes im Mittelpunkt steht.

Schließlich wurden erstens mit fünf Schulkindern insgesamt 11 Interviews mit einer durchschnittlichen Länge von 15 Minuten geführt. Diese Datengrundlage wird zweitens durch die Daten zweier Interviews erweitert, die von einer weiteren Studentin im Rahmen ihrer Masterarbeit im Studiengang Lehramt für Sonderpädagogik an der Universität Hamburg geführt wurden. Diese Daten eignen sich zur Erweiterung der Datengrundlage, weil sie anhand des in dieser dritten Teilevaluation vorliegenden Erhebungsverfahrens zur Erfassung von Informationen zur alltäglichen Lebenssituation von Schulkindern mit sprachlichen Beeinträchtigungen geführt wurden. Es wurden also insgesamt mit sechs Schulkindern 13 Gespräche von durchschnittlich 15 Minuten Dauer geführt. So lagen der Datenauswertung also insgesamt 13 Interviews in protokollierter beziehungsweise transkribierter Form vor (sämtliche Gesprächsprotokolle beziehungsweise zwei Transkripte sind vollständig dokumentiert und werden aus datenschutzrechtlichen Gründen nicht veröffentlicht).

6.2.5.2 Datenerhebungsmethode: Problemzentriertes Interview nach Witzel (2000) im Erhebungsteil des Verfahrens zur Erfassung und Auswertung von Informationen zur alltäglichen Lebenssituation von Schulkindern mit sprachlichen Beeinträchtigungen

Für die Datenerhebung der dritten Teilevaluation wurde der auf Basis der Ergebnisse der ersten Teiluntersuchung modifizierte Erhebungsteil des Verfahrens zur Erfassung und Auswertung von Informationen zur alltäglichen Lebenssituation von Schulkindern mit sprachlichen Beeinträchtigungen durchgeführt. Es wurden also, wie in Bezug auf die Vorgehensweise bei der Erfassung von Informationen zu alltäglichen Handlungen und Handlungsgründen von Kindern beschrieben (siehe Anhang, S. 40–42 im elektronischen Zusatzmaterial), problemzentrierte Interviews mit den beteiligten Kindern geführt. Die Interviews wurden zum einen von einer geschulten studentischen Hilfskraft geführt, zum anderen von einer Studentin im Rahmen ihrer Masterarbeit.

Der Erhebungsteil des Analyseverfahrens ist so konzipiert, dass möglichst wenige Leitfragen im Vorfeld formuliert werden sollen, um ein Gespräch mit dem Kind zu ermöglichen, das sich nach dem individuellen Bedürfnis des Kindes richten kann. Das bedeutet, dass diejenigen Aspekte thematisiert werden, die aus Perspektive des am Gespräch beteiligten Kindes bedeutsam sind. Um aber den interviewenden Personen mit wenig Vorerfahrung die Gesprächsführung zu erleichtern, wurde ein Interviewleitfaden erstellt, der zwar nicht zwingend genutzt werden musste, aber auf den vorbereitend oder auch im Falle einer als unangenehm empfundenen Gesprächspause zurückgegriffen werden konnte. Der verwendete Interviewleitfaden ist im Anhang (siehe Anhang, S. 43 im elektronischen Zusatzmaterial) dokumentiert.

6.2.5.3 Datenauswertungsmethode: Inhaltlich strukturierende qualitative Inhaltsanalyse nach Kuckartz (2018)

Die Datenauswertung wurde mittels inhaltlich strukturierender qualitativer Inhaltsanalyse nach Kuckartz (2018) vorgenommen, damit die das Material hinsichtlich der für die Beantwortung der Forschungsfragen der dritten Teilevaluation relevanten inhaltlichen Aspekte zusammengefasst werden können. Dieser Vorgang ist die Grundlage für die Beantwortung der ersten und zweiten Forschungsfrage der vorliegenden Teilevaluation. Die dritte Forschungsfrage wird auf Basis der Kodierung beantwortet, wofür zusätzlich die Intercoder-Reliabilität berechnet wird (siehe Abschnitt 6.2.5.5).

Zur Auswertung anhand der inhaltlich strukturierenden qualitativen Inhaltsanalyse wurden in Form einer „a-priori-Kategorienbildung" (Kuckartz 2018, 64 f.)

anhand des auf Basis der zweiten Teilevaluation modifizierten Auswertungsleitfadens (siehe Anhang, S. 31 im elektronischen Zusatzmaterial) Kategorien
entwickelt. Für die anschließende Auswertung und zum Zweck der Transparenz
von Kategorien, Ankerbeispielen und Kodierregeln wurde ein Kodierleitfaden
erstellt (siehe Anhang, S. 44 im elektronischen Zusatzmaterial).

Für die Kodierung wurden die Gesprächsprotokolle beziehungsweise die Transkripte in Kodiereinheiten eingeteilt. Eine Kodiereinheit besteht aus einem Satz
oder mehreren Sätzen, wenn diese als Frage oder Antwort von der interviewenden Person beziehungsweise dem am Interview beteiligten Kind geäußert wurden.
Kurz gesagt: Jede inhaltlich zusammengehörende Äußerung stellt eine Kodiereinheit dar. Im Kodierprozess wurden alle Interviews im Forschungsteam zu zweit
kodiert, wobei die Kodierung eines Interviews gemeinsam und die Kodierung der
weiteren Interviews unabhängig voneinander erfolgte. Das gemeinsame Kodieren
diente der Aufdeckung sowie Lösung eventueller Probleme im Kodierleitfaden,
die die Zuordnung von Kodes erschweren könnten. Solche Probleme sind nicht
aufgetreten, und eine Überarbeitung des Kodierleitfadens erschien daher nicht
notwendig.

Auf Basis dieses Kodierprozesses wurde sowohl für jedes einzelne Interview
als auch für alle Interviews gemeinsam die Intercoder-Reliabilität berechnet,
was im Anschluss an die Darstellung der Ergebnisse der inhaltlich strukturierenden qualitativen Inhaltsanalyse nach Kuckartz (2018) im folgenden Abschnitt
beschrieben wird.

6.2.5.4 Detaillierte Ergebnisdarstellung der inhaltlich strukturierenden qualitativen Inhaltsanalyse nach Kuckartz (2018) zur Erprobung und Anwendung des gesamten Verfahrens mit Fokus auf Verständigung über alltägliche Handlungen und Handlungsbegründungen bei der Informationserfassung sowie Reliabilität des Auswertungsleitfadens

Der nachfolgenden Ergebnisdarstellung der Auswertung durch die inhaltlich
strukturierende qualitative Inhaltsanalyse nach Kuckartz (2018) liegt der im
Abschnitt 6.2.5.3 erläuterte Kodierleitfaden (siehe Anhang, S. 44 im elektronischen Zusatzmaterial) zugrunde.

Zur Übersicht wird zunächst zu jeder Kategorie aufgezeigt, wie viele Kodiereinheiten dem Kode zugeordnet wurden:

- K1 Falldarstellung: 214 Kodiereinheiten
- K2.1 Handlungen: 404 Kodiereinheiten

- K2.2 Handlungsgründe: 96 Kodiereinheiten
- K3.1 Personale Bedingungen: 387 Kodiereinheiten
- K3.2 Situationale Bedingungen: 491 Kodiereinheiten
- K4 Sonstige: 247 Kodiereinheiten

Nachfolgend werden die Ergebnisse der inhaltlich strukturierenden qualitativen Inhaltsanalyse detailliert dargestellt.

K1 Falldarstellung
Kodes, die zu dieser Kategorie gehören, werden dann kodiert, wenn ein neues Thema beziehungsweise neue Themen des Gesprächs ausgedrückt werden oder wenn ein neuer und relevanter Aspekt eines bereits angesprochenen Themas ausgedrückt wird.

Auf Basis der Äußerungen der am Interview beteiligten Kinder können dieser Kategorie beispielsweise die Themen ‚Essen' und ‚Freizeit' zugeordnet werden. Die Fragen der interviewenden Person zielen in den Fällen darauf ab zu erfahren, was die beteiligten Kinder gerne essen, was häufig eingekauft wird und was sie in ihrer Freizeit gerne tun oder was sie gerne tun würden.

Beschreibungen des Schulwegs und Äußerungen zum Alltag in der Schule können dieser Kategorie ebenfalls zugeordnet werden. So werden Äußerungen bezüglich der Entfernung der Schule von zu Hause oder Aktivitäten während der Pausen getätigt. Außerdem werden Freunde und interpersonale Beziehungen der beteiligten Kinder im Zusammenhang mit dem Schulalltag thematisiert.

Des Weiteren weist diese Kategorie Aussagen zum Tagesablauf der am Interview beteiligten Kinder aus. Außerdem wird angesprochen, wer zu Hause wohnt, was die Familie zusammen unternimmt und welche Handlungen das Kind zu Hause ausführt.

Es werden auch Themen angesprochen, die sich auf nicht-alltägliche Handlungen des Kindes beziehen. So kann festgestellt werden, was das Kind und seine Familie beispielsweise in den Ferien oder am Wochenende unternehmen, was nicht den alltäglichen Handlungen zugeordnet werden kann. Insbesondere Ausflüge, Urlaub und Familienbesuche werden hier genannt.

K2 Handlungen und Handlungsgründe
Kodes, die zu dieser Kategorie gehören, werden dann kodiert, wenn im Gespräch Handlungen sowie Handlungsgründe des am Interview beteiligten Kindes geäußert werden. Diese Kategorie enthält zwei Subkategorien, nämlich *K2.1 Handlungen* und *K2.2 Handlungsgründe*. Mit der Subkategorie *K2.1 Handlungen* werden

dann Kodes kodiert, wenn die Handlungen, die das Kind ausgeführt hat, eindeutig erkannt werden können. Das sind beispielsweise Handlungen, bei denen das befragte Kind seinen eigenen Bedürfnissen oder Interessen nachgeht oder bei denen seine Bedürfnisse und/oder Interessen im Mittelpunkt stehen. Kodes werden dann mit der Subkategorie *K2.2 Handlungsgründe* kodiert, wenn eindeutig erkennbar ist, aus welchem Grund das befragte Kind die Handlungen, die es beschreibt, durchgeführt hat.

K2.1 Handlungen
Es wird beispielsweise angesprochen, was von der Familie oder vom Kind selbst eingekauft wird oder welche Handlungen vor, während oder nach dem Essen ausgeführt werden. Außerdem werden Handlungen beschrieben, die im Zusammenhang mit den Hobbys und Freizeitinteressen des Kindes stehen, so wie Fußball spielen, verschiedene Sammelkarten erwerben, sammeln und tauschen. Auch Spiele mit Geschwistern und Freunden werden genannt.

Des Weiteren finden sich Äußerungen von den befragten Kindern zu Handlungen, die im Zusammenhang mit ihrem Alltag in der Schule stehen. Hier wird geäußert, wie der Weg zur Schule zurückgelegt wird oder wie die Pause gestaltet wird. Auch dass ein Frühstück in der Schule anstatt zu Hause eingenommen wird, kann festgestellt werden.

Äußerungen, die sich auf den Alltag zu Hause mit der Familie oder auf den Alltag mit Freunden beziehen, können ebenfalls der Kategorie *K2.1 Handlungen* entnommen werden. Hier kann festgestellt werden, dass geäußert wird, an welchen Familienaktivitäten sich das Kind beteiligen darf oder muss. Beispielsweise werden Einkauf, Medienkonsum oder Mitspracherecht bei der Freizeitgestaltung genannt. Außerdem finden sich an dieser Stelle Aussagen dazu, dass sich die am Interview beteiligten Kinder mit ihren Geschwistern streiten oder mit ihnen spielen, sich mit Familienmitgliedern unterhalten oder wie sie Hausaufgaben erledigen.

Der Kategorie *K2.1 Handlungen* können darüber hinaus Äußerungen der befragten Kinder zu ihren Handlungen entnommen werden, die entweder in den Ferien stattgefunden haben oder in der Zukunft stattfinden werden, wie Urlaub und Familienbesuche. Des Weiteren wurden hier Handlungen kodiert, die die Freizeitgestaltung betreffen, aber nicht alltäglichen Handlungen zugeordnet werden können, wie beispielsweise Ausflüge mit der Familie. Beispielsweise berichtet ein Kind bei der Beschreibung eines Familienausflugs davon, noch nie ein Pferd angefasst zu haben, aber davon schon Pferde gesehen zu haben, und dass es Pferde gerne mag.

K2.2 Handlungsgründe
Diese Kategorie enthält keine Subkategorien, da Handlungsgründe aufgrund ihrer Individualität und der ihnen zugrunde liegenden individuellen Prämissen nicht zusammenfassend dargestellt werden können. Kodes werden dann mit dieser Kategorie kodiert, wenn die Gründe, die dem Handeln des Kindes zugrunde liegen, vom befragten Kind eindeutig geäußert werden oder die Aussagen des befragten Kindes implizit Handlungsgründe beinhalten.

Hier kann für die vorliegenden Fälle festgestellt werden, dass zum einen das Wissen eines Kindes als Handlungsgrund aufgeführt wird und zum anderen Vorlieben oder Abneigungen als Gründe genannt werden.

K3 Bedingungen der alltäglichen Lebenssituation
K3.1 Personale Bedingungen
Diese Kategorie beschreibt das Wissen, Können, die Fähigkeiten, Wünsche oder Interessen sowie Vorlieben und Abneigungen, Ziele, Werte und Pläne und so weiter des befragten Kindes. So werden in dieser Kategorie zum einen Äußerungen festgehalten, die Vorlieben und Abneigungen in Bezug auf Lebensmittel betreffen. Das Kind beschreibt, was es gerne isst und was nicht, was es gerne einkauft und dass es dabei Wünsche äußern kann.

Außerdem werden Vorlieben und Abneigungen bezüglich Medienkonsum geäußert: Das Kind erwähnt, was es gerne für Filme sieht und welche Spiele am Computer oder auf dem Handy gespielt werden dürfen. Auch Vorlieben oder Abneigungen bezüglich Sportarten werden genannt, und zwar in diesen Fällen zu Fußball, Laufen und Schwimmen.

Bei Äußerungen, die dem Kode der personalen Bedingungen zugeordnet wurden, werden drei Punkte thematisiert: Ein Kind beschreibt den Wunsch abzunehmen und hat einen Plan, wie es dieses Ziel erreichen kann. Ein anderes Kind äußert, dass es gerne reisen möchte und wohin, auch kann es die Gründe für diesen Wunsch nachvollziehbar darstellen. Ein drittes Kind äußert den Wunsch mal ein Pferd zu sehen, weil es Pferde mag und es noch nie ein echtes Pferd gesehen hat.

Sämtliches Wissen, das die Kinder im Zusammenhang ihrer alltäglichen Handlungen äußern beziehungsweise zum Beispiel aufgrund der Beschreibungen des Tagesablaufs erkannt werden kann, wird mit dem Kode *K3.1 Personale Bedingungen* kodiert. In Anbetracht der Äußerungen, die mit diesem Kode kodiert wurden, kann festgestellt werden, dass in einem Fall Wissen über Raum und Zeit, also räumliche und zeitliche Orientierung vorhanden ist, wenn der Schulweg und die Dauer diesen Weg zur Schule zurückzulegen, beschrieben werden. Des Weiteren wird Wissen angesprochen, das sich auf die Werte und Normen bezieht, die im

Alltag der Familie zu Hause eine Rolle spielen. Beispielsweise dürfen im Fernsehen nicht alle Filme von einem Kind gesehen werden, oder es dürfen nicht ungefragt Süßigkeiten gegessen werden. In einem weiteren Fall liegen andere Regeln zugrunde und Medienkonsum ist uneingeschränkt erlaubt. Auch Wissen darüber, welche Sprachen zu Hause gesprochen werden, wird geäußert. Ein Kind weiß, wie es sich Geld verdienen kann, um dem Bedürfnis, Sammelkarten zu kaufen, nachkommen zu können.

K3.2 Situationale Bedingungen

Die Kategorie *K3.2 ,Situationale Bedingungen'* beschreibt alle Bedingungen des Subjekts, die außerhalb von ihm liegen, das heißt Bedingungen wie beispielsweise zwischenmenschliche Beziehungen, Handlungen anderer Personen räumliche und zeitliche Bedingungen.

In den Äußerungen, die dem Kode der situationalen Bedingungen zugeordnet wurden, zeigt sich, dass unterschiedliche situationale Bedingungen wie Gegenstände, Ereignisse, zeitliche und räumliche Bedingungen und interpersonale Beziehungen/Kooperationen von den Kindern geäußert werden.

In der Subkategorie *K3.2 ,Situationale Bedingungen'* kann festgestellt werden, welche Gegenstände den Kindern im Alltag zu Hause zur Verfügung stehen oder eine bedeutende Rolle spielen. Es gibt bei mehreren Kindern einen Fernseher, Computer, Handy und verschiedenes Spielzeug wie Autos, Playmobil und Sammelkarten.

Die Kinder berichten davon, was sie im Alltag erleben, beispielsweise spielen oder streiten sie mit ihren Geschwistern, was ebenfalls mit dem Kode der situationalen Bedingungen kodiert wurde. Außerdem sind es Handlungen der Eltern, Geschwister oder Freunde, die an dieser Stelle identifiziert werden können: In einem Fall bringt der Vater von der Arbeit eine Überraschung mit, in einem anderen Fall wird von der Schwester berichtet, die in einem Eisladen arbeitet. Auch Beschreibungen von Ausflügen oder Urlaubsaktivitäten werden genannt: Dazu zählen Familienbesuche, Reisen mit der Familie in andere Länder oder Städte und Ausflüge am Wochenende, beispielsweise ins Einkaufszentrum oder eine Tretbootfahrt.

Des Weiteren lassen sich auf Basis der Befunde Hinweise zur Nachmittags- und Abendgestaltungidentifizieren: Dazu zählen Fernsehen, Spiele, Hausaufgaben, gemeinsames Essen, Verabredungen oder Besuche der Familie.

Die Äußerungen, die sich auf Zeit- und Ortsangaben beziehen, werden ebenfalls der Subkategorie *K3.2 ,Situationale Bedingungen'* zugeordnet. Es finden sich Äußerungen zu Zeitangaben im Kontext Schule, also wann die Kinder morgens aufstehen, wann sie zur Schule gehen und wie lange der Weg dorthin dauert. Auch in der Schule bezüglich der Pausen und hinsichtlich der Nachmittagsgestaltung werden grobe Zeitangaben gemacht beziehungsweise wird zeitliche Orientierung erkennbar.

Ortsangaben werden insbesondere im Zusammenhang mit den Ferienreisen geäußert. So können Äußerungen zu Urlaubsreisen festgestellt werden, die ebenfalls mit dem Kode der situationalen Bedingungen kodiert wurden.

Wenn Äußerungen bezüglich der Familienmitglieder oder anderer Personen gemacht werden, wurden diese ebenfalls mit der Subkategorie *K3.2 ‚Situationale Bedingungen'* kodiert. So werden Angaben zu Geschwistern gemacht: Bruder, Schwester und dass die Mutter ein weiteres Baby bekommt. Auch Eltern werden angesprochen: Vater oder Mutter, Freund der Mutter werden genannt. Bei der Beschreibung der Feriengestaltung werden Großeltern oder in einem Fall ein Cousin genannt.

Wenn Äußerungen zu zwischenmenschlichen Beziehungen, beispielsweise kooperativen Beziehungen, getätigt werden, werden die Äußerungen ebenfalls der Subkategorie *K3.2 ‚Situationale Bedingungen'* zugeordnet. Es kann festgestellt werden, dass von kooperativen Beziehungen in Form von Eltern, Geschwistern oder Freunden gesprochen wird. Von zwischenmenschlichen Beziehungen allgemein wird insofern berichtet, dass andere Schulkinder der Klasse oder Schule genannt werden, beispielsweise bei der Beschreibung von Aktivitäten in der Pause.

Es kann anhand der Äußerungen, die zu dieser Subkategorie zugeordnet werden, festgestellt werden, wer erstens zu Hause wohnt, beispielsweise Eltern oder Geschwister, wer zweitens besucht wird, beispielsweise Großeltern, Mutter, Schwester und wer drittens im Alltag eine Rolle spielt, beispielsweise Freunde, Geschwister oder ein Schulbegleiter.

K4 Sonstige

Kodiereinheiten, die dieser Kategorie zugeordnet wurden, liefern keinen Mehrwert bezüglich der Beantwortung der Forschungsfragen der vorliegenden Teilevaluation und wurden daher nicht in die Ergebnisdarstellung aufgenommen.

Die Ausführungen zeigen die Ergebnisse auf Basis der Auswertung der Interviewdaten auf. Auf dieser Grundlage werden im nächsten Abschnitt die Forschungsfragen der dritten Teilevaluation beantwortet, um im Anschluss daran Schlussfolgerungen aus den Befunden der dritten Teilevaluation für die Modifikation des Analyseverfahrens ziehen zu können.

6.2.5.5 Berechnung der Intercoder-Reliabilität

Die Berechnung der Intercoder-Reliabilität wurde anhand des Konkordanzko-effizienten κ von Cohen vorgenommen, wobei zum einen für jedes Interview einzeln die Berechnung vorgenommen wurde und zum anderen für alle Interviews zusammen. Es liegen die Kodierungen der zwei Kodierer zugrunde, die mittels Kodierleitfaden (siehe Anhang, S. 44 im elektronischen Zusatzmaterial) kodiert wurden. Im Folgenden wird die Mehrfeldertafel (siehe Tabelle 6.3) der Berechnung der Übereinstimmung der Kodierungen aller Interviews gezeigt, um transparent zu machen, welche Daten der nachfolgenden Berechnung der Intercoder-Reliabilität zugrunde liegen.

Tabelle 6.3 Mehrfeldertafel zur Berechnung der Intercoder-Reliabilität (C1/C2: Kodierer 1 beziehungsweise 2, die Nummerierungen bezeichnen die Kategorien im Kodierleitfaden)

C1/C2	1.	2.1.	2.2.	3.1.	3.2.	4.	nk	$\sum$
1.	92	0	2	1	1	2	3	101
2.1.	1	174	0	0	2	2	3	182
2.2.	0	4	31	6	6	5	14	66
3.1.	0	0	0	165	4	7	7	183
3.2.	0	1	0	0	222	1	3	227
4.	4	4	1	3	0	105	0	117
Nk	6	16	3	24	27	2	0	78
$\sum$	103	199	37	199	262	124	30	789

Folgende Formel dient zur Berechnung des Konkordanzkoeffizienten κ (Bortz & Döring 2002, S. 276 f.):

$$k = \frac{p - p_e}{1 - p_e}$$

Es ergibt sich der Wert κ = 0,78964713, das heißt eine Übereinstimmung von .79 beziehungsweise 79 % (für eine ausführliche Darstellung der Berechnung siehe Anhang, S. 45 im elektronischen Zusatzmaterial).

6.2.5.6 Beantwortung der Forschungsfragen zur dritten Teilevaluation

Nachdem die Ergebnisse zusammenfassend entsprechend ihrer Zuordnung zu den einzelnen Kategorien dargestellt wurden, werden auf Basis dieser Erkenntnisse kategorienübergreifend die Forschungsfragen der dritten Teilevaluation beantwortet. Die Schlussfolgerungen basieren auf den Befunden dieser Forschungsfragen und werden anschließend (siehe 6.2.5.7) aufgezeigt.

6.2.5.6.1 Verständigung über die alltäglichen Handlungen und Handlungsbegründungen des beteiligten Kindes

Die erste Forschungsfrage der dritten Teilevaluation lautet:

Inwiefern erfolgt bei der Erfassung von Informationen zur alltäglichen Lebenssituation von Schulkindern mit sprachlichen Beeinträchtigungen eine Verständigung über die alltäglichen Handlungen und deren Begründungen des beteiligten Kindes?
und wird im vorliegenden Abschnitt beantwortet.

Die Verständigung über die alltäglichen Handlungen des am Interview beteiligten Kindes erfolgt über die Äußerungen des Kindes, und zwar konkret über solche Äußerungen, welche Handlungen das Kind in seinem Alltag ausführt und welche Gründe es dafür anführen kann.

In den vorliegenden Fällen sprechen die Kinder mit der interviewenden Person über Handlungen in ihrer alltäglichen Lebenssituation und auch über deren Gründe. So wird davon berichtet, was das Kind am Nachmittag nach der Schule mit Freunden oder der Familie unternimmt, beispielsweise welche Spiele gespielt werden oder welche anderen Aktivitäten gemeinsam, wie etwa Einkaufen, ausgeführt werden.

Anhand der Auswertungen zur Kategorie K1 ‚Falldarstellung' konnten die Themen strukturiert herausgearbeitet werden, die das Kind thematisiert. Dazu gehören die Themen Schule, Familie und Freunde sowie Interessen beziehungsweise Vorlieben und Abneigungen des Kindes.

Mit der Kategorie K2 ‚Handlungen und Handlungsgründe' wurden konkret die Handlungen, die das Kind ausführt und die diesen Handlungen individuell zugrunde liegenden Gründe erkennbar. Beispielsweise sind es Handlungen wie: Spielen mit den Geschwistern, Fernsehen, PC-Spiele spielen, Hausaufgaben erledigen, einkaufen, Sport machen oder mit Freunden treffen und spielen. Diese Handlungen lassen sich bei den vorliegenden Fällen einteilen in

- Handlungen des Alltags zu Hause mit der Familie und den Freunden,
- Handlungen des Alltags im Zusammenhang mit der Schule und

- Handlungen im Zusammenhang mit eigenen Bedürfnissen, wie beispielsweise Interessen.

So wird sich konkret darüber verständigt, was in den Familien eingekauft und gegessen wird, welche Regeln für den Medienkonsum gelten oder mit welchem Spielzeug die beteiligten Kinder spielen. Außerdem erfolgt die Verständigung über alltägliche Handlungen im Zusammenhang mit der Schule. So wird erkennbar, wie die Kinder den Weg zur Schule zurücklegen, was sie in der Schule gerne machen und wie sie ihre Pausen gestalten. Es werden Fußball oder andere Spiele wie Ticken gespielt, Sammelkarten getauscht und es ist erkennbar, dass beispielsweise einem Kind das Üben im Unterricht gefällt.

Eine Verständigung über die Gründe findet ebenso statt. Beispielsweise sind es Interessen oder Vorlieben beziehungsweise Abneigungen, die zu bestimmten Handlungen führen. Aus analytischen Gründen sind die Handlungsgründe von den Handlungen getrennt aufgezeigt worden, jedoch zeigt sich, dass diese in der Verständigung selbst vom Kind nicht getrennt reflektiert werden, außer, eine Frage richtet sich gezielt nach der Begründung einer konkreten Handlung.

Mit Beantwortung dieser ersten Forschungsfrage zur dritten Teilevaluation liegen Befunde darüber vor, inwiefern mit der Erfassung von Informationen zur alltäglichen Lebenssituation eines Kindes eine Verständigung über die alltäglichen Handlungen und Handlungsgründe stattfindet. Wie aus den in diesem Abschnitt dargestellten Befunden auf die Bedingungen der alltäglichen Lebenssituation geschlossen werden kann, wird mit der nachfolgenden Beantwortung der zweiten Forschungsfrage der dritten Teilevaluation erläutert.

6.2.5.6.2 Rekonstruktion von Bedingungen der alltäglichen Lebenssituation des beteiligten Kindes

Nachfolgend wird die zweite Forschungsfrage der dritten Teilevaluation beantwortet, welche lautet:

Inwiefern kann aufgrund der Verständigung über die alltäglichen Handlungen und deren Begründungen eines Kindes auf die Bedingungen der alltäglichen Lebenssituation des beteiligten Kindes geschlossen werden?

Im Sinne des Prämissen-Gründe-Zusammenhangs sind aus den Beschreibungen der Handlungen und Handlungsgründe die Bedingungen der alltäglichen Lebenssituation rekonstruierbar.

Es handelt sich um Bedingungen, die einerseits in der Person selbst liegen können, also personale Bedingungen. Andererseits sind es situationale Bedingungen, die als außerhalb der Person liegend beschrieben werden können.

Personale Bedingungen der alltäglichen Lebenssituation
Zu den personalen Bedingungen zählen bei den befragten Kindern beispielsweise das Wissen über die Sprache, die zu Hause gesprochen wird, oder die Fähigkeiten und das Können, bestimmte Sprachen zu sprechen, ein Baumhaus zu bauen oder Medienkompetenz, was den Umgang mit Handy oder PC betrifft.

Außerdem sind Bedingungen wie Normen und Werte innerhalb der Familie erkennbar, wenn sich die Kinder und andere Familienmitglieder zu Hause darüber verständigen, welche Fernsehsendungen gesehen werden dürfen, wann PC-Spiele erlaubt sind und ob und wie viele Süßigkeiten gegessen werden dürfen.

Wünsche und Interessen sowie Vorlieben und Abneigungen sind ebenso erschließbar und als Bedingungen der alltäglichen Lebenssituation rekonstruierbar. Bei den beteiligten Kindern dreht es sich dabei unter anderem darum, ein Pferd zu sehen, zu reisen, gut Fußball spielen zu können oder abzunehmen (Wünsche). Hinsichtlich der Vorlieben und Abneigungen werden in den vorliegenden Fällen unter anderem Lebensmittel genannt, welche gerne oder nicht gerne gegessen werden. Bezüglich der Interessen der beteiligten Kinder stellen sich das Sammeln und Tauschen von Sammelkarten heraus sowie bestimmte Themen wie Einhörner oder Avengers, PC-Spiele und Filme oder Musik.

Situationale Bedingungen der alltäglichen Lebenssituation
Situationale Bedingungen sind zwischenmenschliche Beziehungen, also entweder alle Personen, die eine Rolle spielen, oder speziell kooperative Beziehungen sowie die Handlungen anderer Personen.

Von den befragten Kindern werden zum einen die Familienmitglieder genannt, die zu Hause wohnen, und was sie dort tun: Geschwister spielen oder streiten, Eltern arbeiten, kochen oder helfen bei den Hausaufgaben.

Außerdem werden Freunde genannt, mit denen sich die beteiligten Kinder zum Spielen verabreden oder andere Kinder, die in der Schule getroffen werden. Es werden auch Familienmitglieder genannt, die nicht mit zu Hause wohnen, sondern im Urlaub besucht werden: Großeltern, Cousin oder die Mutter.

Räumliche und zeitliche Bedingungen als Bestandteile situationaler Bedingungen sind dann rekonstruierbar, wenn die beteiligten Kinder sich mit der interviewenden Person über Reisen und Urlaub verständigen oder wenn sie beschreiben, wo sie wohnen und wie der Schulweg zurückgelegt wird. Abstrahierend kann formuliert werden, dass räumliche und zeitliche Bedingungen in der vorliegenden Befragung durch die Themen Verkehrsmittel, Distanzen sowie Dauer Ausdruck fanden und so erschlossen werden konnten.

Diese Ausführungen zeigen, wie es mittels der Verständigung über die Handlungen des beteiligten Kindes sowie über die jeweiligen Handlungsgründe gelingen kann, Bedingungen der alltäglichen Lebenssituation zu rekonstruieren. Das Verfahren zur Erfassung und Auswertung von Informationen zur alltäglichen Lebenssituation von Kindern mit sprachlichen Beeinträchtigungen soll als Verfahren im Rahmen der pädagogischen Sprachdiagnostik durchgeführt werden. Daher erscheint es wichtig, dass nachvollziehbar dargestellt werden kann, inwiefern die Möglichkeit besteht, anhand von Informationen zur alltäglichen Lebenssituation in Form von Informationen über alltägliche Handlungen und Handlungsbegründungen die Bedingungen der alltäglichen Lebenssituation zu rekonstruieren, und zwar nicht nur für die im Rahmen der vorliegenden dritten Teilevaluation befragten Kinder. Um nachvollziehbar erläutern zu können, mit welcher Begründung davon ausgegangen wird, dass das Analyseverfahren im Rahmen pädagogischer Sprachdiagnostik verlässlich zur Rekonstruktion von Bedingungen der alltäglichen Lebenssituation angewendet werden kann, wird im nachfolgenden Abschnitt die Intercoder-Reliabilität für die Kodierung der Interviews der dritten Teilevaluation vorgenommen und zur Beantwortung der dritten Forschungsfrage der dritten Teilevaluation herangezogen.

6.2.5.6.3 Reliabilität des Verfahrens zur Erfassung und Auswertung von Informationen zur alltäglichen Lebenssituation von Kindern mit sprachlichen Beeinträchtigungen

Zur Beantwortung der dritten Forschungsfrage der dritten Teilevaluation, wurde die Berechnung der Intercoder-Reliabilität ausgeführt (siehe Abschnitt 6.2.5.5). Mithilfe dieses Gütekriteriums kann der Rückschluss auf die Reliabilität des Auswertungsleitfadens gezogen werden (Kuckartz 2018, 206). Die dritte Forschungsfrage lautet:

Inwiefern lässt sich das Verfahren zur Erfassung und Auswertung von Informationen zur alltäglichen Lebenssituation von Kindern mit sprachlichen Beeinträchtigungen als reliabel bezeichnen?

Es ergibt sich der Wert $\kappa = 0{,}78964713$, das heißt eine Übereinstimmung von .79 beziehungsweise 79 %. Dieser Wert kann nach Hemmerich (2019), die bei der Interpretation des Kappa-Wertes zum einen auf Landis und Koch (1977) verweist, als substanziell, zum anderen bei Verweis auf Altman (1991) als gut bezeichnet werden. Der Wert zeigt an, dass die zwei Rater, die die Auswertung der Interviews anhand des Kategoriensystems unabhängig voneinander vorgenommen haben, zu 79 % in ihren Urteilen übereinstimmen. Für eine Zusammenfassung der Berechnung wird auf Abschnitt 6.2.5.5 und für eine ausführliche Darstellung der Berechnung sowie der zugrunde liegenden Daten auf den Anhang (siehe Anhang, S. 45 im elektronischen Zusatzmaterial) verwiesen.

Die dritte Forschungsfrage der dritten Teilevaluation kann damit folgendermaßen beantwortet werden: Nach Überarbeitung des Auswertungsverfahrens und der damit einhergehenden besseren sprachlichen Verständlichkeit der Handanweisung der einzelnen Auswertungsschritte kann mit dem Konkordanzkoeffizienten κ von .79 eine gute Übereinstimmung von 79 % zwischen den beiden Kodierern hinsichtlich der Zuordnung von Äußerungen der befragten Kinder zu den Auswertungskategorien festgestellt werden, womit eine Reliabilität des Verfahrens bestätigt wird. Dieser Wert ergibt sich aus der Berechnung der Übereinstimmung aller kodierten Interviews, kann aber nicht stellvertretend für die Übereinstimmung einzelner Interviews betrachtet werden. Aufgrund dieser Berechnung ergibt sich die Schlussfolgerung, dass das Kategoriensystem, das gleichermaßen den Auswertungsleitfaden des Analyseverfahrens darstellt, sowohl gut verständlich ist als auch eindeutige Zuordnungen von Äußerungen der befragten Personen zu den Kategorien, die wiederum die Auswertungsschritte des Auswertungsleitfadens darstellen, zulässt. Für die Fälle der vorliegenden dritten Teilevaluation konnte gezeigt werden, dass mit dem entwickelten Auswertungsverfahren Interviews mit Kindern hinsichtlich der Bedingungen ihrer alltäglichen Lebenssituation verlässlich und genau ausgewertet werden können.

6.2.5.7 Schlussfolgerungen für die Modifikation des Analyseverfahrens auf Basis der Erkenntnisse der dritten Teilevaluation

Die Beantwortung der ersten und zweiten Forschungsfragen der dritten Teilevaluation zeigt auf, inwiefern sich mittels des Analyseverfahrens die Bedingungen der alltäglichen Lebenssituation der an den Interviews beteiligten Kinder durch den Prämissen-Gründe-Zusammenhang rekonstruieren lassen.

Anhand des Konkordanzkoeffizienten kann gezeigt werden, dass zwei voneinander unabhängige Rater bei ihrer Beurteilung gut übereinstimmen. Damit kann das Auswertungsverfahren als reliabel bezeichnet werden und erscheint auf dieser Grundlage nicht überarbeitungsbedürftig. Überarbeitungsbedarf besteht insgesamt hinsichtlich der praxisorientierten Formulierung der Handlungsanweisungen in Form von Beispielen und Erklärungen zu den einzelnen Auswertungsschritten, sodass eine intensive Schulung der anwendenden Personen wie bei der studentischen Hilfskraft, die die Gespräche mit den Kindern geführt hat, beziehungsweise wie bei der Studentin, die das Verfahren im Rahmen ihrer Masterarbeit durchgeführt hat, nicht mehr zwingende Voraussetzung für die Anwendung des Verfahrens wird. Denn mit einer Überarbeitung der Handlungsanweisungen kann davon ausgegangen werden, dass im Falle einer erneuten Berechnung der Intercoder-Reliabilität ein noch besserer Wert erzielt werden könnte, da dann davon ausgegangen werden kann, dass weniger Fehler bei der Beurteilung aufgrund der Uneindeutigkeit des Kategoriensystems, das mit der Schrittfolge im Auswertungsleitfaden übereinstimmt, auftreten.

6.3   Zusammenfassung und kritische Einschätzung der Ergebnisse und empirischen Vorgehensweise

In diesem Kapitel erfolgt eine übergreifende Zusammenfassung der Ergebnisse der drei Teilevaluationen (6.3.1) und eine kritische Reflexion der gewählten Vorgehensweise bei den Teilevaluationen (6.3.2). In der Reflexion wird auf die eingangs genannten Evaluationsstandards eingegangen.

6.3.1   Zusammenfassung der Ergebnisse: Thesen zur Entwicklung, Erprobung und Evaluation eines Verfahrens zur Erfassung und Auswertung von Informationen zur alltäglichen Lebenssituation von Kindern mit sprachlichen Beeinträchtigungen

Die Zusammenfassung der Ergebnisse soll hier in komprimierter Form von fünf Thesen erfolgen, um die zentralen Erkenntnisse bezüglich der Entwicklung und Erprobung des Verfahrens zur Erfassung und Auswertung von Informationen zur alltäglichen Lebenssituation von Schulkindern mit sprachlichen Beeinträchtigungen aufzuzeigen. Für eine ausführliche Zusammenfassung und Interpretation der Ergebnisse wird nach jeder These auf die jeweiligen Abschnitte dieses Kapitels verwiesen.

1. Frageformate müssen erzählgenerierend sein, um eine Verständigung über die Handlungen und Handlungsgründe mit den beteiligten Kindern zu ermöglichen. Die Fragen sind dabei möglichst offen zu formulieren, wobei die individuellen Kompetenzen des Kindes berücksichtigt werden müssen, denn auch durch zu offene Fragen können Schwierigkeiten bei der Beantwortung entstehen (siehe Abschnitt 6.2.3.5.1).
2. Eine explorative Haltung der diagnostizierenden Person ist erforderlich, um einerseits eine gute Beziehung zum Kind herstellen zu können und andererseits möglichst unvoreingenommen und frei von Eigenschaftszuweisungen mit dem Kind ins Gespräch kommen zu können (siehe Abschnitt 6.2.3.5.2).

3. Die sprachlichen Formulierungen im Auswertungsleitfaden müssen für die auswertende Person so präzise und verständlich sein, dass es nicht zu Schwierigkeiten bei der Anwendung kommt und es unklar erscheinen könnte, worauf einzelne Auswertungsschritte abzielen. Auch müssen verwendete Begriffe klar hergeleitet und verständlich dargestellt werden (siehe Abschnitt 6.2.4.5.1).

4. In Bezug auf den Zeitaufwand, der zur Auswertung von erfassten Informationen zur alltäglichen Lebenssituation benötigt wird, kann bei einem vermuteten hohen Zeitaufwand auf eine inhaltlich sinnvolle Einteilung der erfassten Informationen zur alltäglichen Lebenssituation zurückgegriffen werden (siehe Abschnitt 6.2.4.5.1).

5. Eine Verständigung über Handlungen und Handlungsgründe kann mit dem Analyseverfahren erreicht werden. Insbesondere durch die Anwendung des Auswertungsleitfadens können Bedingungen der alltäglichen Lebenssituation rekonstruiert werden (siehe Abschnitte 6.2.5.6.1 und 6.2.5.6.2).

6. Die Berechnung des Konkordanzkoeffizienten zeigt nach Hemmerich (2019) eine gute Übereinstimmung von 79 % an. Das bedeutet, dass in den Fällen der Teilevaluation 3 die auswertenden Personen mit dem in der vorliegenden Arbeit entwickelten Analyseverfahren die Interviews mit Kindern hinsichtlich der Bedingungen ihrer alltäglichen Lebenssituation verlässlich und genau analysieren können (siehe Abschnitt 6.2.5.6.3).

6.3.2 Kritische Reflexion der gewählten Vorgehensweise in den drei Teilevaluationen

Im vorliegenden Abschnitt werden die Samplebildung und das Sample, die gewählte Datenerhebungsmethode sowie die Datenauswertungsmethode in den drei Teilevaluationen hinsichtlich ihrer Möglichkeiten und Grenzen kritisch reflektiert. Anschließend wird die Reflexion hinsichtlich der Evaluationsstandards (siehe Abschnitt 6.2.1) übergreifend über die drei Teilevaluationen dahingehend zusammengefasst, inwiefern die Evaluationsstandards bei der methodischen Umsetzung der drei Teilevaluationen angemessen berücksichtig wurden.

Samplebildung und Sample
Bezüglich der Samplebildung und der Samples aller drei Teilevaluationen kann hervorgehoben werden, dass das Verfahren zur Erfassung und Auswertung von Informationen zur alltäglichen Lebenssituation von Schulkindern mit sprachlichen Beeinträchtigungen von Bachelor- und Master-Studierenden des Lehramts für

Sonderpädagogik, zum Teil mit dem Studienschwerpunkt Sprache, im Rahmen universitärer Seminare erprobt wurde, diese also als Fachleute für pädagogische Sprachdiagnostik betrachtet werden können und sich im Vorfeld der Erprobung detailliert im Rahmen der universitären Lehrveranstaltung mit den Grundlagen pädagogischer Sprachdiagnostik auseinandersetzen konnten. Kritisch anzumerken ist neben der geringen Größe der Stichprobe, dass das Sample sich ausschließlich auf Studierende des Lehramts für Sonderpädagogik bezog und dadurch stark begrenzt wurde.

Datenerhebungsmethoden
Hinsichtlich der Auswahl der Datenerhebungsmethoden kann hervorgehoben werden, dass sowohl qualitative als auch quantitative Forschungsmethoden eingesetzt wurden.

Bezüglich der Datenerhebung im Rahmen der *ersten Teilevaluation*, die durch ein qualitatives Interview und anhand eines vollstrukturierten Interviewleitfadens mit den Studierenden im Anschluss an die Erprobung des Verfahrens zur Erfassung von Informationen zur alltäglichen Lebenssituation vorgenommen wurde, ist festzustellen: Als nützlich hat sich diese Vorgehensweise erwiesen, da der Leitfaden das Interview gut strukturieren konnte und die im Vorfeld entwickelten Fragen gestellt werden konnten, sodass keine Hinweise seitens der Studierenden zu der Erprobungssituation verloren gehen konnten. Problematisch erscheint die Anwendung des vollstrukturierten Interviewleitfadens dahingehend, dass bei der Interviewführung wenig spontane Nachfragen gestellt wurden und dadurch den Studierenden wenig Raum dafür zur Verfügung gestellt werden konnte, aufzuzeigen, welche Aspekte für sie relevant hinsichtlich der Modifizierung des Analyseverfahrens erscheinen.

In der *zweiten Teilevaluation* wurden die Studierenden, die im Rahmen einer universitären Lehrveranstaltung das Verfahren zur Auswertung von Informationen zur alltäglichen Lebenssituation von Schulkindern mit sprachlichen Beeinträchtigungen erprobt haben, mittels vollstrukturierten Fragebogens zu ihrer Einschätzung hinsichtlich der Praktikabilität des Auswertungsleitfadens befragt. Die gewählte Vorgehensweise der Datenerhebung anhand eines vollstrukturierten Fragebogens erweist sich insofern als nützlich, dass die Befragung zeitökonomisch durchgeführt werden konnte und möglichst viele Daten erhoben werden konnten, die ausgewertet werden und zur Modifizierung des Analyseverfahrens beitragen konnten. Kritisch zu betrachten ist der Fragebogen insofern, dass er hinsichtlich seiner Effektivität ausbaufähig erscheint. Das bedeutet, dass die Items

stärker auf die Aspekte des Auswertungsverfahrens zugeschnitten werden könnten oder stärker differenziert nach der Praktikabilität des Auswertungsverfahrens
fragen könnten, als es im Fragebogen der zweiten Teilevaluation der Fall ist.

Die Datenerhebungsmethode der *dritten Teilevaluation* ist zugleich der Teil
des Analyseverfahrens, der die Informationen zur alltäglichen Lebenssituation
von Schulkindern mit sprachlichen Beeinträchtigungen erfasst, wobei es sich um
das im Anschluss an die erste Teilevaluation modifizierte Verfahren zur Erfassung
der Informationen handelt. Das bedeutet, dass die Daten mittels problemzentrierten Interviews erhoben wurden, so wie in der Vorgehensweise zur Erfassung
von Informationen zur alltäglichen Lebenssituation (siehe Anhang, S. 13 f. im
elektronischen Zusatzmaterial) beschrieben. Für das problemzentrierte Interview
stand ein teilweise strukturierter Leitfaden zur Verfügung, der optional genutzt
werden konnte. So war es möglich, dass der Gegenstand des problemzentrierten
Interviews von den an den Interviews beteiligten Kindern mitbestimmt werden
konnte. Andererseits besteht die Grenze in der Wahl eines optionalen und teilstrukturierten Leitfadens darin, dass möglicherweise Daten, die bedeutsam für die
Auswertung sein könnten, nicht erfragt werden würden oder dass das Gespräch
ungewollt abbricht.

Datenauswertungsmethoden
Jede der drei Teilevaluationen wird mittels der inhaltlich strukturierenden
qualitativen Inhaltsanalyse nach Kuckartz (2018) ausgewertet. Bei der *zweiten Teilevaluation* wird zudem auf die quantitative Auswertung mittels SPSS
zurückgegriffen.

Übergreifend über die drei Teilevaluationen kann hinsichtlich der Kategorienbildung festgehalten werden, dass die Kategorien in Orientierung an die
Interviewleitfäden der jeweiligen Datenerhebungsmethoden entwickelt wurden,
sodass gewährleistet werden konnte, dass keine wesentlichen Informationen verloren gehen. Das Material konnte inhaltlich strukturiert werden, sodass auf dieser
Basis die Forschungsfragen der jeweiligen Teilevaluation beantwortet werden
konnten. Kritisch betrachtet werden muss jedoch in der *zweiten und dritten Teilevaluation* die Vorgehensweise der Kategorienbildung, die zusätzlich induktiv
hätte vorgenommen werden können, um eine umfassendere Datenauswertung vornehmen zu können, die wiederum weitere Erkenntnisse zur Modifizierung des
Analyseverfahrens hätte hervorbringen können.

Die Datenauswertung mittels SPSS stellt eine effiziente Möglichkeit dar, die
Daten hinsichtlich der auftretenden Häufigkeiten zu untersuchen. Das Potenzial
der quantitativen Auswertung mittels SPSS blieb in der betreffenden *zweiten Teilevaluation* jedoch ungenutzt. Beispielsweise hätte die Funktion der Fallauswahl

und anschließender Auswertung von ausgewählten Fällen vorgenommen werden können, um zusätzliche Informationen zu den Daten zu erhalten, die zur Beantwortung der Forschungsfrage hätten beitragen können.

Durch die Erprobung des gesamten Verfahrens im Rahmen der dritten Teilevaluation durch eine externe und geschulte Person wurde die Berechnung der Intercoder-Reliabilität ermöglicht, wodurch gezeigt werden konnte, dass mit einem Wert von 79 % für alle Interviews eine gute Übereinstimmung bei der Auswertung erzielt wurde. Das bedeutet, dass das Auswertungsverfahren es also generell ermöglicht, die Bedingungen der alltäglichen Lebenssituation von Kindern verlässlich zu rekonstruieren. Um eine noch höhere Übereinstimmung bei der Berechnung des Konkordanzkoeffizienten erhalten zu können, müssten die einzelnen Zuordnungen der Kodiereinheiten zu den Kategorien gesichtet und Differenzen diskutiert werden, um eventuelle Unklarheiten im Kodierleitfaden beseitigen zu können.

Hinsichtlich der Ergebnisse der dritten Teilevaluation ist die kritische Betrachtung der Berechnung eines Kappa-Wertes für die Bestimmung der Reliabilität bei qualitativ ausgewerteten Interviews zu nennen. Allein die Berechnung eines solchen statistischen Wertes lässt zwar eine Schlussfolgerung bezüglich der Reliabilität des Kategoriensystems zu, allerdings ist die Aussagekraft bei qualitativ ausgewerteten Daten nicht vergleichbar mit der Bestimmung eines Reliabilitätskoeffizienten bei der Auswertung quantitativer Daten. Das heißt, dass bezüglich der Datenauswertung in qualitativen Untersuchungen die Bestimmung des Konkordanzkoeffizienten, wie auch in der vorliegenden Arbeit, dazu dient, das Kategoriensystem im Prozess des Kodierens zu bewerten und gegebenenfalls zu verbessern, was sich förderlich auf die Beantwortung der Forschungsfragen auswirkt (Müller-Benedict 1997), da so die Aussagekraft der Kategorien gestärkt wird. Für die vorliegende Untersuchung bedeutet das, dass eine Bestimmung der Intercoder-Reliabilität nach Abschluss des Kodierens zwar aussagekräftig bezüglich der Praktikabilität des Kategoriensystems ist, aber an Aussagekraft gewinnen und die Praktikabilität des Kategoriensystems stärken würde, wenn Kodieren und Intercoder-Reliabilitätsbestimmung zirkulär ineinandergreifen würden.

Mithilfe der Erprobungen des Verfahrens und Evaluationen der Erprobungen in drei Teilen konnten aufschlussreiche Erkenntnisse hinsichtlich der Überarbeitungsnotwendigkeit des anfänglichen Analyseverfahrens gewonnen werden. Insbesondere die erste und zweite Teilevaluation dienten der Erprobung des Erhebungsverfahrens und des Auswertungsverfahrens. Darüber hinaus besteht die Möglichkeit, durch stetige Verbesserung der individuellen Erhebungssituation aussagekräftige Interviews zu erhalten, mit denen die Informationen zur alltäglichen Lebenssituation von Kindern sorgfältig erfasst werden können. Dafür ist eine

Anleitung der diagnostizierenden Personen hinsichtlich der Formulierung erzähl-
generierender Fragen, die gleichzeitig nach den Begründungen der Handlungen
der Kinder fragen, von großer Bedeutung.

Die Ergebnisse der drei Teilevaluationen können nicht als verallgemeiner-
bar betrachtet werden. Es handelt sich um Einzelfälle, die für sich im Sinne
einer Möglichkeitsverallgemeinerung nach Holzkamp (1985) Schlussfolgerungen
zulassen, was nicht gleichzusetzen ist mit einer Abstraktion der individuellen
Ergebnisse. Vielmehr bedeutet Verallgemeinerung in diesem Zusammenhang das
„Begreifen von Unterschieden als verschiedene Erscheinungsformen des gleichen
Verhältnisses" (Holzkamp 1985, 549). So sollen die dargestellten Ergebnisse
auch verstanden werden. Die Kategorien bilden ein Gerüst, auf dem der Auswertungsleitfaden des Analyseverfahrens basiert, und sollen redundant einsetzbar
sein, weshalb die Berechnung der Interoder-Reliabilität (siehe Abschnitt 6.2.5.5)
vorgenommen wurde.

Hinsichtlich der Evaluationsstandards nach Döring und Bortz (2016, 991 f.),
die im Abschnitt 6.2.1 aufgeführt sind, kann zusammenfassend festgestellt
werden:

1. Nützlichkeit: Die Evaluation in drei Teilen erweist sich als nützlich, da die
   Ergebnisse direkt zu einer Modifizierung und damit Optimierung des Analyseverfahrens geführt haben. Die Interessen und Bedürfnisse der Nutzenden
   wurden dabei in den Mittelpunkt gerückt.
2. Durchführbarkeit: Die Evaluation wurde realistisch und gut durchdacht durchgeführt, was sich darin zeigt, dass Studierende des Lehramts für Sonderpädagogik mit Schulkindern Gespräche geführt haben und die Ergebnisse der
   unterrichtenden Lehrkraft zur Verfügung gestellt werden konnten. Gleichzeitig
   ist zur Durchführbarkeit kritisch anzumerken, dass, wenn eine Untersuchung
   gut durchdacht sein soll, an verschiedenen Stellen, wie beispielsweise dem
   Sampling, die Teilevaluationen verbessert werden können. ‚Kostenbewusst‘
   ist ein Merkmal, das auf die vorliegende Evaluation zutrifft, allerdings aus
   forschungspraktischen Gründen und wegen fehlender weiterer Ressourcen.
3. Fairness: Ein respektvoller und fairer Umgang mit allen Beteiligten ist gesichert und wird aufgrund der anthropologischen und erziehungswissenschaftlichen sowie subjektwissenschaftlichen handlungsleitenden Grundannahmen
   vorausgesetzt.
4. Genauigkeit: Wie die Beantwortung der Evaluationsfragen und die Zusammenfassung der Ergebnisse aufzeigen, ist die Evaluation so angelegt, dass die
   Evaluationsziele durch zwei Aspekte erfüllt werden: erstens indem die entsprechenden Informationen und Ergebnisse hervorgebracht werden und zweitens

indem die Ergebnisse hinreichend für eine Beantwortung der Forschungsfragen genutzt werden können.

Abschließend ist zu bemerken, dass es sich bei allen drei Teiluntersuchungen um explorativ angelegte Evaluationen handelt. Es liegen geringe Fallzahlen und entsprechend eingeschränkte Analyseergebnisse vor, die gezeigt haben, dass das entwickelte und untersuchte Analyseverfahren als praktikabel zu bezeichnen ist. Dennoch kann diese Aussage nur für die vorliegenden Untersuchungen mit den an den Interviews beteiligten Kindern getroffen werden. Eine Verallgemeinerung, wie sie bei der Verwendung psychologischer Testverfahren anvisiert wird, ist hier nicht möglich und wird aufgrund der subjektwissenschaftlichen Forschungsperspektive nicht angestrebt. Die Befunde bieten auf Basis der subjektwissenschaftlichen Forschungsperspektive also den Mehrwert für die pädagogische Sprachdiagnostik, dass als Standpunkt der diagnostizierenden Person der Standpunkt des Subjekts eingenommen wird. Für ein subjektorientiertes diagnostisches Verfahren wird eine spezifische, nämlich subjektwissenschaftliche Methodologie benötigt, die in der vorliegenden Arbeit der Entwicklung des Verfahrens zur Erfassung und Auswertung von Informationen zur alltäglichen Lebenssituation von Schulkindern mit sprachlichen Beeinträchtigungen zugrunde gelegt wird.

Die Bedeutung der gewonnenen Erkenntnisse, die in den bisherigen Ausführungen dargestellt wurden, wird in den folgenden Kapiteln 7, 8 und 9 im Sinne einer Bilanzierung in den Mittelpunkt gestellt. Die Bilanzierung hat zum Ziel, zentrale Ergebnisse sowie die gewählte Vorgehensweise der vorliegenden Arbeit zusammenzufassen, zu diskutieren und zu reflektieren (7). Zudem werden aus den Erörterungen Implikationen für die pädagogische Sprachförderung und pädagogische Sprachdiagnostik sowie für zukünftige Forschungsfelder abgeleitet (8). Die Bilanzierung endet mit einem Schlusswort (9).

Zusammenfassung, Diskussion und Reflexion des gesamten theoretischen und empirischen Prozesses 7

In Kapitel 7 werden zentrale Befunde der vorliegenden Arbeit zusammenge-fasst, diskutiert und reflektiert. Zunächst wird eine theoretische Zusammenfassung (7.1) vorgenommen, bei der die vier theoretischen Bezugssysteme im Fokus stehen, um mit Bezug auf dieses theoretische Fundament im nachfolgenden Abschnitt die Beantwortung der Forschungsfragen (7.2) vornehmen zu können. Es werden also die erste Forschungsfrage der vorliegenden Arbeit nach der Konzep-tualisierung von alltäglicher Lebenssituation sowie die zweite Forschungsfrage der vorliegenden Arbeit nach der methodischen Umsetzung der Erfassung und Auswertung von Informationen zur alltäglichen Lebenssituation von Schulkin-dern mit sprachlichen Beeinträchtigungen beantwortet. Anschließend werden die Befunde der vorliegenden Arbeit diskutiert und reflektiert, um daraus differen-zierte Implikationen für die pädagogische Sprachdiagnostik und pädagogische Sprachförderung und zukünftige Forschungsfelder (siehe Kapitel 8) ableiten zu können. Die Diskussion und Reflexion bezieht sich auf drei Punkte: Erstens auf das theoretische Fundament, das zur Konzeptualisierung der alltäglichen Lebenssituation sowie für die Entwicklung des Analyseverfahrens handlungs-leitend war (7.3). Zweitens erfolgen eine methodenorientierte Diskussion und Reflexion (siehe Abschnitt 7.4). Drittens wird mit einer handlungsorientierten Reflexion der Fokus auf die Anwendung des Analyseverfahrens innerhalb der pädagogischen Sprachdiagnostik gerichtet (siehe Abschnitt 7.5).

Ergänzende Information Die elektronische Version dieses Kapitels enthält Zusatzmaterial, auf das über folgenden Link zugegriffen werden kann https://doi.org/10.1007/978-3-658-42148-9_7.

7.1 Resümee zu den theoretischen Bezugssystemen der vorliegenden Arbeit als Grundlage für die Beantwortung der Forschungsfragen

Ausgehend von den theoretischen Bezugssystemen bestand das Ziel der vorliegenden Arbeit zum einen darin, theoriegeleitet die Auseinandersetzung mit
Theorien, Konzepten und Begriffen der Bezugssysteme zu entfalten, um ein
Konzept von alltäglicher Lebenssituation zu konstituieren. Zum anderen war es
das Ziel, auf dem entwickelten Konzept der alltäglichen Lebenssituation aufbauend ein Verfahren zur Erfassung und Auswertung von Informationen zur
alltäglichen Lebenssituation von Schulkindern mit sprachlichen Beeinträchtigungen zu entwickeln, zu erproben und zu evaluieren. Im vorliegenden Abschnitt
wird zusammenfassend auf die vier theoretischen Bezugssysteme (siehe detailliert Abschnitt 1.3), die der vorliegenden Arbeit zugrunde liegen, eingegangen,
um mit Bezug auf diesen theoretischen Rahmen im nachfolgenden Abschnitt 7.2
die Forschungsfragen der vorliegenden Arbeit beantworten zu können.

Erstes Bezugssystem: Sprachhandlungstheorie (u. a. Welling 1990)
Als erstes Bezugssystem lag die Sprachhandlungstheorie nach Welling (1990) mit
den zentralen Begriffen des sprachlichen Handelns und der sprachlichen Handlungsfähigkeit zugrunde. Sprachgebrauch und Spracherwerb als zentrale Aspekte
sprachlichen Handelns wurden aus sprachhandlungstheoretischer Perspektive als
menschliches Handeln gefasst. Das erste Bezugssystem trug zum einen dazu bei,
das theoretische Fundament bezüglich der in dieser Arbeit vorliegenden Auffassung von Spracherwerb und Sprachgebrauch als menschliches Handeln zu
legen. Zum anderen stellte das sprachhandlungstheoretisch fundierte Konzept der
Kooperativen Sprachdidaktik (Welling 2004) für die vorliegende Arbeit sowohl
Ausgangspunkt als auch Ziel der Überlegungen zum Konzept von alltäglicher
Lebenssituation als diagnostischem Gegenstand dar.

*Zweites Bezugssystem: Konstruktivistische Handlungstheorie der Kooperativen
Pädagogik (u. a. Schönberger, Jetter & Praschak 1987)*
Mit der konstruktivistischen Handlungstheorie der Kooperativen Pädagogik
(Schönberger, Jetter & Praschak 1987) wurde ein Bezugssystem herangezogen, das den Menschen als aktiv handelndes Subjekt auffasst, das sowohl
kulturgebunden als auch gesellschaftsbezogen ist. Der konstruktivistischen Handlungstheorie der Kooperativen Pädagogik liegt mit dieser Auffassung ein Welt-
und Menschenbild zugrunde, das den Menschen als verantwortlich handelnd

betrachtet. Das zweite Bezugssystem trug dazu bei, die handlungsleitenden Grundannahmen und das daraus resultierende und der vorliegenden Arbeit zugrunde liegende Menschenbild theoretisch zu fundieren. Außerdem leistete das Konzept der Kooperativen Pädagogik mit den Grundbegriffen ‚Handlung', ‚Kooperation' und ‚Kooperationsfähigkeit' einen wesentlichen Beitrag zur Konzipierung von alltäglicher Lebenssituation.

Drittes Bezugssystem: Kritische Psychologie: Subjektwissenschaft und Psychologie vom Standpunkt des Subjekts (u. a. Holzkamp (1985)
Das dritte Bezugssystem stellt die Subjektwissenschaft der Kritischen Psychologie (u. a. Holzkamp 1985) dar. Mit der subjektwissenschaftlichen Perspektive wurde in der vorliegenden Arbeit die Gesellschaftlichkeit des Menschen sowie der Subjektstandpunkt als wissenschaftlicher und diagnostischer Standpunkt der Überlegungen hinsichtlich der Konzeptualisierung von alltäglicher Lebenssituation sowie hinsichtlich der Entwicklung des Verfahrens zur Erfassung und Auswertung von Informationen zur alltäglichen Lebenssituation von Schulkindern mit sprachlichen Beeinträchtigungen betont. Das dritte Bezugssystem trug insbesondere dazu bei, den Menschen als gesellschaftliches Wesen zu erkennen und den Subjektstandpunkt als wissenschaftlichen beziehungsweise diagnostischen Standpunkt zu vertreten. Außerdem wurde auf Grundlage dieses dritten Bezugssystems bei der Beantwortung der Forschungsfragen die zentrale Auffassung der Einheit von Subjekt und Objekt, also von Individuum und Welt, berücksichtigt.

Viertes Bezugssystem: Zivilisationstheorie beziehungsweise Theorie der Menschenwissenschaften (Elias 2001; 2006)
Mit der ‚Zivilisationstheorie' beziehungsweise der ‚Theorie der Menschenwissenschaften' (Elias 1997; 2001; 2006) wurde viertens eine sozialwissenschaftliche Perspektive bei der Konstituierung des Konzepts von alltäglicher Lebenssituation eingenommen. Das vierte Bezugssystem trug dazu bei, aus sozialwissenschaftlicher Sicht theoretisch zu fundieren, dass der Mensch als aktiv handelnd und in Kultur und Gesellschaft eingebunden zu betrachten ist.

Fünftes Bezugssystem: Kooperative Kommunikation (Tomasello 2006; 2011)
Mit dem fünften Bezugssystem der Kooperativen Kommunikation (Tomasellos 2006, 2011) wurde eine kulturwissenschaftlich geprägte kommunikationstheoretische Sicht der Spracherwerbsforschung eingenommen. Aus dieser Perspektive stellten sich Kooperation sowie geteilte Intentionalität als wesentliche Faktoren

bei der Entwicklung menschlicher Kommunikation heraus. Das fünfte Bezugssystem trug dazu bei, dass die sprachhandlungstheoretisch fundierten Annahmen
zum sprachlichen Handeln und zur sprachlichen Handlungsfähigkeit mit der
kulturwissenschaftlich geprägten Perspektive Tomasellos (2006; 2011) ergänzt
werden konnten, und leistete so einen wesentlichen Beitrag zur theoretischen
Fundierung der Annahmen hinsichtlich Sprache und Kommunikation.

Auf Basis der bisherigen Ausführungen sowie der im vorliegenden Abschnitt
dargestellten Zusammenfassung des theoretischen Fundaments werden nachfolgend die zwei Forschungsfragen beantwortet.

7.2 Zusammenfassende, integrative Beantwortung der Forschungsfragen

In den folgenden Abschnitten werden die Forschungsfragen der vorliegenden
Arbeit beantwortet. Zunächst wird die Frage knapp und präzise beantwortet, welche Konstruktionsfaktoren das bislang in Theorie und Forschung noch
wenig ausgereifte Konzept der alltäglichen Lebenssituation ausmachen. Darauf
folgend wird die zweite Forschungsfrage beantwortet, und zwar wie mit diesem neuen Wissen zur alltäglichen Lebenssituation die Informationen zu dieser
Situation in pädagogischer Sprachdiagnostik erfasst und ausgewertet werden können, damit förderliche beziehungsweise hinderliche Bedingungen der alltäglichen
Lebenssituation in Bezug auf die Erweiterung sprachlicher Handlungsfähigkeit
rekonstruiert werden können. Einhergehend mit der Beantwortung der zweiten Forschungsfrage wird die Durchführung des in der vorliegenden Arbeit
eigenentwickelten, mehrfach erprobten und mehrstufig evaluierten Verfahrens zur
Erfassung und Auswertung von Informationen zur alltäglichen Lebenssituation
von Schulkindern mit sprachlichen Beeinträchtigungen erläutert.

7.2.1 Konstruktionsfaktoren von alltäglicher Lebenssituation

Die erste Forschungsfrage lautet:

Welche Konstruktionsfaktoren konstituieren die alltägliche Lebenssituation?
Die Forschungsfrage wird anhand von vier Thesen beantwortet, die ausführen,
wie sich das Konzept von alltäglicher Lebenssituation charakterisieren lässt.
Bevor die Thesen vorgestellt werden, werden ihnen zugrunde liegende Annahmen im Vorfeld jeder These knapp dargeboten. Diese Thesen führen aus, wie

das Konzept der alltäglichen Lebenssituation aus Perspektive der vorliegenden Arbeit aufgefasst wird und wie sich daraus Annahmen zu den Faktoren, die das Konzept der alltäglichen Lebenssituation konstruieren, schließen lassen. Die Annahmen zur Konstruktion von alltäglicher Lebenssituation werden nun als Thesen inklusiver knapper Erläuterungen gebündelt dargestellt, um anschließend prägnant und übersichtlich Konstruktionsfaktoren des Konzepts von alltäglicher Lebenssituation formulieren zu können.

These 1: Das Subjekt konstruiert seine alltägliche Lebenssituation durch eigenaktives Handeln.
Für diese These sprechen die Erkenntnisse der genetischen Erkenntnistheorie nach Piaget (u. a. 2015), insbesondere jene zur aktiven Rolle des Subjekts im Konstruktionsprozess (Piaget 2015; Praschak 1993; Jetter 1979). Der Mensch setzt sich mit der Wirklichkeit aktiv auseinander und beeinflusst so aktiv sein Leben auf der Basis der bisher entwickelten Möglichkeiten (Praschak 1993, Praschak-Wolf & Praschak 1979). Mittels eines autopoietischen Erkenntnissystems verarbeitet das Subjekt die Wirklichkeit, macht sie durch konkretes Handeln in der Wirklichkeit, also durch die aktive Auseinandersetzung mit ihr, zu ‚seiner' Realität und entwickelt damit Deutungskriterien (Praschak 1993), mit denen die Informationen der Wirklichkeit wiederum geordnet werden und zur Konstruktion von alltäglicher Lebenssituation beitragen.

These 2: Das Konstrukt der alltäglichen Lebenssituation ist kulturgebunden.
Die Betrachtung des Menschen als aktives Wesen bedeutet im Zusammenhang mit dem Begriff Kultur, den Menschen sowohl als kulturabhängig als auch kulturschaffend anzusehen. Kulturgebundenes Handeln ist als Konstruktionsfaktor des Konzepts von alltäglicher Lebenssituation zu bezeichnen, da insbesondere durch sprachliches Handeln kulturelles Wissen durch kommunikative Handlungen von Menschen an andere Menschen weitergegeben wird (Welling 1990; Tomasello 2006) und damit zu den Bedingungen zu zählen ist, die die Menschen vorfinden und zu denen sie sich aktiv verhalten. Durch dieses Wissen lassen sich die Erfahrungen der alltäglichen Lebenssituation ordnen.

These 3: Das Konstrukt der alltäglichen Lebenssituation ist gesellschaftsbezogen.
Die Bedingungen der alltäglichen Lebenssituation sind als gesellschaftliche Bedeutungsstrukturen zu fassen, die das Subjekt als personale beziehungsweise situationale Bedingungen (Holzkamp 1985) erfährt. Durch Bezug zu konkreten Handlungsmöglichkeiten des Subjekts werden die personalen beziehungsweise situationalen Bedingungen zu Prämissen seines Handelns. Indem das Subjekt handelt, trägt es zur Schaffung seiner Lebensbedingungen bei, die mit anderen

gesellschaftlichen Bedingungen verbunden sind. Vor diesem Hintergrund wird von der Gesellschaftsbezogenheit der vom Subjekt geschaffenen Bedingungen ausgegangen, die das Subjekt als gesellschaftliche Bedeutungsstrukturen erfährt und in denen die individuellen Handlungsziele des Subjekts inbegriffen sind.

These 4: Das Konstrukt alltägliche Lebenssituation ist das Resultat zwischenmenschlicher Beziehungen.

Kooperation und Kommunikation bestimmen den Konstruktionsfaktor ‚zwischenmenschliche Beziehungen'. Zwar wird in jeder Hinsicht bei der Konstruktion eines Konzepts von alltäglicher Lebenssituation vom Subjektstandpunkt ausgegangen und die Konstruktion als individuelle, eigenaktive Leistung des Subjekts betrachtet; dies ist aber nicht gleichzusetzen mit einer von den gesamtgesellschaftlichen Zusammenhängen losgelösten Angelegenheit. Vielmehr bezieht sich die Individualität auf die jeweils besonderen Ausformungen der Bedingungen der alltäglichen Lebenssituation, die der Mensch eigenaktiv durch sein Handeln konstruiert. Dieses Handeln, so wurde gezeigt, ist Handeln unter Menschen und bezogen auf menschliches Handeln (von Knebel 2000, 47 f.). Im Gesamtzusammenhang der Kooperation finden sich die gemeinsam verfolgten Handlungsziele sowie die dem gemeinsamen Handeln zugrunde liegenden kulturellen Werte und auch die gemeinsam koordinierten Handlungspläne wieder (Holzkamp 1985). Zwischenmenschliche Beziehungen, speziell Kooperationen, prägen das menschliche Handeln und tragen damit zur Konstruktion eines Konzepts von alltäglicher Lebenssituation bei.

Kommunikation wirkt als Konstruktionsfaktor bei der Konzeptualisierung von alltäglicher Lebenssituation, indem durch kommunikatives Handeln Menschen zueinander in Beziehung treten und kulturbezogenes Weltwissen austauschen (Welling 1990). Das Konzept von alltäglicher Lebenssituation wird dadurch konstruiert, indem vor einem gemeinsamen begrifflichen Hintergrund der an der Kommunikation beteiligten Menschen diese ihr kulturbezogenes Wissen austauschen. Durch kommunikatives Handeln konstruiert das Subjekt sein Konzept von alltäglicher Lebenssituation.

Zusammenfassend lässt sich aufgrund der erarbeiteten Erkenntnisse der vorliegenden Arbeit hinsichtlich der Konstruktion von alltäglicher Lebenssituation feststellen, dass die Auffassung von alltäglicher Lebenssituation als eine Situation als zentral betrachtet wird, die als eine vom Subjekt individuell erfahrene Situation verstanden wird, in der das Subjekt begründet handelt und begründet sowie eigenaktiv sein Leben führt. Bedingungen der alltäglichen Lebenssituation sind Erfahrungen des Subjekts, die es unter Zugriff ordnender Strukturen macht. Die Bedingungen der alltäglichen Lebenssituation des Subjekts werden in der vorliegenden Arbeit in biografische, gegenwärtige und lebensperspektivische Bedingungen unterschieden. Es werden abschließend die Konstruktionsfaktoren von alltäglicher Lebenssituation prägnant aufgeführt:

- das eigenaktive Handeln des Subjekts
- das kulturgebundene Handeln der Menschen
- der begründet handelnde, gesellschaftliche Mensch
- die personalen beziehungsweise situationalen Bedingungen
- die zwischenmenschlichen Beziehungen, speziell Kooperationen
- das kommunikative Handeln der Menschen

Mit den Ausführungen zum Konzept von alltäglicher Lebenssituation wird der Gegenstand pädagogischer Sprachdiagnostik beschrieben, den es zu analysieren gilt, wenn förderliche beziehungsweise hinderliche Bedingungen sprachlicher Handlungsfähigkeit von Kindern erkannt und einer pädagogischen Sprachförderung zugänglich gemacht werden sollen. Im nächsten Abschnitt wird die zweite Forschungsteilfrage beantwortet und aufgezeigt, wie Informationen zur alltäglichen Lebenssituation in pädagogischer Sprachdiagnostik erfasst und ausgewertet werden können.

7.2.2 Erfassung und Auswertung von Informationen zur alltäglichen Lebenssituation von Schulkindern mit sprachlichen Beeinträchtigungen im Rahmen pädagogischer Sprachdiagnostik

Die in dem vorliegenden Abschnitt zu beantwortende Forschungsfrage lautet:

Wie können Informationen zur alltäglichen Lebenssituation von Schulkindern mit sprachlichen Beeinträchtigungen im Rahmen pädagogischer Sprachdiagnostik erfasst und ausgewertet werden?

In der vorliegenden Arbeit wurde ein Verfahren entwickelt, das zum Ziel hat, die Informationen zur alltäglichen Lebenssituation von Schulkindern mit sprachlichen Beeinträchtigungen zu erfassen und zu analysieren. Die Beantwortung der Forschungsfrage bezieht sich auf die Ergebnisse der Untersuchungen zur Evaluation des entwickelten Analyseverfahrens (dargestellt in den Abschnitten 6.2.3.5, 6.2.4.5 und 6.2.5.6). Das Verfahren wurde unter Zugriff der zugrunde liegenden Bezugsysteme und handlungsleitenden Grundannahmen entwickelt, erprobt und evaluiert. Für eine ausführliche Darstellung der Entwicklung, Erprobung und Evaluation wird auf das Kapitel 6 dieser Arbeit verwiesen.

Die Forschungsfrage wird beantwortet, indem die Vorgehensweise bei der Erfassung und Auswertung von Informationen zur alltäglichen Lebenssituation von Schulkindern mit sprachlichen Beeinträchtigungen beschrieben wird. Die Beschreibung erfolgt auf Basis der Erkenntnisse der drei Teilevaluationen, wobei im Folgenden das Analyseverfahren in der Form dargestellt wird, wie es seit Abschluss der dritten Evaluation vorliegt. Für eine detaillierte Übersicht über die Modifikationen des Analyseverfahren, die im Anschluss an jede der drei Teilevaluationen vorgenommen wurden, wird auf die Darstellungen im Anhang (siehe Anhang, S. 10–12, S. 29 f. und S. 32–39 im elektronischen Zusatzmaterial) verwiesen.

Das Verfahren zur Erfassung und Auswertung von Informationen zur alltäglichen Lebenssituation von Schulkindern mit sprachlichen Beeinträchtigungen erfasst in einer Erhebungsphase

• individuelle Situationen und Beziehungsgeflechte und
• fragt nach den sprachlichen und allgemeinen Handlungen des Kindes
• sowie den jeweils subjektiven Begründungen.

Diese gesammelten Informationen werden anschließend anhand eines strukturierten Vorgehens ausgewertet und können so einer individuellen Sprachförderung zur Verfügung gestellt werden.

In den folgenden Abschnitten werden zuerst die Vorgehensweise bei der Erhebungsphase (7.2.2.1) und anschließend die Handanweisung zur Auswertung (7.2.2.2) der gewonnenen Informationen hinsichtlich sprachförderlich relevanter Lebensbedingungen dargestellt. Erhebungs- und Auswertungsphase werden hier aufgrund besserer Übersichtlichkeit und intersubjektiver Nachvollziehbarkeit getrennt voneinander aufgeführt und beschrieben, stellen aber eine untrennbare Einheit dar und sind deshalb nur gedanklich in zwei Phasen zu teilen. In der Durchführung greifen Informationsbeschaffung und -auswertung zirkulär ineinander, was im Abschnitt zur Erhebungsphase deutlich wird.

7.2.2.1 Erhebungsphase: Erfassung von Informationen zur alltäglichen Lebenssituation

Die Erfassung von Informationen zu Bedingungen der alltäglichen Lebenssituation von Schulkindern mit sprachlichen Beeinträchtigungen erfolgt anhand eines Erhebungsverfahrens, das im Folgenden zunächst bezüglich des Ziels der

Erhebung und anschließend hinsichtlich der Vorgehensweise bei der Erhebung beschrieben wird.

Ziel der Erhebung
Das Ziel der Erhebung ist die Erfassung von Informationen zur alltäglichen Lebenssituation des beteiligten Kindes. Diese gewonnenen Informationen dienen in der Folge dazu, mit dem Auswertungsverfahren (siehe 7.2.2.2) ausgewertet werden zu können.

Vorgehensweise bei der Erhebung
Es werden Gespräche in Form des problemzentrierten Interviews nach Witzel (2000) mit dem Kind geführt, die den Alltag des Kindes fokussieren. Dazu werden Fragen nach alltäglich wiederkehrenden Situationen, sprachlichen und nichtsprachlichen Handlungen und deren subjektiven Begründungen gestellt und die Antworten frei, das heißt ohne Vorstrukturierung, notiert. Im Falle einer Audioaufnahme wird diese transkribiert. Eine Audioaufnahme der Gespräche kann vorgenommen werden, ist aber nicht zwingend geboten beziehungsweise aus Gründen der Praktikabilität verzichtbar, wenn Gespräche spontan entstehen. Auch sollen die Gespräche möglichst wenig inszeniert wirken, vielmehr könnten sie in den alltäglichen Ablauf integriert werden, wie zum Beispiel in Unterrichtspausen. Die Gespräche richten sich nach der Motiviertheit des Kindes, über sich und seinen Alltag zu berichten. Des Weiteren sind aus entwicklungspsychologischer Perspektive die Konzentrationsfähigkeit und Belastbarkeit des Kindes zu berücksichtigen, was in der Regel zu Gesprächen von wenigen Minuten führt. Ergänzend können Informationen notiert werden, die anhand von Beobachtungen gesammelt werden.

Die Fragen oder Erzählaufforderungen, die an das Kind gerichtet werden, werden entweder ausgewählt, weil bestimmte Handlungen oder Ereignisse, die das Kind betreffen, der diagnostizierenden Person bekannt sind, oder es werden allgemeine und offene Fragen und Erzählaufforderungen gestellt, um Gesprächsanlässe schaffen zu können, aus denen dann konkrete Nachfragen resultieren. Anders ausgedrückt: Es werden Fragen formuliert, die Aufschluss darüber geben, wie das Kind in welcher Situation sprachlich beziehungsweise nichtsprachlich handelt, in welchem Beziehungsgeflecht es bei Ausführung der Handlungen steht und welche Begründungen dem sprachlichen beziehungsweise nichtsprachlichen Handeln zugrunde liegen. Des Weiteren stehen die sprachlichen und nichtsprachlichen Erfahrungen des Kindes im Mittelpunkt, die aus sprachlichen beziehungsweise nichtsprachlichen Handlungen resultieren. Aufgrund der Perspektive der Förderdiagnostik beziehungsweise der Annahmen der Verstehenden Diagnostik gilt es, bei dieser Phase Fragen nach der Strukturierung des Alltags zu stellen, um aus alltäglich wiederkehrenden Ereignissen und Handlungen Rückschluss auf zugrunde liegende Bedingungen der alltäglichen Lebenssituation ziehen zu können. Die Informationen, die jeweils mit einem Gespräch gewonnen werden, dienen zum einen durch ihre Auswertung der Rekonstruktion von Bedingungen der alltäglichen Lebenssituation, zum anderen stellen sie wiederum zugleich einen neuen Gesprächsanlass dar und können im weiteren Verlauf unterstützend auf die Auswahl von weiteren Fragen und Erzählaufforderungen wirken. Somit greifen Erhebung und Auswertung der Informationen zirkulär ineinander.

Die folgende Auflistung zeigt beispielgebend auf, welche Fragen als Gesprächsanlass dienen können:

- Stell dir vor, du gehst in dein Klassenzimmer und setzt dich anschließend auf deinen Platz. Neben dir sitzt bereits ein Kind und legt gerade einen Stift vor sich auf den Tisch. Was tust du als Nächstes? Warum?
- Warum erzählst du, wenn du im Sitzkreis mit den anderen Kindern aus deiner Klasse sitzt, was du am Wochenende erlebt hast?
- Stell dir vor, die Schule ist zu Ende und du gehst nach Hause. Was machst du dort als Erstes? Warum?
- Warum erzählst du deiner Schwester/deinem Bruder, mit wem du in der ersten Pause auf dem Schulhof gespielt hast?

Solche Fragen können als Gesprächsanlass verwendet werden, wobei zu prüfen ist, ob diese konkreten Fragen auf die individuelle Situation des beteiligten Kindes angepasst werden müssten, um ein möglichst individuell zugeschnittenes Gesprächsthema gemeinsam mit dem beteiligten Kind zu finden. Immer vorausgesetzt wird, dass bekannt ist, dass das beteiligte Kind diese Dinge tut, die in den genannten Fragen angesprochen werden, wie beispielsweise im Sitzkreis mit anderen Kindern aus der Klasse vom Wochenende zu berichten.

Der folgende Gesprächsausschnitt zeigt, wie ein Gespräch beispielsweise gestaltet werden kann:

E =	Erwachsene Person
K =	Kind (5;11)
N1 =	Person Name 1
E und K	unterhalten sich über den Moment, wenn K in der Kita ankommt und den Gruppenraum betritt. Aus Gründen der besseren Lesbarkeit wurden Pausen, soweit sie nicht relevant sind für den Gesprächsinhalt nicht gekennzeichnet.

E:	Stell dir vor, es ist morgens. Du kommst in der Kita an, kommst gerade aus der Garderobe raus, gehst die Treppe hoch in den Raum, in den Gruppenraum rein und was passiert als Nächstes?
K:	Warte kurz. N1 sagt „Hallo guten Morgen". Und ich sage dann ob es mir gut geht oder nicht.
E:	Und wie macht sie das, fragt sie, ob es dir gut geht?
K:	Mhm (ja)
E:	Wie denn?
K:	Sie sagt erstmal Na? Geht es dir gut?
E:	Und was machst du dann?
K:	Hm ich stelle mich erstmal an den Tisch dann gehe ich rüber und gucke, was da los ist, dann gehe ich auf die Hochebene und gucke, was da los ist, dann gehe ich in die Puppenecke und gucke, was da los ist und dann gucke ich an den Spieltisch und was da los ist.
E:	Aber N1 hat dich ja gefragt „Na geht es dir gut"?
K:	Mhm (ja)
E:	Und antwortest du dann darauf?
K:	Ja, ich sage dann, ich nicke dann.
E:	Du nickst?
K:	Mhm (ja)
E:	Hm nickst und was heißt das dann?
K:	Ja!
E:	Und du sagst aber nicht „ja", du nickst. Du nickst mit dem Kopf.

Wie dem Gesprächsausschnitt zu entnehmen ist, liegt am Ende der Erhebungsphase ein Gesprächsausschnitt vor, entweder in Form einer Interviewtranskription
oder als Gesprächsprotokoll, das während oder im Anschluss an das Gespräch
erstellt wird. Im folgenden Abschnitt wird aufgezeigt, wie die in der Erhebungsphase gewonnenen Informationen ausgewertet werden können.

7.2.2.2   Auswertungsphase: Auswertung von Informationen zur alltäglichen Lebenssituation

Die Auswertung der gewonnenen Informationen zu Bedingungen der alltäglichen
Lebenssituation von Schulkindern mit sprachlichen Beeinträchtigungen erfolgt
anhand eines in dieser Arbeit erarbeiteten Auswertungsverfahrens, das im Folgenden zunächst bezüglich der Zielsetzung und anschließend hinsichtlich der
Vorgehensweise beschrieben wird.

Ziel der Auswertung
In der Auswertungsphase werden die gesammelten Informationen anhand einer
in der vorliegenden Arbeit erarbeiteten Handanweisung handlungstheoretisch
strukturiert ausgewertet und hinsichtlich sprachförderlich relevanter Lebensbedingungen analysiert.

Vorgehensweise bei der Auswertung
Im Folgenden wird der Auswertungsbogen erläuternd dargestellt, in den die
Ergebnisse der einzelnen Auswertungsschritte der Handanweisung eingetragen
werden können.

*Auswertung von Informationen zur alltäglichen Lebenssituation von Kindern mit
sprachlichen Beeinträchtigungen: Auswertungsbogen*

1. Falldarstellung:
Welche Themen werden vom beteiligten Kind angesprochen beziehungsweise
wovon berichtet das Kind?

2. Darstellung von Handlungen und Handlungsbegründungen:
Welche Handlungen werden vom Kind aktiv vollzogen und aus welchen
Gründen?

3. Rekonstruktion personaler beziehungsweise situationaler Bedingungen der
alltäglichen Lebenssituation:
Welche Handlungsmöglichkeiten und Handlungsbeschränkungen hat das Kind?
– in personaler beziehungsweise situationaler Perspektive Bedingungen
   benennen
– personal = zum Beispiel Wissen, Können, Fähigkeiten, Interessen, Ziele,
   Werte, Pläne
– situational = zum Beispiel Beziehungen (Kooperationsformen), räumliche
   und zeitliche Bedingungen

Im Folgenden werden die einzelnen Auswertungsschritte aufgeführt und beschrieben, die als Handanweisung der diagnostizierenden Person zur Unterstützung
bei der Auswertung dienen. Dafür werden zuerst die Schritte benannt, darunter erscheinen die Anweisungen, wie sie in der Handanweisung zu finden sind.
Anschließend werden sie hinsichtlich ihres Ziels beschrieben und mit Beispielen
illustriert, wozu der beispielhaft dargestellte Gesprächsausschnitt genutzt wird.

*Handlungsanweisung zum Auswertungsbogen: Darstellung der Auswertungs-
schritte*
Die Auswertung der Gesprächsnotizen erfolgt in den nachfolgend aufgeführten
vier Schritten:

Schritt 1: Falldarstellung
Im ersten Schritt erfolgen eine sachliche Darstellung des Gesprächsinhaltes und ein Aufzeigen der angesprochenen Ereignisse, Themen der sprachlichen und nichtsprachlichen Handlungen und ihrer Begründungen. Diese Falldarstellung zielt auf einen Gesprächsbericht ohne Bewertung oder Interpretation der einzelnen Aspekte. Somit dient diese Dokumentation auch der Wahrung der intersubjektiven Nachvollziehbarkeit.

Ziel der Falldarstellung: Beantwortung des folgenden Fragenkomplexes: Welche Themen werden angesprochen? Wovon berichtet das Kind? → Stellen Sie die Gesprächsinhalte sachlich und ohne subjektive Bewertung dar.

Beispiel zur Falldarstellung: E und K unterhalten sich über den Moment, in dem K in der Kita ankommt und den Gruppenraum betritt. K berichtet von der Begrüßung durch Erzieherin N1. N1 fragt nach dem Befinden und K antwortet darauf mit einem Nicken, um die Frage ‚Geht es dir gut?' mit ‚Ja.' zu beantworten. K berichtet weiter davon, wie K nachsieht, was an verschiedenen Orten im Raum (Tisch, Hochebene, Puppenecke) ‚los ist', sich damit also einen Überblick über die aktuelle Situation verschafft.

Schritt 2: Darstellung von Handlungen und Handlungsbegründungen
Im zweiten Schritt werden die vom befragten Subjekt konkret geäußerten oder thematisierten ausgeführten Handlungen, also Handlungsmöglichkeiten beziehungsweise nicht ausgeführte Handlungen, also Handlungsbeschränkungen sowie die jeweiligen Begründungen des Handelns dargestellt. Das heißt, es werden die konkreten Handlungen im Hinblick auf das Ergreifen, Ausklammern oder Verwerfen von Handlungsmöglichkeiten hin dargestellt, je nachdem, worin das Handeln besteht.

Ziel der Darstellung von Handlungen und Handlungsbegründungen: Beantwortung des folgenden Fragenkomplexes: Welche Handlungsmöglichkeiten (im Sinne ausgeführter Handlungen) und Handlungsbeschränkungen (im Sinne nicht ausgeführter Handlungen) werden vom Kind konkret geäußert oder thematisiert? Welche Gründe für a) das Ergreifen von Handlungsmöglichkeiten, b) das Ausklammern von Handlungsmöglichkeiten, c) das Verwerfen von Handlungsmöglichkeiten werden vom Kind konkret geäußert oder thematisiert? → Stellen Sie die Handlungen und Handlungsbegründungen sachlich und ohne subjektive Bewertung dar.

Beispiel zur Darstellung von Handlungen und Handlungsbegründungen:

– K antwortet mit Kopfnicken auf die Frage von N1 nach dem Befinden.
– K geht durch den Gruppenraum und sieht nach, ‚was da los ist'.

- K weiß, dass N1 ihr Kopfnicken als Zustimmung beziehungsweise Bestätigung verstehen wird, und antwortet deshalb entsprechend. K kennt die räumliche Aufteilung in der Kita und weiß, wo Kinder spielen könnten (Tisch, Hochebene, Puppenecke).

Schritt 3: Rekonstruktion personaler beziehungsweise situationaler Bedingungen der alltäglichen Lebenssituation

Im dritten Schritt erfolgt eine Kategorisierung der Handlungsmöglichkeiten und ihrer Begründungen im Sinne einer Rekonstruktion der Bedingungen des Handelns.

Die Grundlage für die Rekonstruktion der Bedingungen der alltäglichen Lebenssituation ist die Unterscheidung des situationalen Aspekts und personalen Aspekts der Bedingungen. Die Handlungsmöglichkeiten werden erstens hinsichtlich äußerer, das heißt situationaler Bedingungen, wie zum Beispiel räumlicher, zeitlicher oder die Ereignisse oder Personen betreffende Bedingungen, betrachtet. Zweitens erfolgt die Auswertung der Handlungsmöglichkeiten hinsichtlich innerer, das heißt personaler Bedingungen, wie zum Beispiel Wissen, Können oder Interesse.

- Beispiele für einen situationalen Aspekt des Subjekts: räumliche Anordnung, Gegenstände, Ereignisse, zeitliche Ordnung, zwischenmenschliche Beziehungen, gesellschaftliche Struktur und so weiter
- Beispiele für einen personalen Aspekt des Subjekts: Wissen, Können, Fertigkeiten, Interesse, Bedürfnisse, Kooperationsfähigkeit, Lernfähigkeit, Motivation/Zwang, und so weiter

Diese Aufzählung ist exemplarisch und nicht als erschöpfend zu betrachten. *Ziel der Rekonstruktion personaler beziehungsweise situationaler Bedingungen der alltäglichen Lebenssituation:* Beantwortung des folgenden Fragenkomplexes: Welche konkreten äußeren beziehungsweise inneren Bedingungen können aus den geäußerten Handlungsmöglichkeiten und ihren Begründungen geschlussfolgert werden? → Stellen Sie die personalen beziehungsweise situationalen Bedingungen der alltäglichen Lebenssituation sachlich und ohne subjektive Bewertung dar.

Beispiel zur Rekonstruktion personaler beziehungsweise situationaler Bedingungen der alltäglichen Lebenssituation:

Situationaler Aspekt:

1. räumliche Aufteilung des Gruppenraums in der Kita: Puppenecke, Hochebene, Spieltisch, Sitzkreis
2. Personen: Erzieherin N1 und weitere Kinder im Gruppenraum
3. Situation/Ereignis: Begrüßung durch N1

Personaler Aspekt:

1. Wissen:
   * K kennt N1
   * K weiß, dass N1 das Kopfnicken als Bestätigung verstehen wird
   * K kennt die Aufteilung des Gruppenraums
   * K weiß, dass sie dort spielen darf
2. Interesse:
   * K möchte nachsehen, ‚was so los ist‘
   * K möchte ausdrücken, dass es ihr gut geht

Anschluss an die Auswertung von Informationen zur alltäglichen Lebenssituation: Im Anschluss an den dritten Auswertungsschritt gilt es, Schlussfolgerungen für die didaktische Planung der Sprachförderung zu ziehen. Dazu werden die rekonstruierten äußeren beziehungsweise inneren Bedingungen der alltäglichen Lebenssituation hinsichtlich ihrer sprachförderlichen Relevanz untersucht, wozu sowohl diagnostische Erkenntnisse der anderen Analyseebenen (Schritt 1–3) der sprachhandlungstheoretisch begründeten Diagnostik als auch die Gegenstandsbereiche der Sprachförderung sowie individuelle Förderziele herangezogen werden müssen. Dieser Schritt stellt die Grundlage für eine individuell zugeschnittene Sprachförderung dar.

Ziel der Schlussfolgerung für die didaktische Planung pädagogischer Sprachförderung: Beantwortung des folgenden Fragenkomplexes: Welche förderlichen beziehungsweise hinderlichen Bedingungen in Bezug auf die sprachliche Problemlage unter Einbezug aller diagnostischen Erkenntnisse der Analyseebenen pädagogischer Sprachdiagnostik, das heißt neben der alltäglichen Lebenssituationsanalyse und Sprachhandlungsanalyse auch Mikroanalyse der Sprache, sowie unter Berücksichtigung der Gegenstandsbereiche der Sprachförderung und individueller Förderziele sind erkennbar?

Sinnvoll erscheint bei der didaktischen Planung der pädagogischen Sprachförderung, das Konzept der Kooperativen Sprachdidaktik (Welling 2004; 2007) als Planungsgrundlage für die Sprachförderung im Unterricht oder in der Therapie zu nutzen (zur genauen Erläuterung dieses Konzepts siehe Abschnitt 3.2 in dieser Arbeit), denn es greift diejenigen Aspekte auf, die innerhalb der Gegenstandsbereiche pädagogischer Sprachförderung beschrieben werden. Als solche sind in Anlehnung an Welling (2009) und von Knebel (2015) zu nennen:

- Art des sprachlichen Handelns (Gebrauchsfunktion, Gebrauchsinhalt, Gebrauchswert)
- sprachliche Handlungserfahrungen (Möglichkeiten und Grenzen der sprachlichen Handlungsfähigkeit)
- sprachliche und außersprachliche Handlungsinhalte/Handlungsgegenstände (Interessen und Fähigkeiten)
- förderliche/hinderliche Kontexte in der alltäglichen Lebenssituation (Beziehungen)
- Erfahrungen des Kindes bezüglich Institutionen und Methoden sprachlicher Förderung.

Es wird deutlich, dass Ausgangspunkt und Ziel bei der Anwendung dieses Analyseverfahrens das Konzept der Kooperativen Sprachdidaktik (Welling 2004) ist, denn durch Anwendung des Analyseverfahrens können diejenigen Informationen gewonnen werden, die zur Ausgestaltung des in diesem Konzept enthaltenen Aspekts ‚Lebenssituation' benötigt werden. Mit dem in Zusammenhang mit dieser Arbeit eigenständig entwickelten Verfahren zur Erfassung und Auswertung von Informationen zur alltäglichen Lebenssituation von Schulkindern mit sprachlichen Beeinträchtigungen können daher förderliche beziehungsweise hinderliche Bedingungen der alltäglichen Lebenssituation von Schulkindern rekonstruiert und für eine pädagogische Sprachförderung genutzt werden.

Mit Beantwortung dieser zweiten Forschungsfrage wurde der Blick auf die methodische Umsetzung bei der Erfassung und Auswertung von Informationen zur alltäglichen Lebenssituation von Schulkindern mit sprachlichen Beeinträchtigungen gerichtet.

Im nachfolgenden Abschnitt werden die theoretische Untermauerung und methodische Durchführung des Verfahrens diskutiert und reflektiert.

7.3 Diskussion und Reflexion des theoretischen Fundaments zur Konzeptualisierung des Konstrukts der alltäglichen Lebenssituation sowie zur Entwicklung und Erprobung des Verfahrens zur Erfassung und Auswertung von Informationen zur alltäglichen Lebenssituation von Schulkindern mit sprachlichen Beeinträchtigungen

Im vorliegenden Abschnitt steht das theoretische Fundament in Form der handlungsleitenden Grundannahmen (vertiefend siehe Abschnitt 1.2) im Mittelpunkt der Diskussion und Reflexion. Auf diesem Fundament basieren die Konzeptualisierung von alltäglicher Lebenssituation sowie die Entwicklung des Analyseverfahrens der pädagogischen Sprachdiagnostik. Daher werden im Folgenden die handlungsleitenden Annahmen hinsichtlich ihrer Möglichkeiten und Grenzen bei der erfolgten Beantwortung der Forschungsfragen diskutiert und kritisch reflektiert. Das bedeutet, dass nachfolgend das theoretische Fundament der vorliegenden Arbeit erstens dahingehend hinterfragt wird, welchen Beitrag es zur Konzeptualisierung alltäglicher Lebenssituation leisten konnte, sowie zweitens, wie praktisch hilfreich und wissenschaftlich solide es zu der Entwicklung, Erprobung und Evaluation des Verfahrens zur Erfassung und Auswertung von Informationen zur alltäglichen Lebenssituation von Schulkindern mit sprachlichen Beeinträchtigungen beitragen konnte.

Zum theoretischen Fundament gehörten der Subjektstandpunkt, anthropologische Grundannahmen, erziehungswissenschaftliche Grundannahmen sowie erkenntnistheoretische Grundlagen. Diese theoretischen Untermauerungen werden im Folgenden aufgegriffen und hinsichtlich der zwei genannten Ziele diskutiert und reflektiert.

Der Subjektstandpunkt

Die Ergebnisse zur Konzeptualisierung von alltäglicher Lebenssituation verdeutlichen, inwiefern alltägliche Lebenssituation als subjektive Konstruktion aufzufassen ist. Der Beitrag des Subjektstandpunktes zur Konzeptualisierung von alltäglicher Lebenssituation liegt also darin, dass davon ausgegangen wird, dass das Subjekt, eingebunden in gesamtgesellschaftliche Zusammenhänge, begründet handelt und damit die Bedingungen seiner alltäglichen Lebenssituation produziert.

Hinsichtlich der Entwicklung, Erprobung und Evaluation des Analyseverfahrens zeigt sich, dass der Subjektstandpunkt einen Beitrag leisten konnte, da das

Einnehmen des Subjektstandpunktes in der Diagnostik dazu führt, die subjektiven Handlungsgründe der beteiligten Personen verstehen und damit Bedingungen der alltäglichen Lebenssituation rekonstruieren zu können. Der Wechsel vom Außenstandpunkt hin zum Standpunkt des Subjekts bedeutet dann, von Schulkindern als Subjekten in dem Prozess ihrer individuellen Entwicklung sprachlicher Handlungsfähigkeit auszugehen. Das Verstehen von Handlungsgründen trägt dann entscheidend dazu bei, pädagogische Sprachförderprozesse diagnosegeleitet zu gestalten. Für die pädagogische Sprachförderung wiederum bedeutet der Wechsel zum Subjektstandpunkt das Potenzial, Schulkinder als Subjekte zu betrachten, die im Rahmen der pädagogischen Sprachförderung aktiv an der Entwicklung ihrer sprachlichen Handlungsfähigkeit teilhaben.

Die Prinzipien dieses Standpunktes reichen insofern nicht aus, als die Subjektwissenschaft der Kritischen Psychologie (Holzkamp 1985) keinen Beitrag zur anthropologischen Wesensbestimmung des Menschen leistet. Aus diesem Grund wurden die handlungsleitenden Annahmen zum Subjektstandpunkt der Kritischen Psychologie ergänzt mit dem Menschen- und Weltbild der konstruktivistischen Handlungstheorie der Kooperativen Pädagogik.

Anthropologische Grundannahmen
Die Ausführungen zur Beantwortung der Forschungsfrage zur Konstruktion von alltäglicher Lebenssituation zeigen auf, inwiefern die anthropologischen Grundannahmen, mit denen ein Bild vom Wesen des Menschen skizziert wird, als handlungsleitend zu betrachten sind. Zentral in diesem Welt- und Menschenbild ist die Annahme eines Menschen als aktiv handelndes Subjekt. Diese wesentliche anthropologische Annahme über den Menschen leistet dadurch einen Beitrag für die Konzeptualisierung von alltäglicher Lebenssituation, sodass für die alltägliche Lebenssituation, die als Konstrukt zu betrachten ist, angenommen wird, dass sie durch eigenaktives Handeln des Subjekts konstruiert wird. Der Beitrag der anthropologischen Grundannahmen für die Entwicklung, Erprobung und Evaluation des Verfahrens zur Erfassung und Auswertung von Informationen zur alltäglichen Lebenssituation von Schulkindern mit sprachlichen Beeinträchtigungen liegt darin, dass auf Basis der Annahme eines aktiv handelnden Menschen die Handlungen der Schulkinder als ihre aktive Auseinandersetzung mit der Welt sowie die subjektiven Handlungsgründe fokussiert werden.

Mit der Annahme von alltäglicher Lebenssituation als kulturgebundenes sowie gesellschaftsbezogenes Konstrukt wird ebenfalls deutlich, inwiefern die anthropologischen Grundannahmen als handlungsleitend zu betrachten sind. Denn, so wurde deutlich, die Menschen ordnen die Erfahrungen, die sie in und mit ihrer Wirklichkeit machen, nach kulturellen Ordnungsstrukturen. Kulturelles Wissen wird durch kommunikative Handlungen an andere Menschen weitergegeben, womit der Bezug zu der Annahme über den Menschen als kulturgebunden und kulturschaffend hergestellt ist. Gleiches lässt sich für die Annahme über den Menschen als gesellschaftsbezogenes Wesen feststellen. Das Konstrukt von alltäglicher Lebenssituation ist ein gesellschaftsbezogenes Konstrukt, da die Bedingungen der alltäglichen Lebenssituation als gesellschaftliche Bedeutungsstrukturen dem Menschen gegenübertreten. Die Ergebnisse zur zweiten Forschungsfrage, die sich auf die Entwicklung, Erprobung und Evaluation des Analyseverfahrens bezieht, verweisen allerdings nicht explizit auf die Gesellschaftsbezogenheit des Menschen. An dieser Stelle zeigt sich ein Entwicklungspotenzial hinsichtlich der Weiterentwicklung des Analyseverfahrens, nämlich die Gesellschaftsbezogenheit zu berücksichtigen, worauf im Abschnitt 8.2 (Implikationen für zukünftige Forschungsfelder) zurückgekommen wird.

Es wurde festgestellt, dass das Konstrukt alltägliche Lebenssituation als Resultat zwischenmenschlicher Beziehungen, die sich in Kooperation und Kommunikation manifestieren, zu betrachten ist. Insbesondere in Anbetracht der Tatsache, als Konstruktionsfaktor von alltäglicher Lebenssituation kooperative beziehungsweise nicht-kooperative Beziehungen zu fassen, lässt sich ein Bezug zu der anthropologischen Grundannahme, dass menschliches Handeln stets Handeln unter Menschen darstellt und auf menschliches Handeln bezogen ist, herstellen. Festgestellt wurde in der vorliegenden Arbeit darüber hinaus, Kommunikation als Konstruktionsfaktor von alltäglicher Lebenssituation zu betrachten, da von kommunikativen Handlungen innerhalb der zwischenmenschlichen Beziehungen ausgegangen wird. Die Ergebnisse zur zweiten Forschungsfrage unterstreichen den Beitrag der anthropologischen Grundannahmen, da zwischenmenschliche Beziehungen als zu rekonstruierende Bedingung in das Analyseverfahren integriert wurden. An dieser Stelle zeigt sich zugleich ein ‚Blindfleck' innerhalb der anthropologischen Grundannahmen. Zwar wird an mehreren Stellen in den Ausführungen zu den anthropologischen Grundannahmen (von Knebel 2000) deutlich, inwiefern zwischenmenschliche Kommunikation implizit mitgedacht wird, beispielsweise bei der Annahme des Menschen als ein auf Mitmenschen bezogenes Wesen, jedoch wird nicht explizit auf zwischenmenschliche Kommunikation Bezug genommen. Welche Implikationen diese Feststellung mit sich bringt, wird in Kapitel 8 aufgegriffen.

Erziehungswissenschaftliche Grundannahmen – Bestimmung des Pädagogischen
Mit den Grundannahmen zur Bestimmung des Pädagogischen nach Benner (1995; 2001) wird auf allgemein-erziehungswissenschaftliche Bezugspunkte verwiesen.

Diese Bezugspunkte leisten einen wesentlichen Beitrag sowohl für die Konzeptualisierung von alltäglicher Lebenssituation als auch für die Entwicklung, Erprobung und Evaluation des Verfahrens zur Erfassung und Auswertung von Informationen zur alltäglichen Lebenssituation von Schulkindern mit sprachlichen Beeinträchtigungen, da so auf den pädagogischen Standpunkt verwiesen wird, der in der vorliegenden Arbeit eingenommen wird. Die dargestellten Grundannahmen beantworten die Frage danach, welche Aspekte den pädagogischen Standpunkt kennzeichnen. Die Ausführungen zur Bestimmung des Pädagogischen sind daher unverzichtbar bei der Entwicklung eines Analyseverfahrens, das in den Rahmen einer pädagogischen Sprachdiagnostik eingebettet ist. Wie im Abschnitt 3.3.1 dargestellt, handelt es sich um ein Verfahren, das förderdiagnostischen Prinzipien verpflichtet ist. Damit ist auf die theoretische Rahmung verwiesen, in die die Entwicklung, Erprobung und Evaluation des Analyseverfahrens eingebettet ist. Die theoretische Rahmung des Analyseverfahrens ist gekennzeichnet durch eben diese erziehungswissenschaftlichen Grundannahmen, insbesondere durch die Bestimmung des Pädagogischen nach Benner (2001; 2005), die in der vorliegenden Arbeit als handlungsleitend betrachtet werden. Eine Grenze weisen die allgemein-erziehungswissenschaftlichen Grundannahmen insofern auf, als dass sie keinen konkreten Bezug zu dem Begriff der Kooperation herstellen, obwohl doch zwischenmenschliche Beziehungen nicht unberücksichtigt bleiben bei der Annahme eines Menschen als ein erziehungsbedürftiges und erziehungsfähiges Wesen. Aus diesem Grund werden die allgemein-erziehungswissenschaftlichen Grundannahmen ergänzt mit Grundannahmen der konstruktivistischen Handlungstheorie der Kooperativen Pädagogik, die sich als allgemein-erziehungswissenschaftliches Konzept versteht.

Erziehungswissenschaftliche Grundannahmen – Konstruktivistische Handlungstheorie der Kooperativen Pädagogik
Menschliches Handeln steht im Mittelpunkt des Menschen- und Weltbildes, das sich auf Basis dieser Grundannahmen entwickeln lässt. Die Konstruktionsfaktoren des Konzepts von alltäglicher Lebenssituation und das entwickelte Analyseverfahren beziehen sich auf dieses Menschenbild. Daher lässt sich mit der Annahme, dass alltägliche Lebenssituation als Konstrukt aufgefasst wird, das im Wesentlichen durch menschliches Handeln konstruiert wird, auf die konstruktivistische Handlungstheorie der Kooperativen Pädagogik rekurrieren. Das zeigt den Beitrag auf, den die Grundannahmen der Kooperativen Pädagogik für die Konzeptualisierung von alltäglicher Lebenssituation leisten.

Auch die Ergebnisse hinsichtlich der Entwicklung, Erprobung und Evaluation des Analyseverfahrens verdeutlichen, welchen Beitrag die konstruktivistische

Handlungstheorie der Kooperativen Pädagogik hierzu leistet, da davon ausgegangen wird, dass die Bedingungen, die mittels des Analyseverfahrens rekonstruiert werden, vom Subjekt konstruiert werden. Dies ist in doppelter Hinsicht bedeutsam, denn zum einen werden die Bedingungen der alltäglichen Lebenssituation vom Subjekt konstruiert, beispielsweise vom Schulkind, das an der pädagogischen Sprachdiagnostik beteiligt ist und Auskunft über seine Handlungen und Handlungsgründe gibt. Zum anderen werden bei der Auswertung der Informationen zu Handlungen und Handlungsgründen des beteiligten Schulkindes die Bedingungen der alltäglichen Lebenssituation von dem Subjekt rekonstruiert, welches als diagnostizierende Person an der Diagnostik beteiligt ist. Daher handelt es sich um eine doppelte Konstruktion von alltäglicher Lebenssituation. Im ersten Fall konstruiert das Schulkind als Subjekt seine alltägliche Lebenssituation, im zweiten Fall konstruiert das Subjekt als diagnostizierende Person die Bedingungen der alltäglichen Lebenssituation des Schulkindes.

Sowohl die Ergebnisse zur Konzeptualisierung von alltäglicher Lebenssituation als auch jene bezüglich der Entwicklung, Erprobung und Evaluation des Analyseverfahrens verdeutlichen insofern die Bedeutung der Grundannahmen zur Handlungstheorie der Kooperativen Pädagogik, als dass sie sich auf das Hauptanliegen dieses allgemein-erziehungswissenschaftlichen Ansatzes beziehen, nämlich den Menschen als erkennendes und handelndes Wesen anzuerkennen. Unberücksichtigt bleibt im Denkrahmen der Kooperativen Pädagogik allerdings die Gesellschaftlichkeit des Menschen, weshalb die Annahmen der konstruktivistischen Handlungstheorie der Kooperativen Pädagogik in der vorliegenden Arbeit mit den subjektwissenschaftlichen Grundannahmen ergänzt werden.

Erkenntnistheoretische Grundlagen
Die Ausführungen zur Annahme einer subjektiven Konstruktion von alltäglicher Lebenssituation steht in engem Zusammenhang mit den erkenntnistheoretischen Grundannahmen. Die Ergebnisse der vorliegenden Arbeit verdeutlichen den Beitrag, den die erkenntnistheoretischen Grundannahmen sowohl für die Konzeptualisierung von alltäglicher Lebenssituation als auch für die Entwicklung, Erprobung und Evaluation des Analyseverfahrens leisten. Bei der Konstruktion von alltäglicher Lebenssituation wird auf eben dieses erkenntnistheoretische Verständnis rekurriert, da vom Subjekt erkannte Inhalte der Wirklichkeit strukturiert werden und die Grundlage für neue beziehungsweise weitere Erkenntnisse bilden. Konkret bezogen auf gesellschaftliche Erkenntnis bedeutet dies, dass vom Subjekt die gesellschaftlichen Zusammenhänge erkannt und geordnet werden, was mit der im Konzept von alltäglicher Lebenssituation beschriebenen Gesellschaftsbezogenheit gemeint ist. Der Beitrag zeigt sich außerdem in den Annahmen zur

Haltung der diagnostizierenden Person, die ein auf den erkenntnistheoretischen Annahmen basierendes Menschen- und Weltbild vertritt.

Abschließend kann festgehalten werden, dass alle theoretischen Grundannahmen für sich genommen einen wesentlichen Beitrag zur Beantwortung der Forschungsfragen der vorliegenden Arbeit leisten. Doch nur in ihrer sinnvollen Ergänzung bilden die theoretischen Grundannahmen die handlungsleitenden Annahmen der vorliegenden Arbeit sowohl für die Konzeptualisierung von alltäglicher Lebenssituation als auch für die Entwicklung, Erprobung und Evaluation des Verfahrens zur Erfassung und Auswertung von Informationen zur alltäglichen Lebenssituation von Schulkindern mit sprachlichen Beeinträchtigungen. So zusammengeführt bilden die handlungsleitenden Annahmen das theoretische Fundament der in der vorliegenden Arbeit gewonnenen Erkenntnisse zur Konzeptualisierung von alltäglicher Lebenssituation sowie zur Entwicklung, Erprobung und Evaluation des Verfahrens zur Erfassung und Auswertung von Informationen zur alltäglichen Lebenssituation von Schulkindern mit sprachlichen Beeinträchtigungen. Um auf Grundlage dieses theoretischen Fundaments die Forschungsfragen der vorliegenden Arbeit beantworten zu können, wurde ein methodischer Ansatz gewählt, der theoretische und empirische Arbeitsweisen kombiniert. In der nachfolgenden methodenorientierten Diskussion und Reflexion wird der Blick auf die methodische Vorgehensweise zur Beantwortung der Forschungsfragen gerichtet.

7.4   Methodenorientierte Diskussion und Reflexion

Im vorliegenden Abschnitt wird die methodische Vorgehensweise zur Beantwortung der Forschungsfragen der vorliegenden Arbeit diskutiert und hinsichtlich ihrer Möglichkeiten und Grenzen kritisch reflektiert. Für die methodische Vorgehensweise zur Beantwortung der zwei Forschungsfragen wurden zwei Ansätze gewählt: Es wurde erstens ein theoretischer Ansatz gewählt, bei dem auf Basis ausgewählter Konzepte und Annahmen der theoretischen Bezugsysteme der vorliegenden Arbeit der Frage nachgegangen wurde, welche Faktoren zur Konstruktion von alltäglicher Lebenssituation beitragen und wie alltägliche Lebenssituation konzeptualisiert wird. Zweitens wurde ein empirischer Ansatz verfolgt, um die zweite Forschungsfrage nach der Möglichkeit der Erfassung und Auswertung von Informationen zur alltäglichen Lebenssituation von Schulkindern mit sprachlichen Beeinträchtigungen zu beantworten. Das heißt, es wurden für die Erprobung und Evaluation des entwickelten Analyseverfahrens qualitative und quantitative Methoden zur Datenerhebung und Datenauswertung aller drei Teilevaluationen gewählt.

Der theoretische Ansatz zur Beantwortung der Frage nach den Konstruktionsfaktoren von alltäglicher Lebenssituation wurde gewählt, da er die Möglichkeit bietet, die ausgewählten theoretischen Bezugssysteme (zur Auswahl siehe 1.3) systematisch zu untersuchen. So konnte sich hinsichtlich der Frage nach der Konzeptualisierung von alltäglicher Lebenssituation mit bereits vorhandenen wissenschaftlichen Ansätzen und Konzepten der theoretischen Bezugssysteme auseinandergesetzt werden. Daraus konnten schließlich die Erkenntnisse dazu gewonnen werden, wie aus der Perspektive der vorliegenden Arbeit alltägliche Lebenssituation konzeptualisiert wird.

Kritisch zu betrachten ist die gewählte Vorgehensweise der literaturbasierten Auseinandersetzung dahingehend, dass kein Praxisbezug zur Beantwortung der ersten Forschungsfrage vorliegt. Das bedeutet, dass die Frage nach der Konstruktion von alltäglicher Lebenssituation zusätzlich empirisch fundiert werden könnte.

Zur Beantwortung der zweiten Forschungsfrage wurde ein empirischer Ansatz gewählt, der sowohl qualitative als auch quantitative Forschungsmethoden kombiniert. Die gewählte Vorgehensweise, die Erprobung und Evaluation des eigenständig entwickelten Analyseverfahrens in drei Schritten vorzunehmen, hat den Vorteil, dass die gewonnenen Erkenntnisse jeder der Teilevaluationen zur Modifizierung des Analyseverfahrens genutzt werden konnten und so die Grundlage für weitere Erkenntnismöglichkeiten der nachfolgenden Evaluation darstellen. Nachfolgend wird die gewählte Vorgehensweise übergreifend über alle drei Teilevaluationen reflektiert. Für eine detaillierte Reflexion der gewählten methodischen Vorgehensweise in den drei Teilevaluationen wird auf den Abschnitt 6.3.2 verwiesen.

Positiv hervorzuheben ist die Planung und Umsetzung der drei Teilevaluationen im Rahmen universitärer Lehrveranstaltungen im Lehramt für Sonderpädagogik. So konnten Studierende für die Durchführung der Erprobung des Analyseverfahrens sowie für die anschließende Befragung zur Erprobungssituation gewonnen werden, die zum einen den Zugang zur Schulpraxis haben (beispielsweise durch Schulpraktika), in der das Verfahren erprobt werden konnte. Zum anderen konnten sich die Studierenden in den universitären Lehrveranstaltungen im Vorfeld der Erprobung eingehend mit den theoretischen Grundlagen zur Entwicklung des Analyseverfahrens sowie zur Konstruktion von alltäglicher Lebenssituation auseinandersetzen.

Kritisch zu betrachten ist die gewählte Vorgehensweise dahingehend, dass drei einzelne Untersuchungen mit unterschiedlichen Samples geplant wurden, die jeweils über einen kurzen Zeitraum von wenigen Wochen durchgeführt wurden. So war es nicht möglich, den Entwicklungsprozess der Studierenden mit in die Untersuchung aufzunehmen und dahingehend zu betrachten, inwiefern sich mehrfach wiederholende und aufeinander aufbauende Erprobungen des Analyseverfahrens positiv auf die Erfassung und Auswertung von Informationen zur alltäglichen Lebenssituation von Schulkindern mit sprachlichen Beeinträchtigungen auswirken. Beispielsweise konnte nicht untersucht werden, ob sich eine stärkende Beziehung zwischen erwachsener Person und dem Kind, welches an der Diagnostik beteiligt ist, so auf die Gesprächsführung auswirkt, dass möglichst viele auszuwertende Informationen erfasst werden können, die im Anschluss an die handlungstheoretische Auswertung und Rekonstruktion von Bedingungen der pädagogischen Sprachförderung zugänglich gemacht werden können.

Des Weiteren liegt die Grenze der gewählten Vorgehensweise, die Erprobung und Evaluation in den so konzipierten drei Teilevaluationen durchzuführen, darin, dass drei unterschiedliche Samples gewählt wurden. Diesbezüglich erscheint es schwierig, aussagekräftige Ergebnisse hinsichtlich der Praktikabilität des Auswertungsleitfadens zu erhalten, wenn unterschiedliche Samples an der Datenerhebung und Datenauswertung beteiligt sind. Das bedeutet, dass es im Hinblick auf die Forschungsfrage nach der Praktikabilität des Auswertungsleitfadens hilfreich gewesen wäre, wenn es ein Sample gegeben hätte, das sowohl die Erfassung als auch die Auswertung von Informationen zur alltäglichen Lebenssituation von Schulkindern durchgeführt hätte, damit die befragten Personen auf dieser Grundlage begründete Aussagen zur Praktikabilität hätten treffen können. In Bezug auf die verwendeten Forschungsmethoden zur Befragung der Studierenden, die das Analyseverfahren erprobt haben, ist kritisch anzumerken, dass Forschung vom Subjektstandpunkt aus subjektwissenschaftlicher Sicht, wie in der vorliegenden Arbeit angestrebt, durch Verwendung qualitativer Methoden allein nicht gewährleistet werden kann. Zwar ermöglichen es qualitative Forschungsmethoden, wie beispielsweise qualitative Interviewformen, subjektive Erfahrungen der Befragten zu erfassen (Hopf 2013, 350), dennoch erfordert Forschung vom Subjektstandpunkt eine subjektwissenschaftliche Methodologie, die in den vorliegenden Teilevaluationen nicht angewendet wurde. Die Befragung der Studierenden hätte im Begründungsdiskurs in Form der Entwicklungsfigur nach Markard (2000; 2017) durchgeführt werden können, damit eine Weiterentwicklung des Analyseverfahrens vom Subjektstandpunkt aus vorgenommen hätte werden können. Der Subjektstandpunkt gewährleistet es, dass die Forschenden den Standpunkt innerhalb derjenigen Prozesse einnehmen, in denen der Erkenntnisgegenstand, im vorliegenden Fall die Modifizierbarkeit des erprobten Analyseverfahrens, liegt.

Darüber hinaus liegt eine Grenze des Verfahrens zur Erfassung und Auswertung von Informationen zur alltäglichen Lebenssituation von Schulkindern
mit sprachlichen Beeinträchtigungen darin, dass es noch keine Handanweisung
gibt, die Möglichkeiten aufweist, wie die mittels Analyseverfahren gewonnenen
Erkenntnisse zu Bedingungen der alltäglichen Lebenssituation für die Planung
und Umsetzung pädagogischer Sprachförderung nutzbar gemacht werden können.
Das bedeutet, dass es im Hinblick auf die Gestaltung pädagogischer Sprachförderprozesse hilfreich wäre, wenn es beispielsweise Vorschläge dazu gäbe, wie
bei Verwendung des Konzepts der Kooperativen Sprachdidaktik (Welling 2004)
die Erkenntnisse zur alltäglichen Lebenssituation eines Kindes dazu beitragen
können, Entscheidungen bezüglich der Planung individueller Sprachförderung zu
treffen.

Abschließend kann festgehalten werden, dass die gewählte Vorgehensweise,
literaturbasierte und empirische Ansätze zu kombinieren, dazu beigetragen hat,
die zwei Forschungsfragen der vorliegenden Arbeit zu beantworten. Die literaturbasierte, systematische Vorgehensweise, Konzepte und Ansätze der ausgewählten
theoretischen Bezugssysteme unter der Leitfrage, wie alltägliche Lebenssituation
konstruiert wird, zu untersuchen, konnte dazu beitragen, eine handlungstheoretisch begründete Bestimmung des Begriffs alltägliche Lebenssituation zu
konstituieren. Aufgrund der kombinierten empirischen Ansätze qualitativer und
quantitativer Forschungsmethoden für die Evaluation des Verfahrens zur Erfassung und Auswertung von Informationen zur alltäglichen Lebenssituation von
Schulkindern mit sprachlichen Beeinträchtigungen sowie der Erprobung in der
Schulpraxis ist es gelungen, solche Erkenntnisse hinsichtlich der Modifizierung
des Analyseverfahrens zu erhalten, die mit rein qualitativen oder rein quantitativen Forschungsmethoden nicht erkannt worden wären. So hat die gewählte
Vorgehensweise dazu beigetragen, das eigenständig entwickelte Analyseverfahren mehrfach zu erproben und mehrstufig zu evaluieren sowie auf Basis der
gewonnenen Erkenntnisse das Verfahren zur Erfassung und Auswertung von
Informationen zur alltäglichen Lebenssituation von Schulkindern mit sprachlichen
Beeinträchtigungen kontinuierlich weiterzuentwickeln.

7.5 Praxisbezogene Reflexion und Diskussion des Verfahrens zur Erfassung und Auswertung von Informationen zur alltäglichen Lebenssituation von Schulkindern mit sprachlichen Beeinträchtigungen

In diesem Abschnitt werden die Ergebnisse der vorliegenden Arbeit hinsichtlich ihrer Anwendbarkeit reflektiert und diskutiert. Im Folgenden werden drei Aspekte betrachtet: rstens die theoretische Auseinandersetzung mit dem Begriff ‚alltägliche Lebenssituation‘, auf die die praktische Verwendung des Konzepts von alltäglicher Lebenssituation einwirkt. Zweitens das Aufgabenfeld der pädagogischen Sprachförderung, in dem das Konzept von alltäglicher Lebenssituation Anwendung findet, da im Rahmen einer didaktischen Konzipierung pädagogischer Sprachförderung mit dem Konzept der Kooperativen Sprachdidaktik nach Welling (2004) der Begriff ‚alltägliche Lebenssituation‘ verwendet wird. Drittens das Aufgabenfeld der pädagogischen Sprachdiagnostik, in dem das Verfahren zur Erfassung und Auswertung von Informationen zur alltäglichen Lebenssituation Anwendung findet.

Theoretische Auseinandersetzung
Die herausgearbeitete und festgestellte uneinheitliche Verwendung der Begriffe ‚Lebenswelt‘ und ‚Lebensbedingungen‘ sowie die Ausklammerung der subjektwissenschaftlichen Perspektive in den Ausführungen von Beck und Greving (2015) (siehe vertiefend Kapitel 2) verdeutlichen zwei vordringliche Aspekte: Erstens die handlungstheoretisch fundierte Konzeptualisierung von alltäglicher Lebenssituation sowie zweitens die Etablierung eines subjektwissenschaftlichen Standpunktes innerhalb der theoretischen Auseinandersetzung mit dem Begriff ‚alltägliche Lebenssituation‘. Erforderlich wird daher ein wissenschaftlicher Subjektstandpunkt und damit eine gesellschaftliche Wissenschaft bei der Bestimmung des Begriffs ‚alltägliche Lebenssituation‘. Die subjektwissenschaftliche Perspektive ermöglicht es, die gesamtgesellschaftlichen Zusammenhänge zu betrachten, in die der Erkenntnisgegenstand ‚alltägliche Lebenssituation‘ eingebunden ist.
Die Ergebnisse der vorliegenden Arbeit zur Konzeptualisierung von alltäglicher Lebenssituation weisen auf eine theoretische Weiterentwicklung des Ansatzes der Kooperativen Pädagogik nach Schönberger, Jetter & Praschak (1987) hin. Die konstruktivistische Handlungstheorie der Kooperativen Pädagogik stellt eines der Bezugssysteme der vorliegenden Arbeit dar (siehe Abschnitt 1.3), und der Begriff ‚alltägliche Lebenssituation‘ findet sowohl in diesem Ansatz als auch in theoretischen Auseinandersetzungen der Sprachhandlungstheorie Anwendung. Daher wird davon ausgegangen, dass, wie im Abschnitt 2.1.5 konstatiert,

der Begriff von alltäglicher Lebenssituation im Denkrahmen der Kooperativen Pädagogik und der Sprachhandlungstheorie im Verständnis der vorliegenden Arbeit verwendet wird. Jedoch wird in den Ausführungen der Kooperativen Pädagogik oder der Sprachhandlungstheorie nicht explizit beschrieben, inwiefern der Begriff von alltäglicher Lebenssituation zu fassen ist. Diese Forschungslücke kann mit der Konzeptualisierung von alltäglicher Lebenssituation als Ergebnis der vorliegenden Arbeit geschlossen werden. In dieser Hinsicht können die Ergebnisse der vorliegenden Arbeit zur Konzeptualisierung von alltäglicher Lebenssituation zu einer Weiterentwicklung der Kooperativen Pädagogik und der Sprachhandlungstheorie beitragen.

Für eine konzeptionelle Weiterentwicklung des Konzepts der Kooperativen Pädagogik als theoretisches Bezugssystem und der Kooperativen Sprachdidaktik erscheint die subjektwissenschaftliche Perspektive, insbesondere der Subjektstandpunkt der Kritischen Psychologie, zentral. Die Theoriesprache der pädagogischen Sprachförderung und pädagogischen Sprachdiagnostik sollte es als Diskursebene übernehmen, vom Subjektstandpunkt aus Beschreibungen vorzunehmen. Das bedeutet, dass die Subjektperspektive dabei nicht als Gegenstand pädagogischer Sprachdiagnostik betrachtet wird, sondern zum diagnostischen Standpunkt wird. Daraus folgen würde, dass es innerhalb der pädagogischen Sprachdiagnostik möglich wird, von subjektiven Handlungsproblematiken der Schulkinder mit sprachlichen Beeinträchtigungen auszugehen, um diese in die didaktische Planung pädagogischer Sprachförderung einzubeziehen. Die Orientierung an subjektiven Handlungsproblematiken wird durch das Erfassen subjektiver Handlungsgründe ermöglicht und trägt so zur Entwicklung sprachlicher Handlungsfähigkeit und gesellschaftlicher Teilhabe im Sinne des allgemeinen Bildungsziels bei.

Offen geblieben ist an dieser Stelle die Frage danach, inwiefern die Lerntheorie Holzkamps (1993), die auf den grundlegenden Annahmen der Kritischen Psychologie (Holzkamp 1985) basiert, in die theoretische Erweiterung des Ansatzes der Kooperativen Pädagogik oder der Sprachhandlungstheorie einbezogen werden kann. Ein möglicher sinnvoller Einbezug der subjektwissenschaftlichen Lerntheorie als wissenschaftliches Bezugssystem könnte dann stattfinden, wenn dahingehend gefragt wird, inwiefern subjektives Lernen im Sinne des subjektorientierten Lernverständnisses im Zusammenhang mit der Entwicklung sprachlicher Handlungsfähigkeit zur Konstruktion von alltäglicher Lebenssituation beiträgt.

Aufgabenfeld pädagogische Sprachförderung
Die Ergebnisse der vorliegenden Arbeit zeigen auf, dass das Konzept von alltäglicher Lebenssituation einen Beitrag zur inhaltlichen Ausfüllung des Aspekts ‚alltägliche Lebenssituation' im Konzept der Kooperativen Sprachdidaktik nach

Welling (2004) liefert. Daher kann das in der vorliegenden Arbeit entfaltete Konzept von alltäglicher Lebenssituation die Konzeptualisierung einer Unterrichtsdidaktik beziehungsweise Therapiedidaktik im Kontext sprachbehindertenpädagogischer Praxis weiterentwickeln, denn es findet eine Bereicherung für das Konzept der Kooperativen Sprachdidaktik nach Welling (2004) statt, da die genannten Aspekte durch Rückgriff auf das Konzept von alltäglicher Lebenssituation näher bestimmt werden und so dem Anspruch und der Aufgabe Kooperativer Sprachdidaktik (siehe Abschnitt 3.2) gerecht werden können.

Bereicherung erfährt das Konzept der Kooperativen Sprachdidaktik unter Einbezug des in der vorliegenden Arbeit entwickelten Konzepts von alltäglicher Lebenssituation weiterhin durch das Einnehmen des Subjektstandpunkts. Daraus folgt, dass das Subjekt als aktiv an der Entwicklung seiner Handlungsfähigkeit erkannt und anerkannt wird. Dies entspricht dem allgemeinen Bildungsziel der Selbst- und Mitbestimmung aus pädagogischer Perspektive mit Bezug auf allgemein-erziehungswissenschaftliche Grundlagen, denn das Subjekt entwickelt sowohl im subjektiven Möglichkeitsraum als auch in gesamtgesellschaftlichem Zusammenhang subjektive Handlungsstrukturen.

Der subjektwissenschaftliche Ansatz dient auf der Reflexionsebene außerdem dazu, die Möglichkeiten und Grenzen pädagogischer Sprachförderprozesse zu erkennen. Als Reflexionsgrundlage können Entwicklungsmöglichkeiten oder -hindernisse erkannt werden, wenn in didaktisch-konzeptioneller Hinsicht die Frage gestellt wird, inwiefern die Einnahme des Subjektstandpunkts der Entwicklung pädagogischer Sprachförderkonzepte dienlich sein kann. Gründe für diese These sind, wie im Konzept der Kooperativen Sprachdidaktik nach Welling (2004) vorgesehen, das Einnehmen des Subjektstandpunkts, das dazu führt, sich vom Vermittlungsstandpunkt und der Verfolgung normativer Zielvorgaben abzukehren und den Fokus auf die Entwicklung der sprachlichen Handlungsfähigkeit zu legen.

Aufgabenfeld pädagogische Sprachdiagnostik
Die Ergebnisse zur Konzipierung von alltäglicher Lebenssituation lassen an die theoretischen Ausführungen zur pädagogischen Sprachdiagnostik anknüpfen und weisen darauf hin, inwiefern auf Basis der Erkenntnisse der vorliegenden Arbeit in theoretischer Hinsicht die Analyseebenen der ‚biografischen Analyse' und der ‚Sprachhandlungsanalyse' nicht konzeptionell, aber hinsichtlich der verwendeten Begriffe neu aufgestellt werden sollten, um die aus den Erkenntnissen der vorliegenden Arbeit zur Konzeptualisierung von alltäglicher Lebenssituation resultierenden Annahmen zur Rekonstruktion von Bedingungen der alltäglichen Lebenssituation innerhalb der pädagogischen Sprachdiagnostik zu fundieren.

Die Analyseebenen der pädagogischen Sprachdiagnostik (von Knebel 2016, 83) wurden auf Basis der gewonnenen Erkenntnisse überarbeitet. Als Ergebnis der Überarbeitung liegt eine Übersicht über die ineinandergreifenden Bereiche der Analyse der alltäglichen Lebenssituation vor (siehe Abbildung 7.1).

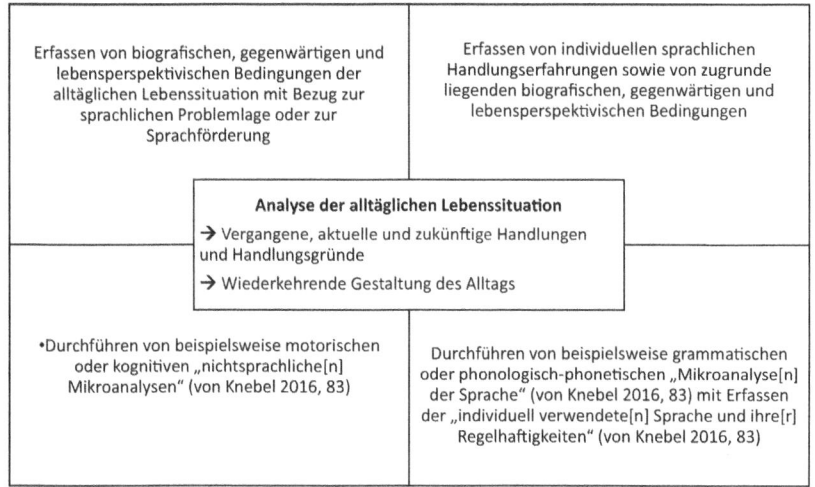

Abbildung 7.1   Analyse der alltäglichen Lebenssituation. (Eigene Darstellung)

Mit der Analyse der alltäglichen Lebenssituation werden biografische, gegenwärtige und lebensperspektivische Bedingungen erfasst, soweit ein Bezug zur sprachlichen Problemlage oder zur Sprachförderung herstellbar ist. Zum Beispiel wird nach vergangenen, aktuellen und zukünftigen Handlungen und Handlungsgründen sowie Erfahrungen gefragt, denn die wiederkehrende Gestaltung des Alltags steht hier im Mittelpunkt der Analyse. Dadurch dass außerdem die individuellen Handlungserfahrungen mit Sprache und ihre biografischen, aktuellen und lebensperspektivischen Bedingungen erfasst werden, wird eine Sprachhandlungsanalyse innerhalb der Analyse der alltäglichen Lebenssituation durchgeführt. Eine „Mikroanalyse der Sprache" (von Knebel 2016, 83) sowie „nichtsprachliche Mikroanalysen" (von Knebel 2016, 83) sind ebenfalls Teil der Analyse der alltäglichen Lebenssituation.

In methodischer Hinsicht stellt das Verfahren zur Erfassung und Auswertung von Informationen zur alltäglichen Lebenssituation von Schulkindern mit sprachlichen Beeinträchtigungen eine konkrete Möglichkeit für diagnostizierende

Personen dar, pädagogische Sprachdiagnostik entsprechend der drei Analyseebenen planen und durchführen zu können, um pädagogische Sprachförderprozesse diagnosegeleitet gestalten zu können. Grund für diese These ist, dass das Analyseverfahren durch den Rückgriff auf die gewählten theoretischen Bezugssysteme und die Konzeptualisierung von alltäglicher Lebenssituation solide theoretisch fundiert ist. Auf Grundlage der Erkenntnisse der vorliegenden Arbeit zur Konstruktion von alltäglicher Lebenssituation wurde das Analyseverfahren entwickelt, erprobt, mehrstufig evaluiert und auf Basis der Evaluationsergebnisse modifiziert, sodass die Anwendungsbezogenheit des Analyseverfahrens gestärkt werden konnte. Dadurch dass in Anwendung des Analyseverfahrens der diagnostische Standpunkt des Subjekts und damit eine subjektorientierte, erkenntnistheoretische Perspektive eingenommen wird, können die Informationen zur alltäglichen Lebenssituation in einem Verstehensdiskurs statt in einem Bedingtheitsdiskurs erfasst werden. Dies wiederum führt zu der Möglichkeit der Rekonstruktion von Bedingungen der alltäglichen Lebenssituation, welche relevant für individuell zugeschnittene pädagogische Sprachförderung sind.

Außerdem bieten die subjektorientierte Perspektive und das Einnehmen des Subjektstandpunkts die Möglichkeit, auf einer Reflexionsebene die strukturellen Möglichkeiten und Grenzen der pädagogischen Sprachdiagnostik zu analysieren und zu reflektieren. Damit kann erkannt werden, inwieweit es strukturell möglich ist, mit dieser methodischen Vorgehensweise Anschluss an subjektive Handlungsmöglichkeiten in ihrer gesellschaftlichen Vermitteltheit herzustellen.

Mit diesem theoretisch fundierten und mehrfach erprobten Verfahren zur Erfassung und Auswertung von Informationen zur alltäglichen Lebenssituation von Schulkindern mit sprachlichen Beeinträchtigungen ergibt sich für diagnostizierende Personen die Möglichkeit, strukturiert Informationen zur alltäglichen Lebenssituation von Schulkindern mit sprachlichen Beeinträchtigungen zu erfassen und zu analysieren und die Schulkinder dabei als Subjekte zu betrachten, die sowohl an der diagnostischen Situation als auch an der pädagogischen Sprachförderung und der Entwicklung ihrer sprachlichen Handlungsfähigkeit aktiv mitwirken.

Die Ausführungen verdeutlichen, inwiefern die im Abschnitt 2.2 aufgezeigten Forschungslücken geschlossen werden konnten: Zum einen liegt mit den Ergebnissen der vorliegenden Arbeit ein theoretisch fundiertes Konzept von alltäglicher Lebenssituation vor. Zum anderen wird mit dem Verfahren zur Erfassung und Auswertung von Informationen zur alltäglichen Lebenssituation von Schulkindern mit sprachlichen Beeinträchtigungen eine theoretisch fundierte und empirisch erprobte strukturierte Vorgehensweise für die pädagogische Sprachdiagnostik angeboten.

Implikationen für die pädagogische Sprachdiagnostik und pädagogische Sprachförderung sowie für zukünftige Forschungsfelder auf Basis der Befunde der vorliegenden Arbeit

8

Das vorliegende Kapitel gibt auf Basis der vorherigen Ausführungen zur Reflexion und Diskussion der Vorgehensweise und Ergebnisse der vorliegenden Arbeit einen Ausblick auf Implikationen für das Aufgabenfeld der pädagogischen Sprachdiagnostik und pädagogischen Sprachförderung (8.1). Daran anschließend werden Implikationen für zukünftige Forschungsfelder (8.2) beschrieben.

8.1 Implikationen für pädagogische Sprachdiagnostik und pädagogische Sprachförderung

Um das Verfahren zur Erfassung und Auswertung von Informationen zur alltäglichen Lebenssituation von Schulkindern mit sprachlichen Beeinträchtigungen beteiligten Personen, also Agierenden in pädagogischer Sprachdiagnostik und pädagogischer Sprachförderung, zugänglich zu machen, gilt es, die Befunde dieser Arbeit im Sinne eines Wissenschaftstransfers zu kommunizieren. So ist zum einen eine Einbindung der Erkenntnisse der vorliegenden Arbeit in die universitäre Lehre im Studium des Lehramts für Sonderpädagogik wünschenswert. Zum anderen wären beispielsweise Workshops für Lehrkräfte denkbar, die vor der Herausforderung stehen, im Rahmen pädagogischer Sprachdiagnostik die alltägliche Lebenssituation von Kindern zu erfassen, um den Lehrkräften mit den Erkenntnissen der vorliegenden Arbeit zur Erfassung und Auswertung von Informationen zur alltäglichen Lebenssituation eine mögliche Lösung vorschlagen zu können. Außerdem wäre es erstrebenswert, durch Publikationen in einschlägigen Zeitschriften, die von Agierenden in pädagogischer Sprachdiagnostik und Sprachförderung gelesen werden, die Erkenntnisse zur Konzeptualisierung von alltäglicher Lebenssituation sowie zur Durchführung des Analyseverfahrens anzubieten.

© Der/die Autor(en) 2023
S. Schlüter, *Alltägliche Lebenssituation sprachbeeinträchtigter Kinder*,
https://doi.org/10.1007/978-3-658-42148-9_8

Eine Anwendung des Analyseverfahrens in förderdiagnostischen Situationen anderer Bereiche der Pädagogik bei Behinderung und Benachteiligung erscheint auf Grundlage der gewonnenen Erkenntnisse zur Erprobung und Evaluation des Analyseverfahrens durchführbar, sofern eine Rekonstruktion von Bedingungen der alltäglichen Lebenssituation von Schulkindern angestrebt wird. Ein möglicher Anknüpfungspunkt liegt beispielsweise in der Pädagogik bei Beeinträchtigungen des Lernens und bei sozial-emotionalen Beeinträchtigungen, wenn förderliche beziehungsweise hinderliche Bedingungen der alltäglichen Lebenssituation für eine pädagogische Förderung bei Beeinträchtigung des Lernens und der emotionalen und sozialen Entwicklung rekonstruiert werden sollen. Dadurch könnte der im Bereich Pädagogik bei Beeinträchtigungen des Lernens verbreitete Ansatz der Lebenslage beziehungsweise sozialen Lage durch die Erkenntnisse zur Erfassung und Auswertung von Informationen zur alltäglichen Lebenssituation der vorliegenden Arbeit unterstützt werden.

Anwendungsmöglichkeiten des Analyseverfahrens ergeben sich zudem nicht nur bei Schulkindern, sondern auch bei Personen anderer Altersgruppen wie Vorschulkinder oder Jugendliche und Erwachsene, die an pädagogischer Sprachförderung und pädagogischer Sprachdiagnostik beteiligt sind. Auch bei diesen Zielgruppen wäre eine Anwendung in anderen förderdiagnostischen Situationen denkbar, da Bedingungen der alltäglichen Lebenssituation nicht nur förderlich beziehungsweise hinderlich in Bezug auf Sprachentwicklung und Sprachgebrauch wirken, sondern eine Rekonstruktion förderlicher und hinderlicher Bedingungen für alle Bereiche, in denen Lernen und Entwicklung stattfinden, fruchtbar gemacht werden kann. Zu beachten wäre bei einer Durchführung mit jüngeren Kindern wie beispielsweise Vorschulkindern, dass das Verfahren unter entwicklungspsychologischer Fragestellung bezüglich des Erinnerns und des Gedächtnisses explizit evaluiert und gegebenenfalls angepasst wird (siehe nächsten Abschnitt 8.2).

Des Weiteren ergibt sich aufgrund der Ergebnisse der Erprobung und Evaluation des Analyseverfahrens in Bezug auf die pädagogische Sprachdiagnostik und Sprachförderung im inklusiven Unterricht die Notwendigkeit, die diagnostizierenden Personen, beispielsweise Lehrkräfte, in Bezug auf die theoretischen Grundlagen des Konzepts von alltäglicher Lebenssituation und die praktische Anwendung des Analyseverfahrens zu schulen und bei der Durchführung zu unterstützen. Denkbar erscheint darüber hinaus, im Sinne eines Wissenschafts-Praxis-Transfers eine weitere Handlungsanweisung zu formulieren, die sich auf die Nachbereitung der Analyseergebnisse bezieht, sodass es den diagnostizierenden Personen möglich wird, zu erkennen, wie sie die gewonnenen Erkenntnisse für eine pädagogische Sprachförderung nutzen können.

8.2   Implikationen für zukünftige Forschungsfelder

In Anlehnung an die geschlossenen Forschungslücken und die Reflexion dazu ergeben sich weitere Forschungsfragen sowohl in Bezug auf die theoretische Fundierung des Konzepts von alltäglicher Lebenssituation als auch hinsichtlich der Erfassung und Auswertung von Informationen zur alltäglichen Lebenssituation.

In Bezug auf die theoretische Fundierung lassen sich auf Grundlage der Ergebnisse der vorliegenden Arbeit die gewonnenen Erkenntnisse zur Konstruktion von alltäglicher Lebenssituation durch weitere Untersuchungen ergänzen: Es wäre zu prüfen, inwiefern weitere strukturidentische Bezugssysteme einbezogen werden könnten, um der Frage nachzugehen, ob sich daraus andere beziehungsweise neue Erkenntnisse für die Konstruktionsfaktoren von alltäglicher Lebenssituation ergeben würden.

Des Weiteren wäre es lohnenswert, in Bezug auf die Konzipierung des Konstrukts alltägliche Lebenssituation nicht nur theoriegeleitet zu forschen, sondern auch der Frage nachzugehen, ob und wie das theoretische Konzept empirisch fundiert werden kann. In dem Zusammenhang wäre es außerdem interessant, wenn untersucht werden würde, inwiefern sich das Konstrukt von alltäglicher Lebenssituation verändert, wenn der Fokus jeweils nur auf biografische, lebensperspektivische oder aktuelle Bedingungen gelegt wird. Interessant ist diese Ausrichtung deshalb, da damit folgender Frage nachgegangen werden könnte: Wird eine Fokussierung in theoretischer Hinsicht relevant oder ist diese Frage vielmehr für die methodische Vorgehensweise zur Erfassung bedeutsam?

Hinsichtlich der methodischen Vorgehensweise bei der Erfassung und Auswertung von Informationen zur alltäglichen Lebenssituation von Schulkindern mit sprachlichen Beeinträchtigungen ließe sich folgende weiterführende Forschung anschließen:

Wie in der vorliegenden Arbeit begonnen, könnte die Erprobung des Analyseverfahrens weitergeführt und ausgeweitet werden. Der Mehrwert einer umfassenderen Erprobung wäre, dass mit einer diagnostischen Erhebung und Planung von Fördersequenzen auf Basis der rekonstruierten Bedingungen der alltäglichen Lebenssituation sowie einer Verständigung über die Vorgehensweise in der pädagogischen Sprachförderung spezifische Erkenntnisse hinsichtlich der Erweiterung der sprachlichen Handlungsfähigkeit der beteiligten Kinder gewonnen werden könnten. Dabei könnte auf individuelle sprachliche Problemlagen bei den beteiligten Kindern gezielt eingegangen werden, sodass eine Möglichkeitsverallgemeinerung im Sinne Holzkamps (1985) anvisiert werden kann.

In Bezug auf die Erprobung und Evaluation des Analyseverfahrens besteht weiterer Forschungsbedarf hinsichtlich der Stichprobe. Es müsste mit einer breit angelegten Untersuchung eine größere Stichprobe, die sowohl die beteiligten Kinder betrifft als auch die diagnostizierenden Personen einschließt, und über einen längeren Zeitraum die Evaluation durchgeführt werden, um möglichst umfassende weitere Erkenntnisse hinsichtlich der Anwendbarkeit des Analyseverfahrens zu erhalten. Im Hinblick auf die damit zusammenhängende Modifizierung der methodischen Vorgehensweise des Analyseverfahrens wäre zu prüfen, ob noch weitere qualitative und/oder quantitative Forschungsmethoden eingesetzt werden könnten, um Informationen zur alltäglichen Lebenssituation erhalten zu können. Beispielsweise wäre denkbar, dass eine teilnehmende Beobachtung und Befragung von Bezugspersonen zielführend sein könnten, denn dadurch können weitere Informationen zur alltäglichen Lebenssituation des an der Diagnostik beteiligten Kindes erfasst werden, die das Handeln und die Handlungsgründe der Bezugspersonen betreffen und zur Rekonstruktion von Bedingungen der alltäglichen Lebenssituation des beteiligten Kindes beitragen können.

Außerdem erscheint es lohnenswert zu untersuchen, ob durch Gruppendiskussionen, an denen mehrere Bezugspersonen des an der Diagnostik beteiligten Kindes teilnehmen, weitere oder im Vergleich zum Einzelgespräch andere Informationen zur alltäglichen Lebenssituation erhalten werden können, die sich spontan aus der geführten Diskussion der beteiligten Personen heraus ergeben.

Des Weiteren könnte in zukünftigen Untersuchungen zur Erprobung des Analyseverfahrens, ausgehend von den in der vorliegenden Arbeit gewonnenen Erkenntnissen, gefragt werden, inwiefern bei der Erfassung von Informationen zur alltäglichen Lebenssituation eines Kindes an einer konkreten Handlungsproblematik des beteiligten Kindes angesetzt werden kann, um konkrete behindernde Bedingungen zu erkennen. Im Prozess der Verständigung über diese Bedingungen werden Konsequenzen für pädagogische Sprachförderung gezogen und deren Umsetzung wiederum in den Prozess der Verständigung eingebettet. Dieses Vorgehen würde der Entwicklungsfigur entsprechen, die von Markard (2000) vorgeschlagen wird.

In der vorliegenden Arbeit liegt der Fokus bei der Erfassung und Auswertung von Informationen zur alltäglichen Lebenssituation auf Schulkinder, weil die Erziehung und die Bildung von Kindern mit sprachlichen Beeinträchtigungen im schulischen Kontext im Mittelpunkt der Annahmen stehen. Denkbar wäre, ergänzend andere Bereiche einzubeziehen, in denen Erziehung und Bildung von Kindern stattfindet, beispielsweise der Elementarbereich der Kindertagesbetreuung oder die Vorschule. Allerdings müsste in beiden Fällen hinsichtlich entwicklungspsychologischer Annahmen zu Erinnern und Gedächtnis das Analyseverfahren für diese Altersgruppe angepasst werden. Es wäre also zu untersuchen, inwiefern Handlungen und Handlungsgründe von jüngeren

Kindern reflektiert und ausgedrückt werden können, sodass eine Verständigung ermöglicht wird. Möglich wäre bei Einbezug jüngerer Kinder, die Befragung mit der Methode der teilnehmenden Beobachtung zu ergänzen oder zusätzlich enge Bezugspersonen zu befragen und diese Erkenntnisse in die Rekonstruktion von Bedingungen der alltäglichen Lebenssituation miteinzubeziehen.

Nicht forschend betrachtet wurde in der vorliegenden Arbeit die Ebene der Unterrichtsentwicklung als Teil von Schulentwicklungsforschung: Hier stellt sich die Frage danach, welche Bedeutung die Anwendung des Analyseverfahrens beziehungsweise das Einnehmen eines Subjektstandpunktes in der pädagogischen Sprachdiagnostik für den inklusiven Unterricht hat. Subjektwissenschaftliche Diagnostik, konkret das hier entwickelte Analyseverfahren, kann dann für die Schulentwicklungsforschung einen entscheidenden Beitrag leisten, wenn über einen längeren Zeitraum die Bedeutung eines diagnostischen Subjektstandpunkts für die pädagogische Sprachförderung im inklusiven Unterricht untersucht werden könnte. Darüber hinaus erscheint es lohnenswert im Sinne der interdisziplinären Diagnostik, eine Verständigung über die Bedingungen der alltäglichen Lebenssituation nicht nur hinsichtlich der Erweiterung der sprachlichen Handlungsfähigkeit, sondern beispielsweise bezüglich eingeschränkter Handlungsfähigkeit im Zusammenhang mit schulischem Lernen zu untersuchen.

Übergeordnet zu den konkreten möglichen weiteren Untersuchungen ergeben sich Implikationen hinsichtlich der Forschungsmethoden als Mittel der Erkenntnis. Auf Basis der vorliegenden Arbeit ist zu fragen, was es bedeutet, als wissenschaftlichen Standpunkt den Standpunkt des Subjekts einzunehmen. Die Subjektperspektive wird nicht als Gegenstand, sondern als Standpunkt wissenschaftlicher Forschung betrachtet, was bedeutet, die gesellschaftlichen Zusammenhänge zu betrachten und subjektives Handeln in Bedeutungskonstellationen zu erforschen, da aus subjektwissenschaftlicher Perspektive der Erkenntnisgegenstand nicht losgelöst von gesamtgesellschaftlichen Zusammenhängen betrachtet werden kann. In diesem Zusammenhang lässt sich ein Entwicklungspotenzial in Bezug auf das Analyseverfahren erkennen, indem nämlich die Gesellschaftlichkeit des Menschen einbezogen wird. Die Frage, die sich dann stellt, bezieht sich auf die Weiterentwicklung des Verfahrens, sodass die gesamtgesellschaftliche Relevanz der einzelnen Handlungen und der Entwicklung von Handlungsfähigkeit des einzelnen Handelnden stärker einbezogen wird. Indem danach gefragt werden würde, wie Menschen mit sprachlichen Beeinträchtigungen sich als Subjekte aktiv zu den Bedingungen ihrer alltäglichen Lebenssituation verhalten können, um ihre sprachliche Handlungsfähigkeit und damit ihre Selbst- und Mitbestimmung erweitern zu können, könnte wissenschaftlicher Fortschritt in Verbindung mit der Entwicklung gesellschaftlicher Praxis stehen, denn Wissenschaft wird dann zu einem Bestandteil der gesellschaftlichen Entwicklung.

In theoretischer beziehungsweise konzeptioneller Hinsicht wäre in Bezug auf eine Erweiterung des Ansatzes der Kooperativen Pädagogik um den Subjektstandpunkt zu fragen, wo die Grenzen dieses konstruktivistischen Ansatzes liegen und wie sich die konstruktivistische Handlungstheorie der Kooperativen Pädagogik durch theoretische Annahmen der Lerntheorie Holzkamps ergänzen lässt sowie welche Auswirkungen der Einbezug der subjektwissenschaftlichen Lerntheorie auf die Weiterentwicklung des Konzepts der Kooperativen Sprachdidaktik hätte. Die subjektwissenschaftliche Lerntheorie geht davon aus, dass das Subjekt dann lernt, wenn es Gründe dafür hat, die in den Bedingungen seiner alltäglichen Lebenssituation liegen. Menschliches Lernen ist aus Perspektive der Kooperativen Pädagogik (Jetter 1985a) als Handlungserfahrung des Menschen in seiner individuellen Lebensgeschichte zu fassen, daher könnte sich dieser Aspekt schlüssig mit den subjektwissenschaftlichen Annahmen zum menschlichen Lernen nach Holzkamp (1993) ergänzen lassen.

Schlusswort 9

Die Ziele der vorliegenden Arbeit bestanden erstens darin, in den Blick zu nehmen, wie sich das Konzept von alltäglicher Lebenssituation aus handlungstheoretischer Sicht fassen lässt. Zweitens zielte die vorliegende Arbeit darauf ab, zu untersuchen, wie Informationen zur alltäglichen Lebenssituation von Schulkindern mit sprachlichen Beeinträchtigungen erfasst und ausgewertet werden können, um sich auf die Analyseergebnisse als förderliche beziehungsweise hinderliche Bedingungen der alltäglichen Lebenssituation in der pädagogischen Sprachförderung beziehen zu können, sprich: um die Informationen für die Planung pädagogischer Sprachförderung zu verwenden.

Die Relevanz, diese Ziele in der vorliegenden Arbeit zu verfolgen, lässt sich mit drei Punkten verdeutlichen: Erstens lag ein umfassend sprachhandlungstheoretisch fundiertes Konzept von alltäglicher Lebenssituation bisher nicht vor. Zweitens fand der Zusammenhang von alltäglicher Lebenssituation und Sprachförderung beziehungsweise Sprachdiagnostik bislang wenig Beachtung in sprachbehindertenpädagogischen Konzepten und war zudem bisher pädagogisch nicht ausreichend fundiert. Drittens handelte es sich bei der biografischen Analyse (Welling 1990) als Teil pädagogischer Sprachdiagnostik um ein noch nicht detailliert erarbeitetes Konzept, wie Informationen zur alltäglichen Lebenssituation von Kindern mit sprachlichen Beeinträchtigungen erfasst und ausgewertet werden können, um die Grundlage für individuell zugeschnittene Sprachförderung darzustellen.

Daher wurde erstens literaturbasiert ein Konzept von alltäglicher Lebenssituation als Konstrukt entwickelt. Zweitens wurde aus einem förderdiagnostischen Verständnis heraus theoriegeleitet ein Analyseverfahren entwickelt, anschließend erprobt und mehrstufig mit einem Design evaluiert, das sowohl qualitative als auch quantitative Forschungselemente zu Datenerhebung und Datenauswertung enthielt.

© Der/die Autor(en) 2023
S. Schlüter, *Alltägliche Lebenssituation sprachbeeinträchtigter Kinder*,
https://doi.org/10.1007/978-3-658-42148-9_9

Die Befunde der vorliegenden Arbeit zeigen auf, dass alltägliche Lebenssituation als Konstrukt aus der Perspektive eines pädagogischen, subjektwissenschaftlichen und konstruktiv-handlungstheoretischen Standpunktes heraus aufzufassen
ist. Des Weiteren weisen die Ergebnisse der Entwicklung, Erprobung und
Evaluation des Analyseverfahrens auf die Möglichkeit hin, mit der methodisch-
strukturierten Vorgehensweise des entwickelten Analyseverfahrens, nämlich im
Begründungsdiskurs, Informationen über die alltägliche Lebenssituation von
Schulkindern mit sprachlichen Beeinträchtigungen erfassen und analysieren zu
können, sodass zum einen eine Rekonstruktion von Bedingungen der alltäglichen
Lebenssituation ermöglicht wird und zum anderen Herleitungen für die weitere
pädagogische Sprachförderung getroffen werden können.

Damit trägt die vorliegende Arbeit dazu bei, in theoretischer Hinsicht
die Bestimmung von alltäglicher Lebenssituation handlungstheoretisch fundiert
beschreiben zu können sowie in methodischer Hinsicht eine Vorgehensweise zur
Erfassung und Auswertung von Informationen zur alltäglichen Lebenssituation
von Schulkindern mit sprachlichen Beeinträchtigungen aufweisen zu können. Die
theoretischen Grundlagen des Konzepts von alltäglicher Lebenssituation sowie die
diagnostisch gewonnenen Erkenntnisse zu förderlichen beziehungsweise hinderlichen Bedingungen der alltäglichen Lebenssituation können einer pädagogischen
Sprachförderung zuträglich gemacht werden und es ermöglichen, zu der Entwicklung der sprachlichen Handlungsfähigkeit und der damit einhergehenden Selbst-
und Mitbestimmung der beteiligten Schulkinder beizutragen.

Quellen

Ahrbeck, B., Schuck, K. D. & Welling, A. (1992). Aspekte einer sprachbehindertenpädagogischen Professionalisierung integrativer Praxis. *Die Sprachheilarbeit, 37* (6), 287–302.

Baldauf-Bergmann, K. (2009). *Lernen im Lebenszusammenhang. Der Beitrag der subjektwissenschaftlichen Arbeiten Klaus Holzkamps zu einer pädagogischen Theorie des lebensbegleitenden Lernens.* Zugl.: Berlin, Humboldt-Univ., Diss., 2009. Berlin: lehmanns media.

Baumgartner, S. (2006). Sprachtherapie und Sprachförderung im Unterricht: Kritische Analyse und Konzeptbildung. *Die Sprachheilarbeit, 51*(6), 268–277.

UN-Behindertenrechtskonvention (2006). Zugriff am 06.02.2021. Verfügbar unter: https://www.behindertenrechtskonvention.info/

Beck, I. & Greving, H. (2009). Lebenswelt, Lebenslage. In I. Beck, H. Greving & W. Jantzen (Hrsg.), *Lebenslagen und Lebensbewältigung* (S. 15–59). Stuttgart: Kohlhammer.

Benner, D. (1995). *Studien zur Theorie der Erziehung und Bildung.* Weinheim: Juventa.

Benner, D. (2001). *Allgemeine Pädagogik. Eine systematisch-problemgeschichtliche Einführung in die Grundstruktur pädagogischen Denkens und Handelns.* Weinheim: Juventa.

Bortz, J. & Döring, N. (2006). *Forschungsmethoden und Evaluation in den Sozial- und Humanwissenschaften. Für Human- und Sozialwissenschaftler.* Heidelberg: Springer.

Bourdieu, P. (1987). *Sozialer Sinn. Kritik der theoretischen Vernunft.* Frankfurt am Main: Suhrkamp.

Bringuier, J.-C. & Piaget, J. (2004). *Jean Piaget – ein Selbstporträt in Gesprächen.* Weinheim, Basel: Beltz

Bruner, J. S. (1997). *Wie das Kind sprechen lernt.* Bern: Huber.

Bundschuh, K. (1998). Analyse behindernder Bedingungen als Grundlage für selbstorganisiertes Lernen. In H. Eberwein & S. Knauer (Hrsg.), *Handbuch Lernprozesse verstehen. Wege einer neuen (sonder-) pädagogischen Diagnostik* (S. 165–181). Weinheim und Basel: Beltz Verlag.

Bundschuh, K. (2007). *Förderdiagnostik konkret. Theoretische und praktische Implikationen für die Förderschwerpunkte Lernen, geistige, emotionale und soziale Entwicklung.* Bad Heilbrunn: Verlag Julius Klinkhardt.

Chomsky, N. (Hrsg.). (1987). *Aspekte der Syntax-Theorie.* Frankfurt am Main: Suhrkamp.

Delfos, M. F. (2015). *"Sag mir mal …": Gesprächsführung mit Kindern (4 bis 12 Jahre).* Weinheim: Beltz.

© Der/die Herausgeber bzw. der/die Autor(en) 2023
S. Schlüter, *Alltägliche Lebenssituation sprachbeeinträchtigter Kinder,*
https://doi.org/10.1007/978-3-658-42148-9

Döring, N. & Bortz, J. (2016). *Forschungsmethoden und Evaluation Forschungsmethoden und Evaluation in den Sozial- und Humanwissenschaften*. Berlin, Heidelberg: Springer-Verlag.

Eichener, V. & Baumgart, R. (1991). *Norbert Elias zur Einführung*. Hamburg: Junius Verlag GmbH.

Elias, N. (1977). Zur Grundlegung einer Theorie sozialer Prozesse. *Zeitschrift für Soziologie, 6* (2), 127–149.

Elias, N. (1997). *Über den Prozess der Zivilisation*. Frankfurt am Main: Suhrkamp.

Elias, N. (2001b). *Die Gesellschaft der Individuen*. Frankfurt am Main: Suhrkamp Verlag.

Elias, N. (2001a). *Symboltheorie*. Berlin: Suhrkamp.

Elias, N. (2006a). *Gesammelte Schriften I*. Berlin: Suhrkamp.

Elias, N. (2006b). *Gesammelte Schriften II*. Berlin: Suhrkamp.

Elias, N. (2006c). *Gesammelte Schriften III*. Berlin: Suhrkamp.

Faulstich, P. & Ludwig, J. (2008). Lernen und Lehren – aus "subjektwissenschaftlicher Perspektive". In P. Faulstich (Hrsg.), *Expansives Lernen* (S. 10–28). Baltmannsweiler: Schneider Hohengehren.

Glück, C. W. (2016). *Wortschatzdiagnostik in der Sekundarstufe (WODIS)*. Verfügbar unter: https://vobtest.uni-leipzig.de/public/details/forschungsprojekt/2747

Glück, C. W., Reber, K. & Spreer, M. (2013). Förderbedarf Sprache inklusiv denken. *Praxis Sprache, 58* (4), 235–240.

Grohnfeldt, M. (1996). Lebenslaufstudien als Grundlage einzelfallbezogenen Vorgehens. *Die Sprachheilarbeit, 41* (4), 204–214.

Grohnfeldt, M. (2011). Überlegungen zu einer Sprachtherapie als Wissenschaft. *Die Sprachheilarbeit, 56* (3), 122–130.

Grohnfeldt, M. et al. (2015). *Inklusion im Förderschwerpunkt Sprache*. Stuttgart: Kohlhammer.

Habermas, J. (1992). *Handlungsrationalität und gesellschaftliche Rationalisierung*. Frankfurt am Main: Suhrkamp.

Hedderich, I., Biewer, G., Hollenweger, J. & Markowetz, R. (Hrsg.). (2016). *Handbuch Inklusion und Sonderpädagogik*. Stuttgart: UTB GmbH.

Heimlich, U. & Kiel, E. (Hrsg.). (2020). *Studienbuch Inklusion. Ein Wegweiser für die Lehrerbildung*. Bad Heilbrunn: Verlag Julius Klinkhardt; UTB.

Hemmerich, W. (2021). *StatistikGuru: Cohen's Kappa für zwei Rater berechnen*. Zugriff am 06.02.2021. Verfügbar unter: https://statistikguru.de/rechner/cohens-kappa-zwei-rater-berechnen.html

Herrmann, T. & Tack, W. H. (Hrsg.). (1994). *Methodologische Grundlagen der Psychologie*. Göttingen (u.a.): Hogrefe.

Heseler, D., Iltzsche, R., Rojon, O., Rüppel, J. & Uhlig, T. (Hrsg.). (2017). *Perspektiven kritischer Psychologie und qualitativer Forschung. Zur Unberechenbarkeit des Subjekts*. Wiesbaden: Springer Fachmedien Wiesbaden GmbH.

Holzkamp, K. (1972). *Kritische Psychologie Vorbereitende Arbeiten*. Frankfurt: Fischer.

Holzkamp, K. (1979b). Zur kritisch-psychologischen Theorie der Subjektivität I. *Forum Kritische Psychologie*, (4), 10–54.

Holzkamp, K. (1979a). Zur kritisch-psychologischen Theorie der Subjektivität II. Das Verhältnis individueller Subjekte zu gesellschaftlichen Subjekten und die frühkindliche Genese der Subjektivität. *Forum Kritische Psychologie, (5)* 7–46.

Holzkamp, K. (1984). Kritische Psychologie und phänomenologische Psychologie. Der Weg der Kritischen Psychologie zur Subjektwissenschaft. *Forum Kritische Psychologie, (14)*, 5–55.

Holzkamp, K. (1985). *Grundlegung der Psychologie.* New York: Campus-Verlag.

Holzkamp, K. (1987). Grundkonzepte der Kritischen Psychologie. In AG Gewerkschaftliche Schulung und Lehrerfortbildung (Hrsg.), *Wi(e)der die Anpassung. Texte der Kritischen Psychologie zu Schule und Erziehung* (S. 13–19). Verlag-Schulze-Soltau.

Holzkamp, K. (1988). Praxis. Funktionskritik eines Begriffs. In J. Dehler & K. Wetzel (Hrsg.), *Zum Verhältnis von Theorie und Praxis in der Psychologie. Bericht von der 4. internationalen Ferienuniversität Kritische Psychologie 1987 in Fulda* (S. 15–48). Marburg: Arbeiterbewegung und Gesellschaftswissenschaft.

Holzkamp, K. (1991). Lehren als Lernbehinderung? *Forum Kritische Psychologie*, (27), 5–22. Vortrag, gehalten auf dem schulpolitischen Kongreß der GEW Hessen, »Erziehung und Lernen im Widerspruch«, am 3.11.1990 in Kassel. Zugriff am 06.02.2021. Verfügbar unter: https://www.kritische-psychologie.de/1991/lehren-als-lernbehinderung

Holzkamp, K. (1993). Was heißt "Psychologie vom Subjektstandpunkt"? Was heißt "Psychologie vom Subjektstandpunkt"? Überlegungen zu subjektwissenschaftlicher Theorienbildung. *Journal für Psychologie, 2* (1), 66–75.

Holzkamp, K. (1995a). Alltägliche Lebensführung als subjektwissenschaftliches Grundkonzept. *Das Argument*, (212), 817–846.

Holzkamp, K. (1995b). *Lernen. Subjektwissenschaftliche Grundlegung* (Studienausg). Frankfurt am Main, New York: Campus.

Holzkamp, K. (1996). Psychologie: Selbstverständigung über Handlungsbegründungen alltäglicher Lebensführung. *Forum Kritische Psychologie, 36*, S. 7–112.

Hopf, C. (2013). Qualitative Interviews – ein Überblick. In U. Flick, E. von Kardorff & I. Steinke (Hrsg.), *Qualitative Forschung. Ein Handbuch* (S. 349–360). Reinbek bei Hamburg: Rowohlt Taschenbuch Verlag GmbH.

Husserl, E. (1986). *Die Idee der Phänomenologie: fünf Vorlesungen. Text nach Husserliana, Band II.* Hamburg: Felix Meiner Verlag.

Inhelder, B. & Piaget, J. (1974). *Gedächtnis und Intelligenz.* Olten (u.a.): Walter-Verlag.

Jantzen, W. (1985). Diagnostik im Interesse der Betroffenen oder Kontrolle von oben? In Fachschaftsinitiative Sonderpädagogik Würzburg, Arbeitsgruppe Förderdiagnostik (Hrsg.), *Diagnostik im Interesse der Betroffenen. Ansätze zu einer Umorientierung der Förderdiagnostik* (S. 10–51). Vortragsreihe in Würzburg Wintersemester 1981/82. Würzburg: Verlag Irmgard Skupsch.

Jantzen, W. (2018). Verstehende Diagnostik braucht Erklärungswissen. In W. Jantzen (Hrsg.), *„Es kommt darauf an, sich zu verändern…". Zur Methodologie und Praxis rehistorisierender Diagnostik und Intervention.* (S. 133 – 152). Gießen: Psychosozial-Verlag.

Jantzen, W. (2009, September). *Rehistorisierung unverstandener Verhaltensweisen und Veränderungen im Feld.* Vortrag auf der 1. Fachtagung "Rehistorisierung. Verhalten erklären – Menschen verstehen – Entwicklung begleiten.", Bremen.

Jantzen, W. (2012). Diagnostik, Dialog und Rehistorisierung: Methodologische Bemerkungen zum Zusammenhang von Erklären und Verstehen im dialogischen Prozeß. In W. Jantzen & W. Lanwer (Hrsg.), *Diagnostik als Rehistorisierung. Methodologie und Praxis einer verstehenden Diagnostik am Beispiel schwer behinderter Menschen.* (S. 9–31). Berlin: lehmanns media.

Jetter, K. (1975). *Kindliches Handeln und kognitive Entwicklung. Ein Beitrag zur Kognitionspsychologie des körperbehinderten Kindes auf der Grundlage der genetischen Theorie Jean Piagets.* Bern: Verlag Hans Huber.

Jetter, K. (1979). Veränderte Aneignung der Wirklichkeit. Ein Versuch, den dialektischen Materialismus für eine handlungsorientierte Pädagogik der Körperbehinderten fruchtbar zu machen. In F. Schönberger & K. Jetter (Hrsg.), *Verhaltensstörung als Handlungsveränderung. Beiträge zu einem Förderkonzept Behinderter.* (S. 161–225). Bern: Verlag Hans Huber.

Jetter, K. (1984). Erziehungswissenschaftliche Grundannahmen einer handlungsorientierten Didaktik – Thesen. In F. Schönberger (Hrsg.), *Kooperative Didaktik.* (S. 78–82). Stadthagen: Ute Bernhard-Pätzold Druckerei und Verlag.

Jetter, K. (1985b). Diagnostik. Diagnostik in der Kooperativen Pädagogik. Pädagogisches Mittel oder Anmaßung des Pädagogen? *Behinderte in Familie, Schule und Gesellschaft, 8* (1), S. 64–70.

Jetter, K. (1985c). Förderdiagnostik als kooperative Rekonstruktion bedeutsamer Handlungserfahrungen. *Vierteljahresschrift für Heilpädagogik und ihre Nachbargebiete (VHN), 54* (3), S. 280–294.

Jetter, K. (1985a). Was ist Kooperative Pädagogik? *Behinderte in Familie, Schule und Gesellschaft, 8* (1), 2–13.

Jetter, K. (1986). Auf dem Weg zu einer Kooperativen Pädagogik. *Vierteljahresschrift für Heilpädagogik und ihre Nachbargebiete (VHN), 55* (3), 222–259.

Jetter, K. (1987). Auf dem Weg zu einer Kooperativen Pädagogik. In F. Schönberger, K. Jetter & W. Praschak (Hrsg.), *Bausteine der Kooperativen Pädagogik. Teil 1: Grundlagen, Ethik, Therapie, Schwerstbehinderte.* (S. 11–68). Stadthagen: Bernhard-Pätzold.

Jetter, K. (1991). Familie als Lebenswelt des Kindes. In Vereinigung für Interdisziplinäre Frühförderung e.V. (Hrsg.), *Familienorientierte Frühförderung. Dokumentation des 6. Symposiums Frühförderung, Hannover 1991.* (S. 7–17). München Basel: Ernst Reinhardt Verlag.

Jetter, K. (1994). Verstehende Diagnostik. *Geistige Behinderung, 33* (4), 297–307.

Jetter, K. (1996). Diagnostik – am Leben orientieren! *Behinderte in Familie, Schule und Gesellschaft, 19* (1), 33–42. Zugriff am 06.02.2021. Verfügbar unter: http://bidok.uibk. ac.at/library/jetter-diagnostik.html

Jetter, K. (2013). *Leben und arbeiten mit behinderten und gefährdeten Säuglingen und Kleinkindern.* Neu hrsg. v. Grob, Franziska; Praschak, Wolfgang; Weisser Jan. Berlin: www. epubli.de.

Jetter, K., Schmidt, D. & Schönberger, F. (1983). Sonderpädagogische Förderdiagnostik. In U. Haupt & G. W. Jansen (Hrsg.), *Pädagogik der Körperbehinderten.* (S. 251–270). Berlin: Carl Marhold Verlagsbuchhandlung.

Kaminski, G. (1970). *Verhaltenstheorie und Verhaltensmodifikation: Entwurf einer integrativen Theorie psychologischer Praxis am Individuum* (1. Aufl.). Stuttgart: Klett.

Kautter, H., Munz, W., Sautter, H. & Schoor, U. (1993). Förderdiagnostik – Eine Diagnostik für Zecken? Kritische Anmerkungen zu J. Schlees Artikel "Kann Diagnostik beim Fördern helfen?" (1985). In H.-P. Langfeldt & E. Kurth (Hrsg.), *Diagnostik bei Lernbehinderten. Standpunkte und Ergebnisse einer zwanzigjährigen Diskussion.* (S. 253–260). Neuwied: Luchterhand.

Kemmler, L. (1974). *Die Anamnese in der Erziehungsberatung. Die Praxis der Anamneseerhebung und -auswertung für Psychologen, Sozialarbeiter, Ärzte und Pädagogen mit einem über Gutachtenabfassung.* Bern, Stuttgart, Wien: Verlag Hans Huber.

Klann-Delius, G. (2016). *Spracherwerb. Eine Einführung.* Stuttgart: J.B. Metzler.

KMK, Sekretariat der Ständigen Konferenz der Kultusminister der Länder in der Bundesrepublik Deutschland. Empfehlungen zum Förderschwerpunkt Sprache. Beschluss der Kultusministerkonferenz vom 26.06.1998. Zugriff am 06.02.2021. Verfügbar unter: http://www.kmk.org/fileadmin/veroeffentlichungen_beschluesse/1998/1998_06_26-FS-Sprache.pdf

KMK, Sekretariat der Ständigen Konferenz der Kultusminister der Länder in der Bundesrepublik Deutschland. (2011). Inklusive Bildung von Kindern und Jugendlichen mit Behinderungen in Schulen. Zugriff am 06.02.2021. Verfügbar unter: https://www.kmk.org/fileadmin/Dateien/veroeffentlichungen_beschluesse/2011/2011_10_20-Inklusive-Bildung.pdf

Knebel, U. von. (2000). *Kindliche Aussprachestörung als Konstruktion – eine historische Analyse mit pädagogischer Perspektive.* Münster: Waxmann Verlag GmbH.

Knebel, U. von (2002). Kommunikationsbedingungen als Gegenstandsbereich pädagogischer Sprachdiagnostik. In Deutsche Gesellschaft für Sprachheilpädagogik, Landesgruppe Sachsen-Anhalt (Hrsg.), *Phänomen Sprache. Laut- und Schriftsprachstörungen unter veränderten Kommunikationsbedingungen. (Kongressbericht zur XXV. Arbeits- und Fortbildungstagung der Deutschen Gesellschaft für Sprachheilpädagogik vom 03. bis 05. Oktober 2002 in Halle an der Saale)* (S. 332–343). Würzburg.

Knebel, U. von (2004). Sprachheilpädagogik als Wissenschaft pädagogischer Praxis. In M. Grohnfeldt (Hrsg.), *Lehrbuch der Sprachheilpädagogik und Logopädie. Band 5: Bildung, Erziehung und Unterricht* (S. 69–87). Stuttgart: Verlag W. Kohlhammer.

Knebel, U. von (2005). Kooperative Pädagogik als allgemein-erziehungswissenschaftliches Konzept. *Behinderte in Familie, Schule und Gesellschaft,* (3/4), 22–32.

Knebel, U. von (2007). Sprachförderung im Unterricht als diagnosegeleiteter Prozess. In H. Schöler & A. Welling (Hrsg.), *Sonderpädagogik der Sprache.* (S. 1082–1103). Göttingen: Hogrefe.

Knebel, U. von (2008). Diagnostik und Didaktik sprachlicher Entwicklungsförderung – Zum Beispiel: Semantisch-lexikalische Entwicklungsförderung. In Deutsche Gesellschaft für Sprachbehindertenpädagogik e.V., Landesgruppe Brandenburg (Hrsg.), *Sprache als Brücke von Mensch zu Mensch: Handeln – Sprechen – Schreiben; 28. Kongress der Deutschen Gesellschaft für Sprachheilpädagogik e.V. (dgs)* (S. 131–142). Cottbus: Semmler.

Knebel, U. von (2008b). Semantisch-lexikalische Entwicklungsförderung in Therapie und Unterricht. In Deutsche Gesellschaft für Sprachbehindertenpädagogik e.V., Landesgruppe Niedersachsen (Hrsg.), *Forum Sprache,* 42–48.

Knebel, U. von. (2008a). *Sprachliches Handeln als zwischenmenschliche Kooperation – Schlussfolgerungen für Diagnostik und Förderung.* Erweitertes Skript zu einem Vortrag, gehalten im Rahmen der XXVIII. Arbeits- und Fortbildungstagung der Deutschen Gesellschaft für Sprachheilpädagogik (dgs) in Cottbus (25.-27. September 2008).

Knebel, U. von. (2010). Auf dem Weg zu einer inklusionstauglichen Diagnostik. Entwicklungsnotwendigkeiten und Orientierungsgrundlagen – exemplarisch konkretisiert für den Förderschwerpunkt Sprache. *Sonderpädagogische Förderung heute, 55* (3), 231–251.

Knebel, U. von (2012a). Bildung und Erziehung. In O. Braun & U. Lüdtke (Hrsg.), *Sprache und Kommunikation*. (S. 492–496). Stuttgart: Verlag W. Kohlhammer

Knebel, U. von (2012b). Interdisziplinäre Diagnostik. In O. Braun & U. Lüdtke (Hrsg.), *Sprache und Kommunikation*. (S. 523–528). Stuttgart: Verlag W. Kohlhammer.

Knebel, U. von. (2013). 100 Jahre Sprachheilschule – Errungenschaften und Anforderungen an sprachbehindertenpädagogische Fachlichkeit in der Schule. *Praxis Sprache, 58* (4), 227–234.

Knebel, U. von (2014). "Sprache kompetent fördern": Was macht sprachbehindertenpädagogische Kompetenz aus? In S. Sallat, M. Spreer & C. W. Glück (Hrsg.), *Sprache professionell fördern. Kompetent, vernetzt, innovativ*. (S. 182–188). Idstein: Schulz-Kirchner.

Knebel, U. von (2015). Sprachdiagnostik und Sprachförderung. In H. Schäfer & C. Rittmeyer (Hrsg.), *Handbuch Inklusive Diagnostik*. (S. 371–383). Weinheim: Beltz.

Knebel, U. von. (2016). *Sprachdiagnostik und Sprachförderung unter behindernden Bedingungen. Eine pädagogische Aufgabe*. Saarbrücken: Südwestdeutscher Verlag für Hochschulschriften.

Knebel, U. von & Schuck, K. D. (2007). Allgemeine Fragestellungen. In H. Schöler & A. Welling (Hrsg.), *Sonderpädagogik der Sprache*. Göttingen: Hogrefe.

Koch, K., Schwohl, J., Schuck, K. D. & Kornmann, R. (2000). Redefinitionsversuche der Begriffe »Diagnostik« und »Förderung« angesichts des subjektwissenschaftlichen Paradigmas. In E. H. Funke & T. Rihm (Hrsg.), *Subjektsein in der Schule? Eine pädagogische Auseinandersetzung mit dem Lernbegriff Klaus Holzkamps* (S. 239–255). Bad Heilbrunn: Verlag Julius Klinkhardt.

Koch, M. (2019). *Die Reichweite der Scaffolding-Methode als Bezugsrahmen sonderpädagogischer Förderung im Bereich semantisch-lexikalischer Fähigkeiten. Unveröffentlichte Masterarbeit*. Universität Hamburg, Hamburg.

Kornmann, R. (1993). Förderdiagnostik – Ein Bärendienst für Schüler und Lehrer? Kritische Auseinandersetzung mit einigen Anmerkungen von Schlee zu den Ansprüchen der Förderdiagnostik (1985). In H.-P. Langfeldt & E. Kurth (Hrsg.), *Diagnostik bei Lernbehinderten. Standpunkte und Ergebnisse einer zwanzigjährigen Diskussion* (S. 261–272). Neuwied: Luchterhand.

Kosing, A. (2015). *Marxistisches Wörterbuch der Philosophie* (Verlag am Park). Berlin: Verlag am Park.

Kracht, A. (2000). *Migration und kindliche Zweisprachigkeit. Interdisziplinarität und Professionalität sprachpädagogischer und sprachbehindertenpädagogischer Praxis*. Münster: Waxmann Verlag GmbH.

Kracht, A. (2010). *Pädagogische Professionalität in der Sprachförderung und der Sprachtherapie. Eine professionalitätstheoretische Analyse im Kontext der Sprachbehindertenpädagogik*. Herzogenrath: Shaker.

Kracht, A. (2021). *Qualitative grammatische Analyse des Erst- und Zweitspracherwerbs von Kindern auf Grundlage gesprochenen Standards – Entwicklung eines förderdiagnostischen Analyseverfahrens*. Zugriff am 06.02.2021. Verfügbar unter: https://www.uni-koblenz-landau.de/de/landau/fb5/instfson/arbeitseinheiten/ab2-S/forschung

Kraus, B. (2006). Lebenswelt und Lebensweltorientierung – eine begriffliche Revision als Angebot an eine systemisch-konstruktivistische Sozialarbeitswissenschaft. *Kontext. Zeitschrift für Systemische Therapie und Familientherapie, 37* (2), 116–129.

Kuckartz, U. (2018). *Qualitative Inhaltsanalyse. Qualitative Inhaltsanalyse. Methoden, Praxis, Computerunterstützung.* Weinheim und Basel: Beltz Juventa.

Landis, J. R. & Koch, G. G. (1977). The Measurement of Observer Agreement for Categorical Data. *Biometrics, 33* (1), 159–174.

Lüdtke, U. (2015). *Pädagogik bei Beeinträchtigungen der Sprache. Mit 41 Abbildungen und 22 Tabellen.* München: UTB; Reinhardt.

Lüdtke, U. & Bahr, R. (2002). Verstehende Diagnostik individueller Sprachentwicklungsprozesse: Außensichten und Innensichten. In M. Grohnfeldt (Hrsg.), *Lehrbuch der Sprachheilpädagogik und Logopädie, Bd. 3. Diagnostik, Prävention und Evaluation.* (S. 129–147). Stuttgart: Kohlhammer.

Lüdtke, U. & Bansner, M. (2014). Der Einfluss einer benachteiligten Lebenslage auf die frühkindliche Kommunikationsentwicklung. Die Bedeutung der emotionalen Qualität zwischen Mutter und Kind. *MitSprache: Fachzeitschrift für Sprachheilpädagogik,* (2), 25–38.

Ludwig & Joachim. (1999). Subjektperspektiven in neueren Lernbegriffen. *Zeitschrift für Pädagogik, 45* (5), 667–682.

Luhmann, N. (1984). *Soziale Systeme: Grundriss einer allgemeinen Theorie.* Frankfurt am Main: Suhrkamp Verlag.

Markard, M. (1988). Kategorien, Theorien und Empirie in subjektwissenschaftlicher Forschung. In J. Dehler & K. Wetzel (Hrsg.), *Zum Verhältnis von Theorie und Praxis in der Psychologie. Bericht von der 4. internationalen Ferienuniversität Kritische Psychologie 1987 in Fulda* (S. 49–80). Marburg: Arbeiterbewegung und Gesellschaftswissenschaft.

Markard, M. (1993). Kann es in einer Psychologie vom Standpunkt des Subjekts verallgemeinerbare Aussagen geben? *Forum Kritische Psychologie,* (31), 29–51.

Markard, M. (2000). Kritische Psychologie: Methodik vom Standpunkt des Subjekts. *Forum Qualitative Sozialforschung, 1* (2). Zugriff am 06.02.2021. Verfügbar unter: http://www.qualitative-research.net/index.php/fqs/article/view/1088/2381

Markard, M. (2009). *Einführung in die Kritische Psychologie.* Hamburg: Argument Verlag.

Markard, M. (2015). Der subjektwissenschaftliche Ansatz der Kritischen Psychologie. In M. Allespach & J. Held (Hrsg.), *Handbuch Subjektwissenschaft. Ein emanzipatorischer Ansatz in Forschung und Praxis.* (S. 42–58). Frankfurt am Main: Bund-Verlag GmbH.

Markard, M. (2017). Standpunkt des Subjekts und Gesellschaftskritik. Zur Perspektive subjektwissenschaftlicher Forschung. In D. Heseler, R. Iltzsche, O. Rojon, J. Rüppel & T. Uhlig (Hrsg.), *Perspektiven kritischer Psychologie und qualitativer Forschung. Zur Unberechenbarkeit des Subjekts.* (S. 227–244). Wiesbaden: Springer Fachmedien Wiesbaden GmbH.

Markard, M. & Kaindl, C. (2014). Diagnostik zwischen Merkmalszuschreibungen und Begründungsdiskurs. Probleme und Möglichkeiten subjektwissenschaftlicher Diagnostik. In A. Brenssell & K. Weber (Hrsg.), *Störungen.* (S. 193–221). texte kritische psychologie 4. Hamburg: Argument Verlag.

Markard, M., Mey, G., Scholz, J., Thomas, S., Rüppel, J. & Uhlig, T. D. (2017). Qualitative Forschung. Ein Weg zu einer kritischen Psychologie? Eine Podiumsdiskussion. In D. Heseler, R. Iltzsche, O. Rojon, J. Rüppel & T. D. Uhlig (Hrsg.), *Perspektiven kritischer psychologie und qualitativer Forschung. Zur Unberechenbarkeit des Subjekts.* (S. 351–382). Wiesbaden: Springer Fachmedien.

Maturana, H. R. (1985). *Erkennen: Die Organisation und Verkörperung von Wirklichkeit. Ausgewählte Arbeiten zur biologischen Epistemologie.* Braunschweig/Wiesbaden: Friedr. Vieweg & Sohn.

Mayring, P. (2002). *Einführung in die qualitative Sozialforschung* (5. Aufl.). Weinheim: Beltz.

Meretz, S. (2012). *Die "Grundlegung der Psychologie" lesen. Einführung in das Standardwerk von Klaus Holzkamp.* Norderstedt: Books on Demand.

Mußmann, J. (2012). *Inklusive Sprachförderung in der Grundschule.* Stuttgart: UTB GmbH; Reinhardt.

Nagel, R. (2012). *Sprachliches Handeln und kausale Bedeutungskonstruktion. Ein Beitrag zu einem sprachbehindertenpädagogischen Verständnis der sprachlichen Handlungsfähigkeit von Kindern.* Hamburg: Kovac.

Neumann, S. (2011). *LKGSF komplex. Sprachtherapeutische Diagnostik bei Lippen-Kiefer-Gaumen-Segel-Fehlbildung; mit 2 Tabellen* (Sprachtherapie). München: Reinhardt.

Opitz, M. (2021). *Sprachliche Handlungsfähigkeit von Grundschulkindern mit spezifischer Sprachentwicklungsstörung in ihrer Lebenswelt (Projekt: SPATS).* Zugriff am 06.02.2021. Verfügbar unter: https://www.reha.hu-berlin.de/de/lehrgebiete/sbp/forschung

Piaget, J. (1969). *Nachahmung, Spiel und Traum; Die Entwicklung der Symbolfunktion beim Kinde* (1. Aufl.). Stuttgart: Klett.

Piaget, J. (1972). *Das mathematische Denken.* Stuttgart: Klett.

Piaget, J. (1973). *Einführung in die genetische Erkenntnistheorie.* Frankfurt am Main: Suhrkamp.

Piaget, J. (1974b). *Abriss der genetischen Epistemologie.* Stuttgart: Klett-Cotta.

Piaget, J. (1974a). *Theorien und Methoden der modernen Erziehung.* Frankfurt am Main: Fischer-Taschenbuch-Verlag.

Piaget, J. (1996). *Das Erwachen der Intelligenz beim Kinde.* Stuttgart: Klett-Cotta.

Piaget, J. (2015). *Genetische Erkenntnistheorie.* Stuttgart: Klett-Cotta.

Piaget, J. & Inhelder, B. (1977). *Die Psychologie des Kindes.* Frankfurt am Main: Fischer Taschenbuch Verlag.

Praschak, W. (1993). Kooperative Pädagogik Schwerstbehinderter. Grundlagen einer allgemeinen und integrativen Erziehungs- und Bildungskonzeption. In Arbeitskreis Kooperative Pädagogik (AKoP) e.V. (Hrsg.), *Kooperative Pädagogik schwerstbehinderter Menschen.* (S. 15–150). Frankfurt am Main: Verlag Peter Lang GmbH.

Praschak-Wolf, E. J. & Praschak, W. (1979). Handlungsveränderung als pädagogisches Konzept. In F. Schönberger & K. Jetter (Hrsg.), *Verhaltensstörung als Handlungsveränderung. Beiträge zu einem Förderkonzept Behinderter.* (S. 13–27). Bern: Verlag Hans Huber.

Reinders, H. (2005). *Qualitative Interviews mit Jugendlichen führen. Ein Leitfaden* (1. Aufl.). München: Oldenbourg. Verfügbar unter: http://www.socialnet.de/rezensionen/isbn.php?isbn=978-3-486-57837-9

Ruberg, T. (2015). Diagnostische Aspekte des Genuserwerbs ein- und mehrsprachiger Kinder. Aspects of assessment in L1 and child L2 acquisition of grammatical gender, *3* (2), 22–40.

Sander, A. (2002). Kind-Umfeld-Analyse: Diagnostik bei Schülern und Schülerinnen mit besonderem Förderbedarf. In W. Mutzeck (Hrsg.), *Förderdiagnostik. Konzepte und Methoden.* (S. 12–55). Weinheim und Basel: Beltz Verlag.

Sassenroth, M. (2012). Leitkonzepte im Bereich der Förderung von Sprache und Kommunikation sprachbehinderter Kinder und Jugendlicher. In R. Balgo, W. Palmowski, M. Sassenroth & R. Werning (Hrsg.), *Sonderpädagogik. Lernen, Verhalten, Sprache, Bewegung und Wahrnehmung*. (S. 131–155). München: De Gruyter.

Saussure, F. de. (1967). *Grundfragen der allgemeinen Sprachwissenschaft*. Berlin: De Gruyter.

Schlee, J. (1985). Kann Diagnostik beim Fördern helfen? Anmerkungen zu den Ansprüchen der Förderdiagnostik. *Zeitschrift für Heilpädagogik*, (66), 153–165.

Schlee, J. (1994). Illusionen sogenannter Förderdiagnostik. In R. Kornmann, H. Meister & J. Schlee (Hrsg.), *Förderungsdiagnostik. Konzept und Realisierungsmöglichkeiten*. (S. 48–57). Heidelberg: Ed. Schindele.

Schlee, J. (2005). Zu den Illusionen der sogenannten Förderdiagnostik. In Doppelpunkt – Fortbildungsinstitut der Deutschen Gesellschaft für Sprachheilpädagogik, Landesgruppe Westfalen-Lippe (Hrsg.), *Sprache und Entwicklung: Diagnostik als Prozess*. (S. 13–31). Karlsruhe: Von-Loeper-Literaturverlag.

Schönberger, F. (1984). Kooperative Didaktik – Unterrichtslehre einer handlungsorientierten Sonderpädagogik. In F. Schönberger (Hrsg.), *Kooperative Didaktik*. (S. 83–117). Stadthagen: Ute Bernhard-Pätzold Druckerei und Verlag.

Schönberger, F. (1985). Grundbegriffe. Sinnhaftes Handeln, bedeutungsvolles Lernen: Zwei Grundbegriffe der Kooperativen Pädagogik. *Behinderte in Familie, Schule und Gesellschaft*, *8* (1), 14–30.

Schönberger, F. (1987). Kooperation als pädagogische Leitidde. In F. Schönberger, K. Jetter & W. Praschak (Hrsg.), *Bausteine der Kooperativen Pädagogik. Teil 1: Grundlagen, Ethik, Therapie, Schwerstbehinderte*. (S. 69–131). Stadthagen: Bernhard-Pätzold.

Schönberger, F., Jetter, K. & Praschak, W. (Hrsg.). (1987). *Bausteine der Kooperativen Pädagogik. Teil 1: Grundlagen, Ethik, Therapie, Schwerstbehinderte*. Stadthagen: Bernhard-Pätzold.

Schoor, U. (2000). Psychologische Grundlagen. In M. Grohnfeldt (Hrsg.), *Selbstverständnis und theoretische Grundlagen*. Stuttgart: Kohlhammer.

Schuck, K. D. (1994). Überlegungen und Erfahrungen zur Entwicklung förderdiagnostischer Konzepte in der Schule. In R. Kornmann, H. Meister & J. Schlee (Hrsg.), *Förderungsdiagnostik. Konzept und Realisierungsmöglichkeiten*. (S. 208–214). Heidelberg: Ed. Schindele.

Schuck, K. D. (2000). Diagnostische Konzepte. In J. Borchert (Hrsg.), *Handbuch der sonderpädagogischen Psychologie*. Göttingen: Hogrefe.

Schuck, K. D. (2003). Lernprozessdiagnostik und individuelle Förderplanung. *Sonderpädagogische Förderung in NRW: Mitteilungen*, *41* (3), 19–34.

Schütz, A. & Luckmann, T. (1979). *Strukturen der Lebenswelt*. Frankfurt am Main: Suhrkamp.

Schütz, A. & Luckmann, T. (1991). *Strukturen der Lebenswelt*. Frankfurt am Main: Suhrkamp.

Searle, J. R. (1997). *Die Konstruktion der gesellschaftlichen Wirklichkeit. Zur Ontologie sozialer Tatsachen*. Reinbek bei Hamburg: Rowohlt.

Spreer, M. (2013). Erfassung sprachlicher Fähigkeiten in inklusiven Settings – Beobachtungsmaterialien und Diagnoseverfahren im Überblick. *Praxis Sprache*, (4), 241–246.

Spreer, M. & Achhammer, B. (2018). *Diagnostik von Sprach- und Kommunikationsstörungen im Kindesalter. Methoden und Verfahren: mit Online-Datenbank.* München: Ernst Reinhardt Verlag.

Steinke, I. (2013). Gütekriterien qualitativer Forschung. In U. Flick, E. von Kardorff & I. Steinke (Hrsg.), *Qualitative Forschung. Ein Handbuch.* (S. 319–331). Reinbek bei Hamburg: Rowohlt Taschenbuch Verlag GmbH.

Suhrweier, H. (1987). *Rehabilitationspädagogisch-psychologische Diagnostik. Mit 8 Tabellen.* Berlin: Verlag Volk und Gesundheit.

Suhrweier, H. & Hetzner, R. (1993). *Förderdiagnostik für Kinder mit Behinderungen.* Neuwied, Kriftel, Berlin: Luchterhand.

Szagun, G. (1983). *Bedeutungsentwicklung beim Kind. Wie Kinder Wörter entdecken.* München – Wien – Baltimore: Urban & Schwarzenberg.

Thiersch, H. (1992). *Lebensweltorientierte soziale Arbeit. Aufgaben der Praxis im sozialen Wandel.* Weinheim, München: Juventa-Verlag.

Thies, C. (2018). *Philosophische Anthropologie auf neuen Wegen.* Weilerswist: Velbrück Wissenschaft.

Tomasello, M. (2006). *Die kulturelle Entwicklung des menschlichen Denkens. Zur Evolution der Kognition.* Frankfurt am Main: Suhrkamp.

Tomasello, M. (2011). *Die Ursprünge der menschlichen Kommunikation.* Frankfurt am Main: Suhrkamp.

Treibel, A. (2006). *Einführung in soziologische Theorien der Gegenwart* (7., aktualisierte Auflage). Wiesbaden: VS Verlag für Sozialwissenschaften.

Treibel, A. (2008). *Die Soziologie von Norbert Elias. Eine Einführung in ihre Geschichte, Systematik und Perspektiven.* Wiesbaden: VS Verlag für Sozialwissenschaften.

Ulrich, T. & Mennicken, S. (2021). *Grammatische Fähigkeiten mehrsprachiger Kinder zum Zeitpunkt der Einschulung (GME).* Zugriff am 06.02.2021. Verfügbar unter: https://www.hf.uni-koeln.de/40936

Vogl, S. (2015). *Interviews mit Kindern führen. Eine praxisorientierte Einführung.* Weinheim und Basel: Beltz Juventa.

Wagner-Willi, M. & Sturm, T. (Hrsg.). (2018). *Handbuch schulische Inklusion.* Stuttgart: UTB GmbH; Barbara Budrich.

Weis, M. (2005). Reflexionen zur aktuellen Qualitätsdebatte aus subjektwissenschaftlicher Perspektive. *Report: Zeitschrift für Weiterbildungsforschung, 28* (1), 48–54.

Welling, A. (1990). *Zeitliche Orientierung und sprachliches Handeln. Handlungstheoretische Grundlegungen für ein pädagogisches Förderkonzept.* Frankfurt am Main: Verlag Peter Lang GmbH.

Welling, A. (1998). Sprachliches Handeln und Bewegungshandeln: Ein Praxiskonzept kooperativer Sprachtherapie mit Kindern. In I. Frühwirth, F. Meixner & I. Bauer (Hrsg.), *Sprache und Bewegung.* (S. 23–45). Wien: Jugend & Volk.

Welling, A. (2004). Kooperative Sprachdidaktik als Konzept sprachbehindertenpädagogischer Praxis. In M. Grohnfeldt (Hrsg.), *Lehrbuch der Sprachheilpädagogik und Logopädie. Band 5: Bildung, Erziehung und Unterricht.* (S. 127–146). Stuttgart: Verlag W. Kohlhammer.

Welling, A. (2006). *Einführung in die Sprachbehindertenpädagogik.* München: Ernst Reinhardt Verlag.

Welling, A. (2007). Unterricht und Therapie – die didaktische Frage im Förderschwerpunkt Sprache. In H. Schöler & A. Welling (Hrsg.), *Sonderpädagogik der Sprache.* (S. 955–981). Göttingen: Hogrefe.

Welling, A. (2009). Kooperative Sprachförderung – ein Konzept der Sprachförderung mehrsprachiger Kinder in der Frühförderung. In D. Wenzel (Hrsg.), *Kooperation im Elementarbereich. Eine gemeinsame Ausbildung für Kindergarten und Grundschule.* (S. 99–110). Baltmannsweiler: Schneider-Verlag Hohengehren.

Witzel, A. (2000). Das problemzentrierte Interview. *Forum Qualitative Sozialforschung, 1* (1). Zugriff am 06.02.2021. Verfügbar unter: https://www.researchgate.net/publication/228581012_Das_problemzentrierte_Interview

The manufacturer's authorised representative in the EU is Springer
Nature Customer Service Centre GmbH, Europaplatz 3, 69115 Heidelberg,
Germany. If you have any concerns regarding our products, please
contact ProductSafety@springernature.com

Printed and bound by CPI Group (UK) Ltd, Croydon, CR0 4YY
24/04/2026
02096341-0006